Verteidigungsstrategien etablierter Medienunternehmen gegen neue Wettbewerber

Europäische Hochschulschriften
Publications Universitaires Européennes
European University Studies

Reihe XL
Kommunikationswissenschaft und Publizistik

Série XL Series XL
Media et Journalisme
Communications

Bd./Vol. 92

PETER LANG
Frankfurt am Main · Berlin · Bern · Bruxelles · New York · Oxford · Wien

Marko Lutz

Verteidigungsstrategien etablierter Medienunternehmen gegen neue Wettbewerber

PETER LANG
Europäischer Verlag der Wissenschaften

Bibliografische Information Der Deutschen Bibliothek
Die Deutsche Bibliothek verzeichnet diese Publikation in der Deutschen Nationalbibliografie; detaillierte bibliografische Daten sind im Internet über <http://dnb.ddb.de> abrufbar.

Zugl.: Hannover, Hochsch. für Musik und Theater, Diss., 2005

ISSN 0176-3725
ISBN 3-631-54121-X

www.peterlang.de

Vorwort

Die vorliegende Publikation stellt das Resultat einer mehrjährigen Forschungsarbeit im Bereich der Medienökonomie dar. Ich bedanke mich bei all denjenigen Personen, die mich bei der Durchführung kooperativ begleitet und unterstützt haben.

Mein ganz besonderer Dank gilt meiner Betreuerin Frau Prof. Dr. Beate Schneider vom Institut für Journalistik und Kommunikationsforschung in Hannover für ihre fachliche Unterstützung, zahlreiche Denkanstöße und die gewährten Freiräume bei der Erstellung dieses Textes. Ich bedanke mich auch bei Herrn Prof. Dr. Klaus-Peter Wiedmann für die freundliche Übernahme des Korreferates.

Zu großem Dank bin ich meinen Kolleginnen und Kollegen beim Verlagshaus Gruner + Jahr verpflichtet. Herr Dr. Jürgen Althans hat mir von Anfang an viele wertvolle Anregungen gegeben und frühere Fassungen der Arbeit kommentiert. Auch bei Harald Geiger, Nadine Markwaldt, Günter Peters, Britta Pohl, Dr. Martin Schuster, Achim Twardy und Dr. Ekkehard Veser bedanke ich mich für die konstruktive Unterstützung.

Einen großen Anteil an der erfolgreichen Durchführung meines Promotionsvorhabens hat außerdem mein privates Umfeld. Vor allem Anika hat alle Höhen und Tiefen meiner Promotionszeit unmittelbar mit durchlebt und ist mir jederzeit zur Seite gestanden. Darüber hinaus hat sie viele Stunden mit dem Lesen der Arbeit verbracht und zahlreiche inhaltliche Ansatzpunkte für Verbesserungen vorgeschlagen. Jessica Bräuer danke ich für die Textkorrektur und viele hilfreiche Kommentare.

Mein größter Dank gilt meinen Eltern, die mir jederzeit während der Erstellung eine wichtige Stütze waren. Ihnen ist diese Arbeit gewidmet.

Hamburg, April 2005 Marko Lutz

Inhaltsverzeichnis

Abbildungsverzeichnis

Tabellenverzeichnis

Abkürzungsverzeichnis

4c	Four Colour (vierfarbig)
Abb.	Abbildung
Abs.	Absatz
AFV	Attic Futura Verlag
AGB	Allgemeine Geschäftsbedingungen
ASV	Axel Springer Verlag
Aufl.	Auflage
AWA	Allensbacher Werbeträger-Analyse
BGH	Bundesgerichtshof
c. p.	ceteris paribus
d. Verf.	der Verfasser
Diss.	Dissertation
EV	Einzelverkauf
F&E	Forschung und Entwicklung
f.	folgende
ff.	fortfolgende
Fn.	Fußnote
G+J	Gruner + Jahr
GE	Grenzerlöse
gem.	gemäß
ggf.	gegebenenfalls
Grosso	Pressegroßhandel
GWB	Gesetz gegen Wettbewerbsbeschränkungen
HBV	Heinrich Bauer Verlag
Hrsg.	Herausgeber
i. allg.	im Allgemeinen
i. d. R.	in der Regel
i. e. S.	im engeren Sinne
i. V. m.	in Verbindung mit
IVW	Informationsgemeinschaft zur Feststellung der Verbreitung von Werbeträgern e.V.
Jg.	Jahrgang
Kap.	Kapitel
klass.	klassische
LAE	Leseranalyse Entscheidungsträger
LBB	Leser-Blatt-Bindung
LpA	Leser pro Ausgabe
LpE	Leser pro Exemplar
LpN	Leser pro Nummer

LpS	Leser pro Seite
lt.	laut
MA	Media Analyse
Min.	Minute(n)
Mio.	Millionen
MOG	mindestoptimale Betriebsgröße
Mrd.	Milliarde(n)
n. a.	nicht ausgewiesen
o. 0.	ohne Ortsangabe
o. ä.	oder ähnlichem
o. dgl.	oder dergleichen
o. Jg.	ohne Jahrgangsangabe
o. S.	ohne Seitenangabe
o. V.	ohne Verfasser
PZ	Publikumszeitschriften
S.	Seite
s/w	schwarzweiß
sog.	so genannt
Sp.	Spalte
T€	tausend Euro
Tab.	Tabelle
TAP	Tausender-Auflage-Preis
TDM	tausend DM
TEX	tausend Exemplare
TKP	Tausender-Kontakt-Preis
TP	Tausenderpreis
u. a.	unter anderem
u. U.	unter Umständen
usw.	und so weiter
VDLZ	Verband Deutscher Lesezirkel
VDZ	Verband Deutscher Zeitschriftenverleger
verbr.	verbreitet
verk.	verkauft
Vgl.	Vergleiche
Vol.	Volume (Jahrgang)
W&V	Werben und Verkaufen
WamS	Welt am Sonntag
WBZ	Werbender Buch- und Zeitschriftenhandel
WLK	weitester Leserkreis
WNK	weitester Nutzerkreis
WWW	World Wide Web

z. B.	zum Beispiel
z. T.	zum Teil
ZAS	Zentrale Anzeigen Statistik
ZAW	Zentralausschuß der Werbewirtschaft e.V.

1 Einführung

1.1 Problemstellung und Zielsetzung der Arbeit

Die Medienlandschaft in Deutschland ist gekennzeichnet durch stetig wachsende Wettbewerbsintensität und Dynamik innerhalb des Konkurrenzumfeldes. Verglichen mit der Zunahme der Mediennutzung durch die Rezipienten erhöhte sich die Anzahl der Medienangebote in den letzten zwanzig Jahren überproportional.[1] Gleichzeitig gewann das Internet als intermedialer Konkurrent klassischer Medienunternehmen in den letzten Jahren zunehmend an Bedeutung.[2] Die rückläufige Entwicklung der Werbemärkte führte zu teilweise massiven Umsatzeinbußen und damit zu einer Verstärkung des Verdrängungswettbewerbs im Medienmarkt.[3] Vor diesem Hintergrund fragt Boldt (2002): „Gibt es zu viele Zeitungen und zu viele Zeitschriften und zu viele TV-Kanäle und zu viele Radiosender für zu wenig Werbekundschaft und zu wenig Interesse beim ... Publikum?"[4]

Für etablierte Medienanbieter stellt sich daher die Frage, welche Strategien sie einsetzen können, um neuen Produkten, Angeboten und Wettbewerbern zu begegnen. Im Bereich der Wirtschaftswissenschaften werden derartige Strategien unter der Bezeichnung Verteidigungsstrategien diskutiert, die der Erhaltung der eigenen Wettbewerbsposition dienen.[5] Zielsetzung der etablierten Anbieter ist es dabei, den Eintritt potentieller Wettbewerber beziehungsweise die Einführung neuer Produkte zu verhindern oder zu verlangsamen. Angesichts zahlreicher Besonderheiten von Medienunternehmen im Vergleich zu klassischen Konsumgüterherstellern[6] soll im Rahmen dieser Arbeit untersucht werden, inwieweit die Erkenntnisse der betriebs- und volkswirtschaftlichen Forschungen zu Verteidigungsstrategien auf die Medienwirtschaft übertragen werden können.

Gängige Lehrbücher aus dem Bereich des Strategischen Managements oder des Marketing behandeln Modelle zur Marktverteidigung, die Interaktionen zwischen

---

1 Vgl. Fritz/ Klingler (2003), S. 21, Mathes/ Donsbach (2002), S. 587 ff., Breunig (2001), S. 451 sowie Heinrich (1999), S. 455.

2 Vgl. Dreier (2004), S. 259 ff. und Breyer-Mayländer (2001), S. 1752 ff.

3 Vgl. Sjurts (2004), S. 100 und Werbewirtschaft (2003), S. 12.

4 Boldt (2002), S. 64.

5 Vgl. exemplarisch Boyer/ Mahenc/ Moreaux (2003), Bae (2002), Kuester/ Homburg/ Robertson/ Schäfer (2001), Waarts/ Wierenga (2000), Sing/ Utton/ Waterson (1998), Gatignon/ Robertson/ Fein (1997) sowie die Sonderhefte der Zeitschriften International Journal of Research in Marketing, Vol. 18 (2001), Ausgabe 1-2 und Marketing Science, Vol. 7 (1988), Ausgabe 4.

6 Vgl. hierzu Knobloch/ Schneider (1999), S. 3 ff.

relevanten Wettbewerbern berücksichtigen, häufig lediglich am Rande.[7] Dies könnte darauf zurückzuführen sein, dass die Verteidigungskonzepte oft auf spieltheoretischen Modellen basieren, die einem großen Kreis von Interessenten in Wissenschaft und Praxis tendenziell eher schwer zugänglich sind. Die ökonomischen Modelle argumentieren teilweise weit weg von der Praxis, haben ihre eigene mathematische Sprache und verlangen meist fortgeschrittene Kenntnisse der Mikroökonomik.[8]

Die geringe Verbreitung wirtschaftswissenschaftlicher Konzepte zur Marktverteidigung wirkt sich offenbar auch auf die strategische Entscheidungsfindung in der Unternehmenspraxis aus. Im Rahmen einer Bestandsaufnahme der wirtschaftswissenschaftlichen Literatur zu Wettbewerbsinteraktionen zwischen Unternehmen kommen Urbany/ Montgomery (1998) zu dem Ergebnis, dass das zukünftige Verhalten relevanter Wettbewerber bei der Planung strategischer Entscheidungen verhältnismäßig selten berücksichtigt wird. Dies führen sie auf folgende Gründe zurück:[9]

- Für Entscheidungsträger gestaltet es sich problematisch, Erfahrungen über das Verhalten der Wettbewerber zu sammeln, da strategische Maßnahmen häufig zeitverzögert wirken und eine ex-post-Zuordnung von Ursache und Wirkung kaum möglich ist. Strategische Entscheidungen werden in der Unternehmenspraxis eher unregelmäßig und in größeren Zeitabständen getroffen.
- Entscheidungsträger konzentrieren sich im Rahmen der Unternehmenssteuerung eher auf kurz- und mittelfristige Konsequenzen ihrer Entscheidungen und weniger auf langfristige Ergebnisse.
- Reaktionsfunktionen der relevanten Wettbewerber werden von Unternehmen selten systematisch ermittelt und in die betrieblichen Informationssysteme integriert.[10] Die Prognosen möglicher Wettbewerbsreaktionen basieren meist auf spontanen Einschätzungen der Entscheidungs- und Handlungsträger.

---

7 Vgl. hierzu beispielsweise die Lehrbücher von Homburg/ Krohmer (2003), Welge/ Al-Laham (2003), Nieschlag/ Dichtl/ Hörschgen (2002) sowie Meffert (2000). Eine Ausnahme bildet die Darstellung von Hooley/ Saunders/ Piercy (2004).

8 Vgl. Pfähler/ Wiese (1998), S. 3 f. und Dixit (1980), S. 95. Hinzu kommt, dass wirtschaftswissenschaftliche Modelle zur Marktverteidigung fast ausnahmslos – selbst von deutschen Autoren – in Englisch verfasst sind.

9 Vgl. zu dieser Aufzählung Urbany/ Montgomery (1998), S. 287 f.

10 Zur Modellierung von Wettbewerbsreaktionen vgl. Leeflang/ Wittink/ Wedel/ Naert (2000), S. 201 ff.

Gleichwohl könnte eine Strategieausrichtung an den (Haupt-)Wettbewerbern unter bestimmten Bedingungen wesentlich zum Unternehmenserfolg beitragen, wie eine empirische Studie von Gatignon/ Xuereb (1997) zu Erfolgsbedingungen von Produktinnovationen zeigt. Sie identifizieren drei mögliche Schwerpunkte der strategischen Orientierung eines Unternehmens: Kundenorientierung, Wettbewerberorientierung sowie Technologieorientierung.[11] In Märkten mit hoher Markttransparenz und einer relativ sicher prognostizierbaren Nachfrageentwicklung erzielen Unternehmen, die sich primär am Wettbewerb orientieren, die größten Innovationserfolge.[12]

In der gesichteten Literatur fanden sich keine Nachweise zu theoretischen Abhandlungen oder empirischen Studien über Verteidigungsstrategien von Medienunternehmen gegen neue intramediale Wettbewerber.[13] Als einzige in diese Richtung zielende Arbeit kann eine Studie von Haller/ Ludwig/ Weßler (1994) angeführt werden, die die Reaktionen ostdeutscher Verlagshäuser auf die Marktöffnung im Zuge der Wiedervereinigung Deutschlands untersucht. Als mögliche Strategien gegen Auflageneinbrüche nennen die Autoren Preisveränderungen im Lesermarkt, die Erschließung neuer Käufermärkte,[14] verstärkte Werbung, Änderungen des inhaltlichen Konzepts sowie personelle Veränderungen in der Redaktion.[15] Obwohl die ostdeutschen Publikumszeitschriften zahlreiche derartige Maßnahmen umsetzten, verzeichneten sie nach dem Markteintritt westdeutscher Großverlage in Ostdeutschland enorme Auflageneinbrüche und wurden in der Folge größtenteils eingestellt.[16] Dies führt Haller jedoch weniger auf die fehlende Wirksamkeit der Verteidigungsmaßnahmen zurück, sondern primär auf ein über die Jahre angewachsenes Glaubwürdigkeitsdefizit der DDR-Zeitschriften im Lesermarkt, welches sich in der Kürze der Zeit nicht ausgleichen ließ.[17] Aufgrund der Sondersituation der Wendezeit sind die Ergebnisse dieser Studie nicht generell

---

11 Vgl. Gatignon/ Xuereb (1997), S. 78 ff.

12 Vgl. Gatignon/ Xuereb (1997), S. 87 ff. Siehe hierzu auch Urbany/ Montgomery (1998), S. 293 f.

13 Im Gegensatz dazu wird der intermediale Wettbewerb klassischer Medienanbieter umfassend diskutiert. Vgl. hierzu exemplarisch Hachenschuh/ Döbler/ Schenk (2004), Keuper/ Hans (2003), Theis-Berglmair (2003), Wirtz (2003) und Fantapié Altobelli (2002).

14 Beispielsweise versuchten einige ehemalige Ostzeitschriften ihre Titel auf dem westdeutschen Markt einzuführen.

15 Vgl. Haller/ Ludwig/ Weßler (1994), S. 86.

16 Vgl. Haller (1994), S. 12.

17 Vgl. Haller (1994), S. 11 und Haller/ Mirbach (1994), S. 61 f.

auf den Markt der Publikumszeitschriften oder andere Medienmärkte in Deutschland übertragbar.

Eine gewisse Ähnlichkeit mit der Fragestellung dieser Arbeit weisen auch einige inhaltsanalytische Untersuchungen aus dem Bereich der Kommunikationswissenschaften auf. Stockmann (1999) untersucht die redaktionellen Veränderungen des Nachrichtenmagazins Der Spiegel in Folge des Markteintritts von Focus. Eine Arbeit von Kuhn (1994) stellt die Entwicklungen im Markt der Programmzeitschriften nach der Einführung vierzehntäglich erscheinender Spielfilmtitel dar. Im Bereich der elektronischen Medien werden gelegentlich Programmveränderungen nach dem Marktzutritt neuer Hörfunk- oder Fernsehprogramme analysiert.[18] Derartige Analysen konzentrieren sich jedoch primär auf formale und inhaltliche Gestaltungsparameter der Medienangebote und untersuchen damit lediglich Teilaspekte des Marketing-Mix. Zudem beinhaltet keine der genannten Inhaltsanalysen eine theoretische Fundierung der Verteidigungsmaßnahmen des etablierten Anbieters gegen den oder die neuen Wettbewerber.

In dieser Arbeit soll daher ein umfassenderer Ansatz gewählt werden. Zunächst erfolgt eine Darstellung wirtschaftswissenschaftlicher Modelle zu Verteidigungsstrategien im Bereich des Marketing-Mix gegen neue Produkte und/ oder Wettbewerber. Anschließend werden empirische Studien zu Art, Umfang, Intensität und Einsatzbedingungen von Verteidigungsstrategien ausgewertet. Die Erkenntnisse der betriebs- und volkswirtschaftlichen Forschungen sollen im nächsten Schritt auf den Medienmarkt übertragen und anschließend mit Hilfe einer Auswertung von Medienfachzeitschriften sowie einer Inhaltsanalyse im Zeitschriftenmarkt empirisch überprüft werden.

Innerhalb der verschiedenen Medienteilmärkte erscheint der Markt der Publikumszeitschriften für eine Untersuchung des Verteidigungsverhaltens etablierter Anbieter gegen neue Produkte oder Wettbewerber besonders geeignet. Während private Rundfunkanbieter in Deutschland für die Verbreitung neuer Programme eine Zulassung der Landesmedienanstalten benötigen,[19] existieren für Zeitschriftenverlage keine vergleichbaren rechtlichen Einschränkungen der Marktzutrittsmöglichkeiten.[20] Stagnierende oder rückläufige Nachfragebedingungen auf den Rezipienten- beziehungsweise Werbemärkten führen bei gleichzeitig steigender Titelanzahl zu einem ausgeprägten intramedialen Verdrängungswettbewerb der

---

18 Vgl. beispielsweise Wichert (2004), Volpers/ Salwiczek/ Schnier (2003) und Weiderer (1993).

19 Vgl. Mathes/ Donsbach (2002), S. 574.

20 Vgl. Sjurts (2002), S. 101 ff.

etablierten Verlage.[21] Dies zeigt sich beispielsweise an der Entwicklung der durchschnittlichen verkauften Auflage je Publikumszeitschrift, die sich zwischen 1980 und 2004 um über 50 Prozent reduzierte.[22] Daher bietet es sich insbesondere für bestehende Zeitschriftenverlage an,[23] Verteidigungsmaßnahmen gegen neue Produkte oder Wettbewerber zu prüfen und gegebenenfalls umzusetzen.[24]

Der empirische Teil dieser Arbeit umfasst in Anlehnung an die Studien von Kuester/ Homburg/ Robertson/ Schäfer (2001) sowie Bunch/ Smiley (1992) verschiedene Instrumente des Marketing-Mix, darunter auch die produktpolitische Ausgestaltung des redaktionellen Konzeptes von Zeitschriftentiteln.[25] Dieses Vorgehen entspricht der Forderung von Vogel (1998), bei der Analyse von Presseprodukten sowohl produktpolitische als auch andere Instrumente des Marketing-Mix auszuwerten, da Verlage häufig diverse Instrumente simultan einsetzen.[26]

Diese Arbeit konzentriert sich auf die Analyse der Anwendungshäufigkeiten und Einsatzbedingungen von Verteidigungsaktivitäten gegen potentielle oder gerade eingeführte Produktinnovationen von intramedialen Angreifern. Im Bereich der Wirtschaftswissenschaften liegen bislang kaum empirische Erkenntnisse zu Erfolgsfaktoren alternativer Verteidigungsmaßnahmen vor,[27] weshalb dieser Aspekt lediglich am Rande thematisiert wird.

---

21 Dies gilt analog auch für den Zeitungsmarkt. Da Verlage in Deutschland in den letzten Jahrzehnten jedoch deutlich weniger neue Zeitungen als Zeitschriften auf den Markt brachten, wurde für den empirischen Teil dieser Arbeit der Zeitschriftenmarkt ausgewählt. Zur Entwicklung der Titelzahlen vgl. Vogel (2004), S. 325, Wilke (2002), S. 425 und Schütz (2001), S. 603.

22 Vgl. hierzu die Darstellung gattungsbereinigter IVW-Daten nach Vogel (2004), S. 325 und Vogel (2002a), S. 436.

23 Denkbar wäre ferner eine Analyse von Verteidigungsstrategien etablierter Internetanbieter gegen potentielle Konkurrenten. Aufgrund der bislang eher geringen Bedeutung von Onlineangeboten für die Werbewirtschaft sowie der kurzen Markthistorie im Vergleich zu klassischen Medienunternehmen wurde dieser Ansatz nicht weiter verfolgt. Vgl. hierzu o. V. (2004a).

24 Vgl. hierzu Kübler (2001a), S. 1757 ff. und Wharton (1992), S. 53: „If your magazine is the market leader, there is always someone wanting and waiting to knock you down".

25 Vor dem Hintergrund einer häufig praktizierten organisatorischen Trennung zwischen redaktionellen und kaufmännischen Verantwortungsbereichen fällt nach Schulte-Hillen/ Ganz/ Althans (2001), S. 479, Althans (1989), S. 761 f. und Hensmann (1980), S. 239 die Produktgestaltung von Zeitschriften in der Verlagspraxis nicht in den Aufgabenbereich der Marketingleitung, sondern obliegt der Chefredaktion einer Zeitschrift. Unabhängig von der organisatorischen Zuordnung wird in dieser Arbeit in Anlehnung an Conrad (1996), S. 76 f. die Gestaltung redaktioneller Zeitschriftenkonzepte als Teil der Produktpolitik dagegen explizit in die Analyse einbezogen.

26 Vgl. Vogel (1998), S. 193.

27 Eine Ausnahme bildet die Studie von Gatignon/ Robertson/ Fein (1997).

Zusammenfassend kann als Ziel dieser Arbeit die Beantwortung folgender Fragen festgehalten werden:

- Welche Arten von Verteidigungsstrategien gegen neue Produkte und/ oder Wettbewerber werden in der wirtschaftswissenschaftlichen Literatur diskutiert?
- Inwiefern können diese Konzepte vor dem Hintergrund diverser Besonderheiten von Medienprodukten und -märkten auf Medienunternehmen übertragen werden?[28]
- Welche Arten von Verteidigungsstrategien im Bereich des Marketing-Mix wenden etablierte Zeitschriftenverlage in Deutschland in der Praxis an? Welche Instrumente werden verhältnismäßig häufig beziehungsweise selten eingesetzt?

1.2 Gang der Untersuchung

Diese Arbeit ist wie folgt aufgebaut: Kapitel zwei beinhaltet eine Bestandsaufnahme der wirtschaftswissenschaftlichen Literatur zu Wettbewerbs- und Verteidigungsstrategien. Ausgehend von einem Überblick zu ausgewählten Paradigmen des Strategischen Managements in Abschnitt 2.1 erläutert Abschnitt 2.2 theoretische Modelle zur Planung und Umsetzung von Verteidigungsmaßnahmen. Ausführlich werden Verteidigungsoptionen im Bereich der Marketing-Mix-Instrumente Preispolitik (2.3), Produktpolitik (2.4) sowie Kommunikationspolitik (2.5) dargestellt.[29] Anschließend erfolgt in Abschnitt 2.6 eine Auswertung empirischer Studien der Wirtschaftswissenschaften zu Anwendungshäufigkeiten und Einsatzbedingungen von Verteidigungsstrategien etablierter Anbieter.

In Kapitel drei werden auf Basis der wirtschaftswissenschaftlichen Erkenntnisse zu Verteidigungsstrategien Hypothesen zum Verteidigungsverhalten etablierter Anbieter im deutschen Zeitschriftenmarkt abgeleitet. Abschnitt 3.1 erläutert die Wettbewerbsstruktur und die Produktionsbedingungen im Markt auflagenstarker Publikumszeitschriften. Unter Berücksichtigung der Besonderheiten der Marketing-Mix-Instrumente von Presseverlagen (3.2) untersucht Abschnitt 3.3 die Übertragbarkeit der wirtschaftswissenschaftlichen Konzepte zu Verteidigungsstrategien

---

[28] Der Schwerpunkt der Ausführungen liegt dabei in der Betrachtung des Marktes für Publikumszeitschriften in Deutschland.

[29] Die Darstellung distributionspolitischer Verteidigungsmaßnahmen erfolgt im Rahmen der Modelle zur Produktpolitik in Abschnitt 2.4.

auf Zeitschriftenverlage und erläutert Hypothesen für den empirischen Teil dieser Arbeit.

Kapitel vier beinhaltet eine Überprüfung der Hypothesen anhand ausgewählter Fallstudien im deutschen Zeitschriftenmarkt. Abschnitt 4.1 erläutert das Untersuchungsdesign hinsichtlich der Auswahl von Angreifern und Verteidigern sowie der Methodik zur Erfassung der verschiedenen Marketing-Mix-Instrumente. In Abschnitt 4.2 werden die Ergebnisse der empirischen Erhebung dargestellt und unternehmenspolitische Schlussfolgerungen abgeleitet.

Die Arbeit schließt in Kapitel fünf mit einer zusammenfassenden Betrachtung der Ergebnisse sowie einem Ausblick auf zukünftige wissenschaftliche und praktische Fragestellungen.

2 Verteidigungsstrategien aus Sicht der Wirtschaftswissenschaften

2.1 Ausgewählte theoretische Perspektiven des Strategischen Managements

2.1.1 Allgemeiner Überblick

Das Strategische Management umfasst die Steuerung und Koordination der langfristigen Entwicklung eines Unternehmens und seiner Aufgabenumwelten. Im Mittelpunkt steht der Prozess der Planung, Formulierung und Umsetzung von Strategien in Unternehmungen auf Basis einer konzeptionellen Gesamtsicht.[30] Die Literatur zum Strategischen Management ist dabei durch eine enorme Paradigmenvielfalt gekennzeichnet.[31] Diskutiert werden unter anderem präskriptive versus deskriptive Strategietheorie,[32] bewusst geplante versus emergente Strategien[33] oder marktorientierte versus ressourcenorientierte Ansätze[34].

Während sich manche Autoren implizit oder explizit auf ein bestimmtes Paradigma festlegen,[35] begegnen andere dem Theoriepluralismus durch Integration oder wechselseitige komplementäre Betrachtung einzelner Konzeptionen[36]. Häufig findet man auch eine paradigmenunabhängige Propagandierung von Erfolgsstrategien anhand pragmatischer Fallbeispiele aus der Unternehmenspraxis.[37] Hierbei besteht jedoch die Gefahr, dass Erfolgsrezepte anderer Unternehmen

---

[30] Vgl. Welge/ Al-Laham (2003), S. 19, Saloner/ Shepard/ Podolny (2001), S. 19, Schreyögg (1999), S. 388 f. und Kirsch (1995), Sp. 4105 f.

[31] Vgl. Sydow/ Ortmann (2001), S. 6 f. und Hahn/ Simanek (2000), S. 17 ff.

[32] Vgl. Bresser (1998), S. 5, Becker (1996), S. 8 f., Kernstock (1995), S. 33, Minderlein (1993), S. 158 f. sowie Schreyögg (1984), S. 77 ff.

[33] Vgl. Zimmer/ Ortmann (2001), S. 39 ff., Mintzberg (1998), S. 13 ff., Mintzberg (1995), S. 375 ff. und Mintzberg/ Waters (1985).

[34] Vgl. Hinterhuber/ Friedrich (1999) sowie Bamberger/ Wrona (1996).

[35] Siehe hierzu Scherer (1995), S. 82 f.

[36] Vgl. exemplarisch Hinterhuber/ Friedrich (1999), S. 1012. „Dominierte die Marktorientierung während der 80er Jahre und kommt die Ressourcenorientierung bis Mitte der 90er Jahre immer stärker auf, stellt die Integration beider Sichtweisen nun zweifellos eine der großen Herausforderungen für die strategische Unternehmensführung dar.“. Eine ähnliche Argumentationslogik findet sich bei Bresser (1998), S. 4 und S. 65, Krüger/ Homp (1997), S. 84, Bamberger/ Wrona (1996), S. 146 ff. sowie bei Göbel (1997), S. 20.

[37] Vgl. hierzu beispielsweise Burgelman/ Christensen/ Wheelwright (2004), White (2004), Keuper/ Hans (2003), S. 36 ff., Lynch (2003), Karnani/ Wernerfelt (1985) oder Chandler (1962).

unreflektiert zur Nachahmung empfohlen werden, obwohl sie nur unter bestimmten situativen Bedingungen und Umweltzuständen Gültigkeit besitzen.[38]

Knyphausen-Aufseß (2000) klassifiziert theoretische und empirische Ansätze des Strategischen Managements nach ihrem primären Bezugsfeld. Die traditionelle Industrieökonomik sowie evolutionstheoretische Ansätze betrachten ganze Industrien beziehungsweise Branchen. Die Ebene der strategischen Geschäftseinheit ist Untersuchungsgegenstand der neuen Industrieökonomik, das Unternehmen als Ganzes wird beispielsweise im ressourcenorientierten Ansatz analysiert, während sich Institutionentheorie sowie neuere Systemtheorie mit dem sozialen Netzwerk, in das ein Unternehmen eingebunden ist, beschäftigen.[39] Ein anderes Klassifizierungskriterium wählt Schreyögg (1999) in seiner Überblicksdarstellung zu Entwicklungstendenzen und Entwicklungsperspektiven des Strategischen Managements, indem er sich am Zeitpunkt der Entstehung von Erklärungsansätzen orientiert. In Anlehnung an den umfassenden Überblick von Welge/ Al-Laham (2003) basiert die Darstellung in dieser Arbeit auf den unterschiedlichen wissenschaftlichen Herkunftsdisziplinen der Paradigmen des Strategischen Managements. Demnach lässt sich die Vielzahl der Ansätze einteilen in

- betriebswirtschaftlich fundierte, rational-entscheidungsorientierte Strömungen,
- volkswirtschaftlich fundierte, ökonomische Strömungen und
- interdisziplinär fundierte, systemtheoretisch-evolutionäre Strömungen.

Die Mehrzahl der empirischen Studien zu Verteidigungsstrategien aus dem Bereich der Wirtschaftswissenschaften bezieht sich auf betriebs- oder volkswirtschaftliche Modelle.[40] In den folgenden Abschnitten (2.1.2 und 2.1.3) werden daher grundlegende Aspekte der betriebswirtschaftlichen und volkswirtschaftlichen Konzeptionen des Strategischen Managements skizziert. Aus dem Bereich der volkswirtschaftlichen Strömungen sind industrieökonomische, ressourcenorientierte und spieltheoretische Ansätze von besonderer Bedeutung. Zu systemtheoretischen und evolutionären Paradigmen zählen unter anderem die umweltdeterministischen Ansätze im angloamerikanischen Raum (Population Ecology Research) sowie die evolutionäre Führungskonzeption nach Kirsch beziehungsweise der St. Gallener Ansatz im deutschsprachigen Raum.[41] Diese werden im Folgenden nicht näher thematisiert.

---

[38] Vgl. Wiedmann (1985), S. 150.

[39] Vgl. Knyphausen-Aufseß (2000), S. 40 f.

[40] Vgl. hierzu ausführlich Abschnitt 2.6 dieser Arbeit.

[41] Zu entsprechenden Literaturverweisen vgl. Welge/ Al-Laham (2003), S. 53 ff., Knyphausen-Aufseß (2000), S. 43 und Schreyögg (1999), S. 397 f.

2.1.2 Rational-entscheidungsorientierte Ansätze

Vertreter einer betriebswirtschaftlich-entscheidungsorientierten Perspektive verstehen das strategische Management als rationalen und strukturierbaren Planungsprozess, der aus einer Abfolge aufeinander folgender, sachlogisch verknüpfter Entscheidungen besteht. Die Unternehmensstrategie fungiert als zentraler Handlungsentwurf, der alle anderen Systemeinheiten der Organisation vorsteuert und ausrichtet. Der an der Spitze eines Unternehmens gebildete strategische Plan soll kaskadenförmig über die Managementpyramide zur Ausführung gebracht werden.[42]

Der Managementprozess dieses im anglo-amerikanischen und deutschen Sprachraum weit verbreiteten Ansatzes gliedert sich meist in die beiden Phasen Strategieformulierung und Strategieimplementierung.[43] Ausgehend von Rahmenbedingungen und langfristigen Unternehmenszielen erfolgt zunächst im Rahmen der strategischen Analyse eine Bestandsaufnahme der Ist-Situation eines Unternehmens oder einer Geschäftseinheit. Weitere Aktivitäten sind die Identifizierung von Chancen und Risiken sowie die Analyse des unternehmensbezogenen Ressourcenpotentials. Nach Generierung, Bewertung und Auswahl von Strategiealternativen erfolgt im nächsten Schritt die mittelfristige Programmplanung für die verschiedenen Funktionsbereiche. Auf Basis kurzfristiger Aktionsplanungen und Budgets werden hiernach Strukturen und Systeme der Unternehmung strategiegerecht eingerichtet beziehungsweise angepasst, bevor sich die Umsetzung und Kontrolle der Planungen anschließen. Dieser durch Rückkopplungsschleifen verbundene Prozess der strategischen Planung ist in Abbildung 2.1 dargestellt.

Das Modell der strategischen Planung wurde seit seiner Entstehung in den sechziger Jahren des vergangenen Jahrhunderts kritisch diskutiert.[44] Es setzt in seiner ursprünglichen Konzeption voraus, dass Entscheidungsträger der obersten Führungsebene über sämtliche Informationen verfügen, die für die Umsetzung der geplanten Strategien erforderlich sind. Diese Prämisse ist in der Unternehmenspraxis jedoch nicht haltbar, da Informationen zu strategisch relevanten Entscheidungen häufig asymmetrisch zwischen Top-Management und operativen Entscheidungsträgern verteilt sind.[45] Ebenso ist die unterstellte Eindeutigkeit und

---

[42] Vgl. Schreyögg (2000), S. 392.

[43] Vgl. hierzu zum Beispiel die Prozessschemata von Gilmore/ Brandenburg (1962), S. 67, Ansoff (1988), S. 26, Ansoff (1966), S. 208 f. sowie Christensen/ Andrews/ Bower (1982), S. 99. Der hier erläuterte Prozessablauf orientiert sich an einer Synopse dieser Modelle von Schreyögg (1984), S. 81 ff.

[44] Vgl. hierzu beispielsweise den Überblick zur Mintzberg-Ansoff-Kontroverse bei Bresser (1998), S. 11 ff. sowie Mintzberg (1991).

[45] Vgl. Christensen/ Andrews/ Bower (1982), S. 827 ff.

Klarheit der Problemstellung von strategischen Entscheidungen oft nicht gegeben.[46]

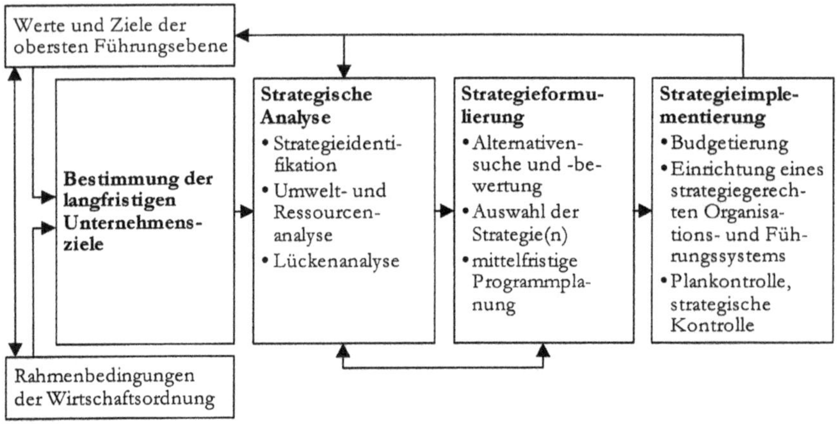

Abbildung 2.1: Elemente und Schrittfolge der strategischen Planung[47]

Traditionelle Planungskonzepte gehen weiterhin davon aus, dass jede strategische Entscheidung von der obersten Führungsebene explizit kommuniziert und von zahlreichen Entscheidungs- und Handlungsträgern innerhalb der Organisation entsprechend umgesetzt wird. In einem komplexen sozialen System wie einer Unternehmung werden strategische Planungen jedoch häufig lediglich zu einem kleinen Teil in der ursprünglich intendierten Weise verwirklicht. Dies belegen empirisch-deskriptive Untersuchungen zum Strategieprozess, die die idealtypisch unterstellten Prämissen wie Verfügbarkeit vollständiger Informationen, Planbarkeit, Rationalität, schrittweise gegliederte Entscheidungssystematik sowie das explizite Formulieren strategischer Maßnahmen nur vereinzelt nachweisen konnten.[48] Vielmehr überwiegen in der Unternehmenspraxis inkrementelle, nicht-lineare, von

46 Vgl. Schreyögg (2000), S. 391 f.

47 In Anlehnung an Schreyögg (1984), S. 85.

48 Vgl. Becker (1996), S. 333, Mintzberg (1995), S. 343 ff. und Schreyögg (1984), S. 147 ff.

Zufall und ex-post Rationalisierungen geprägte Prozesse der strategischen Steuerung.[49]

Vor diesen Hintergrund hat sich, wesentlich beeinflusst durch das Modell des logischen Inkrementalismus nach Quinn,[50] das Verständnis der rational-entscheidungsorientierten Perspektive des Strategischen Managements wie folgt erweitert und interdisziplinär geöffnet:[51]

- Strategische Ideen können an den verschiedensten Orten in einer Organisation entstehen. Subsysteme stehen in vielfältigem Kontakt mit der Umwelt und entwickeln Ideen aus ganz bestimmten Problemkonstellationen oder auch sich situativ ergebenden Chancen heraus. Für die Gestaltung des strategischen Prozesses bleibt festzuhalten, dass der Ursprung für strategische Ideen offen bleiben sollte; die Planung der Ideengenerierung ist eher kontraproduktiv. Der strategische Prozess ist seinem Charakter nach emergent.
- Erst wenn strategische Ideen konkrete Formen annehmen, kann ein planvoller Ausleseprozess oder auch eine strukturierende und systematisierende Überformung Platz greifen.
- Der Weg, den strategische Ideen im Zuge ihrer Reifung gehen, kann formal strukturiert sein (Planungskalender, Szenarioanalysen usw.); es ist jedoch nicht auszuschließen, dass sich genau neben oder hinter diesen Formalprozeduren die erfolgreichsten Strategien entwickeln. Im letzteren Falle ist eine lernfähige Organisation gefordert, die nicht auf ihren Formalprozeduren beharrt, sondern in der Lage ist, die Ergebnisse emergenter Prozesse in der eigenen Organisation zu sehen und zu nutzen.
- Strategiemanagement heißt weniger die Festlegung von Zielen und die Bestimmung geeigneter Maßnahmen, sondern vielmehr den Humus für neue strategische Ideen zu schaffen und das Erkennen, Fördern und Kultivieren geeigneter Ansätze. Strategien können nur begrenzt durch Einzelentscheidungen des Top-Managements umgesetzt werden; vielmehr haben Führungskräfte die Aufgabe, unternehmensweite Veränderungs- und Lernprozesse zu initiieren und zu begleiten.

Die folgenden Abschnitte geben einen Überblick über Teilströmungen ökonomisch geprägter Paradigmen des Strategischen Managements. Hierzu zählen ins-

49 Vgl. Schreyögg (2000), S. 393 ff. und Al-Laham (2000), S. 261 ff. und Bresser/ Bishop (1983), S. 588 ff.

50 Vgl. hierzu Quinn/ Voyer (1998), S. 103 ff.

51 Vgl. zu dieser Zusammenfassung Welge/ Al-Laham (2003), S. 34 f., Schreyögg (2000), S. 398 und Schreyögg (1999), S. 399 f.

besondere industrieökonomische, ressourcenorientierte sowie spieltheoretische Ansätze der strategischen Unternehmensführung.[52]

2.1.3 Ökonomische Ansätze

2.1.3.1 Industrieökonomische Ansätze

Die volkswirtschaftlich geprägte Industrial Organization-Forschung baut auf dem von Mason (1939) und Bain (1968) entwickelten Structure-Conduct-Performance-Paradigma auf.[53] Demnach resultiert der Erfolg eines Unternehmens aus der Geschäftspolitik (Preispolitik, Werbung, F&E, Produkt-Marktkombination etc.), die wiederum von der Branchenstruktur (Markteintrittsbarrieren, Zahl und Größe der Anbieter, Elastizität der Nachfrage usw.) abhängt, wie Abbildung 2.2 zeigt. In der ursprünglichen Konzeption galt die Geschäftspolitik eines Unternehmens als vernachlässigbarer Transfermechanismus, weshalb meist der direkte Zusammenhang zwischen Marktstruktur und Unternehmenserfolg untersucht wurde.[54]

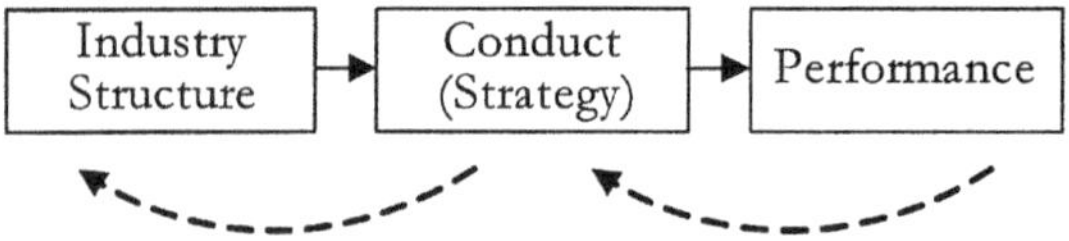

Abbildung 2.2: Paradigma der traditionellen und neuen Industrieökonomik[55]

Porter erweiterte das klassische Strukturmodell um proaktive Handlungsspielräume der Anbieter sowie die Prämisse interdependenter Beziehungen zwischen

52 Eine weitere Strömung ökonomischer Ansätze sind institutionenökonomische Konzepte, die in der Regel in folgende Forschungsbereiche differenziert werden: Property Rights-Theorie, Principal Agent-Theorie, Transaktionskostentheorie sowie Public Choice-Theorie. Aufgrund der geringen Relevanz der Neoinstitutionenökonomik für diese Arbeit sei auf die Überblicksdarstellungen von Ebers/ Gotsch (2002), S. 199 ff. und Mahoney/ Pandian (1992), S. 369 ff. sowie die dortigen Literaturquellen verwiesen.

53 Vgl. Wied-Nebbeling (2004), S. 1 f.

54 Vgl. Shy (1995), S. 3 f. sowie Minderlein (1993), S. 166 f.

55 In Anlehnung an Porter (1981), S. 616.

Marktstruktur, Geschäftspolitik und Unternehmenserfolg.[56] Im Rahmen von Ansätzen der neuen Industrieökonomik können Unternehmen durch ihr Verhalten nicht nur ihren Erfolg maßgeblich beeinflussen, sondern langfristig auch die Branchenstrukturen verändern. Denkbar ist beispielsweise die Erhöhung von Markteintrittsbarrieren[57] durch eine Steigerung der Werbebudgets für Markenartikel oder eine Änderung der Marktform, sofern es einem Anbieter gelingt, durch aggressive Preispolitik einen Konkurrenten aus dem Markt zu drängen. In der Konzeption von Porter wirkt außerdem das Marktergebnis auf die Unternehmenspolitik zurück. Erzielt ein Unternehmen hohe Gewinne, so kann es diese zum Beispiel für eine Diversifikationsstrategie einsetzen und so wiederum die ursprüngliche Marktstruktur verändern.[58] Neben einer Erweiterung des traditionellen Modells vollzog sich mit der Einführung der neuen Industrieökonomik außerdem der Übergang von der Makro- zur Mikroperspektive. Analysiert wird nun weniger eine ganze Branche beziehungsweise ein Industriezweig, sondern zunehmend das einzelne Unternehmen als strategischer Akteur.[59]

Wesentlicher Bestandteil industrieökonomischer Ansätze ist die Analyse von Markteintritts- beziehungsweise Marktaustrittsbarrieren. Markteintrittsbarrieren stellen aus Sicht von potentiellen Konkurrenten Kosten dar, die ihre Gewinnerwartungen im Hinblick auf einen möglichen Markteintritt schmälern.[60] Nach Bain (1962), Bain (1968) sowie Porter (1999) unterscheidet man meist strukturelle, strategische sowie gesetzlich/ administrative Markteintrittsbarrieren.[61] Strukturelle Markteintrittsbarrieren sind exogen vorgegeben und blockieren den Marktzutritt für potentielle Wettbewerber. Etablierte Anbieter können in einer solchen Situation supra-normale Gewinne realisieren, ohne Marktzutritte von Konkurrenten befürchten zu müssen, da sich der Markteintritt für einen Angreifer selbst dann nicht lohnt, wenn der Verteidiger keine Anstrengungen unternimmt, den Eintritt zu behindern.[62] Dies ist beispielsweise der Fall, wenn die Stückkosten potentieller

---

56 Vgl. Porter (1981), S. 615 f.: „The Bain view that strategic choices do not have an important influence on industry structure is nearly dead. It is now recognized that there are feedback effects of firm conduct (strategy) on market structure ..."

57 Einen Überblick über Arten und Ursachen von privaten und staatlichen Marktschranken geben Schmidt/ Engelke (1989), S. 399 ff.

58 Die erweiterte Konzeption der Industrial Organization-Prämissen ist in Abbildung 2.2 durch gestrichelte Pfeile gekennzeichnet.

59 Vgl. Friedrich/ Matzler/ Stahl (2002), S. 32 f. und Minderlein (1993), S. 168 f.

60 Vgl. Schmalensee (1988), S. 663.

61 Vgl. Pfähler/ Wiese (1998), S. 33 ff., Shy (1995), S. 182 f. und Minderlein (1990), S. 156.

62 Vgl. Shy (1995), S. 186 f.

Konkurrenten über dem maximalen Prohibitivpreis liegen, den Konsumenten bereit wären zu zahlen. Strategische verhaltensbedingte Markteintrittsschranken werden im Gegensatz zu Marktbarrieren struktureller Natur von Verteidigern gesetzt, um den Markteintritt potentieller Konkurrenten, deren Markteintritt nicht blockiert ist, zu verhindern oder zu verlangsamen.[63] Dies setzt voraus, dass die Eintrittsabschreckung aus Sicht des Verteidigers wirtschaftlich vorteilhaft ist, wenngleich für ihn im Vergleich zur unangefochtenen Monopolsituation gleichwohl Gewinneinbußen entstehen können.

Mögliche Handlungsoptionen zum Aufbau strategischer Marktschranken, auf die sich diese Ausarbeitung konzentriert, können unter anderem im Bereich der Preis-, Produkt-, Kommunikations- oder Distributionspolitik liegen. Gesetzliche oder administrative Markteintrittsbarrieren wie Patente oder Lizenzen werden in dieser Arbeit nicht näher analysiert.

2.1.3.2 Ressourcenorientierte Ansätze

Der Begriff des „Resource-Based-View“ umfasst sämtliche Strömungen der wirtschaftswissenschaftlichen Literatur, die den Wettbewerbserfolg einer Unternehmung auf die Existenz und Weiterentwicklung ihrer einzigartigen Ressourcen oder Ressourcenkombinationen zurückführen. Ausgangspunkt ressourcenorientierter Ansätze ist die Kritik an der Dominanz marktbedingter Erklärungsvariablen zur Begründung von Wettbewerbsvorteilen im Rahmen des traditionellen Structure-Conduct-Performance-Paradigmas (siehe Abbildung 2.2).[64] Offen bleibt dabei die Frage, welche Voraussetzungen innerhalb eines Unternehmens gegeben sein müssen, damit Wettbewerbsvorteile entstehen.[65] Im Sinne einer Resources-Conduct-Performance-Wirkungskette[66] bilden nach dem Resource-Based-View bestimmte Ressourcen die Grundlage und das Objekt strategischen Verhaltens. Wettbewerbsvorteile werden primär auf Unterschiede in der Faktorausstattung von Unternehmen zurückgeführt.[67]

---

63 Vgl. Karakaya/ Stahl (1989), S. 88 f. Shy (1995), S. 170 weist darauf hin, dass sich die Abgrenzung, ob eine Markteintrittschranke durch einen Marktteilnehmer gesetzt wurde oder exogen vorgegeben ist, häufig problematisch gestaltet, wodurch die Festlegung wettbewerbsrechtlicher Regelungen erschwert wird.

64 Vgl. Friedrich/ Matzler/ Stahl (2002), S. 33.

65 Vgl. Collis/ Montgomery (1995), S. 118 ff.

66 Vgl. zu diesem Begriff Hungenberg (2001), S. 56.

67 Vgl. Barney (2001a), S. 644 ff.

Während traditionelle industrieökonomische Ansätze eine sofortige Ressourcenverfügbarkeit auf fungiblen Faktormärkten unterstellen, resultiert die Verschiedenheit der Faktorausstattungen im ressourcenorientierten Ansatz aus der Unvollkommenheit beziehungsweise Nicht-Existenz von Faktormärkten.[68] Unvollkommene Faktormärkte entstehen durch Informationsasymmetrien oder unterschiedliche (Gewinn-)Erwartungen zwischen Käufer und Verkäufer einer Ressource. Für Ressourcen, die außerhalb ihres angestammten Verwendungszwecks vollständig an Wert verlieren, die also nur unternehmensintern akkumuliert und ausgeschöpft werden können (zum Beispiel Unternehmenskultur), existiert unter Umständen überhaupt kein Faktormarkt.[69]

Entsprechend den verschiedenen Strömungen des Ressourcenansatzes existiert eine Vielzahl von Begriffsabgrenzungen und Einteilungen von Ressourcen. Der Begriff der Ressource wird dabei sehr weit gefasst, wie die Definition von Wernerfelt zeigt. Er klassifiziert Ressourcen als materielle und immaterielle Aktiva, die Stärken beziehungsweise Schwächen eines Unternehmens bilden können. Hierzu gehören beispielsweise Markennamen, Verträge, Maschinen, organisatorische und personengebundene Fähigkeiten etc.[70]

Inwieweit Ressourcen Wettbewerbsvorteile begründen, hängt von den Eigenschaften strategisch relevanter Ressourcen im Vergleich zu herkömmlichen Ressourcen ab. Das strategische Potential einer Ressource ist umso höher,[71]

- je stärker eine Ressource in den organisatorischen Kontext einer Unternehmung eingebunden ist. Insbesondere intangible Ressourcen, die beispielsweise auf subtilem Verhalten oder verfestigten Routinen beruhen, gelten als hochgradig unternehmensspezifisch. Mit zunehmender Unternehmensspezifität steigen auch die bei einer Transferierung entstehenden Transaktionskosten der Ressource, da sie außerhalb ihres angestammten Kontextes an Wert verliert.
- je besser sich eine Ressource vor Imitationsversuchen der Konkurrenz schützen lässt. Das Ausmaß der Imitierbarkeit hängt von historischen Einflüssen („path dependence“) auf Entstehung und Entwicklung der Ressourcenbasis

68 Vgl. Dierickx/ Cool (1989), S. 1505 ff.

69 Zu den Ausführungen dieses Absatzes vgl. Friedrich/ Matzler/ Stahl (2002), S. 32 ff., Hungenberg (2001), S. 55 ff., Nolte/ Bergmann (1998), S. 3 ff. und Porter (1991), S. 109.

70 Vgl. Wernerfelt (1984), S. 172. Ähnlich umfassend ist die Definition von Barney (2002), S. 155 beziehungsweise Barney (1991), S. 101.

71 Vgl. zu dieser Aufzählung Barney (2002), S. 162 ff., Srivastava/Fahey/ Christensen (2001), S. 783 ff., Nolte/ Bergmann (1998), S. 18 ff., Thiele (1997), S. 46 f., Porter (1991), S. 107 f., Barney (1991), S. 105 ff. und Dierickx/ Cool (1989), S. 1507 ff.

ab. Ein Wettbewerbsvorteil, der auf historischen idiosynkratischen (Investitions-)Entscheidungen beruht, kann unter Umständen nicht ohne den gleichen zeitlichen Prozessablauf imitiert werden. Auch kausale Unklarheiten („causal ambiguity") über die Art der Beziehungen zwischen Ressourcen und Wettbewerbsvorteilen beeinflussen neben weiteren Faktoren das Imitationspotential.

- je stärker eine Ressource vor Ressourcen-Substituten der Konkurrenz geschützt ist. Eine Substitutionsgefahr besteht einerseits, wenn Konkurrenten versuchen, durch Neukonfiguration anderer Ressourcen einen alternativen Weg zur Realisierung von Wettbewerbsvorteilen zu beschreiten. Zum anderen verursacht der technologische Fortschritt bei technologiebasierten Ressourcen eine permanente Substitutions- und Erosionsgefahr.
- je stärker eine Ressource zur Generierung eines Kundennutzens beiträgt. Eine Ressource verbessert die Marktposition eines Unternehmens umso eher, je mehr die Leistungen des Unternehmens am Absatzmarkt durch die Verwendung der Ressource in der Kundenwahrnehmung einen einzigartigen Zusatznutzen bieten.

Eine wichtige Strömung innerhalb der ressourcenorientierten Ansätze ist das Konzept der Kernkompetenzen.[72] Ausgehend von der Überlegung, dass einzelne Ressourcen als solche selten produktiv sind, definieren Krüger/ Homp (1997) Kernkompetenzen als Kombination oder Bündelung von Ressourcen, die zur Entstehung von Wettbewerbsvorteilen führen.[73] Da materielle Aktiva im Allgemeinen imitierbar sind, liegt der Schwerpunkt der Diskussion eher auf den immateriellen, schwer imitierbaren personenunabhängigen Routinen oder personenabhängigen Fähigkeiten einer Unternehmung.

Abbildung 2.3 visualisiert den Ablauf des Kernkompetenz-Managements mit den Prozessschritten Identifikation, Entwicklung, Integration, Nutzung sowie Transfer von Kernkompetenzen. Die Identifikation von Kernkompetenzen beinhaltet eine Analyse, ob die Ressourcen eines Unternehmens Kernkompetenzen darstellen und damit Wettbewerbsvorteile generieren oder eher den Charakter von Basiskompetenzen der gesamten Branche besitzen.[74] Die Eigenschaften strategi-

---

72 Vgl. Faix/ Kupp (2002), S. 60 und Thomsen (2001), S. 22.

73 Vgl. Krüger/ Homp (1997), S. 34 und S. 56.

74 Zur Beschreibung des Kernkompetenz-Management-Zyklus vgl. die Ausführungen von Krüger/ Homp (1997), S. 92 ff.

scher Ressourcen dienen dabei als Anhaltspunkt.[75] Im nächsten Schritt werden diejenigen Kernkompetenzen identifiziert, die auf- oder ausgebaut werden müssen, um bestehende und zukünftige Wettbewerbsvorteile zu realisieren.[76] Die Entwicklung der Kernkompetenzen umfasst die Gesamtheit von Aufbau- und Umbaumaßnahmen, das heißt die Festigung, den Aufbau und die Verbesserung bestehender Kompetenzen sowie die Weiter- und Neuentwicklung zukünftiger Kompetenzen. Kernkompetenzen können je nach ihren Eigenschaften selbst entwickelt, aus anderen Geschäftsbereichen oder Unternehmen transferiert, am Markt eingekauft, oder gemeinsam mit Partnern in Form von strategischen Allianzen aufgebaut werden.[77] An die Entwicklung der wettbewerbsrelevanten Kernkompetenzen schließen sich die Integration in den Unternehmenskontext sowie die eigentliche Nutzungsphase an. Das Kernkompetenz-Management beinhaltet außerdem den Transfer der bestehenden Kompetenzbasis auf neue Anwendungsgebiete wie neue Produkte oder Leistungen im Stammgeschäft, neue Geschäftsfelder oder Vertriebswege.[78]

Traditionelle industrieökonomische Ansätze beleuchten vorwiegend die Bedeutung externer Potentiale für den Aufbau von Wettbewerbsvorteilen, wie beispielsweise die Errichtung von Markteintrittsbarrieren oder die Wahl attraktiver Branchen beziehungsweise Märkte. Dagegen hebt der Ressourcenansatz die Rolle interner, häufig immaterieller Potentiale hervor und liefert damit Anhaltspunkte für die Durchführung strategischer Umwelt- und Unternehmensanalysen.[79] In beiden Ansätzen bleibt jedoch die Unternehmung als komplexe soziale Organisation weitgehend eine „black box“[80]. Die Systemsteuerung der Organisation wird unter Vernachlässigung verhaltensbezogener Aspekte meist wie ein Ein-Personen-Problem behandelt, wobei Willensbildung und Willensdurchsetzung gleichgesetzt werden. Unternehmen bestehen jedoch als komplexe soziale Systeme aus einer

75 Je eher Ressourcen die Eigenschaften strategischer Ressourcen aufweisen, desto eher handelt es sich um Kernkompetenzen. Vgl. hierzu auch den Fragenkatalog des VRIO-Schemas zur Identifikation von Kernkompetenzen nach Barney (2002), S. 159 ff.

76 Zur Methodik vgl. beispielsweise die Kompetenz-Produkt-Matrix nach Hamel/ Prahalad (1995), S. 337 ff. oder auch die Empfehlungen zur Bestimmung von Kernkompetenz-Management-Prioritäten nach Krüger/ Homp (1997), S. 104 ff.

77 Vgl. Faix/ Kupp (2002), S. 65 ff. und Porter (1991), S. 108. Siehe auch Thiele (1997), S. 67 ff.

78 Vgl. Prahalad/ Hamel (1990), S. 79 ff.

79 Vgl. Mahoney/ Pandian (1992), S. 371.

80 Sydow/ Ortmann (2001), S. 11.

Vielzahl von Handlungselementen, die auf formellen und informellen Wegen untereinander verbunden sind und sich auf immer neuen Wegen verbinden.[81]

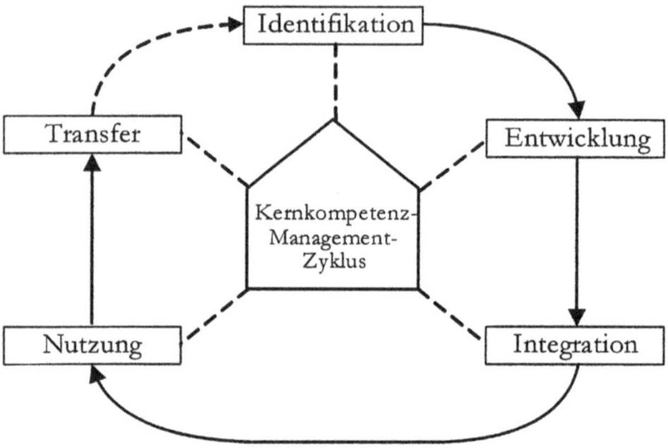

Abbildung 2.3: Prozess des Kernkompetenz-Managements[82]

2.1.3.3 Spieltheoretische Ansätze

Die Spieltheorie analysiert rationales Verhalten von Entscheidungsträgern in interdependenten Entscheidungssituationen und setzt an der Conduct-Komponente des industrieökonomischen Paradigmas an. Sie hat in den letzten Jahren in zahlreichen Anwendungsgebieten der Sozial- und Wirtschaftswissenschaften an Bedeutung gewonnen.[83] In spieltheoretischen Modellen agieren Unternehmen als Spieler beziehungsweise Akteure, die durch ihr strategisches Handeln in Form

---

81 Vgl. Sydow/ Ortmann (2001), S. 7 ff. und Schreyögg (2000), S. 393 f. Siehe auch Barney (2001b), S. 53 f.

82 In Anlehnung an Krüger/ Homp (1997), S. 265.

83 Dies verdeutlicht unter anderem der an die Spieltheoretiker John C. Harsanyi, John F. Nash sowie Reinhard Selten vergebene Nobelpreis für Wirtschaftswissenschaften des Jahres 1994. Siehe hierzu Illing (1995).

von Spielzügen ihren ökonomischen Erfolg optimieren. Dabei beeinflusst die Strategie eines Spielers die Zielerreichung des oder der anderen Spieler(s).[84]

Um eine Entscheidungssituation als Spiel zu formulieren, sind zunächst die relevanten Spieler zu identifizieren. Im Bereich des Strategischen Managements kann es sich hierbei um existierende oder potentielle Konkurrenten, um Zulieferer, Kunden oder Mitarbeiter handeln. Der nächste Schritt umfasst die Bestimmung der strategischen Möglichkeiten der Spieler. Handlungen der Akteure werden als Züge oder Aktionen eines Spiels bezeichnet und können beispielsweise Preise, Absatzmengen oder Werbebudgets betreffen. Bei kooperativen Spielen besteht für die Spieler die Möglichkeit, untereinander bindende Absprachen oder Verpflichtungen einzugehen. Handelt es sich dagegen um ein nicht-kooperatives Spiel, können sich Spieler zwar untereinander verständigen, die Einhaltung von Vereinbarungen ist jedoch nicht sicher.[85] Die auf jeder Spielstufe gewählten Aktionen der Spieler determinieren die Auszahlungen der Beteiligten (Payoffs), die meist in Geld- oder Nutzeneinheiten gemessen und als Spielbaum visualisiert werden.

Diese exakte Beschreibung von Spielen ermöglicht die streng mathematische Lösung sozialer Konfliktsituationen. Eine Strategie im Sinne der Spieltheorie ist daher definiert als Handlungsanweisung, die dem Spieler auf jeder Stufe des Spiels eine spezielle Aktion aus einer bestimmten Menge von Handlungsalternativen als gewinnoptimale Antwort auf die Aktionen der anderen Spieler nahe legt.[86]

Das spieltheoretische Instrumentarium ist prinzipiell für alle interdependenten Entscheidungsprobleme anwendbar und umfasst zahlreiche Fragestellungen im Bereich des Strategischen Managements, der Organisationsgestaltung sowie der Vertragsverhandlung. Abbildung 2.4 veranschaulicht, dass sich die Anwendung der Spieltheorie bei unternehmensbezogenen Entscheidungen vor allem im Falle relativ starker Abhängigkeiten zwischen den Auszahlungen der Wettbewerber eignet. Die Felder 1 und 2 beschreiben Situationen, in denen die Reaktionen der Konkurrenten geringen Einfluss auf die eigenen Auszahlungen eines Unternehmens haben. Dies ist der Fall, wenn die Konkurrenten grundsätzlich nicht motiviert sind (erster Quadrant) oder keine Möglichkeit haben (zweiter Quadrant), Vergeltungsmaßnahmen zu üben. Im dritten Feld ist nicht mit Reaktionen des Wettbewerbers auf die eigenen Aktionen zu rechnen, da die eigenen Aktionen die Auszahlungen des Konkurrenten lediglich in geringem Umfang beeinflussen. Nur

[84] Vgl. zu den Ausführungen dieses Absatzes Holler/ Illing (2003), S. 1 ff., Sieg (2000), S. 3 ff. und Schelling (1980), S. 83 ff.

[85] Zu dieser allgemein üblichen Klassifikation spieltheoretischer Modelle vgl. beispielsweise den Aufbau des Lehrbuches von Myerson (1997).

[86] Vgl. Wied-Nebbeling (2004), S. 294 ff.

in der durch den vierten Quadranten charakterisierten Situation sind dezidierte spieltheoretische Überlegungen sinnvoll.[87]

In derartigen Fällen verhilft eine spieltheoretische Modellierung von Entscheidungsproblemen den Entscheidungsträgern zu einer rationalen Auseinandersetzung mit der Wettbewerbssituation sowie den Strategien der Wettbewerber.[88] Entgegen der häufig praktizierten Vorgehensweise von Unternehmen, strategische Aktionen primär auf der Basis vergangener Erfahrungen mit der Konkurrenz zu planen, rückt die Prognose des wahrscheinlichen Verhaltens der anderen Wettbewerber in den Vordergrund. Weiterhin geben die Modelle der Spieltheorie Lösungshilfen bei der Analyse, welche Formen von kooperativen beziehungsweise nicht-kooperativen Strategien profitabel sind, welche Rolle der Information über Spielzüge des Angreifers aus strategischer Sicht zukommt oder welche Faktoren die Profitabilität eines Brancheneintritts beeinflussen.[89]

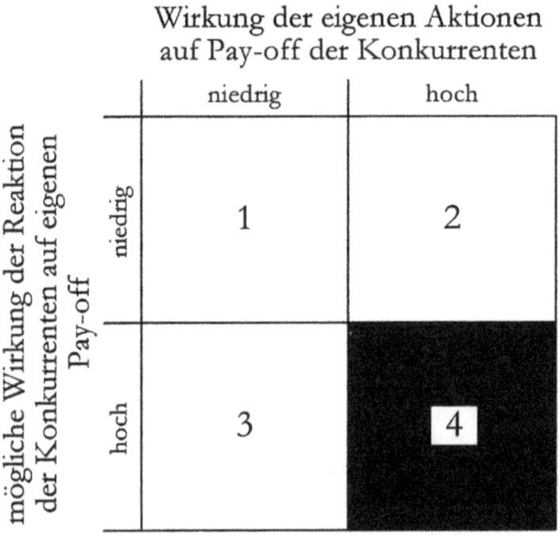

Abbildung 2.4: Bereich für spieltheoretisch relevante Entscheidungen des Strategischen Managements[90]

[87] Vgl. zu dieser Systematik Völker (1998), S. 352 ff.

[88] Die Einsatzmöglichkeiten spieltheoretischer Modelle im Rahmen des Strategischen Managements beschreiben Saloner/ Shepard/ Podolny (2001), S. 405 ff.

[89] Vgl. Völker (1998), S. 357 f. und Saloner (1991), S. 133.

[90] In Anlehnung an Völker (1998), S. 353.

Die Kritik an spieltheoretischen Modellen im Rahmen des Strategischen Managements setzt meist am geschlossenen Charakter der Modellierungen an.[91] Nach der Abbildung der Wettbewerbssituation in einem spieltheoretischen Modell beschränkt sich die Rolle der beteiligten Spieler auf die Auswahl einer im voraus definierten Handlungsalternative. Dies setzt allerdings meist unrealistische und nichterfüllbare Annahmen über den Informationsstand der Spieler voraus, insbesondere hinsichtlich der Ermittelbarkeit von Payoffs für sämtliche Handlungsalternativen.[92] Auf der anderen Seite zeigen Datenprobleme bei der Modellierung aber auch wesentliche Informationsmängel auf, die noch zu beheben wären. Es bleibt abzuwarten, inwieweit durch die Berücksichtigung von Spielen mit unvollkommener Information und so genannten unscharfen (fuzzy) Spielen das Anwendungsspektrum der Spieltheorie ausgeweitet werden kann.[93]

Als kritisch anzusehen ist weiterhin, dass das Lösungspotential der Spieltheorie auf eine rein entscheidungslogische Auswahl einer Strategiealternative in einer vorab strukturierten Handlungssituation beschränkt ist. Die Modellbildung als eigentliche Konstruktionsleistung eines strategieverantwortlichen Praktikers wird jedoch kaum thematisiert oder unterstützt. [94] In den letzten Jahren sind allerdings Weiterentwicklungen vorgelegt worden, die zum Beispiel Lernschleifen dergestalt vorsehen, dass nach Beendigung eines Spieles die Spieler ihre Erfahrungen in das neue Spiel einbringen können.[95] Sofern jedoch Entscheidungssituationen des Strategischen Managements einen relativ hohen Grad an Komplexität aufweisen, ist eine spieltheoretische Lösung oft lediglich für ausgewählte Teilprobleme oder überhaupt nicht möglich.[96]

---

91 Vgl. Heß (1991), S. 86 ff.

92 Vgl. Saloner/ Shepard/ Podolny (2001), S. 426 und Saloner (1991), S. 120 ff.

93 Vgl. Heß (1991), S. 91. Zu den Anwendungsmöglichkeiten der Spieltheorie in der betrieblichen Praxis vgl. Berninghaus/ Völker/ Erhart (1996).

94 Vgl. Minderlein (1993), S. 195 f. und Saloner (1991), S. 133.

95 Siehe hierzu Holler/ Illing (2003), S. 140 ff. und S. 358 ff.

96 Vgl. Leeflang/ Wittink (2001), S. 122 sowie Porter (1991), S. 106: „By concentrating sequentially on small numbers of variables, the models fail to capture the simultaneous choices over many variables that characterize most industries. The models force a homogeneity of strategies.“

2.1.4 Strukturationstheorie als Metatheorie des Strategischen Managements

Für diese Arbeit sind die oben skizzierten betriebs- und volkswirtschaftlichen Strömungen aus dem Bereich des Strategischen Managements von besonderer Bedeutung.[97] Als übergreifende Metatheorie soll in Anlehnung an Ortmann/ Sydow (2001) die Strukturationstheorie zugrunde gelegt werden. Der strukturationstheoretische Ansatz ermöglicht eine theoretische Fundierung und lose Integration verschiedener, teilweise widersprüchlicher und auf den ersten Blick unvereinbarer Paradigmen des Strategischen Managements.[98]

Auf der Basis der von Anthony Giddens entwickelten allgemeinen Sozialtheorie[99] übertragen Ortmann/ Sydow (2001) den Strukturationsansatz auf verschiedene Anwendungsbereiche der strategischen Unternehmensführung. Danach sind folgende Faktoren, Folgen, Phasen, sozialen Dimensionen, Strukturen und Akteure im Prozess der Strategieentwicklung und -umsetzung von Bedeutung:[100]

- Dimension der internen Handlungsbedingungen und –folgen,
- Dimension der externen Handlungsbedingungen und –folgen,
  - ~ Strukturen ökonomischer, politischer, rechtlicher und ökologischer Art
  - ~ Akteure und deren Strategien wie Kunden, Konkurrenten, Kooperationspartner, Lieferanten, F&E-Partner sowie staatliche Akteure, die Recht setzen und Politik betreiben
- Dimension der Sinnkonstitution (Interpretation, Kognition, Deutungsmuster),
- Dimension der Legitimation (Rechtfertigung, Sanktionierung, Normen),
- Dimension der Politik im weitesten Sinne (Machtausübung, autoritative Ressourcen),
- Dimension der Ökonomie im weitesten Sinne (Herrschaft über Natur und Materie, allokative Ressourcen inkl. Technik) sowie
- Dimension der entstehenden oder entstandenen strukturellen Eigenschaften von Prozessen und Systemen (zum Beispiel funktionale oder divisionale Or-

---

97 Zu einzelnen Fragestellungen werden ergänzend Arbeiten aus anderen Forschungsgebieten herangezogen, zum Beispiel aus den Bereichen Kommunikationswissenschaft, Soziologie oder Psychologie.

98 Zur kritischen Würdigung der Strukturationstheorie vgl. Walgenbach (2002), S. 396 ff. und Walgenbach (1995), S. 772 ff.

99 Vgl. Giddens (1990), Giddens (1984a) und Giddens (1984b). Grundzüge dieser Theorie erläutern Walgenbach (2002), S. 355 ff. und Becker (1996), S. 117 ff.

100 Vgl. zu dieser Auflistung Ortmann/ Sydow (2001), S. 433 ff.

ganisationsform, flache oder steile Hierarchien, lose oder feste Kopplungen etc.).

Diese Aufzählung verdeutlicht, dass sich die strategische Unternehmensführung im Gegensatz zum traditionellen Verständnis der Betriebs- und Volkswirtschaftslehre nicht auf die Dimension der Märkte sowie techno-ökonomischer Vorgänge beschränkt. Institutionen und Prozesse der Wirtschaft sind vielmehr eingebunden in ein politisches, gesellschaftliches und sozio-kulturelles Netzwerk,[101] dessen wechselseitige Beeinflussungsbeziehungen teilweise sogar Inhalt strategischer Maßnahmen sein können, wie im weiteren Verlauf der Arbeit gezeigt wird.[102]

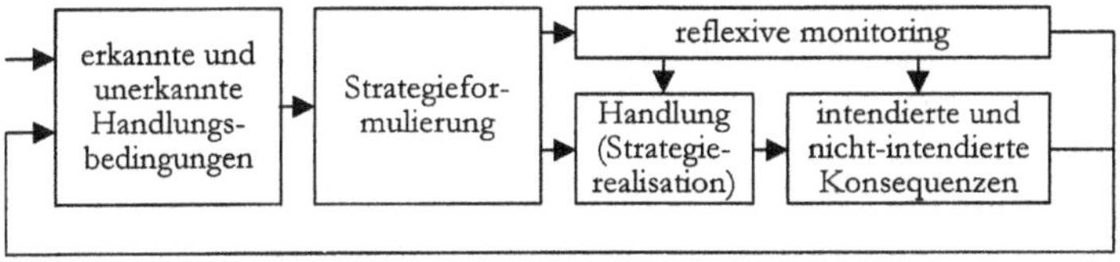

Abbildung 2.5: Strategisches Management als rekursiver Prozess[103]

In Übereinstimmung mit neueren Konzepten des Strategischen Managements[104] berücksichtigt die Strukturationstheorie als Meta-Paradigma auch Kontroll-, Korrektur- oder sonstige Feedback-Schleifen aufgrund von nicht-intendierten Handlungskonsequenzen und unerkannten Handlungsbedingungen. Der strategische Planungs- und Umsetzungsprozess wird verstanden als zirkuläre, rekursive[105] Figur, innerhalb derer Resultate des Handelns und seiner reflexiven Überwachung als informationelle und auch materielle Inputs in je neue Schleifen des Strategieprozesses eingehen, wie Abbildung 2.5 zeigt.[106] Dieser Prozess kann sich

---

101 Stakeholder von Medienunternehmen beschreibt Ludwig (2003), S. 204 ff.

102 Vgl. hierzu auch Wiedmann (1985), S. 151, der die Forderung nach ganzheitlichem beziehungsweise systematischem Denken als grundlegende Orientierung für eine erfolgreiche Unternehmensführung skizziert.

103 Nach Ortmann/ Sydow (2001), S. 433.

104 Vgl. im Überblick Knyphausen-Aufseß (2000), S. 44, Bresser (1998), S. 12 f. und Schreyögg (1999), 390 ff.

105 Zimmer/ Ortmann (2001), S. 30 definieren den Begriff Rekursion als iterative Anwendung einer Operation oder Transformation auf ihr eigenes Resultat.

prozesses eingehen, wie Abbildung 2.5 zeigt.[106] Dieser Prozess kann sich auf ein gesamtes Unternehmen oder auf Teilbereiche der Organisation beziehen.

Insgesamt ermöglicht die Anwendung der Strukturationstheorie auf Fragestellungen des Strategischen Managements die Berücksichtigung der Dichotomie zwischen interner Orientierung des Resource-Based-View und externer Ausrichtung industrieökonomischer Ansätze, die Implementierung von Strategien in komplexen sozialen Systemen unter Einbeziehung sämtlicher Hierarchieebenen sowie intendierte und nicht-intendierte Handlungskonsequenzen der strategischen Pläne. [107]

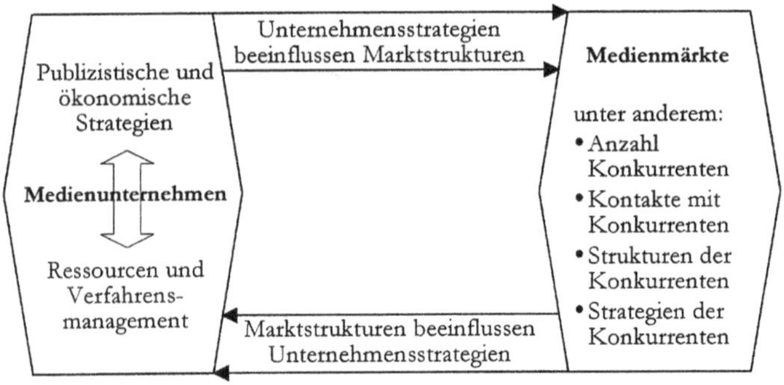

Abbildung 2.6: Rekursive Regulierung und Strukturierung zwischen Medienunternehmen und Medienmärkten[108]

Altmeppen (2001) überträgt die Strukturationstheorie auch auf das Verhältnis von Strategien und Marktstrukturen im Bereich der Medienwirtschaft.[109] Analog zu den Überlegungen von Porter im Rahmen industrieökonomischer Ansätze geht er davon aus, dass Strategien und Marktstrukturen von Medienunternehmen in ei-

106 Ähnlich argumentieren Nieschlag/ Dichtl/ Hörschgen (2002), S. 328, die eine Entwicklung weg vom phasenbezogenen hin zu einem tätigkeitsbezogenem Implementierungsverständnis feststellen. Letzteres soll insbesondere durch die frühzeitige Einbindung der betroffenen Handlungsträger in den Planungsprozess sichergestellt werden.

107 Vgl. Ortmann/ Sydow (2001), S. 434 f.

108 Nach Altmeppen (2001), S. 185.

109 Zur Medienökonomie als transdisziplinäres Lehr- und Forschungsprogramm vgl. Altmeppen/ Karmasin (2002), S. 31 ff. und Siegert (2002), S. 237 f.

nem Verhältnis rekursiver Regulierung sowie Strukturierung stehen.[110] Am Beispiel der Joint Venture-Gründung von T-Online, der Internettochter der Telekom, und der Bild-Zeitungsgruppe des Axel Springer Verlages zeigt Altmeppen, wie sich Strategien von Medienunternehmen und Marktstrukturen gegenseitig beeinflussen.[111] Der grundlegende Zusammenhang beider Elemente ist in Abbildung 2.6 dargestellt.

Der folgende Abschnitt stellt grundlegende Aspekte der Konzeption von Verteidigungsstrategien auf Basis der erläuterten Paradigmen des Strategischen Managements dar. Im Anschluss an eine Abgrenzung von Begriffen wie „Strategie" oder „Verteidigungsstrategie" (2.2.1) werden wirtschaftswissenschaftliche Modelle zur Konzeption von Verteidigungsstrategien erläutert und diskutiert (2.2.2).

---

110 Vgl. hierzu auch Czygan/ Kallfaß (2003), S. 291 ff.

111 Vgl. Altmeppen (2001), S. 187 ff.

2.2 Grundlegende Aspekte der Konzeption von Verteidigungsstrategien

2.2.1 Begriffliche Abgrenzungen

Die etymologischen Wurzeln des Begriffs „Strategie“ lassen sich auf die altgriechischen Worte „stratos“ (= Heer) und „agein“ (= führen) zurückführen.[112] Im betriebswirtschaftlichen Sinne kann eine Strategie als Gesamtkonzept zur Erreichung der langfristigen fundamentalen Unternehmensziele verstanden werden, wobei diese Ziele vorab gebildet werden, um die Strategiesuche anzuleiten.[113] Die klassische Strategiedefinition der präskriptiven Strategielehre stammt von Chandler. Er betont den Planungsaspekt des Strategieprozesses und versteht eine Unternehmensstrategie als

> „the determination of the basic long-term goals and objectives of an enterprise, and the adoption of courses of action and the allocation of resources necessary for carrying out these goals.“[114]

Mintzberg und Waters sehen als prominente Vertreter deskriptiver Strategiekonzepte Strategien weniger als Plan im Sinne der traditionellen rational-entscheidungsorientierten Ansätze des Strategischen Managements, sondern eher als Muster beobachtbarer Aktivitäten.[115] Sie unterscheiden zunächst zwischen intendierter und realisierter Strategie, wobei der Begriff der intendierten Strategie dem Strategiebegriff der präskriptiven Strategietheorie entspricht. Unter den tatsächlich realisierten Strategien wird lediglich ein kleiner Teil im Sinne der ursprünglichen Intention realisiert (deliberate strategies), der Großteil fällt in den Bereich der ungeplanten emergenten Strategien. Ein Unternehmen verfolgt demnach zwangsläufig - auch ungewollt – eine Strategie, da stets ein Handlungsmuster in Bezug auf seine Umwelt existiert.[116]

Ausgehend von Anwendungen im politischen und militärischen Bereich übertrugen von Neumann/ Morgenstern (1937) im Rahmen ihrer spieltheoretischen Darstellungen das Strategiekonzept erstmals auf unternehmenspolitische Fragestellungen.[117] Die Institutionalisierung von Business Schools und ähnlichen Einrichtungen förderte anschließend die Entwicklung und Verbreitung von Manage-

---

[112] Vgl. Kreikebaum (1997), S. 17.

[113] Vgl. Kreikebaum (1997), S. 19, Kirsch (1995), Sp. 4096 f. sowie Schreyögg (1984), S. 135.

[114] Chandler (1962), S. 13.

[115] Vgl. Mintzberg/ Waters (1985), S. 257 und Mintzberg (1978), S. 947 f.

[116] Vgl. Becker (1996), S. 13 und Mintzberg/ Waters (1985), S. 258 ff. Einen Überblick über alternative Strategiedefinitionen gibt Barney (2002), S. 6 ff.

[117] Vgl. Schelling (1980), S. 3 ff.

menttechniken in der Unternehmenspraxis.[118] In Übereinstimmung mit den oben erläuterten kritischen Stimmen, die auf die Vernachlässigung des internen organisationalen Kontextes der klassischen Strategielehre hinweisen, sehen Knights/ Morgan (1990) eine enge Verbindung zwischen militärischen und ökonomischen Strategiekonzepten. Sie verstehen die ökonomische Strategielehre als Technik zur Transformation von Entscheidungs- und Handlungsträgern zu zielorientierten und selbstdisziplinierten Subjekten:

> "Nevertheless key elements of the military concept of strategy have been appropriated by business. The emphasis on the professional elite (strategic management), the total disregard of other actors in the organisation except as resources for, or means of, implementing the strategy and the treatment of the external environment as a competitive obstacle/ enemy to the organisation – all this serves to create a discourse in which the 'captains of industry' are seen as the equivalent of generals in war continuously waging battle with the competition on a rough and unpredictable terrain."[119]

Diese Kritik bezieht sich im Wesentlichen auf traditionelle Ansätze der Strategielehre, die sich schwerpunktmäßig auf die Darstellung normativer Handlungsvorgaben konzentrieren.[120] In Bezug auf neuere Ansätze des Strategischen Managements, die den internen Unternehmenskontext in den Strategieprozess einbeziehen, scheinen dagegen die Ausführungen von Knights/ Morgan (1990) lediglich eingeschränkte Gültigkeit zu besitzen.[121]

Verteidigungsstrategien sind ein Bestandteil der Unternehmensstrategie und dienen etablierten Marktteilnehmern dazu, den Eintritt potentieller Wettbewerber beziehungsweise die Einführung neuer Produkte zu verhindern oder zu verlangsamen. Der Verteidiger kann seine Abwehrmaßnahmen entweder direkt einleiten oder gegenüber seinem Konkurrenten a priori signalisieren.[122] Als Verteidigungsstrategien werden in dieser Arbeit strategisch relevante Entscheidungen und Handlungen aufgefasst, die die Wettbewerbssituation des Verteidigers mindestens

---

118 Vgl. Becker (1996), S. 9 ff.

119 Knights/ Morgan (1990), S. 478. Simon (1993), Sp. 4692 kritisiert den in der Literatur häufig vorzufindenden Vergleich militärischer und betriebswirtschaftlicher Strategien: „Militärstrategien sind in aller Regel auf die Vernichtung des Gegners ausgerichtet, Wettbewerbsstrategien sollten dagegen Wertschöpfung im Auge haben." Siehe hierzu beispielsweise den populärwissenschaftlichen Leitfaden „Marketing Warfare" von Ries/ Trout (1986).

120 Vgl. hierzu insbesondere Abschnitt 2.1.2 dieser Arbeit.

121 Zu einer kritischen Würdigung strategischer Management- und Organisationskonzepte siehe auch den Literaturüberblick bei Heracleous/ Barrett (2001), S. 756 f. sowie bei Jermier (1998), S. 236 ff.

122 Vgl. Minderlein (1990), S. 172 f.

bewahren beziehungsweise die des Aggressors im neuen Markt erschweren sollen und die ohne die Existenz der (potentiellen) Konkurrenten nicht getroffen worden wären.[123]

Wichtige Einflussfaktoren auf das Ausmaß der Bedrohung durch potentielle Wettbewerber sind die Höhe der Markteintrittsbarrieren im relevanten Markt sowie zu erwartende Abwehrmaßnahmen oder Reaktionen etablierter Unternehmen gegenüber Newcomern.[124] Der Grad der Bedrohung durch bereits am Markt etablierte Wettbewerber wird nach Porter (2004) von der Wettbewerbsintensität einer Branche bestimmt. Diese hängt insbesondere von folgenden Indikatoren ab:[125]

- Marktphase: Mit steigendem Reifegrad eines Marktes steigt die Wettbewerbsintensität, da Marktanteilsgewinne der Wettbewerber zunehmend zu Lasten von Konkurrenten erfolgen.
- Anzahl und Größe der Wettbewerber: Je weniger Unternehmen in einem Markt agieren und je höher der Marktanteil ist, den sie auf sich vereinigen, desto eher beeinflussen sich die Marktaktivitäten der Unternehmen wechselseitig.
- Kostenstrukturen der Unternehmen: Je höher der Anteil der Fixkosten an den Gesamtkosten ist, desto eher wird ein Unternehmen eine maximale Auslastung von Produktionskapazitäten anstreben.
- Höhe der Marktaustrittsbarrieren: Je höher die Marktaustrittsbarrieren im relevanten Markt sind (zum Beispiel Kosten für Sozialpläne, emotionale Barrieren des Managements, soziale Restriktionen etc.), desto größer ist der Anreiz für etablierte Anbieter, weiterhin im Markt zu agieren.

Die Anwendung von Verteidigungsstrategien ist damit von besonderer Bedeutung in konzentrierten und oligopolistischen Märkten, die in dieser Arbeit schwerpunktmäßig betrachtet werden. Für Entscheidungsträger in einem oligopolistischen Umfeld empfiehlt es sich, Aktivitäten und Reaktionen der relevanten Wettbewerber aufgrund der wechselseitigen Abhängigkeiten in die eigene Entschei-

---

[123] Vgl. zu dieser Abgrenzung Kuester/ Homburg/ Robertson/ Schäfer (2001), S. 1192. Im Folgenden sei unterstellt, dass Verteidigungshandlungen von einem einzelnen Unternehmen oder von einer Gruppe, die wie ein einzelnes Unternehmen agiert, geplant und realisiert werden. Zu nicht-kooperativen Verteidigungsstrategien vgl. Putsis/ Dhar (1998), S. 271 ff. und Neven (1989), S. 226 f.

[124] Vgl. Porter (2004), S. 18 ff. und Porter (1999), S. 37 ff. Die Bedrohung etablierter Anbieter durch potentielle Substitutionsprodukte wird in dieser Arbeit nicht thematisiert.

[125] Vgl. zu dieser Aufzählung Nieschlag/ Dichtl/ Hörschgen (2002), S. 93 ff. sowie Porter (2004), S. 19 ff. und Porter (1999), S. 50 ff.

dungsfindung einzubeziehen.[126] Unterstellt man, dass sämtliche Oligopolisten ausschließlich unter der Prämisse der Gewinnmaximierung agieren, dann muss der Verteidiger bei der Konzeption seiner Verteidigungsmaßnahmen das Erfolgsziel der Konkurrenten berücksichtigen. Der Verteidiger kann das Verhalten des Angreifers beeinflussen, indem er Maßnahmen des Angreifers, die im Interesse des Verteidigers liegen, für den Angreifer wirtschaftlich vorteilhaft gestaltet.[127]

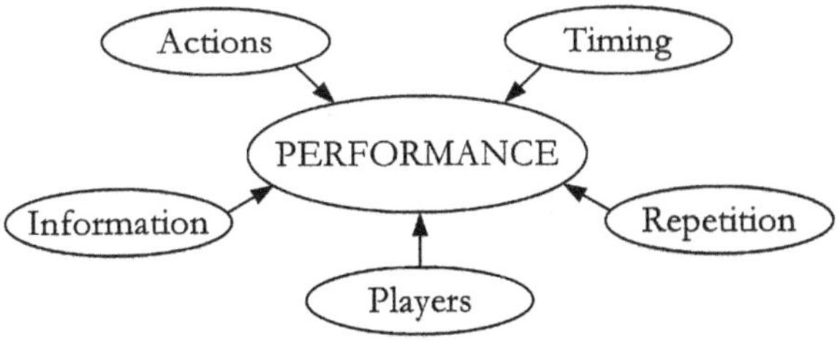

Abbildung 2.7: Einflussfaktoren auf das Ausmaß strategischer Interaktionen in oligopolistischen Märkten[128]

Nach Saloner/ Shepard/ Podolny (2001) beeinflussen in oligopolistischen Märkten die Art der beteiligten Unternehmen, Art, Zeitpunkt und Wiederholungsrate ihrer Handlungen sowie der Informationsstand der Marktteilnehmer das Ausmaß und Ergebnis strategischer Interaktionen (siehe Abbildung 2.7).[129] Das Ausmaß von Verteidigungsmöglichkeiten hängt ab vom Umfang und der Relevanz des Handlungsspielraums („Actions"), der den Wettbewerbern zur Verfügung steht, darunter der Spielraum zur Preisgestaltung oder Produktdifferenzierung, wie im weiteren Verlauf der Arbeit gezeigt wird. Im Hinblick auf das Timing soll sich in dieser Untersuchung der Begriff der Verteidigungsstrategie sowohl auf nachträgliche Reaktionsanpassungen eines Unternehmens auf Aktivitäten der Wettbewerber beziehen, als auch auf eine proaktive ex-ante-Verteidigung, im Rahmen derer etablierte Unternehmen versuchen, Markteintritte von Konkurrenten abzuschrecken. Auch der Umfang der Wiederholbarkeit strategischer Maßnahmen („Repeti-

[126] Vgl. Saloner/ Shepard/ Podolny (2001), S. 185 ff.

[127] Vgl. Saloner/ Shepard/ Podolny (2001), S. 189.

[128] Vgl. Saloner/ Shepard/ Podolny (2001), S. 188.

[129] Vgl. im Folgenden Saloner/ Shepard/ Podolny (2001), S. 185 ff.

tion") beeinflusst das Marktergebnis in interdependenten Marktstrukturen. Durch Wiederholung von Verteidigungsmaßnahmen können Unternehmen, die über einen längeren Zeitraum im relevanten Markt agieren, eine Reputation gegenüber ihren Konkurrenten aufbauen, wie der später diskutierte Reputationsansatz zeigt. Verfügt ein Unternehmen vor der Konkurrenz über wettbewerbsrelevante Informationen („Information"), so kann es diese geheim halten und für eigene Zwecke verwenden oder durch geeignete kommunikationspolitische Maßnahmen[130] versuchen, die Strategie der Wettbewerber zu beeinflussen.

2.2.2 Modelle zur Konzeption von Verteidigungsstrategien

Klemz/ Gruca (2001) gliedern den idealtypischen Prozess zur Konzeption von Verteidigungsaktivitäten in die Schritte Wahrnehmung des Angriffs, Analyse des Angriffs sowie Auswahl von Verteidigungsaktivitäten. Um einen potentiellen Angreifer wahrnehmen zu können, muss der Verteidiger sein Wettbewerbsumfeld permanent beobachten und in der Lage sein, aus der Fülle von Informationen relevante Daten im Hinblick auf das Auftreten neuer Produkte oder Wettbewerber auszuwählen.[131] Im zweiten Schritt untersucht der Verteidiger das Ausmaß der Bedrohung durch den potentiellen Angreifer. Untersuchungszeit und -tiefe korrelieren dabei positiv mit der Abhängigkeit des etablierten Anbieters vom bedrohten Produkt beziehungsweise der bedrohten Produktkategorie. Gleichzeitig verringert sich der Analyseumfang mit zunehmender Komplexität des Wettbewerbsumfeldes.[132] Ziel der Untersuchung des potentiellen Angriffs ist es, unter anderem zu bestimmen, ob es sich um einen realen oder imaginären Angriff handelt, auf welche Angriffe reagiert werden soll und ob die Reaktion vor oder nach Markteintritt des neuen Konkurrenten erfolgen soll.[133] Schließlich wählt der Verteidiger die für

---

[130] Vgl. hierzu Abschnitt 2.5 dieser Arbeit.

[131] Vgl. Geroski (1999), S. 108 ff. Zur Art der Informationen, die Entscheidungsträger für eine Identifikation von Wettbewerbern heranziehen vgl. Clark/ Montgomery (1999), S. 69 ff.

[132] So die Ergebnisse einer Primärerhebung von Klemz/ Gruca (2001), S. 40 ff. Die Abhängigkeit des Verteidigers vom bedrohten Produkt wurde operationalisiert über den Gewinnanteil des bedrohten Produktes am Gesamtgewinn des Verteidigers; das Ausmaß an Komplexität über die Anzahl potentieller Eindringlinge.

[133] Dabei kann die Eintrittsstrategie des Eindringlings Einfluss auf die Reaktionshäufigkeit des Verteidigers haben. So weist Robinson (1988a), S. 375 ff. im Rahmen einer empirischen Studie nach, dass Verteidigungshandlungen weniger häufig auftreten, wenn Angreifer alternativ zum direkten Markteintritt über Akquisitionen von existierenden Marktteilnehmern in den Markt eintreten.

ihn optimale Verteidigungsmaßnahme, um die Wirkung des Angriffs vollständig oder teilweise abzumildern.[134]

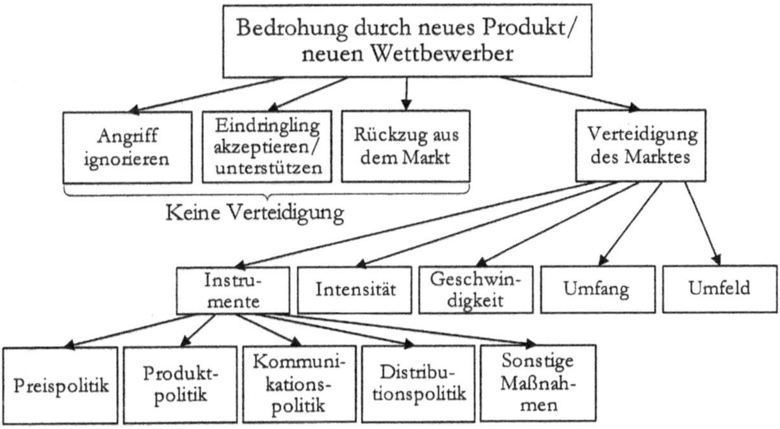

Abbildung 2.8: Klassifikation von Verteidigungsmaßnahmen[135]

Abbildung 2.8 zeigt eine Klassifikation möglicher Reaktionen auf den Markteintritt neuer Wettbewerber oder Produkte. Der etablierte Anbieter kann auf die Verteidigung verzichten und den potentiellen Eindringling ignorieren oder ihm den Zutritt zum Markt gewähren und im Extremfall eine Kooperationsstrategie wählen.[136] Denkbar ist auch der Rückzug des Verteidigers aus dem relevanten Markt, falls sich seine Erfolgsaussichten maßgeblich verschlechtern.[137] Werden dagegen Verteidigungsmaßnahmen ergriffen, so können diese über fünf Dimensionen konzeptionalisiert werden:[138]

---

134 Vgl. Klemz/ Gruca (2001), S. 37 ff.

135 In Anlehnung an Kuester/ Homburg/ Robertson/ Schäfer (2001), S. 1195 und Kuester/ Homburg/ Robertson (1999), S. 91.

136 Diese Strategie bietet sich beispielsweise an, wenn ein Eindringling den Markt erweitert und dadurch bereits bestehende Marktteilnehmer begünstigt werden.

137 Vgl. Gatignon/ Anderson/ Helsen (1989), S. 46.

138 Vgl. zu dieser Übersicht Kuester/ Homburg/ Robertson (1999), S. 91.

- Instrumentelle Dimension: Eine Verteidigungsmaßnahme kann innerhalb oder außerhalb des Marketing-Mix erfolgen. Wenn die Reaktion mit Hilfe des gleichen Marketing-Mix-Instruments wie der Angriff erfolgt, spricht man von einer reziproken Reaktion.[139]
- Intensitätsdimension: Diese Dimension bezieht sich auf die Stärke, mit der Verteidigungsinstrumente genutzt werden (zum Beispiel Höhe des Werbebudgets).[140]
- Umfangsdimension: Die Umfangsdimension beschreibt die Anzahl der zur Verteidigung eingesetzten Instrumente.[141]
- Geschwindigkeitsdimension: Die Geschwindigkeitsdimension erfasst die zeitliche Verzögerung zwischen der Wahrnehmung der Bedrohung und der Einleitung von Gegenmaßnahmen.[142]
- Umfelddimension: Diese Dimension bezieht sich auf die Märkte, in denen der Verteidiger den Angriff erwidert. Je nach Verwundbarkeit des Angreifers kann im bedrohten Markt oder in einem anderen Markt reagiert werden.[143]

Gruca/ Sudharshan (1995) betonen in ihrem dynamischen Entscheidungsmodell zu Verteidigungsstrategien die Rolle der Wettbewerbsumgebung bei der wechselseitigen Beeinflussung der Entscheidungen von Verteidiger und Angreifer unter Unsicherheit. Zu relevanten Kennzeichen der Wettbewerbsumgebung zählen Kostenbedingungen (zum Beispiel Eintrittskosten oder Betriebsgrößenvorteile), Nachfragesituation (zum Beispiel Größe und Wachstumsrate des Absatzmarktes, Wechselkosten für Konsumenten), die Historie der Unternehmensinteraktionen sowie rechtliche Rahmenbedingungen (insbesondere Wettbewerbsrecht). Die Umweltbedingungen beeinflussen die Wahrnehmung des Verteidigers bei der Konzeption potentieller Abschreckungsmaßnahmen, bei der Antizipation von Angriffen sowie bei der Bestimmung möglicher Konsequenzen von Markteintritten der Konkurrenten (vgl. Abbildung 2.9).

---

139 Vgl. Leeflang/ Wittink (2001), S. 120 f. und S. 124.

140 Vgl. Thomas (1999), S. 531.

141 Vgl. Gatignon/ Anderson/ Helsen (1989), S. 54.

142 Vgl. Kalra/ Rajiv/ Srinivasan (1998), S. 380, Gatignon/ Robertson/ Fein (1997), S. 164 und Bowman/ Gatignon (1995), S. 44.

143 Vgl. Shankar (1999), S. 332.

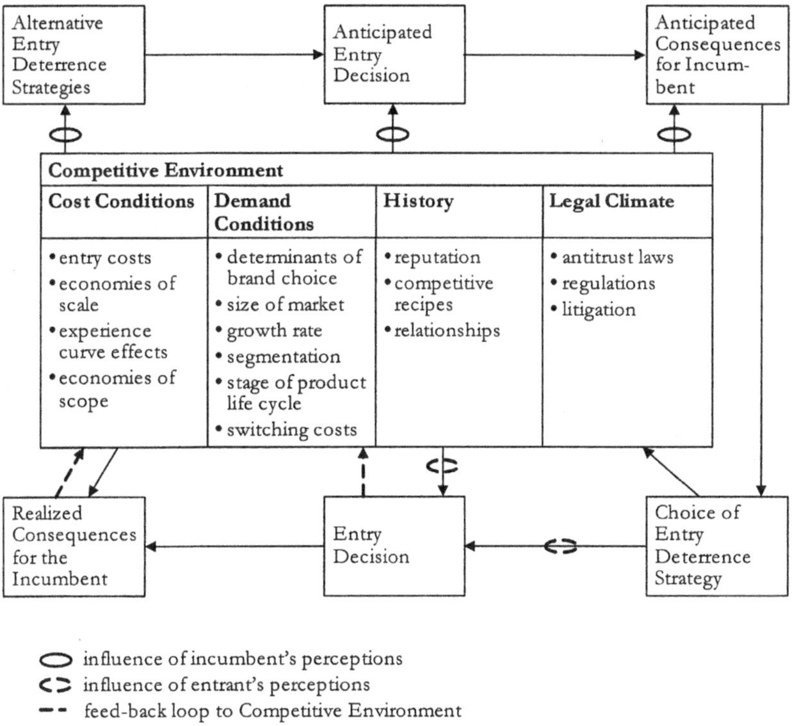

Abbildung 2.9: Handlungsrahmen und Entscheidungsschritte bei der Eintrittsabschreckung neuer Wettbewerber[144]

Sofern ein Verteidiger in der pre-entry-Phase Verteidigungshandlungen realisiert, verändert er dadurch das Wettbewerbsumfeld, was wiederum Auswirkungen auf die Eintrittsentscheidung des Angreifers hat. Tritt der neue Wettbewerber in den Markt ein, so ergeben sich unmittelbare Konsequenzen für den Verteidiger, wie beispielsweise eine Veränderung der Profitabilität seiner Produkte. Gleichzeitig ändert sich die Wettbewerbsumwelt, beispielsweise hinsichtlich der Nachfragestruktur von Konsumenten. Der Kreis schließt sich, wenn der Verteidiger das neue Umfeld antizipiert und in die Konzeption seiner künftigen Verteidigungsoptionen einbezieht. Da die Entscheidungen von Verteidiger und Angreifer davon abhängen, wie beide Parteien ihre Wettbewerbsumgebung wahrnehmen, wählen sie ihre Handlungsoptionen in der Regel auf Basis unvollständiger Informationen,

144 Nach Gruca/ Sudharshan (1995), S. 45.

was die Prognose der Konsequenzen von Verteidigungsaktivitäten für den Verteidiger erschwert.[145]

D'Aveni (1999) versteht das Wettbewerbsumfeld eines Unternehmens nicht nur als Zwischenelement der Wahrnehmungen von Angreifer und Verteidiger, sondern empfiehlt darüber hinaus, die Auswahl von Verteidigungsstrategien nach den Charakteristika des Wettbewerbsumfeldes auszurichten. Ausgehend von seinem Modell des Hyperwettbewerbs[146] identifiziert er unterschiedliche Muster von Diskontinuitäten der Umwelt, aus denen Veränderungen der kritischen Erfolgsfaktoren innerhalb einer Branche resultieren. Diskontinuitäten können regelmäßig oder unregelmäßig auftreten beziehungsweise durch Wettbewerber herbeigeführt werden und zu einer Wertsteigerung oder Zerstörung von Kernkompetenzen bestehender Marktteilnehmer führen (vgl. Abbildung 2.10). Gleichgewichtsorientierte Wettbewerbssituationen („Equlibrium") sind gekennzeichnet durch ausgedehnte Perioden mit nahezu unveränderten Kernkompetenzanforderungen, wie sie häufig im Bereich staatlich regulierter Branchen vorliegen. Kompetenzerhöhende Diskontinuitäten in turbulenten Umgebungen können als unbeständige Gleichgewichtssituationen („Fluctuating Equilibrium") definiert werden.[147] Ein „Punctuated Equlibrium" liegt vor, wenn sich kurze kompetenz-zerstörende dynamische Perioden mit längeren Perioden der Konvergenz und Stabilität abwechseln, wie beispielsweise im Bereich der Zement- oder Glasindustrie. Wettbewerbsumgebungen mit regelmäßigen Diskontinuitäten, die kompetenz-zerstörend wirken, klassifiziert D'Aveni als „Disequilibrium".[148]

Je nach Art der Wettbewerbsumgebung kommen nach D'Aveni unterschiedliche Paradigmen des Strategischen Managements und damit verschiedene Schwerpunkte bei der Konzeption von Verteidigungsstrategien zum Tragen. Der Auf- beziehungsweise Ausbau von Marktteintrittsbarrieren im Rahmen industrieökonomischer Ansätze empfiehlt sich in stabilen und gleichgewichtsorientierten Branchen. Bei Vorliegen anderer Wettbewerbsumgebungen kann es das Ziel etablierter Unternehmen sein, geeignete Fähigkeiten zu erwerben, um den Status Quo der Branche zu erschüttern und dynamische Interaktionen mit Konkurrenten zu

145 Dies gilt analog für strategische Entscheidungen des Angreifers. Zu den Ausführungen dieses Absatzes vgl. Gruca/ Sudharshan (1995), S. 44 ff.

146 Vgl. hierzu D'Aveni (1995).

147 Als Beispiel nennt die D'Aveni den Markt für Unterhaltungselektronik, der in den letzten Jahrzehnten durch eine zunehmende Digitalisierung kennzeichnet ist.

148 Derartige Wettbewerbsumgebungen existieren meist für Unternehmen aus dem High-Tech-Sektor.

steuern.[149] Hierfür sind Verteidigungsmaßnahmen im Sinne des Ressourcen- beziehungsweise des Kernkompetenzansatzes von hoher Relevanz. Die möglichen Strategieoptionen für Verteidiger und Angreifer vor dem Hintergrund der vier Wettbewerbsumgebungen fasst Tabelle 2.1 zusammen.

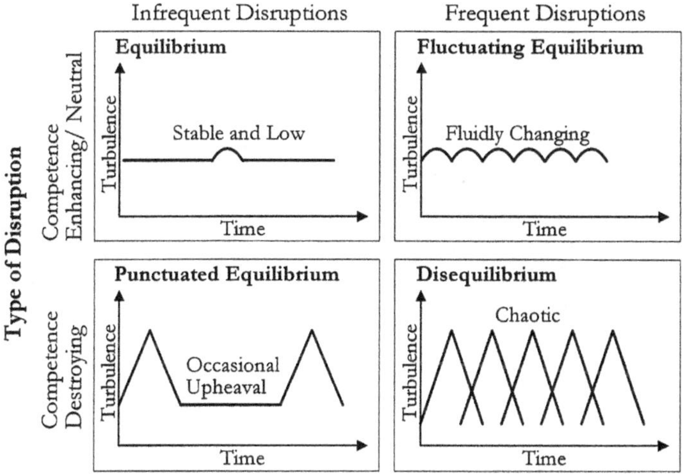

Abbildung 2.10: Four Patterns of Varying Turbulence nach D'Aveni[150]

Für diese Ausarbeitung sind insbesondere Verteidigungsmaßnahmen in stabilen Märkten mit geringen Turbulenzen relevant, wie im weiteren Verlauf dieser Arbeit gezeigt wird. Hinsichtlich der Art der Verteidigungsinstrumente konzentriert sich diese Arbeit auf die Darstellung von Verteidigungsstrategien innerhalb des Marke-

[149] Vgl. hierzu auch Han/ Kim/ Kim (2001), S. 12, die darauf hinweisen, dass Eintrittsbarrieren insbesondere gegen Me-too-Produkte und weniger gegen innovative Angreifer schützen. Sie empfehlen deshalb etablierten Marktteilnehmern den Aufbau von Innovationskompetenzen, um innovative Produkte vor der Konkurrenz anbieten zu können.

[150] In Anlehnung an D'Aveni (1999), S. 131.

ting-Mix.[151] Die folgenden Abschnitte erläutern mögliche Verteidigungsaktivitäten im Bereich der Preis-, Produkt- sowie Kommunikationspolitik.[152] Dabei werden distributionspolitische Verteidigungsmaßnahmen im Abschnitt der Produktpolitik behandelt, da die dort erläuterten Modelle für beide Marketing-Mix-Instrumente anwendbar sind.

Environment	Dampening Strategy of Dominant Player	Disruptive Strategy of Challenger
Equilibrium	Use barriers to entry and create oligopolistic bargains to keep rivalry and entry to a minimum.	Use disruption to break down the barriers and turn the incumbent's barriers to entry into prison walls.
Fluctuating Equilibrium	Build around core competencies by leveraging them into many markets and enhancing them by layering new competencies over them.	Use disruption to shift the core competencies needed to succeed so the incumbent's current strengths become weaknesses.
Punctuated Equilibrium	Use standards to create a stable industry structure around a standard value proposition and then respond to major revolutions when necessary.	Be contrarian. When the incumbent is disrupting, win by improving and prompting the old model, and when the incumbent is seeking stability, disrupt.
Disequilibrium	Use a strategy of continuous disruption to stamp out the disrupter and sustain supremacy. The goal is to beat the disrupter at its own game and use resources to outlast it.	Disrupt the dominant firm frequently; wear it down by keeping it off balance, by attacking more intensely, more swiftly, and unpredictably, and by being more efficient. Create a more dynamic and flexible organization and more creative or unconventional strategies.

Tabelle 2.1: Varianten von Verteidigungsstrategien in Abhängigkeit unterschiedlicher Wettbewerbsumgebungen[153]

[151] Etablierte Unternehmen können Verteidigungsmaßnahmen auch außerhalb des Marketing-Mix einleiten, zum Beispiel auf Inputmärkten. Das Konzept des Raising Rivals' Costs nach Salop/ Scheffman (1983) untersucht, wie der Verteidiger, beispielsweise durch Vereinbarungen mit Lieferanten, die Inputkosten für den Angreifer erhöht, so dass ein wirtschaftlicher Markteintritt für ihn nicht möglich ist. Barney (2002), S. 90 beschreibt als weitere Strategiealternative die Eintrittsabschreckung durch Herbeiführung gesetzlicher Regelungen durch den Verteidiger. Derartige Verteidigungsoptionen außerhalb des Marketing-Mix werden in dieser Arbeit nicht näher analysiert.

[152] Zur Abgrenzung und Struktur des Marketinginstrumentariums vgl. Benkenstein (2002), S. 211.

[153] Nach D'Aveni (1999), S. 134.

2.3 Verteidigungsstrategien im Rahmen der Preispolitik

2.3.1 Limitpreis-Strategie

Die Preispolitik eines Unternehmens ist Teil der Marketingpolitik und umfasst sämtliche Maßnahmen zur Beeinflussung von Preisen.[154] Preispolitische Verteidigungsmaßnahmen werden seit Beginn der sechziger Jahre des vergangenen Jahrhunderts im Rahmen von industrieökonomischen Ansätzen diskutiert. Die Strategie des „limit pricing" ist den strategischen Eintrittsbarrieren zuzuordnen, die von bestehenden Unternehmen gesetzt werden, um den Markteintritt potentieller Konkurrenten abzuschrecken oder zu verlangsamen.[155]

Ein Limitpreis kann definiert werden als Marktpreis, den ein etabliertes Unternehmen durch Bestimmung seiner Angebotsmenge in der pre-entry-Phase des Wettbewerbs festlegt, um den Marktzutritt für potentielle Wettbewerber unrentabel beziehungsweise unattraktiv zu machen.[156] Im Monopolfall ist der Limitpreis derjenige Preis, den ein Monopolist maximal festlegen kann, ohne dass neue Anbieter in den Markt eintreten.[157] Nach Bain interpretieren potentielle Wettbewerber den pre-entry-Preis als einen Indikator für die Wettbewerbssituation nach ihrem Markteintritt.[158] Durch Setzung eines Limitpreises verzichtet der etablierte Anbieter auf gegenwärtige Gewinne und signalisiert damit seine Bereitschaft zum Preiskampf in der post-entry-Phase, wodurch potentielle Eindringlinge abgeschreckt werden sollen.[159] Die Anwendung der Limitpreis-Strategie ist für ein e-

---

[154] Vgl. Diller (2000), S. 27 ff. und Simon (1995), Sp. 2068 f.

[155] Dies setzt voraus, dass ein handlungsorientierter Strategiebegriff unterstellt wird, das heißt etablierte Wettbewerber können als strategische Akteure die Reaktionserwartungen der Angreifer proaktiv beeinflussen. Im Rahmen der traditionellen Oligopoltheorie müssen Verteidiger die Reaktionserwartungen der Newcomer dagegen als gegeben hinnehmen. Zu dieser Unterscheidung vgl. Dixit (1982), S. 12 sowie Comanor/ Frech (1984), S. 372.

[156] Vgl. Schmalensee (1988), S. 663, Jacquemin (1987), S. 96 und Milgrom/ Roberts (1982a), S. 443. Lipczynski/ Wilson (2001), S. 148 definieren allgemeiner: „It is the highest price that an established firm believes it can charge without inviting entry."

[157] Vgl. Friedmann (1979), S. 236. Dabei gilt: je kleiner die strukturellen Markteintrittsbarrieren im betrachteten Markt sind, desto größer ist die Differenz zwischen Limitpreis und Monopolpreis. Bain unterscheidet deshalb die beiden Formen der ‚effectively'-Eintrittsbehinderung bei Vorliegen von hohen Markteintrittsbarrieren sowie der ‚ineffectively'-Eintrittsbehinderung im Falle niedriger Eintrittsbarrieren. Siehe hierzu Geroski (1995), S. 432.

[158] Vgl. Bain (1968), S. 268 ff.

[159] Vgl. Pepall/ Richards/ Norman (2002), S. 287 ff. und Roberts (1987), S. 160. Zur Kritik vgl. Stigler (1973), S. 118, der unter anderem fragt: „Why should a prospective entrant believe that after his entry a colluding group will not revise its policy so that all will earn returns above the competitive level?".

tabliertes Unternehmen nur dann sinnvoll, wenn der post-entry-Gewinn den aus der Preisreduzierung resultierenden Gewinnverzicht in der pre-entry-Phase übersteigt und wenn sich insgesamt ein höherer Gewinn im Vergleich zur Nichtanwendung der Limitpreis-Strategie ergibt.[160]

In Lehrbuchdarstellungen zum Limitpricing[161] kommt üblicherweise das so genannte Sylos-Postulat[162], das einen Zusammenhang zwischen pre-entry- und post-entry-Situation determiniert, zur Anwendung. Danach unterstellen die etablierten Anbieter bei der Kalkulation des Limitpreises bezüglich der Erwartungen der Neuanbieter, dass die Ausbringungsmenge der Etablierten nach einem erfolgten Markteintritt unverändert bleiben wird.[163] Ein potentieller Angreifer rechnet also weder mit einer Kampfpreisstrategie noch mit einer Produktionsmengeneinschränkung durch den etablierten Wettbewerber in der post-entry-Phase.[164] Zugleich gilt die Prämisse der vollständigen und vollkommenen Information, das heißt Angreifer und Verteidiger kennen gegenseitig ihre Kosten- und Nachfragesituation sowie sämtliche strategische Handlungsoptionen.

Abbildung 2.11 zeigt als Preis-Mengen-Diagramm die graphische Bestimmung des Limitpreises im Cournot-Modell[165] bei Existenz von Betriebsgrößenvorteilen unter diesen Annahmen. Die Firmen produzieren ein nahezu homogenes Produkt zu identischen langfristigen Durchschnittskostenfunktionen (DK_l), die bis zum Erreichen einer mindestoptimalen Betriebsgröße (MOG) zunehmende Skalenerträge aufweisen und anschließend horizontal verlaufen. Diese Technologie steht auch einem potentiellen Konkurrenten zur Verfügung. Der Verlauf der Grenzerlöse sei durch die Gerade GE repräsentiert. Sofern das Sylos-Postulat gilt, verbleibt einem Angreifer als zukünftiges Marktpotential diejenige Restnachfrage, die von vorhandenen Firmen nicht abgedeckt wird. Bei Anwendung der Limitpreis-Strategie stellen die etablierten Anbieter lediglich eine so große Menge am Markt bereit, dass die Restnachfrage nicht ausreicht, um die Kosten des Eindringlings zu

160 Vgl. Geroski (1995), S. 432, der empfiehlt, insbesondere folgende Faktoren in die Entscheidungsfindung einzubeziehen: Höhe der Markteintrittsbarrieren, Geschwindigkeit und Ausmaß der Marktpenetration eines Angreifers, Marktwachstum sowie die Wahrscheinlichkeit weiterer Markteintritte in der Zukunft.

161 Vgl. zum Beispiel Pepall/ Richards/ Norman (2002), S. 287 ff., Lipczynski/ Wilson (2001), S. 148 ff. oder Scherer/ Ross (1990), S. 357 ff.

162 Dieser Begriff wurde durch Modigliani (1958), S. 217 geprägt. Siehe hierzu auch Stigler (1973), S. 117 f.

163 Vgl. Lipczynski/ Wilson (2001), S. 148, Geroski (1995), S. 432, Shy (1995), S. 188 ff. und Sylos-Labini (1962).

164 Vgl. Wied-Nebbeling (2004), S. 249 ff.

165 Zum Cournot-Modell vgl. beispielsweise Pfähler/ Wiese (1998), S. 95 ff.

decken. In der Grafik repräsentiert die Parallelverschiebung der Marktnachfragefunktion x_N die Restnachfrage x_R, die die Kurve der langfristigen Durchschnittskosten DK_l gerade nicht mehr berührt. Die Abweichung des Limitpreises P_L vom Monopolpreis P_G ist um so geringer, je unelastischer die Nachfrage beim Limitpreis, je größer die mindestoptimale Betriebsgröße im Verhältnis zum Nachfragevolumen und je größer die Kostenersparnis bei Ausdehnung der Produktion bis zur mindestoptimalen Betriebsgröße ist.

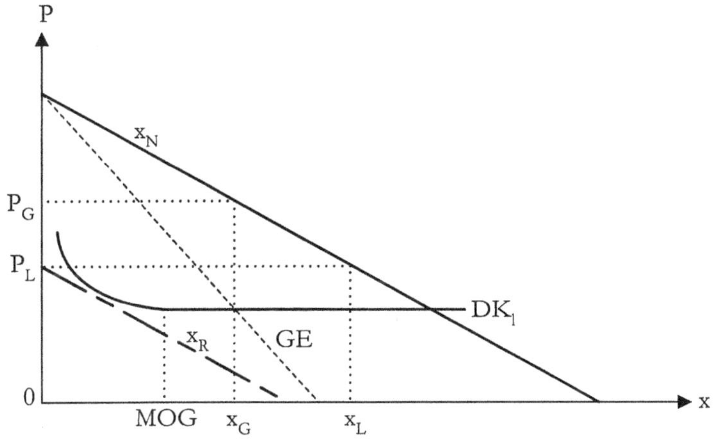

Abbildung 2.11: Limitpreis-Strategie bei Existenz von Betriebsgrößenvorteilen[166]

Den Fall eines absoluten Kostenvorteils des Verteidigers gegenüber dem Angreifer veranschaulicht Abbildung 2.12. Die Durchschnittskostenkurve des etablierten Anbieters (DK_l 1) verläuft unterhalb der Durchschnittskosten des potentiellen Konkurrenten (DK_l 2). Das etablierte Unternehmen produziert die Outputmenge x_L zum Limitpreis P_L. Die potentielle verbleibende Nachfrage für den Angreifer, repräsentiert durch die Gerade x_R, ist derjenige Teil der Marktnachfrage x_N, der nicht durch den etablierten Anbieter bedient wird. Die Etablierten bemessen ihre Ausbringungsmenge so, dass die Durchschnittskostenkurve potentieller Konkur-

166 In Anlehnung an Scherer/ Ross (1990), S. 358 und Wied-Nebbeling (2004), S. 250.

renten immer oberhalb der Restnachfragekurve liegt.[167] Der Markteintritt des Angreifers wird verhindert, da es für ihn nicht möglich ist, Gewinne zu erwirtschaften, solange die Durchschnittskosten des Angreifers die verbleibende Nachfrage übersteigen.[168]

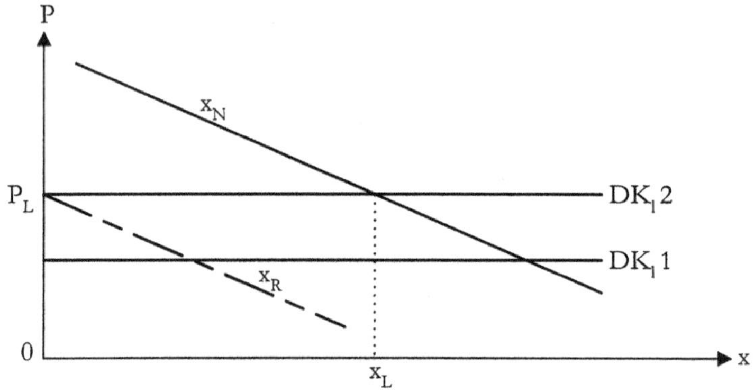

Abbildung 2.12: Limitpreis-Strategie bei Existenz von absoluten Kostenvorteilen[169]

Es stellt sich die Frage, inwieweit ein Limitpreis unter der Prämisse des Sylos-Postulates als strategischer Handlungsparameter zur bewussten Abschreckung potentieller Konkurrenten eingesetzt werden kann. Entscheidungsrelevant für einen Newcomer ist nicht der vor seinem Eintritt geltende Marktpreis, sondern dasjenige Preisniveau, das sich nach seinem Eintritt einstellen wird.[170] Wie sich das Preisniveau ändern wird, hängt von der Reaktion der Etablierten auf den Markteintritt ab: Mit einer Outputreduzierung können sie einem Preisverfall entgegenwirken, durch eine Angebotsausweitung können sie die Situation ver-

[167] Dies setzt voraus, dass der Verteidiger die Kostenfunktion des Angreifers kennt, was in diesem Beispiel durch die Prämisse der vollständigen Information sichergestellt ist.

[168] Vgl. Lipczynski/ Wilson (2001), S. 148. Eine Darstellung bei Existenz von Produktdifferenzierungsvorteilen findet sich bei Bain (1968), S. 256 ff.

[169] In Anlehnung an Lipczynski/ Wilson (2001), S. 149.

[170] Vgl. Shy (1995), S. 188: „The only thing that should matter to the potential entrant is what the postentry market structure would be."

schärfen. Ein potentieller Anbieter muss also die Reaktionsweise etablierter Konkurrenten in seine Eintrittsentscheidung einbeziehen, was voraussetzt, dass er deren Reaktion auf seinen Eintritt kennt oder diese zutreffend prognostizieren kann. Umgekehrt müssen aber auch die etablierten Wettbewerber bei der Kalkulation des Limitpreises wissen, welche Reaktionsweise ein Newcomer von ihnen erwartet. Denn der von ihnen festgesetzte pre-entry-Preis entfaltet nur dann eine eintrittssperrende Wirkung, wenn potentielle Newcomer genau diejenige Reaktion bestehender Anbieter antizipieren, die diese selbst der Kalkulation des Limitpreises zugrunde gelegt haben.[171] Das Sylos-Postulat, nach dem der pre-entry-Preis nach Markteintritt beibehalten wird, eignet sich folglich lediglich eingeschränkt zur Erklärung strategischer Verhaltensweisen, da das Verhalten von Angreifer und Verteidiger als konstant und gegeben angesetzt wird.[172]

Unabhängig von der eingeschränkten Aussagekraft der Lehrbuchmodelle zum Limitpricing bleibt weiterhin offen, wie der von Bain unterstellte Zusammenhang zwischen pre-entry-Preis und post-entry-Wettbewerb begründet werden kann. Durch Setzung des Limitpreises vor Eintritt des neuen Wettbewerbers soll, so Bain, die Kampfbereitschaft des Verteidigers signalisiert werden. Dabei erfüllt eine Limitpreis-Strategie nur dann den Zweck der Eintrittsabschreckung potentieller Konkurrenten, wenn diese die Vergeltungsandrohung der Etablierten als glaubhaft einschätzen.[173] Die Durchführung eines Preiskampfes in der post-entry-Periode müsste für den bestehenden Wettbewerber also eine rationale Strategie darstellen. Ob dies der Fall ist, wird im Rahmen des Predatory-Pricing, das sich auf die Preispolitik nach Markteintritt eines neuen Wettbewerbers bezieht, ausführlich diskutiert.

2.3.2 Predatory Pricing

Obwohl das Paradigma des Predatory Pricing seit rund fünfzig Jahren in Wissenschaft und Praxis diskutiert wird,[174] zeigt sich ein uneinheitliches Bild verschiedener Erklärungsansätze.[175] Grundgedanke des Predatory Pricing ist, dass ein eta-

---

[171] Vgl. Minderlein (1990), S. 156 f. und Stigler (1973), S. 118 f.

[172] Vgl. Roberts (1987), S. 159 oder auch Graumann (1993), S. 501: „Dies [das Sylos-Postulat, d. Verf.] ist eine unrealistische Sichtweise, die von strategischer Dummheit zeugt; sie berücksichtigt nicht, dass der Teilmonopolist bewusst niedrige Preise nehmen könnte, um Eintritt abzuwehren und danach die Preise wieder anzuheben."

[173] Geroski (1995), S. 432 sieht dies als entscheidendes Problem einer Limitpreis-Strategie.

[174] Zu historischen Wurzeln vgl. McGee (1980), S. 290 f.

[175] Vgl. Kate/ Niels (2002), S. 1.

blierter Wettbewerber seine Verkaufspreise unter das Niveau der variablen Durchschnittskosten senkt und somit auf kurzfristige Gewinne verzichtet. Dadurch reduzieren sich Erfolgsaussichten und Profitabilität neuer Wettbewerber, wodurch diese in ihrer Marktposition geschwächt oder zur Aufgabe gezwungen werden. Der Verteidiger kann nun seine durch die Preissenkung verursachten Verluste ausgleichen, indem er Preiserhöhungen[176] am Markt durchsetzt und damit langfristig das Gewinnmaximierungsziel verwirklicht.[177] Im Unterschied zum Limit Pricing erfolgt das Predatory Pricing nicht in der pre-entry-Phase, sondern in der post-entry-Phase, das heißt nach Markteintritt des (neuen) Wettbewerbers. Gleichzeitig kann eine Predatory-Strategie aber auch der Eintrittsabschreckung neuer Wettbewerber dienen, was anhand der folgenden Modelle gezeigt wird.[178]

Die Erfolgswahrscheinlichkeit einer Predatory-Strategie kann wie folgt bestimmt werden:[179] Der Planungshorizont des etablierten Anbieters erstreckt sich über einen Zeitraum von t_0, über t_1 bis t_2. Zum Zeitpunkt t_0 tritt ein neuer Konkurrent in den Markt ein. Erfolgt keine Reaktion des Etablierten, so steigt von t_0 bis t_1 die Produktions- beziehungsweise Absatzmenge und der Preis sinkt, was zu Bertrand-Gewinnen in Höhe von H_B führt.[180] Zwischen t_1 und t_2 senkt der Etablierte seine Produktionsmenge und erzielt einen Gewinn von H_C im Rahmen einer Cournot-Lösung.[181] Führt der etablierte Anbieter dagegen einen Preiskampf durch, erzielt er zwischen t_0 und t_1 einen Gewinn H_P, der aufgrund der Kosten des Preiskampfes unterhalb von H_B liegt. Mit der Wahrscheinlichkeit P verläuft der Preiskampf erfolgreich, was zu einem Gewinn in Höhe von H_S im zweiten Spielabschnitt führt. Sofern die Predator-Strategie mit der Gegenwahrscheinlichkeit (1-P) nicht erfolgreich war, beträgt der Gewinn H_C. Diese Spielsi-

---

176 Nach Kate/ Niels (2002), S. 4 f. realisiert der Predator den Monopolpreis, während Guiltinan/ Gundlach (1996), S. 88 von einem Preis über Wettbewerbsniveau ausgehen. Eine umfassendere Definition findet sich bei McGee (1980), S. 296: „Prices are cut now with the expectation that they will be raised later. In addition, the predator expects that discounted revenues will exceed discounted costs."

177 Vgl. Pepall/ Richards/ Norman (2002), S. 286 f., Schmalensee (1988), S. 665 und Rosenthal (1981), S. 98.

178 Vgl. Lipczynski/ Wilson (2001), S. 150. Spieltheoretische Modelle, im Rahmen derer der etablierte Verteidiger den Marktaustritt existierender Konkurrenten anstrebt, erläutert Roberts (1987), S. 175 ff. Die Ausführungen in dieser Arbeit konzentrieren sich auf Modelle des Predatory-Pricing, die die Eintrittsabschreckung potentieller Wettbewerber abbilden.

179 Vgl. Adams/ Brock/ Obst (1996), S. 754 ff. sowie Wied-Nebbeling (1997), S. 261 f. Eine kritische Diskussion dieses Modells findet sich bei Rosenbaum (1996) sowie bei Elzinga/ Mills (1996).

180 Zum Konzept des Bertrand-Wettbewerbs vgl. Wied-Nebbeling (2004), S. 148 ff.

181 Zum Konzept des Cournot-Wettbewerbs vgl. beispielsweise Pfähler/ Wiese (1998), S. 95 ff.

tuation ist zusammenfassend in Abbildung 2.13 dargestellt, wobei für die Größenverhältnisse der diskontierten Gewinnzahlungen unterstellt sei, dass $H_S > H_C > H_B > H_P$ und $H_P < 0$.

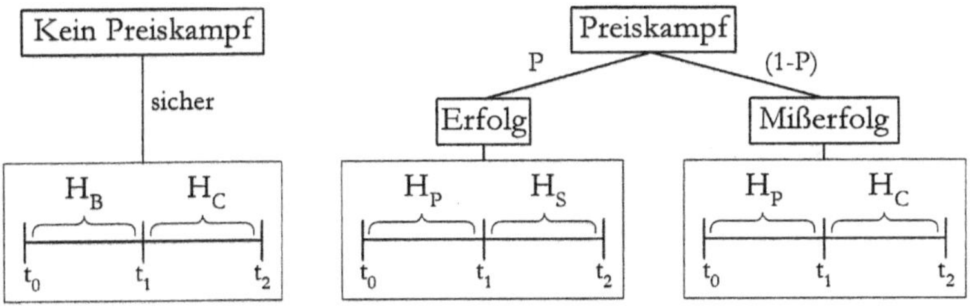

Abbildung 2.13: Erfolgswahrscheinlichkeit des Predatory Pricing[182]

Die Mindestwahrscheinlichkeit, die gegeben sein muss, damit ein Preiskampf aus Sicht des Verteidigers attraktiv erscheint, beträgt:

$$\begin{aligned} &P(H_P + H_S) + (1-P)(H_P + H_C) > H_B + H_C \\ \Leftrightarrow\ &P > \frac{H_B - H_P}{H_S - H_C} \end{aligned} \qquad (2.1)$$

Die Höhe der Erfolgswahrscheinlichkeit hängt ab vom Quotienten aus der Differenz zwischen den Gewinnen bei Verzicht des Preiskampfes und den Kosten einer Predatory-Strategie sowie der Differenz der Gewinne bei erfolgreicher Verteidigung und der Kooperations-Lösung. Wegen $H_B > H_P$ und $H_S > H_C$ existiert immer eine positive Erfolgswahrscheinlichkeit für die Durchführung eines Preiskampfes. Dies gilt selbst dann, wenn der Bertrand-Gewinn Null beträgt, da sich aufgrund des negativen Gewinns im Falle eines Preiskampfes H_P insgesamt ein positiver Zähler ergibt. Somit kann je nach Struktur der Payoff-Zahlungen bereits eine geringe Erfolgswahrscheinlichkeit ausreichen, damit für einen Verteidiger die Durchführung einer Predatory-Strategie vorteilhaft erscheint.[183]

---

182 In Anlehnung an Adams/ Brock/ Obst (1996), S. 754 f.

183 Vgl. hierzu auch die Übersicht zu empirischen Befunden bei Guiltinan/ Gundlach (1996), S. 93.

Die Frage, ob es sich beim Predatory Pricing um eine rationale Strategie handelt, diskutieren Vertreter von Chicago- und post-Chicago-School kontrovers.[184] Aus Sicht der Chicago-Vertreter ist die Strategie des Predatory Pricing nicht mit dem Unternehmensziel der langfristigen Gewinnmaximierung vereinbar. Um den Marktpreis beeinflussen zu können, muss der Etablierte vor Umsetzung seiner Preisreduzierungen über einen ausreichenden Marktanteil sowie die erforderlichen Kapazitäten zur Befriedigung der zusätzlichen Nachfrage verfügen. Sofern zwischen Angreifer und Verteidiger keine Kostenasymmetrien bestehen, ist der Predator aufgrund seiner Größe von den Verlusten durch nicht kostendeckende Preise im Vergleich zu seinem Konkurrenten überproportional betroffen.[185]

Diese Argumentation wird teilweise entkräftet, wenn man davon ausgeht, dass etablierte Unternehmen gegenüber Wettbewerbern über umfassendere finanzielle Mittel verfügen können, zum Beispiel wegen eines erleichterten Zugangs zu externen Finanzierungsquellen oder der Möglichkeit, zwischen strategischen Geschäftseinheiten beziehungsweise Regionen Quersubventionierungen vorzunehmen. Offen bleibt jedoch die Frage, inwiefern für Entscheidungsträger, die auf Basis erfolgsabhängiger Bezahlungssysteme entlohnt werden, ein Anreiz besteht, vorübergehende Verluste in Kauf zu nehmen.[186]

Eine Predatory-Preis-Strategie ist für ein Unternehmen nur dann erfolgreich, wenn die abdiskontierten Gewinne der Zukunft die heutigen Kosten der Verteidigungshandlung übersteigen.[187] Chicago School-Vertreter stellen diese Annahme in Frage, denn selbst wenn es gelingen sollte, Konkurrenten zur Aufgabe zu bewegen, werden anschließende Preissteigerungen – im Extremfall bis zum Monopolpreis – dazu führen, dass Neu- oder Wiedereintritte in den Markt erfolgen, wodurch das Preisniveau ceteris paribus wieder sinkt. Die Zeitspanne, in der Monopolgewinne realisiert werden können, genügt nicht, um die vorherigen Verluste eines Predators auszugleichen, es sei denn, es existieren hohe Markteintrittsbarrieren, die Markteintritte verhindern. Dieser Fall ist jedoch unwahrscheinlich, da für eine erfolgreiche Marktverdrängung durch eine Predatory-Strategie niedrige Marktaustrittsbarrieren erforderlich wären. Im Regelfall stellen jedoch Markteín-

---

[184] Vgl. Kate/ Niels (2002), S. 2 ff.

[185] Vgl. Bork (1978), S. 144 ff. und Telser (1966), S. 259 f.

[186] Vgl. Kate/ Niels (2002), S. 3 ff. und Minderlein (1990), S. 159 f.

[187] Diese These spiegelt sich in den Tatbestandsmerkmalen des Predatory Pricing nach der Rechtssprechung des U.S. Supreme Court wider:„First, a plaintiff … must prove that the prices complained of are below an appropriate measure of its rival´s costs … second … is a demonstration that the competitor has a reasonable prospect …, a dangerous probability, of recouping its investment in below-cost prices.“ Zitiert nach Guiltinan/ Gundlach (1996), S. 88.

trittsbarrieren gleichzeitig auch Marktaustrittsbarrieren dar, so dass eine Asymmetrie zwischen den Marktbarrieren nicht vorliegt.[188]

Anstelle des Predatory Pricing existieren nach Meinung der Chicago-Vertreter günstigere Strategiealternativen. Etablierte Unternehmen können Newcomern ein Übernahmeangebot unterbreiten, das maximal dem abgezinsten Barwert der künftigen Monopolgewinne nach der Fusion entspricht. [189] Diese Alternative ist vorteilhafter als ein Preiskampf, da während des Preiskampfes im Vergleich zu einem Aufkauf des Konkurrenten niedrigere Gewinne erzielt werden können. Somit ist es für ein Unternehmen sinnvoll, von Preissenkungen abzusehen und stattdessen einen (potentiellen) Konkurrenten zu akquirieren beziehungsweise den Markteintritt zuzulassen und Oligopolgewinne zu realisieren. [190]

Diese Argumente lassen Vergeltungsmaßnahmen gegen neu eintretende Wettbewerber als fragwürdige und irrationale Strategie erscheinen, da es nicht im Interesse eines Verteidigers sein kann, eine Drohung zu realisieren, mit der er sich selbst mehr schadet als einem Angreifer.[191] Nach McGee gilt dies analog für die im Rahmen einer Limitpreis-Strategie ausgesprochene Vergeltungsandrohung.[192] Die Argumente der Chicago-Vertreter basieren jedoch auf der Prämisse der vollständigen Information, das heißt alle Beteiligten sind über Kosten- und Nachfragebedingungen und damit über Gewinnfunktionen informiert.[193] Hebt man diese Annahme auf, so kann die Durchführung von Preiskämpfen unter bestimmten Bedingungen als rationale Strategie erklärt werden, wie die folgenden Abschnitte zeigen.[194]

Guiltinan/ Gundlach (1996) stellen vor diesem Hintergrund dem traditionellen Verständnis des Predatory Pricing eine erweiterte marketing-orientierte Begriffsdefinition gegenüber. Demnach verfolgen Entscheidungsträger bei der Durchfüh-

188 Vgl. Kate/ Niels (2002), S. 3 ff. und McGee (1980), S. 294 ff.

189 Für einen Monopolisten lässt sich zeigen, dass die post-entry-Gewinne des Newcomers geringer ausfallen als die durch den Markteintritt verursachten Verluste des etablierten Anbieters. Daher wird dem Verteidiger die Erhaltung seiner Monopolposition mehr wert sein als einem Newcomer deren Beseitigung. Vgl. Salop (1981), S. 20 f.

190 Vgl. Pepall/ Richards/ Norman (2002), S. 286 ff., Minderlein (1990), S. 160 sowie Ordover/ Saloner (1989), S. 547. Eine weitere Strategieoption besteht darin, den Markteintritt zuzulassen und Preisabsprachen mit dem Newcomer zu treffen. Dies ist jedoch aufgrund wettbewerbsrechtlicher Bestimmungen in der Regel illegal.

191 Vgl. Minderlein (1990), S. 160.

192 Vgl. McGee (1980), S. 311.

193 Vgl. Roberts (1987), S. 174.

194 Vgl. Milgrom/ Roberts (1987), S. 184 f. Einen Überblick über die Modellvarianten gibt Wilson (1992), S. 307 ff.

rung von Preiskämpfen nicht ausschließlich Gewinnmaximierungsziele. Sofern der Marktanteil als Bemessungsgrundlage variabler Bezahlungssysteme eingesetzt wird, können Preissenkungen darauf abzielen, den Marktanteil eines Produktes zu vergrößern. Auch das Motiv der Marktmachterhaltung kann, speziell bei inhabergeführten Unternehmen, eine aggressive Preispolitik erklären. Weiterhin wird die Annahme, dass die Predatory-Strategie eine Reduzierung der Preise unterhalb der variablen Durchschnittskosten erfordere, kritisiert. Das Ausmaß der temporären Verluste eines Unternehmens hängt entscheidend von der jeweiligen Kostenstruktur im Hinblick auf Beschäftigungsänderungen ab, da der aus einem Preiskampf resultierende Verlust zunimmt, je höher der Fixkostenanteil eines Unternehmens ist. Um unternehmensindividuellen Kostenstrukturen Rechnung zu tragen, empfehlen Guiltinan/ Gundlach (1996), nicht nur Preisreduzierungen eines etablierten Anbieters, sondern darüber hinaus wesentliche Gewinnreduzierungen als Definitionskriterium für das Predatory Pricing heranzuziehen.[195] Einen Überblick über die unterschiedlichen Perspektiven des Predatory Pricing unter Einbeziehung zahlreicher empirischer Studien gibt Tabelle 2.2.

Im Folgenden werden verschiedene spieltheoretische Modelle, die preispolitische Verteidigungsstrategien als rationale Strategie abbilden, dargestellt. Reputations-Ansätze sowie Signaling-Modelle unterstellen Informationsasymmetrien zwischen Angreifer und Verteidiger, wobei letzterer umfassender informiert ist. Commitment-Ansätze begründen die Rationalität von Verteidigungsmaßnahmen dagegen durch eine asymmetrische Reihenfolge der Spielzüge und Verpflichtungen.

2.3.3 Reputations-Ansätze

Eine Reputation kann allgemein definiert werden als die Summe der Wahrnehmungen relevanter Stakeholder eines Unternehmens hinsichtlich Leistungen, Services, Produkte, Organisation etc. und der sich hieraus ergebenden Achtung vor diesem Unternehmen.[196] Clark und Montgomery konkretisieren den Reputationsbegriff im Hinblick auf strategische Verteidigungskonzepte gegenüber Wettbewerbern wie folgt:

> „Fundamentally, it is an observer's impression of the actor's disposition to behave in a certain manner. While the reputation is a characteristic of the actor, it exists in the mind of the observer. Actors may attempt to influence their repu-

---

195 Vgl. Guiltinan/ Gundlach (1996), S. 94 f.

196 Vgl. Wiedmann/ Walsh (2003), S. 275 ff., Wiedmann/ Meissner/ Wegner (2003), S. 6 und Fombrun/ Wiedmann (2001), S. 3.

tations, but ultimately the reputation is a product of the observer's perceptions and interpretations, typically of the actor's past behavior." [197]

Perspective	Traditional, Economics-Oriented	Emerging, Marketing-Oriented
Conditions fostering predation	Firm behavior is a function of industry structure; structural forces set conditions for predation	Firm behavior is strategic, industry structure is important, but additional opportunities arise from differences in product or corporate goals, segment cross-elasticities, or informational asymmetries
Motives for aggressive pricing	Purpose of predatory pricing is to defend or maintain market power to maximize profitability	Multiple purposes exist, especially volume-related
Evidence of potential predation	Only below-cost prices can be predatory	Prices need not be below cost to predatory
Managerial information	Managers possess "perfect" information and can calculate payoffs	Managers possess incomplete and asymmetric information but only make "procedurally" rational evaluations of outcomes
Managers' risk attitudes	Managers are risk-neutral or risk-averse	Managers are risk-averse on gains, "risk-affinitive" on losses
Conjectures about competitors	Managers predict competitors' actions from industry structure	Managers rely on signals and history, conjecture imperfectly, and often do not understand competitors' payoffs
Recoupment assumptions	Recoupment requires gains in market power and is unlikely	Recoupment is frequently hard to predict, but the impact on competitive capabilities is predictable
Consumer welfare criteria	Consumer welfare is defined as allocative efficiency and may be determined by changes in industry price or quantity of output	Consumer welfare effects also include impact on quality, innovation, and satisfaction

Tabelle 2.2: Paradigmen des Predatory Pricing[198]

Ausgehend von Forschungsarbeiten der Politikwissenschaften in den sechziger Jahren des vergangenen Jahrhunderts[199] wurden Reputationsansätze von Wirt-

[197] Clark/ Montgomery (1998), S. 65.

[198] Nach Guiltinan/ Gundlach (1996), S. 90.

[199] Zu Quellenangaben vgl. Clark/ Montgomery (1998), S. 81 f.

schaftswissenschaftlern aufgegriffen und im Rahmen spieltheoretischer Ansätze für Fragestellungen der strategischen Marktverteidigung weiterentwickelt. Reputations-Ansätze zur Marktverteidigung unterstellen, dass sich die gegen neu eingetretene Wettbewerber geübten Preismaßnahmen des Verteidigers auch auf die Reaktionserwartungen weiterer, zukünftiger Markteintrittskandidaten auswirken. Letztere werden aus Furcht vor weiteren Preissenkungen vom Markteintritt abgehalten. Aus Sicht des Verteidigers stellen die Kosten der Vergeltungsmaßnahmen Investitionen in eine langfristige Vergeltungsreputation dar, das heißt sie lassen sich durch die zukünftigen Erträge aus unterbleibenden Markteintritten rechtfertigen.[200]

Die spieltheoretischen Reputations-Modelle basieren meist auf dem von Selten (1978) entwickelten spieltheoretischen Chain-Store-Modell, im Rahmen dessen das Zusammenwirken eines potentiellen Wettbewerbers und eines Monopolisten in jeder Periode analysiert wird. Eine Handelskette, die in einer begrenzten Anzahl von Märkten tätig ist, wird der Reihe nach in jedem Markt mit einem Konkurrenten konfrontiert. Der in Abbildung 2.14 gezeigte Spielablauf gestaltet sich in drei Stufen:

1. Stufe: Der Monopolist gibt den Preis für sein Produkt bekannt.
2. Stufe: Die Angreifer entscheiden sich für eine der beiden Strategiealternativen „enter" oder „stay out".
3. Stufe: Der Monopolist entscheidet über aggressives oder kooperatives Verhalten („prey" oder „share").

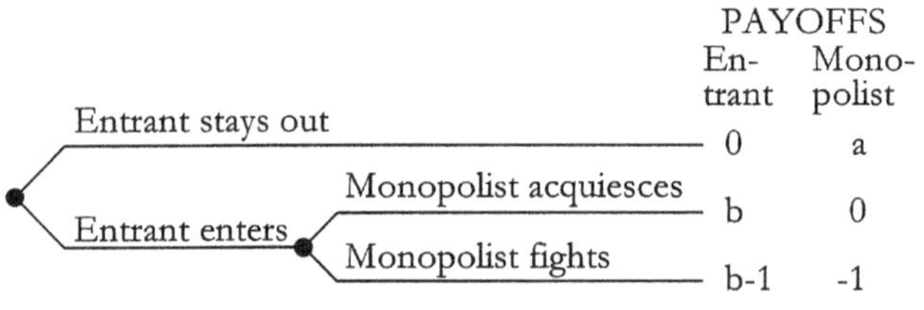

Abbildung 2.14: Chain-Store-Game nach Selten[201]

200 Vgl. Minderlein (1990), S. 163 ff.

201 Vgl. Kreps/ Wilson (1982), S. 255. Ein Zahlenbeispiel findet sich bei Roberts (1987), S. 182 ff.

Unter den Annahmen $a > 1$ und $0 < b < 1$ weist die Auszahlungsstruktur des Chain-Store-Spiels folgende Struktur auf: Für den Angreifer ist es verglichen mit einem Verzicht auf einen Markteintritt (stay out) vorteilhafter, den Markt mit dem Monopolisten zu teilen (share). Gleichzeitig ist ein Verzicht auf den Markteintritt (stay out) einem Preiskampf (being preyed) vorzuziehen. Aus Sicht des etablierten Unternehmens ist eine Vergeltungsmaßnahme teurer als ein geteilter Markt; die höchste Auszahlung ergibt sich jedoch, wenn kein Markteintritt erfolgt und Monopolgewinne realisiert werden können. Weiterhin wird vollständige beziehungsweise vollkommene Information unterstellt, das heißt alle Spieler kennen die Regeln des Spiels sowie die Höhe eigener und fremder Auszahlungen.[202]

Die Gleichgewichtslösung bei endlichem Spielhorizont und vollständiger Information besteht darin, dass niemals Preiskämpfe auftreten, da auf jeder Stufe ein Marktzutritt erfolgt und mit Kooperation beantwortet wird, was wie folgt begründet wird: In der letzten Runde des Spiels wird das etablierte Unternehmen aufgrund seiner Auszahlungsstruktur nach erfolgtem Marktzutritt kooperieren. Ein Preiskampf hätte keine abschreckende Wirkung mehr auf potentielle Newcomer, da keine zukünftigen Konkurrenten existieren. Im Zuge einer Rückwärtsinduktion gilt dieselbe Argumentation für die vorletzte und sämtliche vorhergehenden Spielstufen.[203] Selten bezeichnet dieses Spielergebnis, das der üblichen Intuition widerspricht, das Chain-Store-Paradox (Warenhausketten-Paradoxon).[204] In der Post-Chicago-Ära wurden im Rahmen der Reputations-Ansätze zahlreiche Modifikationen des Modells entwickelt, um zu zeigen, dass Predatory Pricing aus Sicht des Verteidigers eine rationale Strategie darstellen kann. [205]

Das Chain-Store-Paradox kann gelöst werden, wenn man eine unendliche Anzahl von Spielstufen oder Märkten unterstellt, wodurch ein Startpunkt für die Rückwärtsinduktion fehlt. Nach dem Folk-Theorem[206] existiert bei unendlichem Zeithorizont eines Spiels ein Kontinuum von Gleichgewichtslösungen, das heißt sowohl „prey“ als auch „share“ können mögliche Strategien des Verteidigers dar-

[202] Vgl. Selten (1978), S. 127 ff. und Kreps/ Wilson (1982), S. 254.

[203] Vgl. Milgrom/ Roberts (1982b), S. 255 sowie Selten (1978), S. 128 ff.

[204] Vgl. Ordover/ Saloner (1989), S. 551 und Weigelt/ Camerer (1988), S. 447. Ein Beispiel zu einem Chain-Store-Spiels findet sich bei Berninghaus/ Völker/ Erhart (1996), S. 514.

[205] Einen Überblick über Reputations-Modelle geben Milgrom/ Roberts (1987).

[206] Vgl. hierzu Fudenberg/ Maskin (1986) sowie Roberts (1987), S. 174 f.

stellen. Folglich eignet sich diese Modellvariation nicht dazu, Predatory Pricing als alleinige rationale Strategie zu erklären.[207]

Die Logik der Rückwärtsinduktion versagt ebenfalls, wenn die Prämisse der vollkommenen und vollständigen Information aufgehoben beziehungsweise gelockert wird. Nach dem spieltheoretischen „common knowledge"-Begriff weiß jeder Spieler, dass der andere Spieler weiß, worin die Gleichgewichtsstrategie des Spiels besteht. In einem von Milgrom/ Roberts (1982b) entwickelten Reputations-Modell ist diese Informationsvollkommenheit nicht mehr gegeben. Zwar ist allen Spielbeteiligten die in Abbildung 2.14 dargestellte Auszahlungsstruktur bekannt; potentielle Angreifer sind sich jedoch bezüglich des Verhaltens des Verteidigers unsicher. Neue Wettbewerber erwarten mit einer bestimmten Wahrscheinlichkeit, dass der Verteidiger aggressiv (crazy type) reagiert oder eine Kooperationsstrategie wählt (normal type). Anhand des Verhaltens des Etablierten in der Vergangenheit muss der Newcomer abschätzen, mit welcher Art von Spieler er konfrontiert ist, was der Verteidiger ausnutzen kann, indem er eine Vergeltungsreputation aufbaut. Ein „normaler" Spieler kann gegenüber potentiellen Angreifern versuchen, den Eindruck zu erwecken, dass es sich bei ihm um einen „verrückten" Anbieter handelt, indem er Vergeltungsmaßnahmen ergreift und dadurch den Markteintritt abschrecken.[208]

Während im Modell von Milgrom/ Roberts (1982b) eine Kooperationsstrategie regelmäßig die günstigere Handlungsalternative darstellt, unterscheiden Kreps/ Wilson (1982) in einem Spielmodell mit endlichem Zeithorizont zwischen „starken" und „schwachen" Verteidigern.[209] Der starke Verteidiger verfügt über eine modifizierte Auszahlungsstruktur (vgl. Abbildung 2.15), wonach ein Preiskampf die optimale ex-post-Strategie im Falle eines Marktzutritts darstellt.[210] Ein schwacher Verteidiger erzielt die in Abbildung 2.14 visualisierten Auszahlungen

---

[207] Vgl. Milgrom/ Roberts (1982b), S. 306: „Furthermore, predation would never be observed in the pure-strategy equilibria of this model, so it also fails to explain apparent observed behavior." Gleichwohl betonen Weigelt/ Camerer (1988), S. 447, dass die Predatory-Strategie bei unendlichem Spielhorizont und vollständiger Information eine mögliche Gleichgewichtsstrategie darstellen kann. Siehe hierzu auch Rosenthal (1981), S. 98 f.

[208] In einem Spiel mit drei Märkten beziehungsweise Perioden würden sich bei Anwendung dieser Strategie für den Monopolisten gemäß Abbildung 2.14 folgende Auszahlungen ergeben: $-1+a+a$. Wegen $a>1$ übersteigt dieser Gewinn die Summe der Auszahlungen einer Kooperationsstrategie in Höhe von Null für drei Spielrunden. In Anlehnung an Roberts (1987), S. 184.

[209] Eine vereinfachte Version der Reputation-Modelle von Milgrom und Roberts sowie Kreps und Wilson findet sich bei Fudenberg/ Tirole (1989), S. 306 ff. sowie Ordover/ Saloner (1989), S. 551 ff.

[210] Dies kann nach Minderlein (1990), Fn. 29 beispielsweise durch Eingehen einer verbindlichen Verpflichtung erfolgen. Siehe hierzu auch die später dargestellten Commitment-Ansätze.

und wählt folglich die Kooperation als optimale Handlungsalternative. Der potentielle Newcomer weiß im Zuge seiner Markteintrittsentscheidung nicht, welcher Art von Wettbewerber er gegenüber tritt, weshalb er mit einer positiven Wahrscheinlichkeit[211] annimmt, dass es sich um einen starken Wettbewerber handelt.

Während der starke Monopolist grundsätzlich aggressiv reagiert, gliedert sich die Gleichgewichtslösung des Spiels für einen schwachen Verteidiger, der versucht, sich als starker Verteidiger darzustellen, in drei Phasen. In der ersten Spielphase wird eine Preiskampfstrategie gewählt, wodurch der Verteidiger den Markteintritt neuer Wettbewerber abschreckt. Je näher das Spielende rückt, umso schwieriger wird es für den etablierten Anbieter, die durch den Preiskampf verursachten Verluste in nachfolgenden Spielstufen wieder auszugleichen. Nach der ersten Spielphase kommt es somit zu einer Übergangsphase von der Predator- zur Kooperationsstrategie, wobei ein schwacher Verteidiger versucht, den Anteil der Preiskämpfe möglichst lange aufrecht zu erhalten, um seinen „Ruf der Härte" zu verteidigen. Während der Übergangsphase wählt der etablierte Monopolist zufällig zwischen der prey- und der share-Strategiealternative. Die dritte Spielphase beginnt, sobald eine Kompensation der kurzfristigen Verluste des schwachen Monopolisten mit zukünftigen Gewinnen nicht mehr möglich ist. Ab diesem Zeitpunkt wählt er eine Kooperationsstrategie. Nach Kreps und Wilson besteht die optimale Predatory-Strategie eines etablierten Unternehmens folglich darin, Newcomern zu Beginn eines Spiels aggressiv, zum Ende hin dagegen kooperativ entgegenzutreten.[212]

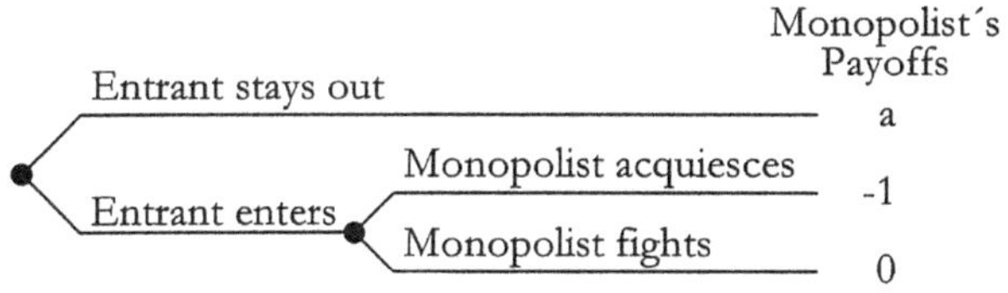

Abbildung 2.15: Payoffs eines starken Monopolisten im Modell nach Kreps und Wilson[213]

---

211 Zur formalen Bestimmung dieser Wahrscheinlichkeiten vgl. Kreps/ Wilson (1982), S. 257 ff.

212 Vgl. Kate/ Niels (2002), S. 11 ff., Weigelt/ Camerer (1988), S. 447 sowie Kreps/ Wilson (1982), S. 256 ff. In einer Modellvariation diskutieren Kreps/ Wilson (1982), S. 266 ff. den Fall der „two-sided uncertainty", wobei ein einzelner starker oder schwacher Angreifer wiederholt versucht, in den Markt einzutreten. Ergänzend zu dem hier beschriebenen Modell ist der Verteidiger in diesem Ansatz unsicher bezüglich des Typs des Angreifers.

213 Nach Kreps/ Wilson (1982), S. 256.

Durch die Aufhebung der Prämisse der vollständigen Information können Vergeltungsmaßnahmen bestehender Marktteilnehmer im Rahmen der Reputations-Ansätze als rationale, rentable und glaubwürdige Strategie zur Abwehr oder Abschreckung neuer Konkurrenten ausgewiesen werden. Potentielle Konkurrenten leiten das zukünftige Verhalten eines etablierten Wettbewerbers anhand seiner Preispolitik in der Vergangenheit ab. Dies ermöglicht einem Verteidiger, Einfluss auf die Reaktionserwartungen der Angreifer zu nehmen und Markteintritte abzuschrecken.[214] Im Unterschied zur Limitpreis-Strategie muss eine Preissenkung nicht zwingend zum Zeitpunkt des Markteintritts eines neuen Anbieters erfolgen. Für potentielle Angreifer ist nach den Reputations-Modellen vielmehr die post-entry-Phase vorausgegangener Markteintritte entscheidungsrelevant.

Clark/ Montgomery (1998) identifizieren im Rahmen eines Simulationsmodells[215] die in den spieltheoretischen Darstellungen bereits vorausgesetzte Konsistenz von Vergeltungshandlungen im Zeitablauf als wesentliche Voraussetzung für die glaubhafte Kommunikation von Drohungen gegen potentielle Newcomer. Ein Angreifer schätzt die Wahrscheinlichkeit eines Preiskampfes umso größer ein, je häufiger ein etabliertes Unternehmen in der Vergangenheit mit Vergeltungsmaßnahmen auf Markteintritte reagiert hat.[216] Außerdem scheint der Markterfolg eines Unternehmens in vergangenen Perioden die Glaubwürdigkeit der Reputation zu erhöhen, was die Autoren mit der umfassenden Ressourcenausstattung dominanter Firmen begründen.[217]

2.3.4 Signaling-Ansätze

Im Rahmen der Signaling-Modelle fungiert der pre-entry-Preis als Signal für die Kostensituation des Verteidigers, die Nachfragesituation im umkämpften Markt sowie die zukünftigen Gewinnaussichten. Durch Aufhebung der Annahme der

[214] Schmalensee (1988), S. 665 äußert sich kritisch gegenüber den Reputations-Modellen: „ Unfortunately, since unobservable beliefs play a critical role in reputation models, these models place relatively weak restrictions on observed behaviour; they imply the potential rationality of predation under almost any observable conditions."

[215] Für das Testexperiment wurde das Marktstrat2 Simulationsspiel eingesetzt.

[216] Auch Wiedmann/ Meissner/ Wegner (2003), S. 9 sehen die Entwicklung langanhaltender Beziehungen zu den wichtigsten Anspruchsgruppen eines Unternehmens als wesentliche Voraussetzung für den Aufbau einer dauerhaften Reputation.

[217] Vgl. Clark/ Montgomery (1998), S. 78 ff. Siehe hierzu auch die Ergebnisse von Waarts/ Wierenga (2000), S. 74 ff., die eine ähnliche Fragestellung aus der Perspektive eines Verteidigers untersuchen.

vollständigen Information stellen Signaling-Ansätze die Rationalität der Limitpreis-Setzung sicher. Stattdessen wird unterstellt, dass vor einem Markteintritt weder etablierte Unternehmen noch potentielle Angreifer über vollständige Informationen hinsichtlich ihrer zukünftigen Payoff-Strukturen verfügen.[218] Der Verteidiger kommuniziert im Rahmen der Signaling-Ansätze mit Hilfe des Preises allerdings nun nicht mehr, wie von Bain unterstellt, seine zukünftigen Handlungsabsichten, sondern seine relative Wettbewerbsposition.[219]

Unabhängig von Verteidigungsaktivitäten etablierter Anbieter ist für neue Wettbewerber die Prognose des künftigen Markterfolgs in hohem Maße unsicher. Weder die Akzeptanz von Kunden und Vertriebspartnern noch die eigenen Produktions- und Vertriebskosten sowie die Kostenstrukturen und Verteidigungsmaßnahmen der etablierten Konkurrenten lassen sich exakt vorhersagen. Insbesondere sind sich neue Anbieter häufig unsicher, ob sie ähnlich effizient agieren wie bestehende Wettbewerber. Zwar können neue Marktteilnehmer versuchen, durch Einsatz von Marktforschung ihren Informationsstand zu verbessern oder irreversible Investitionen solange verzögern, bis umfassendere Informationen zur Verfügung stehen, jedoch verbleibt trotzdem ein beträchtlicher Grad an Unsicherheit, insbesondere im Hinblick auf die relative Kosteneffizienz im Vergleich mit relevanten Wettbewerbern.[220]

Ein neu eingetretenes Unternehmen wird in dieser Situation nach den Signaling-Ansätzen die Reaktionen der Etablierten für die Bestimmung seiner relevanten Kosten- und Wettbewerbsposition heranziehen. Senkt ein bestehendes Unternehmen beispielsweise den Preis, wird der Newcomer dahinter niedrigere Kosten vermuten. Vergleicht er diese mit seinen eigenen Stückkosten, kann er zu dem Schluss gelangen, einen Kostennachteil zu besitzen. Dieser wahrgenommene Nachteil kann ihn zum Rückzug veranlassen, anstatt mit unterdurchschnittlichen Renditeaussichten weitere irreversible Eintrittskosten einzugehen.[221]

Kennt ein etablierter Anbieter, der keinen Kostenvorteil besitzt, diesen Zusammenhang, so besteht für ihn ein Anreiz, gegenüber dem Konkurrenten durch Preissenkungen eine effiziente Kostenstruktur vorzutäuschen. Ein Newcomer, der aber seinerseits weiß, dass Bluffen eine rationale Strategie darstellt, wird den Informationsgehalt niedriger Preise zwar geringer einschätzen; jedoch kann er die

218 Vgl. Salop (1979a), S. 337.

219 Einen Überblick über Signaling-Modelle geben Milgrom/Roberts (1990), S. 125 ff.

220 Salop (1981), S. 18 bezeichnet dies als „Information Advantage" der etablierten Anbieter gegenüber Newcomern.

221 Zu den Ausführungen dieses Absatzes vgl. Wilson (1992), S. 307, Minderlein (1990), S. 161 f. sowie Salop (1981), S. 14 ff.

Preissignale nicht völlig ignorieren, da ein kostenführendes etabliertes Unternehmen solche Preise auch ohne Vergeltungsabsicht setzen würde. Solange Newcomer nicht in der Lage sind, zwischen einem Bluff und effizienten Kostenstrukturen zu unterscheiden, können sie unter Umständen zum Rückzug oder zum Aufschieben weiterer Investitionen bewegt werden.[222]

Ein spieltheoretisches Signaling-Modell für die pre-entry-Phase des Wettbewerbs haben Milgrom/ Roberts (1982a) formuliert.[223] In Anlehnung an Shy (1995) wird im Folgenden dieses Modell in vereinfachter Form skizziert.[224]

Zu zwei Zeitpunkten $t = 1,2$ lautet die Marktnachfragefunktion $p = 10 - Q$, wobei Q als aggregierte verkaufte Absatzmenge definiert ist. Unternehmen 1 ist der bereits am Markt etablierte Verteidiger und wählt in Periode 1 die Outputmenge q_1^1. Unternehmen 2 existiert in $t = 1$ nicht und entscheidet sich für oder gegen einen Markteintritt in der zweiten Periode. Im Falle eines Markteintritts von Unternehmen 2 in $t = 2$ kommt es zum Cournot-Wettbewerb[225] zwischen beiden Anbietern; falls kein Marktzutritt stattfindet, produziert Unternehmen 1 die Monopoloutputmenge. Preispolitische Maßnahmen von Unternehmen 1 in Periode 1 haben folglich keinen Einfluss auf die Marktstruktur in Periode 2. Die Stückkosten von Unternehmen 2 betragen $c_2 = 1$ und sind den Marktteilnehmern bekannt. Für den potentiellen Angreifer entstehen im Falle eines Markteintritts in $t = 2$ einmalige Eintrittskosten in Höhe von $F_2 = 9$. Die Kostenfunktion von Unternehmen 1 ist nur ihm selbst bekannt. Der potentielle Wettbewerber kennt den genauen Verlauf der Kostenfunktion von Unternehmen 1 nicht, dafür aber die Wahrscheinlichkeitsverteilung bezüglich der Stückkostenhöhe:

$$c_1 = \begin{cases} 0 & \text{mit der Wahrscheinlichkeit } 0.5 \\ 4 & \text{mit der Wahrscheinlichkeit } 0.5 \end{cases} \qquad (2.2)$$

Der Verteidiger erzielt in den Perioden 1 und 2 Gewinne und maximiert die Summe der Periodengewinne. Die Gewinnfunktion von Unternehmen 1 in der pre-entry-Phase (Periode 1) lautet $\pi_1(c_1, q_1^1) = (10 - q_1^1)q_1^1 - c_1 q_1^1$. Die Gewinne beider Spieler in $t = 2$ sind in Tabelle 2.3 dargestellt[226], wobei π_i^c den Cournotgewinn

[222] Vgl. Wilson (1992), S. 313 ff., Minderlein (1990), S. 162 und Salop (1981), S. 16 f.

[223] Zu Erweiterungen des Grundmodells vgl. Roberts (1987), S. 165 ff. Zum Austausch von Kosteninformationen im Oligopolfall vgl. Armantier/ Richard (2003), S. 223 ff.

[224] Vgl. zu dieser Darstellung Shy (1995), S. 202 ff. Alternative Darstellungen finden sich bei Wilson (1992), S. 315 f. sowie bei Fudenberg/ Tirole (1989), S. 308 ff.

[225] Zum Begriff des Cournot-Wettbewerbs vgl. beispielsweise Pfähler/ Wiese (1998), S. 95 ff.

[226] Zur Berechnung vgl. Shy (1995), S. 203.

von Unternehmen i (i=1,2) und π_1^m den Monopolgewinn von Unternehmen 1 bezeichnet. Weiterhin sind sämtliche Gewinnzahlungen von den Stückkosten von Unternehmen 1 abhängig.

Firm 2 / Incumbent's cost	Entry		No Entry	
Low (c_1=0)	$\pi_1^c(0) = 13$	$\pi_2^c(0) = -1{,}9$	$\pi_1^m(0) = 25$	$\pi_2 = 0$
High (c_1=4)	$\pi_1^c(4) = 1$	$\pi_2^c(4) = 7$	$\pi_1^m(4) = 9$	$\pi_2 = 0$

Tabelle 2.3: Gewinnverteilungsmatrix im Signaling-Modell in der post-entry-Phase[227]

In Periode 2 entscheidet sich Unternehmen 2 auf Basis von q_1^1 sowie c_1 für oder gegen einen Markteintritt, wie Abbildung 2.16 zeigt. Sofern Unternehmen zwei seinen Erwartungsgewinn maximiert, wird es ohne zusätzliche Informationen wegen

$$E\pi_2^c = \frac{1}{2}\pi_2^c(0) + \frac{1}{2}\pi_2^c(4) = \frac{1}{2}(-1{,}9) + \frac{1}{2}7 > 0$$ in den Markt eintreten.

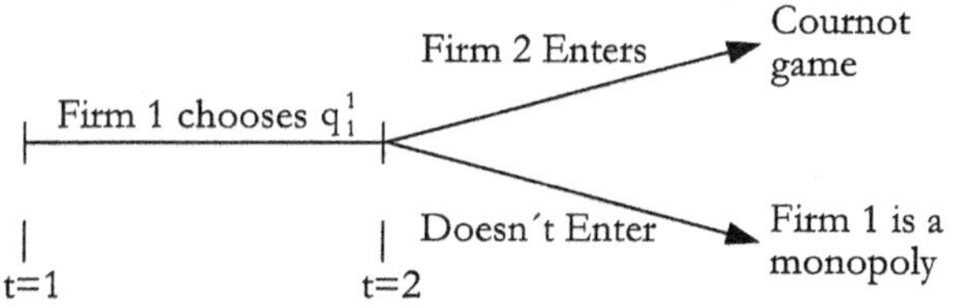

Abbildung 2.16: Two-period, signaling, entry deterrence game[228]

[227] Nach Shy (1995), S. 204.

[228] Nach Shy (1995), S. 204.

Handelt es sich bei Unternehmen 1 um ein high-cost-Unternehmen (c_1=4), so wird in der ersten Periode der Monopoloutput $q_1^1(4=5)$ produziert und damit der Gesamtgewinn von $\pi_1(4)=\pi_1^m(4)+\pi_1^c(4)=9+1=10$ maximiert. Folglich lohnt es sich für Unternehmen 1 nicht, eine Limitpreis-Strategie anzuwenden, weshalb der Markteintritt von Unternehmen 2 zugelassen wird.

Sofern Unternehmen 1 als low-cost-Unternehmen am Markt agiert (c_1=0), ist die Durchführung einer Signaling-Strategie vorteilhaft. Wenn Unternehmen 2 wüsste, dass es sich bei Unternehmen 1 um ein low-cost-Unternehmen handelt, so würde kein Markteintritt erfolgen, da $\pi_2^c(0)<0$. Solange jedoch Unternehmen 2 nicht sicher weiß, dass es sich bei Unternehmen 1 um ein low-cost-Unternehmen handelt, hat der Verteidiger einen Anreiz, seine Kostensituation offen zu legen.[229] Um dieses Ziel zu erreichen, wählt Unternehmen 1 eine Strategie, die ein high-cost-Unternehmen auf keinen Fall wählen würde: Unternehmen 1 produziert in der ersten Periode einen Output, dessen korrespondierender Gewinn unterhalb des Monopolgewinns liegt:

$$\begin{aligned} &(10-q_1^1)q_1^1-4q_1^1+\pi_1^m(4)<\pi_1^m(4)+\pi_1^c(4)\\ \Leftrightarrow\ &(10-q_1^1)q_1^1-4q_1^1+\pi_1^m(4)<9+1\\ &\vdots\\ \Leftrightarrow\ &q_1^1>5{,}83 \end{aligned} \tag{2.3}$$

Jeder Outputlevel unterhalb von $q_1^1=5{,}83$ würde einen Markteintritt des Angreifers zur Folge haben. Ein high-cost-Incumbent würde einen höheren Gesamtgewinn erzielen, wenn er in der ersten Periode den Monopolgewinn realisiert und in der zweiten Periode den Markteintritt zulässt, statt $q_1^1=5{,}83$ zu produzieren, da

$$9{,}9=(10-5{,}83)\cdot 5{,}83-4\cdot 5{,}83+\pi_1^m(4)<\pi_1^m(4)+\pi_1^c(4)=9+1=10 \tag{2.4}$$

Das etablierte low-cost-Unternehmen erzielt mit der Outputmenge $q_1^1=5{,}83$ verglichen mit dem Monopolgewinn in t=1 und einem Cournot-Ergebnis in Periode 2 insgesamt einen höheren Gewinn, wie die Ungleichung

$$\pi_1(0)\,|_{q_1^1=5}=25+13=38<49{,}31=(10-5{,}83)\cdot 5{,}83+25=\pi_1(0)\,|_{q_1^1=5{,}83} \tag{2.5}$$

zeigt. Somit wird der low-cost-Verteidiger den Markteintritt nicht zulassen und die Produktionsmenge $q_1^1=5{,}83$, die den Monopoloutput in t=1 übersteigt, produzieren.

Zusammenfassend ist festzuhalten, dass Signaling-Ansätze eine mögliche Begründung für die Rationalität von Limitpreis-Strategien bereitstellen. Der pre-entry-Preis des Verteidigers beeinflusst jedoch im Gegensatz zur Konzeption von

229 Hierzu schreiben Milgrom/ Roberts (1982a), S. 444: „... The pre-entry price may become a signal regarding the established firm´s costs, which in turn are a determinant of the post-entry price and profits for the entrant.“

Bain nicht die post-entry-Gewinne, sondern fungiert als Signal des Verteidigers für schwer prognostizierbare Profitabilitätsdeterminanten.[230] Im Gegensatz zu den Reputations-Modellen spielen dabei in der Vergangenheit umgesetzte Preismaßnahmen des Verteidigers aus Sicht des Angreifers keine Rolle. Stattdessen setzt der Verteidiger den pre-entry-Preis als Signal ein, um einem potentiellen Wettbewerber, der einen Informationsnachteil über die Kostenstrukturen im relevanten Markt besitzt, die relative Wettbewerbsposition zu kommunizieren.

2.3.5 Commitment- und Sunk Costs-Ansätze

Etablierte Anbieter können versuchen, den Markteintritt neuer Konkurrenten zu verhindern, indem sie eine bindende und kostenverursachende Verpflichtung eingehen, zum Beispiel durch den Abschluss langfristiger Verträge mit Kunden oder Lieferanten. Im Rahmen von Commitment-Ansätzen stellen Verteidigungsmaßnahmen Auswahlentscheidungen unter irreversiblen Investitionsalternativen unter Unsicherheit dar.[231] Die Payoff-Struktur des Verteidigers wird durch die Verpflichtung derart modifiziert, dass für ihn eine zukünftige Vergeltungshandlung gegenüber Newcomern die relativ vorteilhafte Alternative darstellt. Dann kann er einem potentiellen Konkurrenten glaubhaft mit Vergeltungsmaßnahmen drohen,[232] falls dieser in den Markt eintreten sollte.[233]

Unabhängig von der Art der Verpflichtung sind verschiedene Bedingungen erforderlich, damit die Verpflichtungsmaßnahme als glaubhafte Drohung zur Geltung gebracht werden kann. Für den Verteidiger muss das Eingehen der Verpflichtung wirtschaftlich sein, das heißt verglichen mit der Akzeptanz von Markteintritten oder der Kooperation mit Newcomern muss die Verpflichtung insgesamt einen größeren Erfolg erzielen. Diese Bedingung veranschaulicht Abbildung 2.17, wobei P_M den Payoff im Monopolfall, P_D den Payoff im Duopolfall, P_W den Payoff im Falle eines Wettbewerbskrieges und C die Kosten der Verpflich-

[230] Vgl. Milgrom/ Roberts (1982a), S. 457.

[231] Vgl. Porter (1991), S. 107.

[232] Die Ausführung der Vergeltung ist theoretisch nicht erforderlich, es genügt die Drohung, um den Markteintritt abzuschrecken. Damit wird die von Chicago-School-Vertretern vorgebrachte Kritik der ungleichen Kostenwirkung von Verteidigungsmaßnahmen für Angreifer und Verteidiger entkräftet.

[233] Vgl. Wilson (1992), S. 307 ff., Neven (1989), S. 217 ff. sowie Dixit (1982), S. 12 ff.

tung[234] bezeichnen. Bezüglich der Höhe der Payoff Zahlungen wird unterstellt, dass $P_M > P_D > 0 > P_W$. Die Durchführung eines Wettbewerbskrieges ist für den Verteidiger nur dann vorteilhaft und glaubhaft gegenüber dem Angreifer zu kommunizieren, wenn der Payoff des Wettbewerbskrieges den Duopolgewinn abzüglich der Verpflichtungskosten übersteigt, das heißt wenn die Bedingung $P_W > P_D - C$ erfüllt ist. Weiterhin darf die Verpflichtung den Monopolgewinn nicht derart reduzieren, dass eine Kooperation im Vergleich zu einem Verzicht auf die Verpflichtungshandlung relativ vorteilhafter wäre ($P_M - C > P_D$). Durch Umformung dieser beiden Ungleichungen lässt sich die theoretische Bandbreite der Verpflichtungskosten und damit das Wirtschaftlichkeitskriterium bestimmen: $P_M - P_D > C > P_D - P_W$.[235]

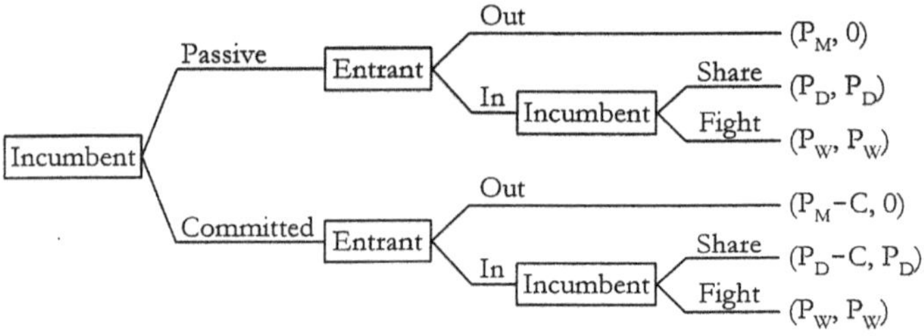

Abbildung 2.17: Spielbaum zum Commitment-Ansatz[236]

Neben der Bedingung der Wirtschaftlichkeit muss die Verpflichtung weiterhin dauerhaft irreversibel sein, das heißt den Entscheidungsspielraum des Verteidigers nachhaltig einschränken, damit eine Verpflichtung den Zweck der Eintrittsabschreckung erfüllt. Dies kann beispielsweise durch vertragliche beziehungsweise institutionelle Bindungen oder auch durch firmen- beziehungsweise produktspezifische Investitionen, für die keine anderen Verwendungsmöglichkeiten existieren,

234 Diese Kosten seien als Bereitschaftskosten definiert, die im Konfliktfall selbst nicht anfallen. Baut der Verteidiger beispielsweise Überschusskapazitäten auf, so werden diese bei einem Wettbewerbskrieg genutzt, um durch eine Angebotsausweitung Preissenkungen zu realisieren. Die Kosten der Unterauslastung entstehen daher nur im Monopol- oder Duopolfall.

235 Vgl. Dixit (1982), S. 13.

236 Die erste Variable innerhalb der Klammern gibt die Payoff-Zahlungen des Verteidigers, die zweite Variable die Payoff-Zahlungen des Angreifers an. In Anlehnung an Dixit (1982), S. 14.

sichergestellt werden.[237] Letztere stellen für das etablierte Unternehmen versunkene Kosten dar, die heute und in Zukunft nicht mehr beeinflussbar sind. In anderen Unternehmen gäbe es für sunk costs, die durch den Verzehr spezifischer materieller oder immaterieller Vermögensgegenstände entstehen, keine entsprechend produktive Verwendung.[238] Die genaue Höhe der versunkenen Kosten entspricht den erwarteten Liquidationsverlusten bei der Veräußerung der spezifischen Vermögensgegenstände vor Ablauf ihrer Nutzungsdauer. Für den Verteidiger sind im Gegensatz zu einem Newcomer sunk costs wegen ihrer fehlenden Beeinflussbarkeit bei der kurzfristigen Preiskalkulation nicht entscheidungsrelevant, wodurch der Verteidiger in der Lage ist, die Preise eines Newcomers im Rahmen einer Limitpreis- oder Predatory-Strategie zu unterbieten. Die Irreversibilität der Investition signalisiert glaubhaft den Beharrungswillen („credible commitment") des etablierten Anbieters und schreckt somit potentielle Wettbewerber ab. [239] Der Verteidiger muss die Verpflichtung vor der Markteintrittsentscheidung des Newcomers tätigen und gegenüber dem potentiellen Newcomer glaubwürdig kommunizieren.[240] Ähnlich wie die spieltheoretischen Modelle zur Marktverteidigung unterstellen Commitment-Ansätze die Existenz einer relativ stabilen Unternehmensumwelt, so dass aus Verpflichtungen langfristige Konsequenzen resultieren.[241]

Als konkrete Handlungsoptionen werden in der Literatur vielfältige Arten von Verpflichtungen diskutiert, beispielsweise der Abschluss von Langzeitverträgen mit Kunden oder Lieferanten, der Aufbau von Überschusskapazitäten,[242] Niedrigpreisgarantien gegenüber Kunden,[243] eine breite Angebotsdifferenzierung, die Kompabilitätsreduzierung eigener Produkte im Vergleich zu Wettbewerbern durch die Einführung von Wechselkosten für den Kunden oder produktspezifi-

---

237 Vgl. Chen/ MacMillan (1992), S. 545 ff. Die Anwendung des Commitment-Ansatzes im Rahmen des Ausbaus firmenspezifischer Kernkompetenzen und Ressourcen erläutern Ghemawat/ Sol (1998), S. 28 ff.

238 Vgl. Wieandt (1994), S. 1030.

239 Vgl. Salop (1979a), S. 335 ff. Zum Konzept der sunk-costs vgl. ausführlich Sutton (1996), S. 77 ff., Wieandt (1994) sowie Schmalensee (1992).

240 Vgl. Porter (1999), S. 151, Minderlein (1990), S. 167 sowie Dixit (1982), S. 13.

241 Vgl. Porter (1991), S. 107.

242 Vgl. Maskin (1999), S. 429 ff.

243 Vgl. Arbatskaya (2001), S. 1387 ff.

sche Marketingmaßnahmen.[244] Letztere werden in den folgenden Abschnitten zu produktpolitischen Verteidigungsmaßnahmen diskutiert.

244 Vgl. Porter (1999), S. 151 f. Zu weiteren Literaturverweisen vgl. die umfassende Übersicht von Wilson (1992), S. 307 ff.

2.4 Verteidigungsstrategien im Rahmen der Produktpolitik

2.4.1 Handlungsparameter der Produktpolitik

Ziel der Produktpolitik eines Unternehmens ist die Schaffung eines Angebotes, das den Bedürfnissen der Nachfrager gerecht wird. Durch das Anbieten von Produkten, die sich vom Wettbewerb abheben, kann ein Anbieter gleichzeitig gewinnreduzierenden Preiskämpfen vorbeugen oder entgegenwirken. Der Kernbereich der Produktpolitik umfasst die Variation bestehender Produkte, die Innovation neuer Produkte, sowie die Elimination aus dem Absatzprogramm.[245] Für bestehende Wettbewerber, die über bereits am Markt etablierte Produkte verfügen, fungieren insbesondere die Produktvariation sowie die Innovation in Form von Produktdifferenzierungen als mögliche Handlungsparameter zur Verteidigung gegen neue Wettbewerber.[246]

Die Produktvariation beinhaltet die Veränderung von Produkten, die sich bereits im Markt befinden, wobei die Gesamtzahl der angebotenen Produkte eines Unternehmens unverändert bleibt. Der Umfang dieser Maßnahmen reicht von einer Mängelbeseitigung über die leichte Produktveränderung zur Effizienzsteigerung der Produktionsprozesse bis hin zur umfassenden Modifikation verschiedener Produkteigenschaften in Form eines Relaunch.[247] Die Handlungsparameter bei Produktvariationen sind weitgehend identisch mit den Einflussmöglichkeiten im Bereich der Produktdifferenzierung und werden daher im Anschluss an eine definitorische Abgrenzung der Produktdifferenzierung simultan erläutert.

Bei einer Produktdifferenzierung wird ein im Markt eingeführtes Produkt durch Veränderungen einzelner Produktelemente variiert und zusätzlich zum bereits bestehenden Absatzprogramm angeboten.[248] Maßgebliche Voraussetzung für eine Produktdifferenzierung ist die Existenz heterogener Präferenzen auf der Abnehmerseite.[249] Nur dann besteht für Unternehmen ein Anreiz, Güter herzustel-

---

245 Vgl. Homburg/ Krohmer (2003), S. 461 ff., Nieschlag/ Dichtl/ Hörschgen (2002), S. 582 ff. und Meffert (2000), S. 373 ff.

246 Vgl. Kadiyali/ Vilcassim/ Chintagunta (1999), S. 340 f. Kotler/ Bliemel (2001), S. 508 betonen, dass der Großteil der Produktinnovationen von Konsumgüterherstellern auf einer Verbesserung bereits bestehender Produkte basiert. Vgl. hierzu auch Thomas (1996), S. 485.

247 Vgl. Büschken/ Thaden (2002), S. 595, Nieschlag/ Dichtl/ Hörschgen (2002), S. 709 f. und Brockhoff (1999), S. 289 ff.

248 Vgl. Meffert (2000), S. 439 und Brockhoff (1999), S. 303. Manche Autoren verstehen unter einer Produktdifferenzierung die Differenzierung eines Produktes eines bestimmten Herstellers von denen der Wettbewerber im Markt (insbesondere im Fall von Commodities). Vgl. hierzu auch Büschken/ Thaden (2002), S. 600.

249 Vgl. Lancaster (1990), S. 190.

len, die von Konsumenten ähnlich wahrgenommen werden und denselben Grundnutzen befriedigen, zugleich jedoch unterschiedliche Produkteigenschaften aufweisen und damit ausgewählten Kundengruppen einen höheren Nutzen stiften. Durch eine Heterogenisierung der Eigenschaften eines Produktes können bestimmte Kundengruppen besser bedient werden, während andere Kundengruppen auf einen Kauf des Produktes verzichten oder ihren Konsum reduzieren.[250] Mit Hilfe der Marktforschung lässt sich die Verteilung von Nachfragerpräferenzen innerhalb eines Marktsegmentes ermitteln, wobei in der Regel drei Arten von Präferenzstrukturen unterschieden werden.[251] Bei Vorliegen homogener Präferenzen bevorzugen sämtliche Nachfrager gleiche oder sehr ähnliche Produkteigenschaften, was einen geringen Spielraum für Produktdifferenzierungen zur Folge hat. Im Falle geclusterter Präferenzen existieren dagegen hinreichend große Nachfragergruppen, die jeweils unterschiedliche Eigenschaftsbündel präferieren. Sind die Präferenzen innerhalb eines Marktsegmentes diffus verteilt, so bestehen keine ausreichend großen Kundengruppen, für die eine eigene Produktvariante wirtschaftlich angeboten werden kann.[252]

Maßnahmen der Produktvariation und -differenzierung können im Rahmen unterschiedlicher Handlungsparameter und Kombinationsmöglichkeiten erfolgen, wobei der Basisnutzen eines Produktes (zum Beispiel Leuchten, Transportieren, Heizen) unverändert bleibt, da dieser durch die jeweilige Produktkategorie vorgegeben ist. Ziel einer Heterogenisierung der Produkteigenschaften ist sowohl die Abgrenzung der Produkte gegenüber Konkurrenzangeboten, als auch eine Differenzierung zwischen Produkten des eigenen Leistungsprogramms eines Unternehmens.[253]

Ein Produkt kann im Bereich der physikalischen und funktionalen Eigenschaften variiert werden, indem zum Beispiel Materialart, technische Konstruktion, Haltbarkeit oder Qualität verändert werden (vgl. Abbildung 2.18). Betrifft die Differenzierungsentscheidung die ästhetischen Eigenschaften eines Produktes, werden meist Stil, Form, Farbe oder Verpackung modifiziert. Häufig versuchen Unternehmen mit Hilfe der ästhetischen Eigenschaften den Konsumenten emotionale Imagekomponenten wie Jugendlichkeit, Geborgenheit oder Erotik zu vermitteln. Dieses Vorgehen empfiehlt sich insbesondere in Märkten, in denen aufgrund

[250] Vgl. Herrmann/ Seilheimer (2002), S. 650, Bayus/ Putsis (1999), S. 138 und Quelch/ Kenny (1994), S. 153 f.

[251] Zu dieser Einteilung vgl. Pfähler/ Wiese (1998), S. 213 f.

[252] Eine alternative Klassifizierung von Präferenzstrukturen findet sich bei Büschken/ Thaden (2002), S. 600 ff., die zwischen gleichmäßig, unimodal und multimodal verteilten Präferenzen differenzieren.

[253] Vgl. Kotler/ Bliemel (2001), S. 767 f.

einer hohen Identität der technischen Produktfunktionen keine ausreichenden Potentiale für eine Differenzierung der funktionalen Merkmale bestehen. Eine Produktvariation im Rahmen der symbolischen Eigenschaften beinhaltet die Übertragung bestimmter Symbolbedeutungen eines Produktes auf einzelne Produktvarianten, um dadurch die Unterscheidbarkeit zu steigern.[254]

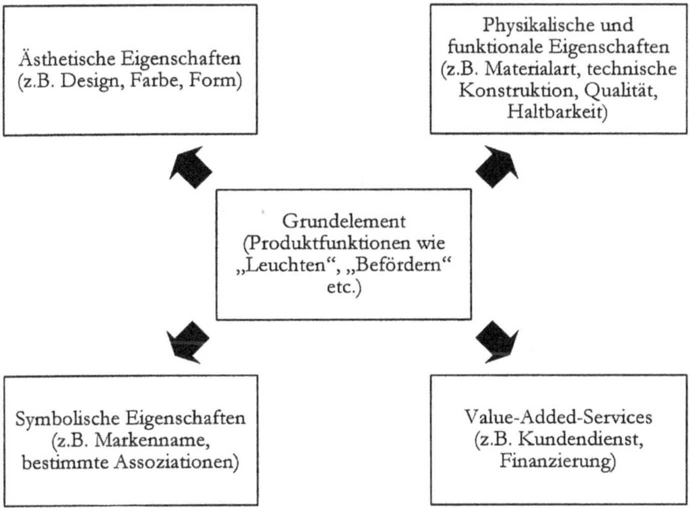

Abbildung 2.18: Ansatzpunkte für Produktvariation und -differenzierung[255]

Vor dem Hintergrund zunehmender Austauschbarkeit der Produkte in technischer Hinsicht gewinnen Value-Added-Services, das heißt Sekundärleistungen, die in Kombination mit der Primärleistung angeboten werden, als Differenzierungsmerkmal zunehmend an Bedeutung.[256] Die Differenzierungswirkung der Sekundärleistungen hängt einerseits von der Erwartungshaltung der Kunden ab. Im

---

254 Beispielsweise versucht der Fahrzeughersteller Daimler-Chrysler die verschiedenen Varianten der C-Klasse durch Markenzusätze wie „Elegance" oder „Esprit" zu differenzieren. Vgl. Meffert (2000), S. 442.

255 In Anlehnung an Meffert (2000), S. 437.

256 Vgl. Nieschlag/ Dichtl/ Hörschgen (2002), S. 680 ff. , Kotler/ Bliemel (2001), S. 797 ff. sowie Backhaus/ Büschken/ Voeth (2003), S. 217 ff.

Gegensatz zu Muß-Leistungen, die nahezu alle Wettbewerber anbieten und die vom Kunden gefordert werden, beinhalten innovative Leistungen umfassendere Differenzierungspotentiale. Die Wirkung einer Differenzierungsmaßnahme im Rahmen von Value-Added-Services wird andererseits vom Ausmaß der inhaltlichen Affinität zwischen der klassischen Produktleistung und der Sekundärleistung aus Kundensicht beeinflusst. Während der Kunde bei hoher Affinität seine auf den Zusatzservice bezogene Zufriedenheit auf die Primärleistung überträgt, besteht bei geringem Affinitätsgrad die Gefahr, dass Konsumenten dem Unternehmen die Kompetenz zur Erstellung der Zusatzleistung absprechen und diese nicht nutzen.[257]

Marken \ Produktlinien	bestehend	neu
bestehend	Linienausweitung (Line Extension) Mercedes C-Klasse, Jever Light	Markentransfer (Brand Extension) Camel Boots, Nivea-Deo
neu	Parallelmarken-einführung (Multibranding) verschiedene Biermarken einer Brauerei	Entwicklung neuer Marken und Linien Lexus (Toyota)

Abbildung 2.19: Strategische Optionen zur Weiterentwicklung der Markenarchitektur mit ausgewählten Praxisbeispielen[258]

Abbildung 2.19 stellt verschiedene Formen von Produktdifferenzierungen sowie ausgewählte Praxisbeispiele dar. Ein Unternehmen kann entweder die bestehenden Marken im Rahmen vorhandener oder neuer Produktlinien weiterentwickeln

[257] Meffert (2000), S. 445 f. weist darauf hin, dass für die Erzielung der Differenzierungswirkung die tatsächliche Nutzung der Sekundärleistung durch die Konsumenten nicht zwingend erforderlich ist. So kann beispielsweise die Eröffnung von Kaffee-Bars in Bücherläden zu einer besseren Einschätzung der Kundennähe auch bei denjenigen Kunden führen, die diese nicht nutzen.

[258] Nach Homburg/ Krohmer (2003), S. 529.

oder neue Marken für bestehende oder neue Produktlinien entwickeln. Eine Line Extension liegt vor, wenn der Innovator den Namen eines eingeführten Produktes derselben Produktart verwendet, während bei einer Brand Extension der Markenname einer anderen Produktart für das neue Produkt genutzt wird. Primäres Ziel dieser Differenzierungsstrategien ist es, positive Imagebestandteile einer eingeführten Marke zu nutzen und dadurch die Misserfolgswahrscheinlichkeit von Neueinführungen zu reduzieren.[259]

Im Folgenden werden die strategischen Implikationen der Produktvariation[260] (2.4.2) sowie der Produktdifferenzierung (2.4.3) anhand ökonometrischer Modelle zu Wettbewerbsinteraktionen nach Hotelling und Schmalensee abgeleitet. Anschließend erfolgt eine Darstellung und kritische Würdigung relevanter Einflussfaktoren für produktorientierte Verteidigungsstrategien (2.4.4).

2.4.2 Hotellings Straßendorf

Die produktbezogenen Abhandlungen der Marketing-Literatur im Bereich der Produktvariation und -differenzierung konzentrieren sich meist auf die Ausgestaltung unterschiedlicher Varianten. Volkswirtschaftliche Modelle umfassen auch andere Heterogenisierungsformen wie die Variation der örtlichen Produktverfügbarkeit, der Kompatibilität unterschiedlicher Produkte zueinander sowie der Imagedifferenzierung. Diese Handlungsoptionen sind in der Marketing-Literatur teilweise anderen Marketing-Mix-Instrumenten zugeordnet, unter anderem der Kommunikations- oder Distributionspolitik. In den Ansätzen von Hotelling und Schmalensee, die die produktstrategischen Interaktionen von Unternehmen abbilden, kann die Produktdifferenzierung beziehungsweise -variation sowohl durch das Anbieten unterschiedlicher Varianten eines Produktes als auch durch den Verkauf an verschiedenen Standorten erfolgen. Beide Handlungsoptionen werden daher parallel erläutert.

Die Grundannahmen des Hotelling-Modells zur Produktvariation lauten wie folgt:[261]

---

[259] Vgl. Brockhoff (1999), S. 315, Broniarczyk/Alba (1994), S. 226 ff., Choi/ Scarpa (1992), S. 440, Keller/ Aaker (1992), S. 44 ff. und Sullivan (1992), S. 794 f.

[260] Zu strategischen Implikationen von Produktvariationen vgl. auch die Ergebnisse des Defender-Modells in Abschnitt 2.5.3 ab Seite 109 dieser Arbeit.

[261] Die Darstellung orientiert sich an Pfähler/ Wiese (1998), S. 227 ff., D'Aspremont/ Gabszewicz/ Thisse (1979), S. 1145 f. sowie Hotelling (1929), S. 41 ff. Vgl. hierzu auch Wied-Nebbeling (2004), S. 171 ff. Eine Variation des Modells findet sich bei Bonanno (1987).

Angebotsseite

- Das gesamte Marktangebot X wird durch maximal zwei Unternehmen (i=1, 2) bereitgestellt, das heißt $X = x_1 + x_2$. Auf den Beschaffungsmärkten treten die Unternehmen als Preisnehmer auf.
- Die Grenz- beziehungsweise variablen Stückkosten der Produktion seien für die Anbieter identisch und konstant: $GK_i(x_i) = DK_i(x_i) = c$. Kostenunterschiede zwischen den Unternehmen sowie Fixkosten der laufenden Produktion werden vernachlässigt. Die Kosten der Heterogenisierung der Produkteigenschaften sind für beide Anbieter gleich und somit zu vernachlässigen.
- Es gilt die Prämisse der Gewinnmaximierung, wobei der Gewinn definiert sei als Produkt aus dem Deckungsbeitrag je Stück $p_i - c$ und dem Absatz beziehungsweise Marktanteil: $G_i = (p_i - c)x_i$, wobei p_i den Preis von Produkt i repräsentiert.
- Die Unternehmen kennen Ihre Kosten und die ihrer Wettbewerber, die Angebotsbedingungen sowie die Nachfragefunktionen mit Sicherheit. Es liegen keine Kapazitätsengpässe vor.

Nachfrageseite

- Die Konsumentenpräferenzen unterscheiden sich und sind bezüglich der Heterogenisierungseigenschaften gleichverteilt (uniforme Verteilung).
- Die Marktnachfrage ist völlig preisunelastisch, das heißt Preissenkungen führen nicht zur Ausdehnung der Marktnachfrage X, sondern nur zur Erhöhung der Markennachfrage x_i auf Kosten des Konkurrenten. Jeder Konsument kauft höchstens eine Einheit der angebotenen Güter.
- Jeder Konsument kauft das Produkt, sofern er es kauft, bei dem Unternehmen, dessen Angebot ihm eine höhere Konsumentenrente (KR) verspricht. Die Konsumentenrente ist definiert als Differenz zwischen dem Nettonutzen und dem Marktpreis p: $KR(p, H, Z) = Z(H) - p$, wobei H als Heterogenisierungsparameter verwendet wird und Z die Brutto-Zahlungsbereitschaft repräsentiert. Eine Heterogenisierung kann insbesondere durch Veränderung der Produkteigenschaften oder des Unternehmensstandortes erfolgen.
- Die Nachfrage hängt somit ab von den Kundenpräferenzen, der Heterogenisierung sowie den Preisen. Im Falle von zwei Produkten beziehungsweise Marken und einem Heterogenisierungsparameter erhält man allgemein: $x_i = D_i(p_1, p_2, H_1, H_2)$ für i=1, 2
- Potentielle und tatsächliche Konsumenten sind vollständig über die Angebotsbedingungen (Preise, Verfügbarkeit, Qualität, Service etc.) informiert.

Der Produktraum oder der geographische Raum werden im Hotelling-Ansatz in eindimensionaler Form als Strecke der Länge 1 dargestellt, wobei 0 und 1 die beiden Endpunkte repräsentieren. Die Standorte der beiden Unternehmen, die mit a_1 und a_2 bezeichnet werden (im weiteren gilt: $a_1 < a_2$), bilden die Heterogenisierungsparameter H_1 und H_2. Der Standort eines Unternehmens kann somit durch eine Zahl zwischen 0 und 1 eingegeben werden, wobei jedes Unternehmen nur an einem Standort anbietet beziehungsweise nur eine Produktvariante produziert.

Ein Konsument wird ebenfalls durch eine Zahl $0 \leq h \leq 1$ charakterisiert. Die Entfernung zwischen einem Konsumenten und einem Unternehmen kann als geographischer Abstand (bei geographischen Standorten) oder als Abweichung der Produkteigenschaften von den Konsumentenpräferenzen (bei Standorten im Produktraum) interpretiert werden. Wegekosten zum geographischen Standort des Unternehmens beziehungsweise Kosten für Nutzeneinbußen, zum Beispiel durch notwendige Nachbesserungen, werden in Form von quadratischen Kostenfunktionen berücksichtigt, das heißt $K_1(h) = t(h - a_1)^2$ und $K_2(h) = t(a_2 - h)^2$, wobei t als Transportkostensatz beziehungsweise Heterogenitätsparameter zu interpretieren ist (vgl. Abbildung 2.20).

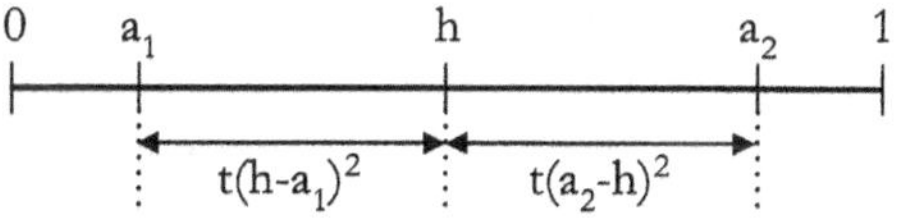

Abbildung 2.20: Grundkonzept des Straßendorfes nach Hotelling[262]

Ein Konsument mit dem Standort h kauft bei Unternehmen 1, wenn die Summe aus Marktpreis und Transportkosten bei Unternehmen 1 für ihn geringer ausfällt als bei Unternehmen 2: $p_1+K_1(h) \leq p_2 + K_2(h)$. Setzt man die Transportkostenfunktionen in diese Ungleichung ein und löst nach h auf, so erhält man

$$h \leq \frac{a_2 + a_1}{2} + \frac{p_2 - p_1}{2t(a_2 - a_1)} =: h^*. \qquad (2.6)$$

Sämtliche Konsumenten h, für die diese Ungleichung erfüllt ist, kaufen bei Unternehmen 1. Die Position eines indifferenten Konsumenten sei mit h^* bezeichnet. Damit lauten die Markennachfragefunktionen für Unternehmen 1 und 2:

262 Nach Pfähler/ Wiese (1998), S. 237.

$$x_1(p_1, p_2, a_1, a_2) = h^* = \bar{a} + \frac{1}{2t\Delta a}(p_2 - p_1) \text{ und}$$
$$x_2(p_1, p_2, a_1, a_2) = 1 - h^* = (1 - \bar{a}) + \frac{1}{2t\Delta a}(p_2 - p_1), \tag{2.7}$$
$$\text{mit } \bar{a} = \frac{a_2 + a_1}{2} \text{ und } \Delta a = a_2 - a_1.$$

Die Variable $\bar{a}$ repräsentiert den so genannten „natürlichen Kundenstamm" der Marktteilnehmer. Der natürliche Kundenstamm von Unternehmen 1 setzt sich zusammen aus dem Konsumenten im Hinterland (a_1) und denjenigen Nachfragern, die im Abschnitt Δa näher an Unternehmen 1 liegen ($0{,}5\,\Delta a$), wie Abbildung 2.21 veranschaulicht. Bei identischen Preisen ($p_1 = p_2$) entspricht die Nachfrage dem natürlichen Kundenstamm. Hat ein Unternehmen einen Preisvorteil, das heißt zum Beispiel $p_1 < p_2$, dann vergrößert es seinen Kundenstamm über den natürlichen Kundenstamm hinaus.

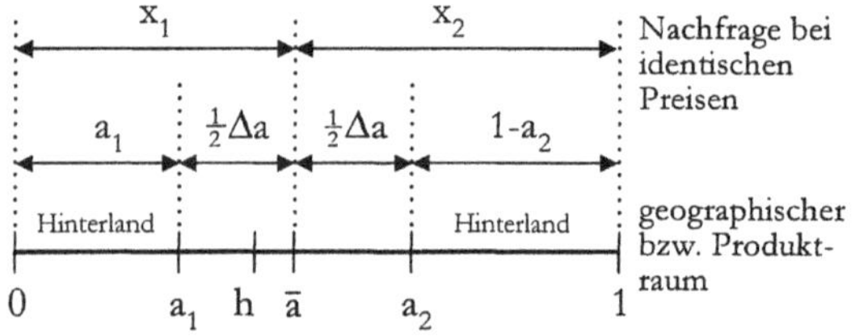

Abbildung 2.21: Natürliche Kundenstämme im Rahmen des Hotelling-Ansatzes[263]

Da sich die Markennachfrage eines Unternehmens aus einem natürlichen Kundenstamm sowie einer preisbedingten Kundenzu- oder -abwanderung zusammensetzt, treten bei einer Produktvariation zwei gegenläufige Effekte auf. Wenn ein Unternehmen sein Produkt im Vergleich zu seinem Wettbewerber stärker variiert, das heißt sich vom Produkt oder Standort des Wettbewerbers in Richtung Marktnische entfernt, vermindert sich erstens der Preiswettbewerb, was seinen Gewinn steigert. Dies lässt sich anhand der Preiselastizität der Nachfrage für den Fall $p_1 = p_2 = p$ für Unternehmen 1 (und analog für Unternehmen 2) zeigen:

[263] Nach Pfähler/ Wiese (1998), S. 241.

$$\varepsilon_{x_1p_1} = -\frac{\partial x_1}{\partial p_1}\frac{p_1}{x_1}\bigg|_{p_1=p_2=p} = -\frac{1}{2t}\frac{p_1}{x_1}\bigg|_{p_1=p_2=p} = \frac{p}{t} \qquad (2.8)$$

Je erfolgreicher sich ein Unternehmen von seinem Wettbewerber unterscheidet, umso größer ist der monopolistische Preiserhöhungsspielraum und umso weniger elastisch ist seine Markennachfrage. [264] Denn je stärker die Produktvariation ausfällt, das heißt je höher die Wegekosten beziehungsweise Nutzeneinbuße t und/ oder der Standort- oder Produktunterschied $\Delta a = a_2 - a_1$ ausfallen, desto unwichtiger sind die Preise für die Kaufentscheidung der Konsumenten.

Gleichzeitig führt eine stärkere Variation jedoch zweitens dazu, dass sich ein Anbieter von den Nachfragern wegbewegt, wodurch Markennachfrage und Gewinne wiederum sinken. Sowohl der negative Nachfrageeffekt als auch der positive strategische Effekt im Hinblick auf die Wettbewerbsintensität sind folglich in eine Variationsentscheidung einzubeziehen und im Einzelfall abzuwägen.[265] Sofern die beiden Unternehmen nicht simultan, sondern nacheinander in den Markt eintreten, entsteht für den Erstanbieter ein „first-mover advantage“[266]. Der erste Marktteilnehmer positioniert sich dann in der Mitte der Hotelling-Strecke und erzielt einen höheren Gewinn als sein Nachfolger.[267]

Anhand des Straßendorfes nach Hotelling lassen sich auch die Interaktionen zweier Anbieter im Rahmen des Qualitätswettbewerbs untersuchen.[268] Die unternehmenspolitischen Konsequenzen dieser Darstellung können analog auf andere Formen der Heterogenisierung (vgl. Abbildung 2.18) übertragen werden. In dieser Modellvariante der vertikalen Produktvariation heterogenisieren Anbieter ihre Güter über die Qualität, indem sie Güter in unterschiedlichen Qualitätssegmenten anbieten. Dabei stellt sich die Frage, ob eine Marktpositionierung als Niedrig- oder als Hochqualitätsanbieter vorteilhafter ist.

Ergänzend zu den bisherigen Annahmen werden folgende Prämissen zusätzlich eingeführt: Jedes Unternehmen bedient nur ein Qualitätssegment, für das es der einzige Anbieter am Markt ist. Unternehmen 1 bietet ein Gut höherer Quali-

---

264 Bei $p_1 \neq p_2$ lautet die Ableitung der Elastizität: $-\frac{p_1}{(t + p_2 - p_1)^2} < 0$. Auch dann gilt die obige Schlussfolgerung.

265 Vgl. Pfähler/ Wiese (1998), S. 264.

266 Tabuchi/ Thisse (1995), S. 222.

267 Zum Nachweis vgl. Tabuchi/ Thisse (1995), S. 221 ff. In ihrem Modell ist der Gewinn des Qualitätsführers viermal so hoch wie der Gewinn des Folgers.

268 Die Darstellung orientiert sich an den Modellen von Choi/ Shin (1992), Donnenfeld/ Weber (1992) und Shaked/ Sutton (1983) in einer vereinfachten Version nach Pfähler/ Wiese (1998), S. 335 ff.

tät, Unternehmen 2 dagegen ein Gut niedrigerer Qualität am Markt an. Für die Heterogenisierungsparameter der beiden Unternehmen in Form unterschiedlicher Qualitätsniveaus q_i gilt also $0 \leq q_2 \leq q_1 \leq q_{max}$. Die Grenz- und Stückkosten einer Heterogenisierung in Form einer Qualitätsverbesserung seien für beide Unternehmen identisch und werden daher nach wie vor vernachlässigt. Auf der Nachfrageseite präferieren Kunden unterschiedliche Qualitätsniveaus, repräsentiert durch die jeweilige Zahlungsbereitschaft. Die Qualität q eines Gutes sei durch die Zahlungsbereitschaft des qualitätsbewusstesten und vollständig informierten Konsumenten definiert. Die Zahlungsbereitschaft jedes anderen Kunden ist ein Bruchteil davon und lässt sich mit $\upsilon \cdot q$ angeben, wobei $\upsilon \in [0,1]$. Konsumenten werden also entsprechend ihrer Qualitätspräferenz υ gleichmäßig auf der so genannten „Hotellingschen Geschmacksstecke" angeordnet.

Unter weiteren Annahmen[269] lassen sich die Nachfragefunktionen beider Unternehmen bei Nutzenmaximierung der Konsumenten angeben:

$$x_1 = D_1(p_1, p_2, q_1, q_2) = 1 - \frac{\Delta p}{\Delta q} = 1 + \frac{1}{\Delta q}(p_2 - p_1)$$

$$x_2 = D_2(p_1, p_2, q_1, q_2) = \frac{\Delta p}{\Delta q} - \frac{p_2}{q_2} = \frac{1}{\Delta q}(p_2 - p_1) - \frac{p_2}{q_2}, \tag{2.9}$$

mit

$$\Delta q = q_1 - q_2 \wedge \Delta p = p_1 - p_2$$

Die Nachfrage beziehungsweise der Marktanteil des Hochqualitätsanbieters steigt bei gegebenen Preisen mit höherer eigener Qualität und sinkt mit höherer Qualität des Konkurrenten, der ein Produkt geringerer Qualität anbietet. Bei gegebenen Qualitäten sinkt für den Hochqualitätsanbieter mit steigendem Preis die Nachfrage nach Gut 1 beziehungsweise steigt mit höheren Preisen von Unternehmen 2, wie die ersten Ableitungen der Nachfragefunktion von Unternehmen 1 (und analog für Unternehmen 2) belegen:

$$\frac{\partial x_1}{\partial q_1} > 0, \frac{\partial x_1}{\partial q_2} < 0, \frac{\partial x_1}{\partial p_1} < 0 \text{ und } \frac{\partial x_1}{\partial p_2} > 0 \tag{2.10}$$

Die spieltheoretische Struktur des Qualitätswettbewerbs ist wie folgt aufgebaut: Als langfristiger Aktionsparameter fungiert die Qualitätsentscheidung der Marktteilnehmer, die sich in der ersten Spielstufe unabhängig voneinander für ein bestimmtes Qualitätsniveau entscheiden. In Abhängigkeit vom eigenen Qualitätsniveau sowie dem Qualitätsniveau des Konkurrenten treffen anschließend beide

269 Vgl. hierzu Pfähler/ Wiese (1998), S. 343 f.

Anbieter in der zweiten Spielstufe die optimale Preisentscheidung.[270] Unternehmen 1 ist der Qualitätsführer und trifft vor Unternehmen 2 seine Entscheidung bezüglich des Qualitätsniveaus. Unternehmen 2 passt sich im Rahmen seiner anschließenden Qualitätsentscheidung gewinnmaximierend an. Diese Anpassung bezieht Unternehmen 1 in seine vorgelagerte Qualitätsfestlegung mit ein.

Die optimalen Qualitätsausprägungen dieser Spielstruktur werden rückwärts gelöst, indem zunächst das Marktgleichgewicht des Preiswettbewerbs bestimmt wird, um anschließend die Qualitätsfestlegung von Unternehmen 2 und hiernach von Unternehmen 1 zu ermitteln. Das Preisgleichgewicht wird auf Basis der Gewinnfunktionen bestimmt, die wegen der Vernachlässigung von Qualitätskosten mit den Erlösfunktionen gleichzusetzen sind. Mit Hilfe der hieraus ermittelten Preisreaktionsfunktionen lassen sich Bedingungen für das mit dem Index B gekennzeichnete Bertrand-Nash-Preisgleichgewicht[271] bestimmen:

$$\begin{aligned} x_1^B(q_1, q_2) &= 2\frac{q_1}{4q_1 - q_2} \\ x_2^B(q_1, q_2) &= \frac{q_1}{4q_1 - q_2} \\ G_1^B(q_1, q_2) &= 4q_1^2 \frac{q_1 - q_2}{(4q_1 - q_2)^2} \\ G_2^B(q_1, q_2) &= q_1 q_2 \frac{q_1 - q_2}{(4q_1 - q_2)^2} \end{aligned} \tag{2.11}$$

Für den Qualitätsfolger erhält man aus der Gewinnmaximierungsbedingung

$$\frac{\partial G_2^B(q_1, q_2)}{\partial q_2} = q_1^2 \frac{4q_1 - 7q_2}{(4q_1 - q_2)^3} \overset{!}{=} 0 \tag{2.12}$$

die Qualitäts-Reaktionsfunktion von Unternehmen zwei

$$q_2^R(q_1) = \frac{4}{7} q_1, \tag{2.13}$$

das heißt je höher das Qualitätsniveau des Hochqualitätsunternehmens ist, umso höher wird auch der Niedrigqualitätsanbieter seine Produktqualität wählen. Durch Einsetzen dieser Gleichung in die Gewinnfunktion des Qualitäts-Führers nach (2.11) ergibt sich die Gewinnfunktion des Führers:

---

270 In der Unternehmenspraxis ist davon auszugehen, dass ein Unternehmen für die Herstellung einer bestimmten Produktqualität Erfahrung bezüglich interner und externer Erfolgsfaktoren benötigt. Nach dem ressourcenorientierten Ansatz ist der Aufbau von Innovationskompetenzen und anderer nicht-imitierbarer Potentiale als wesentlicher Erfolgsfaktor strategischer Unternehmensführung anzusehen.

271 Vgl. hierzu Wied-Nebbeling (2004), S. 148 ff.

$$G_1(q_1) = \frac{7}{48} q_1 . \tag{2.14}$$

Der Gewinn des Qualitätsführers wächst mit seinem Qualitätsniveau bis q_{max} und wird höchstens durch hier nicht berücksichtigte steigende Grenzkosten begrenzt. Insgesamt ergibt sich für das Modell des Qualitätswettbewerbs als teilspielperfektes Qualitäts-Stackelberg-Gleichgewicht (Index QS):

$$\begin{aligned} q_1^{QS} &= q_{max} > q_2^{QS} = \frac{4}{7} q_{max} \\ p_1^{QS} &= \frac{1}{4} q_{max} > p_2^{QS} = \frac{1}{14} q_{max} \\ x_1^{QS} &= \frac{14}{24} > x_2^{QS} = \frac{7}{24} \\ G_1^{QS} &= \frac{7}{48} q_{max} > G_2^{QS} = \frac{1}{48} q_{max} \end{aligned} \tag{2.15}$$

Die Qualitätsführerschaft ist für den Hochqualitätsanbieter im Gleichgewicht vorteilhaft, da er verglichen mit seinem Konkurrenten eine höhere Menge, sowie einen höheren Preis, Marktanteil und Gewinn erzielen kann.[272] Der Vorteil für den Qualitätsführer ist umso größer, je höher sein Qualitätsvorsprung ist. Es lohnt sich, die Qualitätsführerschaft zu übernehmen und Segmente höherer Qualität zu besetzen, sofern Konsumenten mit entsprechender Zahlungsbereitschaft vorhanden sind. Die Qualitätsführerschaft lohnt sich auch dann, wenn lineare oder überproportional steigende Qualitätskosten anfallen.[273] Allein die Abwägung von Qualitätskosten einerseits und der Kundenpräferenzen andererseits ist für die Wahl der optimalen Qualitätsposition eines Anbieters nicht ausreichend, vielmehr sollten die hier dargestellten oligopolistischen Interdependenzen in die Entscheidungsfindung einbezogen werden.

In bestimmten Fällen kann der Qualitätsführer durch geeignete Wahl seines Qualitätsniveaus q_1 den Markteintritt des Folgers abschrecken, sofern man fixe Markteintrittskosten C_F des Folgers in die Analyse einbezieht.[274] Dazu muss der Führer durch Wahl seines Qualitätsniveaus den Markteintritt sowohl im unteren als auch im oberen Qualitätssegment für den Folger unrentabel machen. Es lässt sich zeigen, dass es sich nur dann für den Qualitätsführer lohnt, von der Maximalqualität q_{max} abzuweichen, wenn die Zutrittskosten des Folgers innerhalb einer schmalen Bandbreite liegen:

---

272 Lehmann-Grube (1997), S. 372 bezeichnet dies als „high-quality advantage" eines Unternehmens.

273 Vgl. Aoki/ Prusa (1997), S. 111 ff. und Lehmann-Grube (1997), S. 372 f.

274 Für den Qualitätsführer stellen die Markteintrittskosten sunk-costs dar, die er bei der Festlegung seines Qualitätsniveaus nicht mehr berücksichtigt.

$$C_F^a = \frac{0{,}954}{48} q_{max} \leq C_F \leq \frac{1}{48} q_{max} = C_F^b . \tag{2.16}$$

Liegen die Kosten des Markteintritts unter C_F^a, so lässt sich der Eintritt des Folgers nicht verhindern, weshalb der Qualitätsführer die Maximalqualität anbieten sollte. Falls die Zutrittskosten C_F^b übersteigen, ist der Marktzutritt für den Folger blockiert, da die fixen Kosten des Markteintritts höher sind als der maximale Gewinn, den er am Markt erzielen könnte. Abbildung 2.22 zeigt, dass eine Eintrittsabschreckung lediglich im doppelt schraffierten Bereich möglich ist.

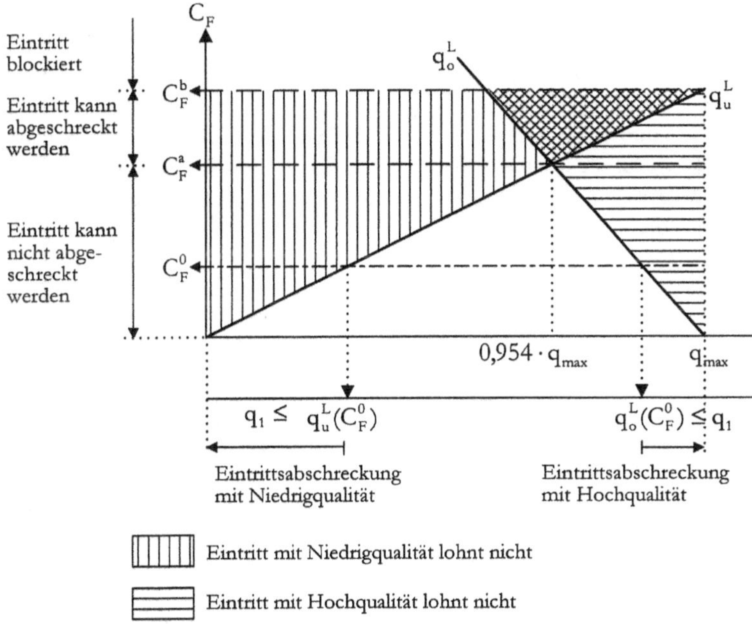

Abbildung 2.22: Eintrittsabschreckung im Qualitätswettbewerb[275]

Im Rahmen der bisherigen Analyse wurde die vollständige Informiertheit der Konsumenten vorausgesetzt. In der Realität können jedoch oft erhebliche Qualitätsunsicherheiten vorliegen, insbesondere bei Erfahrungsgütern, bei denen Kon-

[275] In Anlehnung an Pfähler/ Wiese (1998), S. 363.

sumenten die Qualität der Güter erst während des Ge- oder Verbrauchs lernen.[276] Denkbar ist auch eine Erweiterung des Modells im Hinblick auf andere Präferenzverteilungen auf Konsumentenseite. Beispielsweise könnte das mittlere Segment stärker besetzt sein als das obere oder untere Qualitätssegment.[277]

Bisher war zudem die Anzahl von Unternehmen, Standorten oder Produktvarianten exogen vorgegeben. Im Weiteren soll diese Frage anhand des Ringdorfes nach Schmalensee (1978), einer Modifikation des Hotellingschen Straßendorfes, explizit in die Analyse einbezogen werden.

2.4.3 Schmalensees Ringdorf

Anhand von Schmalensees Ringdorf wird analysiert, wie viele Varianten oder Standorte ein Unternehmen auf den Markt bringen beziehungsweise eröffnen muss, um den Markteintritt anderer Unternehmen abzuschrecken. Folgende abweichende Annahmen im Vergleich zum Ansatz nach Hotelling werden getroffen:[278] Der geografische Raum beziehungsweise der Produktraum wird in Form eines Einheitskreises mit Umfang eins dargestellt. Eine unbekannte Zahl von k Unternehmen, die ein gleichartiges Produkt anbieten können, erwägen den Eintritt in ein unbesetztes Segment des Marktes.

In der ersten Spielstufe entscheiden alle Unternehmen simultan über ihren Markteintritt. Es treten $0 \leq n \leq k$ Unternehmen in den Markt ein, wobei jedes nur einen Standort besetzt beziehungsweise nur eine Produktvariante anbietet. Der Markteintritt verursacht für den eintretenden Anbieter fixe Kosten in Höhe von F. Die n eintretenden Unternehmen verteilen sich äquidistant auf dem Ringdorf, das heißt der Abstand zwischen zwei Unternehmen beträgt 1/n. Die gleichmäßig verteilten Konsumenten kaufen bei genau einem benachbarten Anbieter. Das Ringdorf setzt sich also aus n Straßendörfern zusammen, in denen die Anbieter jeweils an den Rändern positioniert sind, weshalb kein Hinterland existiert.

Dieses Konzept des Ringdorfes ist für vier Unternehmen mit zughörigen Marktanteilen bei gleichen Preisen in Abbildung 2.23 dargestellt. Der natürliche Kundenstamm jedes Unternehmens im Ringdorf beträgt 0,5n. Die Markennachfrage von Unternehmen 2 beträgt beispielsweise:

---

276 Ein Modell zur Eintrittsabschreckung bei Erfahrungsgütern findet sich bei Bagwell (1990), S. 209 ff.

277 Vgl. hierzu auch Lehmann-Grube (1997), S. 380.

278 Vgl. zu dieser Darstellung Wied-Nebbeling (2004), S. 276 ff. und Pfähler/ Wiese (1998), S. 240 ff.

$$x_2 = \frac{1}{n} + n\frac{p_1 + p_3 - 2p_2}{2t} \tag{2.17}$$

Die Markennachfragen anderer Unternehmen lassen sich analog ermitteln.

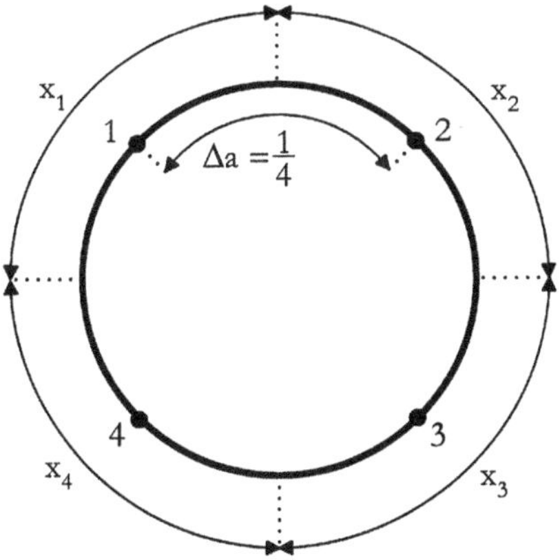

Abbildung 2.23: Schmalensees Ringdorf mit vier Unternehmen[279]

Nach der Markteintrittsentscheidung treten die Unternehmen in der zweiten Stufe des Wettbewerbers in einen simultanen Preiswettbewerb ein. Die Entscheidung für oder gegen einen Markteintritt in der ersten Spielstufe wird vor dem Hintergrund der erwarteten Gleichgewichtspreise getroffen. Folglich ist zunächst die Lösung des simultanen Preiswettbewerbs der zweiten Spielstufe zu finden, um anschließend die Bedingungen der Markteintrittsentscheidung der ersten Stufe zu analysieren.

Setzt man die Funktion der Markennachfrage von Unternehmen 2 in die Gewinnfunktion ein, so erhält man:

$$\begin{aligned} G_2 &= (p_2 - c)x_2 - F \\ &= (\frac{1}{n} + n\frac{p_1 + p_3 - 2p_2}{2t}) - F \end{aligned} \tag{2.18}$$

Die Preis-Reaktionsfunktion von Unternehmen 2 wird anhand der Maximierungsbedingung erster Ordnung ermittelt:

279 In Anlehnung an Pfähler/ Wiese (1998), S. 243 sowie Salop (1979b), S. 144. Siehe hierzu auch die Ausführungen von Vickrey (1999), S. 955 ff.

$$p_2^R = \frac{1}{4}(p_1 + p_3) + \frac{c}{2} + \frac{t}{2n^2} \qquad (2.19)$$

Aufgrund der identischen Kosten der laufenden Produktion sowie der äquidistanten Positionierung der Unternehmen wird unterstellt, dass die Marktpreise aller Unternehmen im Gleichgewicht sind und dass sich ein gemeinsamer Marktpreis $p = p_1 = p_2 = p_3 = \ldots$ einstellt. Setzt man diese Werte in die Preis-Reaktionsfunktion ein, so ergibt sich ein Bertrand-Nash-Gleichgewicht für die zweite Spielstufe im Ringdorf-Ansatz:[280]

$$p^B = c + \frac{t}{n^2} \qquad (2.20)$$

Dieses Gleichgewicht gilt auch für alle anderen Unternehmen, da sämtliche Marktteilnehmer den gleichen Marktanteil und den gleichen Gewinn erzielen:

$$\begin{aligned} x_i^B &= \frac{1}{n} & \sum_{i=1}^{n} x_i^B &= 1 \\ G_i^B &= \frac{t}{n^3} - F & \sum_{i=1}^{n} G_i^B &= \frac{t}{n^2} - nF \end{aligned} \qquad (2.21)$$

Preise, Mengen sowie der Branchengewinn sinken mit zunehmender Anzahl der Wettbewerber bis auf Null. Solange $G \geq 0$ gilt, lohnt sich der Markteintritt für neue Wettbewerber. Wenn die maximal mögliche Anzahl von Unternehmen n_{max} in den Markt eintritt, reduzieren sich die Gewinne aller Marktanbieter auf Null:

$$\begin{aligned} & n \leq \sqrt[3]{\frac{t}{F}} =: n_{max} & & \\ & p^B = c + \sqrt[3]{tF^2} & DB^B &= p^B - c = \sqrt[3]{tF^2} \\ & x_i^B = \frac{1}{n_{max}} = \sqrt[3]{\frac{F}{t}} & \sum_{i=1}^{n_{max}} x_i &= 1 \end{aligned} \qquad (2.22)$$

Die Anzahl der Unternehmen n_{max} steigt mit zunehmendem Transportkostensatz t und sinkt mit wachsenden Fixkosten des Markteintritts. Je niedriger die Kosten des Markteintritts sind, desto mehr Unternehmen (Standorte, Produktvarianten) können sich am Markt etablieren und umso näher liegen die Konsumenten bei ihren präferierten Standorten oder Produktvarianten. Mit steigenden Transportkosten beziehungsweise Nutzeneinbußen nehmen auch die Deckungsbeiträge der Anbieter zu und gleichzeitig verringern sich durch das Hinzutreten neuer Anbieter die Lücken im geographischen Raum beziehungsweise im Produktraum. Für etablierte Unternehmen kann es also sinnvoll sein, Konkurrenten aus dem Markt zu verdrängen beziehungsweise potentielle Eindringlinge abzuwehren. Ziel einer

280 Der Index B kennzeichnet das Bertrand-Nash-Gleichgewicht. Zum Konzept des Bertrand-Wettbewerbs vgl. Wied-Nebbeling (2004), S. 148 ff.

solchen Produktproliferationsstrategie ist es, Lücken im geographischen Raum oder im Produktraum vor der Konkurrenz mit eigenen Standorten oder Varianten zu besetzen. Dadurch reduziert sich zwar der Branchengewinn, allerdings fällt er immerhin noch den etablierten Unternehmen zu und muss nicht mit neuen Konkurrenten geteilt werden.

Anhand des Ringdorfes nach Schmalensee kann auch gezeigt werden, wie viele Varianten beziehungsweise Standorte ein Unternehmen etablieren muss, um den Markteintritt von Konkurrenten abzuschrecken. Für die Analyse sei vereinfachend unterstellt, dass ein neuer Wettbewerber sich entweder dafür entscheidet, sämtliche Lücken des Ringsdorfes gleichzeitig in ihrer Mitte zu besetzen oder ganz auf den Markteintritt zu verzichten. Im ersten Fall verdoppelt sich die Anzahl der Varianten oder Standorte, während sie im zweiten gleich bleibt. Wenn der Eindringling den Markteintritt unterlässt, beträgt der Gewinn pro Standort:

$$G_i = \frac{t}{n^3} - F \tag{2.23}$$

Im Falle eines Eintritts dagegen

$$G_i = \frac{t}{(2n)^3} - F \tag{2.24}$$

Der Markteintritt lohnt sich nicht, wenn keine Gewinne zu erzielen sind, das heißt wenn

$$G_i = \frac{t}{(2n)^3} - F \leq 0\,. \tag{2.25}$$

Folglich sind mindestens

$$n^L = \frac{1}{2}\sqrt[3]{\frac{t}{F}} \tag{2.26}$$

Varianten beziehungsweise Standorte erforderlich, um den Produktraum so abzudecken, dass kein profitabler Markteintritt mehr möglich ist (n^L bezeichnet die maximale Anzahl der Varianten oder Standorte). Wie in (2.22) gezeigt, werden erst bei $n_{max} = 2n^L$ keine Gewinne mehr erzielt. Somit lohnt sich der Markteintritt für neue Wettbewerber nicht, solange die Zahl der Varianten beziehungsweise Standorte innerhalb der Grenzen

$$n^L = \frac{n_{max}}{2} < n < n_{max} \tag{2.27}$$

liegt. Trotzdem können die etablierten Anbieter supranormale Gewinne realisieren.

Hebt man die Annahme einer simultanen Besetzung aller vorhandenen Lücken auf, so kann es sich sogar für ein einzelnes Unternehmen rentieren, in den Markt einzutreten, obwohl nach Gleichung (2.25) der Markteintritt blockiert ist. Wird beispielsweise nur eine einzelne profitable Nische besetzt, so steht der neue Anbieter lediglich einem Konkurrenzumfeld von n Anbietern gegenüber, wodurch der Preiskampf der zweiten Spielstufe nicht mehr so intensiv ausfällt.

Das spieltheoretische Straßendorf- beziehungsweise Ringdorf-Modell zeigt die grundsätzlichen Interaktionseffekte von Wettbewerbern bei Anwendung von Maßnahmen im Bereich der Produkt- oder Standortpolitik. Die Ergebnisse der Modelle werden im Bereich der Marketing-Literatur aufgegriffen und ergänzt.

2.4.4 Implikationen für Verteidigungsstrategien

Als Verteidigungsstrategien etablierter Anbieter im Bereich der Produktpolitik kommen insbesondere Produktvariationen oder -differenzierungen in Frage.[281] Im Gegensatz zur Produktdifferenzierungsstrategie eignet sich die Produktvariation lediglich eingeschränkt zur Errichtung einer strategischen Markteintrittsbarriere, um potentielle Wettbewerber vom Markteintritt abzuschrecken, wie das Hotelling-Modell in Abschnitt 2.4.2 zeigt.[282] Die Ausführungen in diesem Abschnitt konzentrieren sich daher auf die Darstellung einer produktpolitischen Verteidigung durch Produktdifferenzierungen, zum Beispiel in Form von Line Extensions oder neuen Markeneinführungen. Wie in den vorherigen Abschnitten erläutert, sind dabei aus Sicht des Verteidigers Ergebniseffekte sowie strategische Effekte in die Entscheidungsfindung hinsichtlich einer Produktinnovation einzubeziehen.

Ergebniseffekte von Produktdifferenzierungen

Durch eine Differenzierung von Produkten oder Marken werden auf der Nachfrageseite unterschiedliche Kundensegmente bedient, was die Kundenloyalität sowie die Gesamtnachfrage nach den Produkten eines Unternehmens steigern kann.[283] Kunden, die bislang keinen Kauf erwogen haben, lassen sich als Käufer gewinnen, weil das differenzierte Produkt ihren Präferenzen in ausreichendem Maße entspricht. Unterstellt man, dass die Gesamtnachfrage im Markt unverändert bleibt, kann andererseits ein Kannibalisierungseffekt auftreten, falls ein Teil der Konsumenten von der ursprünglichen Produktversion zur neuen Produktva-

---

281 Vgl. Schmalensee (1988), S. 671.

282 Denkbar ist jedoch der Aufbau einer langfristigen Qualitätsreputation, die wie eine Markteintrittsbarriere wirkt, analog zu den Reputationsstrategien im Rahmen der Preispolitik. Vgl. Pfähler/ Wiese (1998), S. 366. Choi/ Scarpa (1992), S. 440 ff. untersuchen beispielsweise Reputationseffekte von Line Extensions.

283 Zur Umsetzung von Differenzierungsstrategien vgl. Barney (2002), S. 287 ff.

riante wechselt.[284] Dieser Effekt wird möglicherweise durch eine veränderte Ressourcenallokation, insbesondere bei einer Reduzierung der Marketing- und Distributionsbudgets für die Stamm-Marke und einer Ausgabensteigerung für neue Produkte, verstärkt, was zu einer Schwächung der etablierten Marke führt.[285] Gleichzeitig ist eine Kannibalisierung verschiedener Produkte bis zu einem gewissen Umfang für ein Unternehmen vorteilhaft, solange die Erweiterung des Angebotes Kunden davon abhält, zu Konkurrenzanbietern zu wechseln.[286]

Differenzierungsentscheidungen der Anbieter haben jedoch unter Umständen auch Auswirkungen auf die Gesamtnachfrage im relevanten Markt. Eine zu starke Differenzierung, zum Beispiel in Form einer zu geringen Standardisierung technischer Produkteigenschaften, kann die Nachfrage beeinträchtigen. Konsumenten bewerten es häufig positiv, wenn bestimmte Produkteigenschaften standardisiert sind, da sie Such- oder Informationskosten einsparen oder zusätzliche Standardisierungsvorteile mit komplementären Gütern oder Serviceleistungen wahrnehmen.[287] Dies gilt analog für den Standortwettbewerb. Wenn Unternehmen ihre Standorte konzentrieren, sparen potentielle Käufer Fahrt- und Informationskosten, was dazu führen kann, dass sie überhaupt erst in einen Markt eintreten.[288] Eine relativ geringe Differenzierung wirkt sich in diesen Fällen positiv auf die Gesamtnachfrage im Markt aus, wobei gleichzeitig der Preiswettbewerb zwischen den Marktteilnehmern zunimmt.[289]

Die Kostenwirkungen einer Differenzierungsstrategie auf der Anbieterseite werden kontrovers diskutiert. Sofern ein etablierter Anbieter bereits über einen längeren Zeitraum im relevanten Markt agiert, wird er aufgrund seiner Marktstellung und -erfahrung verglichen mit einem Newcomer verhältnismäßig kurze Entwicklungszeiten für Produktdifferenzierungen realisieren können. Außerdem ist für ihn das Innovationsrisiko geringer, da er in der Lage ist, Kosten- und Erlöskonsequenzen adäquat zu prognostizieren und vorhandene Strukturen, Kapazitä-

[284] Vgl. Quelch/ Kenny (1994), S. 155, die argumentieren, dass durch eine Erweiterung des Angebotes Konsumenten vor Auswahlprobleme gestellt und motiviert werden, häufiger zwischen ähnlichen Produktvarianten zu wechseln: „In the past 50 years, many of the oldest and strongest brands have had two and three generations of customers buying and using products in the same way. When a company extends its line, it risks disrupting the patterns and habits that underlie brand loyalty and reopening the entire purchase decision."

[285] Vgl. Esch (2002), S. 206 und Kotler/ Bliemel (2001), S. 761 f.

[286] Vgl. Kadiyali/ Vilcassim/ Chintagunta (1999), S. 341 und Quelch/ Kenny (1994), S. 155.

[287] Vgl. Homburg/ Krohmer (2003), S. 530.

[288] Die seit vielen Jahrhunderten erfolgreich bestehenden Ansammlungen von Verkaufsstätten in Form von Märkten, Einkaufszentren oder Basaren scheinen diese These zu belegen.

[289] Zu den Ausführungen dieses Absatzes vgl. Pfähler/ Wiese (1998), S. 265 f.

ten und Prozesse zu nutzen.[290] Nach Erfahrungswerten verursacht eine Line Extension-Innovation verglichen mit der Einführung einer neuen Marke lediglich rund ein Sechstel der Kosten.[291] Andererseits können Produktdifferenzierungen bei Existenz von Skaleneffekten anstelle konstanter Grenzkosten, wie bisher unterstellt, bei sinkenden Absatzmengen der Stammprodukte zu erhöhten (Stück-)Kosten der etablierten Produkte führen. Durch eine Verringerung der Produktionsmengen von Stammprodukten reduzieren sich in diesem Fall mengenabhängige Stückkostenersparnisse.[292]

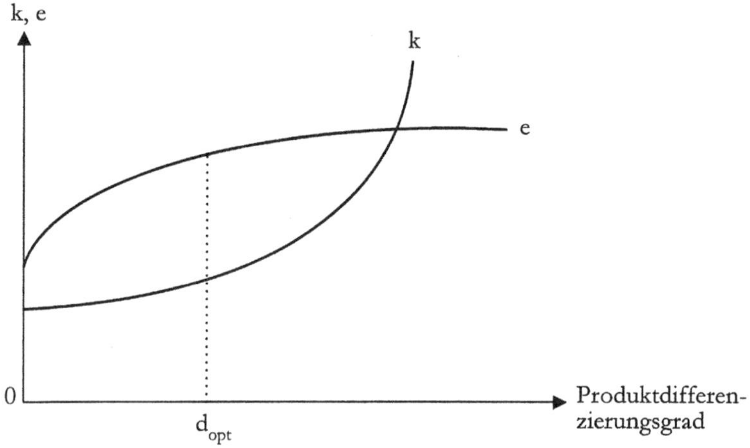

Abbildung 2.24: Optimaler produktpolitischer Differenzierungsgrad[293]

Backhaus/ Büschken/ Voeth (2003) gehen davon aus, dass die Stückkosten für Entwicklung, Produktion und Vertrieb mit dem Produktdifferenzierungsgrad überproportional zunehmen, während sich die durchschnittlichen Erlöse pro Einheit mit steigendem Differenzierungsgrad einer Obergrenze asymptotisch annä-

290 Vgl. Gupta/ Srinivasan (1998), S. 1017 ff.

291 Vgl. Thomas (1996), S. 497 und Quelch/ Kenny (1994), S. 154.

292 Vgl. Quelch/ Kenny (1994), S. 156.

293 In Anlehnung an Herrmann/ Seilheimer (2002), S. 662 und Backhaus/ Büschken/ Voeth (2003), S. 225.

hern. Ihrer Meinung nach gilt es, die Differenz zwischen Differenzierungsstückkosten (k) und Stückerlösen (e) bis zum Punkt der optimalen Differenzierung (d_{opt}) zu maximieren, wie Abbildung 2.24 veranschaulicht.[294] Bei einer Evaluierung der Komplexitätskosten von Produktdifferenzierungen ist zu berücksichtigen, dass Kostenveränderungen häufig nicht oder lediglich unzureichend im Rahmen traditioneller Kostenrechnungssysteme abgebildet werden. Hierzu gehören beispielsweise Kosteneffekte durch eine zunehmende Komplexität des Absatzprogramms und daraus resultierende Zuliefermehrkosten, Opportunitätskosten indirekter Leistungsbereiche (Forschung und Entwicklung, Controlling, Rechtsabteilung etc.) sowie Kosten im Falle einer Schädigung des Markenimage der Kernprodukte.[295]

Eine Differenzierungsentscheidung hängt also maßgeblich von Nachfrageeffekten sowie den Kostenwirkungen auf der Anbieterseite ab. Unter der Voraussetzung, dass die Entwicklungskosten und die fixen Kosten, die durch Aufnahme der Produktion einer zusätzlichen Produktvariante entstehen, zunächst außer acht bleiben, lässt sich auf Basis von Deckungsbeiträgen folgendes Entscheidungskriterium aufstellen:[296]

$$Z_n = x_n \cdot DB_n - \bar{x}_n(DB_a - DB_n) \geq 0 \qquad (2.28)$$

mit
- Z_n = zusätzlicher Deckungsbeitrag für die neue Produktvariante n
- x_n = neugewonnene Nachfragemenge für die Produktvariante n
- $\bar{x}_n$ = Nachfragemenge, die von einer bestehenden Produktvariante a der Unternehmung zu der neuen Produktvariante n übergewechselt ist
- DB_a = Deckungsbeitrag der bestehenden Produktvariante a
- DB_n = Deckungsbeitrag der neuen Produktvariante n

Ist der Deckungsbeitrag der neuen Produktvariante n größer als der Deckungsbeitrag der bestehenden Produktvariante a, so ist der zusätzliche Deckungsbeitrag für

294 Im Punkt der optimalen Differenzierung ist die Differenz zwischen Differenzierungsstückkosten und Stückerlösen maximal.

295 Homburg/ Krohmer (2003), S. 512 klassifizieren Komplexitätskosten von Produktdifferenzierungen in drei Gruppen: einmalige direkte Komplexitätskosten (zum Beispiel für die Entwicklung zusätzlicher Teile), dauerhafte direkte Komplexitätskosten (zum Beispiel für Kundendienst, Qualitätssicherung oder variantenspezifische Lagerbestände) sowie Opportunitätskosten der Komplexität (zum Beispiel verursacht durch einen suboptimalen Ressourceneinsatz oder Kannibalisierungseffekte).

296 Vgl. Thomas (1996), S. 482 f. und Jacob (1993), S. 358.

die neue Produktvariante n in jedem Falle positiv. Ist DB_n dagegen kleiner als DB_a, kann sich, wenn $x_n \cdot DB_n < \bar{x}_n(DB_a - DB_n)$ gilt, ein negativer Wert ergeben, weshalb auf die Einführung der neuen Variante verzichtet werden sollte. Die Differenzierungsentscheidung beinhaltet folglich eine Abwägung der mit der neuen Variante erzielten Mehrerlöse sowie den Kosten andererseits. Dabei können sich aufgrund der beschriebenen gegenläufigen Wirkungen auch negative Deckungsbeiträge ergeben. So weisen Bayus/ Putsis (1999) in einer Analyse der Produktproliferationsstrategien von IT-Herstellern einen positiven Nachfrageffekt nach, der jedoch durch Kostensteigerungen überkompensiert wird.[297]

Strategische Effekte von Produktdifferenzierungen

Neben Kosten- und Erlöskonsequenzen sind beim Einsatz einer Differenzierungsstrategie auch strategische Implikationen von Bedeutung. Anhand eines Simulationsmodells zeigen Gilbert/ Matutes (1993), dass Produktdifferenzierungen eine glaubhafte Eintrittsabschreckung potentieller Wettbewerber ermöglichen.[298] Wie anhand der vorherigen Modelle erläutert, besetzt der etablierte Wettbewerber sämtliche Lücken im Produktraum oder im geografischen Raum und verbaut damit potentiellen Angreifern die Möglichkeit, profitable Nischen zu finden.[299] Ein Verteidiger kann den Markteintritt eines starken Wettbewerbers verhindern, indem er einem schwachen Angreifer den Markteintritt gestattet, wie Ashiya (2000) in einer Modellvariation von Hotellings Straßendorf zeigt.[300] Gegenüber bestehenden Wettbewerbern führt eine Proliferationsstrategie dazu, dass sich die Intensität des Preiswettbewerbs in Bezug auf die Stamm-Marke(n) verringert, was sich vorteilhaft auf die Profitabilität des Verteidigers auswirkt.[301]

Eine weitere Einflussgröße im Rahmen der Differenzierungsentscheidung betrifft den Zeitpunkt der Differenzierung. In einem Simulationsmodell untersuchen Moorthy/ Png (1992) einen Anbieter, der zwei Kundengruppen mit zwei ver-

---

297 Vgl. Bayus/ Putsis (1999), S. 150.

298 Siehe hierzu auch die Ergebnisse von Thomas (1996), S. 483 ff.

299 Vgl. Ishibashi (2003), S. 283 ff., der auf Basis des Ringdorfes nach Schmalensee nachweist, dass unter bestimmten Bedingungen die Differenzierungsstratgie eine glaubhafte Eintrittsabschreckung ermöglicht. Er entkräftet damit die Argumentation von Judd (1985), S. 164 ff., nach der im Falle von niedrigen Marktaustrittskosten eine Proliferationsstrategie nicht glaubhaft ist, da der Verteidiger nach dem Markteintritt eines neuen Wettbewerbers einen Anreiz besitzt, Produkte vom Markt zu nehmen.

300 Zu anderen Modellvariationen vgl. die Übersichten von Boyer/ Mahenc/ Moreaux (2003), S. 810 ff. sowie Ashiya (2000), S. 977.

301 Vgl. hierzu insbesondere Abschnitt 2.4.3 dieser Arbeit.

schiedenen Produkten unterschiedlicher Qualität bedient.[302] Die Ergebnisse zeigen, dass grundsätzlich das qualitativ höherwertigere Produkt vor dem Produkt mit niedrigerer Qualität eingeführt werden sollte, da sich sonst Käufer, die eigentlich das höherwertige Produkt bevorzugen, zum Kauf des low-quality-Produktes entschließen, was umgekehrt kaum der Fall ist.[303] Nur bei geringer Kannibalisierungsgefahr ist es sinnvoll, beide Produkte gleichzeitig ohne zeitlichen Abstand anzubieten.[304]

Wilson/ Norton (1989) analysieren den optimalen Zeitpunkt für die Einführung einer Line Extension. Sie zeigen, dass:[305]

- bei kurzen Planungszeiträumen, relativ kleinen Gesamtdeckungsbeiträgen des Folgeprodukts im Vergleich zum Original und deutlichem Rückgang der Käufer für das Original bei Einführung des Folgeprodukts auf eine Differenzierung zu verzichten ist;
- bei kurzen Planungszeiträumen, relativ hohem Gesamtdeckungsbeitrag des Folgeprodukts im Vergleich zum Original oder nur geringfügigem Käuferrückgang für das Original bei Einführung des Folgeprodukts schon mit der Markteinführung des Originals auch eine Produktdifferenzierung vorgenommen werden sollte;
- eine Produktdifferenzierung zu einem späteren Zeitpunkt als bei der Markteinführung des Originals nur bei einem langen Planungszeitraum zweckmäßig ist, und zwar um so eher, je schneller der Gesamtdeckungsbeitrag des Folgeprodukts an den des Originals herankommt und das Original durch die Differenzierung eine deutliche Absatzeinbuße erleiden wird.

Bei leichter Imitierbarkeit der Heterogenisierungsmaßnahmen durch Konkurrenten besteht jedoch die Gefahr, dass diese ähnliche Marktpositionierungen anstreben, weshalb Preiskämpfe nicht immer zu verhindern sind. Zudem gelten die Aussagen der bisher analysierten Modelle lediglich begrenzt, sofern man zusätzlich Interaktionen mit Vertriebspartnern in die Analyse mit einbezieht. Villas-Boas (1998) untersucht die optimale Gestaltung des Absatzprogramms eines Herstellers, der seine Produkte über Einzelhändler vertreibt und keinen direkten Zugang zu Kunden hat. Der Hersteller entscheidet über die Anzahl und auf Basis der

---

302 Dabei wird unterstellt, dass die objektive Qualität und die subjektive Qualitätswahrnehmung der Kunden übereinstimmen und jeder Kunde maximal ein Produkt kauft. Vgl. Moorthy/ Png (1992), S. 346 f.

303 Dieses Ergebnis bestätigen die Modellrechnungen von Lehmann-Grube (1997), S. 372. Zu Ausnahmen von dieser Regel vgl. Moorthy/ Png (1992), S. 358.

304 Vgl. Moorthy/ Png (1992), S. 346 sowie Brockhoff (1999), S. 312.

305 Vgl. zu dieser Auflistung Brockhoff (1999), S. 313 und Wilson/ Norton (1989), S. 14 ff.

Kundenpräferenzen über die Eigenschaften der herzustellenden Produkte sowie den Verkaufspreis gegenüber dem Wiederverkäufer. Der Einzelhändler entscheidet, welche Produkte er abnimmt, für welche Marktsegmente er diese anbietet und welchen Preis er gegenüber Konsumenten verlangt. Unter weiteren Annahmen zeigt Villas-Boas, dass bei Existenz einer weiteren Handelstufe im Vergleich zum Direktverkauf die beste Strategie für einen Hersteller darin besteht, ein ausdifferenzierteres Absatzprogramm anzubieten beziehungsweise die Unterschiede zwischen den Produkten zu vergrößern. Dadurch stellt der Hersteller sicher, dass der Einzelhändler alle Produkte in sein Verkaufsprogramm aufnimmt und gleichzeitig die Gewinne des Herstellers maximiert werden. Auf der anderen Seite kann jedoch eine zu starke Segmentierung dazu führen, dass Einzelhändler aufgrund von Platzproblemen in den Verkaufsräumen ausschließlich Hauptumsatzträger in ihr Programm aufnehmen oder verstärkt Eigenmarken anbieten.[306]

[306] Quelch/ Kenny (1994), S. 159 empfehlen vor diesem Hintergrund die Anwendung eines „Line Logic Tests": Jeder Verkaufsmitarbeiter sollte in der Lage sein, gegenüber einem Kunden die strategische Einordnung aller Produkte eines Unternehmens in einem Satz erklären zu können. Gelingt dies nicht, so sehen die Autoren dies als ein Indiz für eine Übersegmentierung.

2.5 Verteidigungsstrategien im Rahmen der Kommunikationspolitik

2.5.1 Handlungsparameter der Kommunikationspolitik

Die Kommunikationspolitik eines Unternehmens beinhaltet die planmäßige Gestaltung und Übermittlung von Informationen, die die Adressaten der Kommunikation hinsichtlich Kenntnisstand, Einstellungen, Erwartungen und Verhaltensweisen im Sinne der Unternehmensziele beeinflussen sollen.[307] Üblicherweise werden der Kommunikationspolitik als traditionelle Teilgebiete Werbung, Verkaufsförderung und Öffentlichkeitsarbeit (Public Relations) zugerechnet. Daneben stehen in den letzten Jahren verstärkt neuere Formen wie Direktkundenmarketing, Eventmarketing oder Product Placement im Zentrum der Analyse.[308]

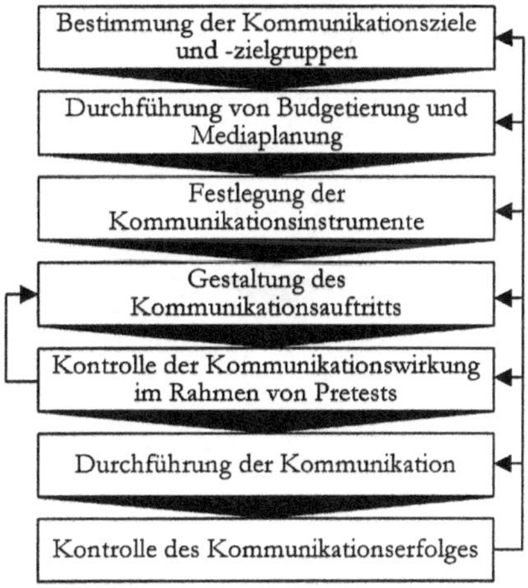

Abbildung 2.25: Prozess der klassischen Kommunikationspolitik[309]

Der idealtypische Planungs- und Umsetzungsprozess der Kommunikationspolitik für potentielle oder existierende Kunden (vgl. Abbildung 2.25) beginnt mit der

---

[307] Vgl. Bänsch (1995), Sp. 1187 f.

[308] Vgl. Thommen/ Achleitner (2003), S. 248.

[309] In Anlehnung an Homburg/ Krohmer (2003), S. 623.

Definition der Kommunikationsziele und -zielgruppen. Im zweiten Schritt werden nach erfolgter Budgetierung zielgruppenkonforme Werbeträger ausgewählt und die jeweiligen Kommunikationsauftritte gestaltet. Bei umfangreicheren Kampagnen empfiehlt sich die Durchführung von Pretests, um die Kommunikationswirkung vorab zu testen und Optimierungspotentiale abzuleiten. Im Anschluss an die Durchführung der Kommunikationsmaßnahmen schließt sich meist die Erfolgskontrolle an, im Rahmen derer Abweichungen sowie Abweichungsursachen zwischen dem realisierten Erfolg der Werbekampagne und den ursprünglichen Zielsetzungen analysiert werden.[310]

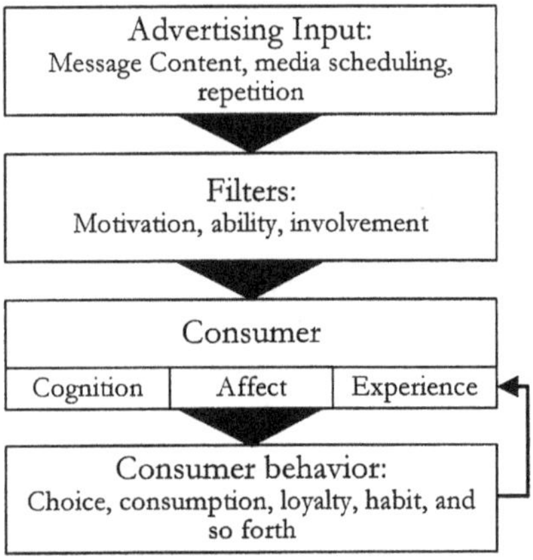

Abbildung 2.26: Werbewirkungsmodell nach Vakratsas/ Ambler[311]

Zielsetzung der klassischen Werbung ist die Bekanntmachung, Information und Imagebildung von Produkten, Marken oder Unternehmen sowie die Auslösung von Käufen oder anderen Konsumentenhandlungen.[312] Der psychologische Prozess des Konsumenten zwischen Werbemittelkontakt und Kaufakt wird häufig über das 1898 von E. St. Elmo Lewis entwickelte AIDA-Modell (**A**ttention →

310 Vgl. Homburg/ Krohmer (2003), S. 624 und Bänsch (1995), Sp. 1190.

311 Nach Vakratsas/ Ambler (1999), S. 26.

312 Vgl. Kroeber-Riel (1995), Sp. 2697 ff.

Interest → **Desire** → **Action**) abgebildet.[313] Auf Basis einer Literaturauswertung kommen Vakratsas/ Ambler (1999) zu dem Ergebnis, dass Wirkungseffekte der Werbung – anders als im AIDA-Modell unterstellt – keiner vorab definierten Reihenfolge oder Kausalbeziehung unterliegen. Sie schlagen vor, Werbewirkungseffekte bei Konsumenten in einem dreidimensionalen Raum mit den Dimensionen Cognition („thinking"), Affect („feeling") und Experience zu modellieren, wie Abbildung 2.26 zeigt.[314] Dabei ist die Erfahrungsdimension des Konsumenten über Feedback-Schleifen mit der Verhaltensebene verbunden. Die Relevanz der einzelnen Ebenen bestimmt sich durch kontextuelle Faktoren wie die Zielsetzung der Werbebotschaft, die beworbene Produktkategorie, die Wettbewerbssituation, die Zusammensetzung des Marketing-Mix oder die Lebenszyklusphase des beworbenen Produktes. Beispielsweise steht bei einer Kleinanzeige für ein gebrauchtes Fahrrad die kognitive Dimension (zum Beispiel Alter, Preis, Hersteller) verglichen mit der Erfahrungs- oder der Affektdimension stärker im Vordergrund als bei einem imagebetonten Fernsehspot für ein Reinigungsmittel.[315]

Im vorherigen Kapitel dieser Ausarbeitung wurde die Bedeutung von Produkteigenschaften für die Umsetzung von Verteidigungsmaßnahmen erläutert. Die Hervorhebung einzelner Produkteigenschaften, zum Beispiel im Rahmen einer Differenzierungsstrategie, kann dabei nicht nur über die Veränderung von physikalischen Produkteigenschaften, sondern auch über eine Imagedifferenzierung mit Hilfe von Marketingmaßnahmen erfolgen.[316] Die Aussagen des vorherigen Kapitels gelten insoweit analog, insbesondere für Markenprodukte im Konsumgüterbereich, für die kommunikationspolitische Differenzierungsmaßnahmen zentrale Handlungsparameter darstellen.[317]

Eine Marke kann definiert werden als ein in der Psyche des Konsumenten verankertes, unverwechselbares Vorstellungsbild von einem Produkt oder einer Dienstleistung. Die Marke ist das Ergebnis einer Vielzahl über einen längeren Zeitraum durchgeführter Marketingmaßnahmen und der sich hieraus ergebenden

---

313 Vgl. Trommsdorff (2003), S. 53 und Steffenhagen (1995), Sp. 2679.

314 Steffenhagen (1995), Sp. 2680 systematisiert Werbewirkungskategorien dagegen einerseits nach dem möglichen zeitlichen Abstand zwischen einem Werbereiz und der feststellbaren Reaktion der kontaktierten Person und andererseits nach der Art einer solchen Reaktion auf Werbung.

315 Vgl. Vakratsas/ Ambler (1999), S. 36. Einen Überblick über Werbewirkungsmodelle geben Kroeber-Riel/ Weinberg (2003), S. 612 ff.

316 Vgl. Schmalensee (1988), S. 672 f.

317 Vgl. Shy (1995), S. 170.

Erfahrungen der Konsumenten.[318] Werbemaßnahmen für Markenprodukte können verschiedene Kommunikationsziele beinhalten:[319]

- Schaffung einer Markenbekanntheit: Der Aufbau sowie die Aufrechterhaltung der Markenbekanntheit ist von zentraler Bedeutung, damit Verbraucher in der Lage sind, Markenprodukte zu identifizieren, um sie finden und kaufen zu können.
- Aktivierung von Bedürfnissen für eine Produktkategorie: Bei neuen Produkten oder für neue Zielgruppen bestehender Produkte kann durch kommunikationspolitische Maßnahmen das allgemeine Interesse der Konsumenten an einer Produktkategorie geweckt oder gefestigt werden.[320]
- Beeinflussung der Einstellung der Konsumenten zur Marke: Werbung in Massenmedien kann eingesetzt werden, um die Markeneinstellung aufzubauen, zu intensivieren oder zu modifizieren. Die Einstellung zu einer Marke ist definiert als Konsumentenbewertung einer Marke bezogen darauf, wie gut sie die Bedürfnisse der betreffenden Kategorie im Verhältnis zu anderen Marken derselben Kategorie befriedigt.
- Reduzierung von Kaufrisiken: Die Kaufabsicht von Verbrauchern kann durch Marketingkommunikation beeinflusst werden, wenn aus Sicht der Zielgruppe mit dem Kauf oder der Verwendung der Marke finanzielle oder psychologische Risiken verbunden sind.
- Schaffung einer Kauferleichterung: Werbemaßnahmen dienen der Erklärung und Rechtfertigung von Preisunterschieden zwischen der beworbenen Marke und Konkurrenzprodukten oder auch der Kommunikation, an welchen Absatzorten eine Marke zu erhalten ist.

Im Anschluss an diese Darstellung von Werbewirkungseffekten sowie möglichen Zielsetzungen von Werbeaktivitäten bei Markenprodukten soll im folgenden Abschnitt gezeigt werden, wie Werbemaßnahmen zur Verteidigung gegen neue Wettbewerber eingesetzt werden können.

---

318 Vgl. Meffert/ Burmann (2002), S. 169 und Bruhn (1995), Sp. 1445 f.

319 Vgl. zu dieser Aufzählung Rossiter/ Percy (2001), S. 527 ff.

320 So versuchen beispielsweise Mobilfunkanbieter angesichts weitgehend gesättigter Märkte im Bereich der mobilen Sprachkommunikation bei Nutzern das Bedürfnis nach multimedialen Dienstleistungen wie Foto- oder Filmübertragungen zu wecken.

2.5.2 Aufbau von Markteintrittsbarrieren durch Werbemaßnahmen

Durch die Umsetzung von Werbekampagnen können etablierte Anbieter nach der Konzeption von Bain (1968) eine strategische Markteintrittsbarriere errichten, um den Markteintritt potentieller Wettbewerber zu verhindern oder zu verlangsamen.[321] Werbeausgaben stellen versunkene Kosten dar, die die Kundenloyalität erhöhen und so für den Angreifer vermehrte Anstrengungen erfordern, um Kunden hinsichtlich eines Markenwechsels zu überzeugen.[322] Werbekampagnen können dazu führen, dass Konsumenten umfassender über bestehende Produkte informiert sind und dass dadurch die Bereitschaft, neue Produkte mit unbekannter Qualität zu testen, abnimmt. Gelingt es dem Verteidiger darüber hinaus, seine Absatzmenge durch Werbemaßnahmen zu steigern, so verbessert sich aufgrund sinkender Grenzkosten zusätzlich seine Wettbewerbsposition, insbesondere dann, wenn sich der Gesamtmarkt erweitert.[323] Aus Sicht des Angreifers entsteht dann ein zusätzlicher Fixkostenblock, durch den sich der Wettbewerbseintritt für ihn unwirtschaftlich gestalten kann.[324]

Im Folgenden soll anhand einer Erweiterung der oben dargestellten spieltheoretischen Modelle der Aufbau einer strategischen Markteintrittsbarriere durch Werbe- und/ oder Verkaufsförderungsmaßnahmen untersucht werden. Es sei unterstellt, dass sich mit zunehmendem Bekanntheitsgrad der Produkte auf Seiten potentieller Konsumenten bei gegebenen Preisen auch die Nachfrage und der erzielbare Gewinn für das werbende Unternehmen erhöht.[325] Bei unelastischer Gesamtnachfrage sind in oligopolistischen Marktstrukturen Marktanteilsgewinne eines Unternehmens nur zu Lasten der Wettbewerber möglich. Zusätzliche Mengen können lediglich zu sinkenden Preisen abgesetzt werden, wodurch sich die Gewinne der Anbieter reduzieren. Dieser trade-off zwischen nachfragestimulierender und preisdämpfender Wirkung von zusätzlichen Werbeausgaben auf den Gewinn eines Unternehmens soll anhand einer Modifikation des Grundmodells der horizontalen Produktvariation von Hotellings Straßendorf aus Abschnitt 2.4.2 untersucht werden. Hierzu werden folgende Annahmen getroffen:[326]

---

[321] Vgl. Karakaya/ Stahl (1989), S. 81 f.

[322] Vgl. Thomas (1996), S. 481 f. und S. 497. Schmalensee (1992), S. 128 f. weist darauf hin, dass Werbewirkungseffekte nach Beendigung von Werbemaßnahmen relativ kurzfristig abnehmen.

[323] Vgl. Thomas (1999), S. 529 und Neven (1989), S. 223 f.

[324] Vgl. Thomas (1999), S. 531 und Thomas (1996), S. 497.

[325] Die Frage nach der Werbeeffizienz kommunikationspolitischer Maßnahmen bleibt in dieser Darstellung unberücksichtigt.

[326] Diese Ausführungen orientieren sich an Pfähler/ Wiese (1998), S. 272 ff. Alternative Darstellungen findet sich bei Weinem (2001), S. 154 ff. und Schmalensee (1992), S. 128 ff.

Angebotsseite

- Die beiden Produkte unterscheiden sich in Bezug auf ihren Bekanntheitsgrad für Konsumenten. Der Anteil f_1 der Konsumenten ist über das Produkt von Unternehmen 1 informiert, der Anteil f_2 über das Produkt von Unternehmen 2, wobei $0 \leq f_i \leq 1$. Unternehmen können nur an diejenigen Konsumenten verkaufen, die informiert sind. Bei vollständiger Information gilt $f_1 = f_2 = 1$. Um die Effekte des Informationsgrades als Heterogenisierungsparameter isoliert analysieren zu können, sei unterstellt, dass sich die Unternehmen an den Endpunkten der Hotellingschen Einheitsstrecke positionieren, das heißt $a_1 = 0$, $a_2 = 1$ beziehungsweise $\Delta a = 1$.
- Die Werbekosten steigen überproportional mit dem Anteil der Konsumenten, der informiert werden soll. Für den Zusammenhang zwischen Werbebudget und Bekanntheitsgrad wird eine quadratische Beziehung unterstellt: $W(f_i) = \frac{1}{2} w f_i^2$ beziehungsweise $f_i = \sqrt{\frac{2W_i}{w}}$ mit $i = 1,2$, wobei W das Werbebudget und w den Werbekostensatz repräsentieren.

Nachfrageseite

- Die Markennachfragen seien wie folgt gegeben:

$$\begin{aligned} x_1 &= f_1(1-f_2) + f_1 f_2 x_1^H(p_1, p_2) \\ &= f_1(1-f_2) + f_1 f_2 \frac{1}{2} + \frac{f_1 f_2}{2t}(p_2 - p_1) \qquad (2.29) \\ x_2 &= 1 - x_1 - (1-f_1)(1-f_2) \end{aligned}$$

  Die Nachfrage nach Produkt 1 setzt sich zusammen aus einem nicht rivalisierenden Nachfrageanteil $f_1(1-f_2)$ von Konsumenten, denen ausschließlich Produkt 1 bekannt ist, sowie einem rivalisierenden Nachfrageanteil $f_1 f_2 x_1^H(p_1, p_2)$ von Konsumenten, denen sowohl Produkt 1 als auch Produkt 2 bekannt ist. Dies gilt analog für Unternehmen 2.
- Um die Lösbarkeit des Modells sicherzustellen, sollen ferner als technische Prämissen unterstellt werden, dass $w \geq \frac{t}{2}$ und dass ein Prohibitivpreis existiert, oberhalb dessen die Unternehmen einen Absatz und Gewinn von Null realisieren.

Anhand der Markennachfragen nach (2.29) erkennt man, dass bei vollständigem Bekanntheitsgrad beider Produkte ($f_1 = f_2 = 1$) allein die Einflussfaktoren der Markennachfragen bei (maximaler) horizontaler Produktvariation wirken. Jedes Unternehmen hat einen natürlichen Kundenstamm von der Hälfte des Marktes, ein Preisvorteil vergrößert diesen Kundenstamm und die Produktvariation vermindert die Wettbewerbsintensität.[327] Insofern stellen die Ausführungen zur Produktpolitik im vorherigen Abschnitt einen Sonderfall dieser Darstellung dar. Wirbt keines der beiden Unternehmen $(f_1 = f_2 = 0)$, so beträgt die Nachfrage gleich Null. Die eigene Werbung erhöht ceteris paribus die eigene Markennachfrage, die Werbung der Konkurrenten senkt sie, da

$$\frac{\partial x_1}{\partial f_1} > 0\,, \frac{\partial x_1}{\partial f_2} < 0\,, \frac{\partial x_2}{\partial f_1} < 0 \text{ und } \frac{\partial x_2}{\partial f_2} > 0\,.$$

Wirbt lediglich ein Unternehmen, ist dessen Nachfrage allein abhängig vom Bekanntheitsgrad.

Der Zusammenhang zwischen Werbe- und Preispolitik kann wie folgt ermittelt werden: Sofern man aus Vereinfachungsgründen die Werbeanstrengungen beider Unternehmen gleichsetzt $(f_1 = f_2 = f)$ erhält man als Nachfragefunktionen

$$\begin{aligned} x_1 &= (1-f)f + f^2\left(\frac{1}{2} + \frac{p_2 - p_1}{2t}\right) \\ x_2 &= (1-f)f + f^2\left(\frac{1}{2} - \frac{p_2 - p_1}{2t}\right) \end{aligned} \tag{2.30}$$

woraus sich die Preiselastizität der Nachfrage bei $p_1 = p_2 = p$ ergibt

$$\begin{aligned} \varepsilon_{x_1,p_1}(p,f) &= -\frac{\partial x_1}{\partial p_1}\frac{p_1}{x_1} = -\frac{f^2}{2t}\frac{p_1}{x_1} \\ &= \frac{fp}{(2-f)t} < \frac{p}{t} = \varepsilon(p,1) \end{aligned} \tag{2.31}$$

Die Preiselastizität der Nachfrage bei unvollständiger Information $\varepsilon(p,f)$ ist geringer als bei vollständiger Information $\varepsilon(p,1)$, das heißt je informierter die Kunden sind, desto stärker reagieren sie auf Preisänderungen.

Der Aufbau einer Markteintrittsbarriere durch kommunikationspolitische Maßnahmen wird als mehrstufiges Spiel modelliert. Das etablierte Unternehmen legt vor Eintritt des neuen Wettbewerbers sein Werbebudget und damit den Bekanntheitsgrad f_1 fest, der Folger passt f_2 über seine Werbeausgaben gewinnoptimal an. Nach dem Markteintritt von Unternehmen 2 kommt es zum simultanen Preiswettbewerb. Diesen antizipiert der Werbeführer vorab bei Festlegung von f_1. Es stellt sich die Frage, ob das etablierte Unternehmen unter diesen Bedingungen eine strategische Markteintrittsbarriere errichten kann, indem es durch geeignete Wahl seines Werbebudgets den Markteintritt des Folgers abschreckt.

---

327 Vgl. hierzu Formel (2.8) in Abschnitt 2.4.2 dieser Arbeit.

Die Auswirkungen der Werbemaßnahmen von Unternehmen 1 auf Unternehmen 2 als Werbefolger lassen sich anhand der Gewinnfunktion von Unternehmen 2 im Bertrandwettbewerb, gekennzeichnet durch den Index B, analysieren:[328]

$$G_2^B = G_2(f_1, f_2(f_1), p_1^B(f_1, f_2(f_1)), p_2^B(f_1, f_2(f_1))) . \tag{2.32}$$

Der Gesamteffekt einer Werbebudgeterhöhung von Unternehmen 1 auf den Gewinn des Werbefolgers setzt sich aus zwei Effekten zusammen und ergibt sich aus der Ableitung

$$\frac{dG_2^B}{df_1} = \frac{\partial G_2}{\partial f_1} + \frac{\partial G_2}{\partial p_1}\left(\frac{\partial p_1^B}{\partial f_1} + \frac{\partial p_1^B}{\partial f_2}\frac{df_2}{df_1}\right) \tag{2.33}$$

Der direkte Effekt ist wegen

$$\frac{\partial G_2}{\partial f_1} = (p_2 - c_2)(-f_2 + f_2 x_2^H) < 0 \tag{2.34}$$

negativ. Steigert Unternehmen 1 den Informationsgrad über sein Produkt durch eine Erhöhung des Werbebudgets, so verringert sich der Marktanteil, den Unternehmen 2 ohne Konkurrenz beliefert, während sich der Marktanteil, auf dem beide in Konkurrenz stehen, erhöht. Da Unternehmen 2 auf dem Konkurrenzmarktanteil in der Regel nicht alle Konsumenten für sich gewinnen kann, verringert sich die Nachfrage und der Gewinn geht proportional zum Deckungsbeitrag zurück. Der strategische Effekt ist ebenfalls negativ, da

$$\frac{\partial G_2}{\partial p_1}\left(\frac{\partial p_1^B}{\partial f_1} + \frac{\partial p_1^B}{\partial f_2}\frac{df_2}{df_1}\right) = \frac{1}{2t}(p_2 - c_2)f_1 f_2\left(-\frac{2}{3}\frac{t}{f_1^2}\right) < 0 \tag{2.35}$$

Erhöht Unternehmen 1 seine Werbeausgaben, so vergrößert sich der Konkurrenznachfrageanteil zu seinen Gunsten und die Anreize von Unternehmen 1 zu Preissenkungen steigen. Durch die Preissenkung von Unternehmen 1 geht der Absatz im Konkurrenzmarktanteil und damit der Gewinn von Unternehmen 2 entsprechend dem Deckungsbeitrag wegen

$$\frac{\partial G_2}{\partial p_1} > 0$$

zurück. Insgesamt ist somit der Gesamteffekt einer höheren Bewerbung von Unternehmen 1 auf den Gewinn von Unternehmen 2 negativ. Folglich kann in diesem Modell[329] Unternehmen 1 durch ein hinreichend großes Werbebudget den Markteintritt von Unternehmen 2 abschrecken.

Neben diesem spieltheoretischen Modell zur Eintrittsabschreckung mit Hilfe von Werbemaßnahmen soll im nächsten Abschnitt ein ökonometrisches Modell

---

328 Zur Herleitung vgl. Pfähler/ Wiese (1998), S. 285 ff.

329 Neven (1989), S. 223 verweist auf andere Modelle, in denen eine Senkung der Werbeausgaben die optimale Lösung zur Eintrittsabschreckung darstellt.

aus dem Bereich der Marketingforschung vorgestellt werden. Obwohl darin auch andere Marketing-Mix-Instrumente analysiert werden, erfolgt die Darstellung in dieser Arbeit im Rahmen der Erläuterungen zu kommunikationspolitischen Maßnahmen, da diese im Modell schwerpunktmäßig diskutiert werden.

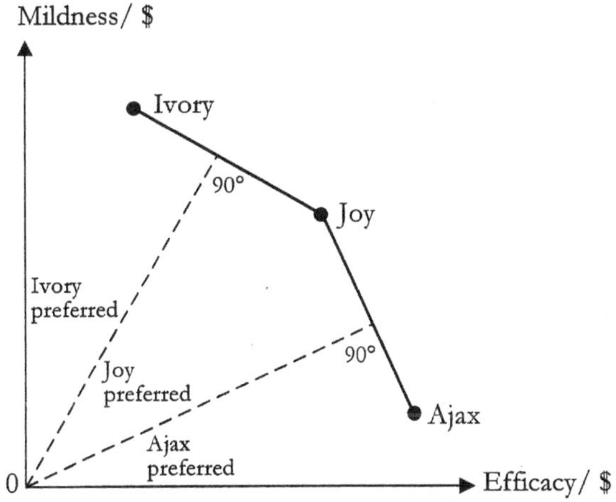

Abbildung 2.27: Produktraum des Defender-Modells am Beispiel von drei Spülmittelmarken[330]

2.5.3 Defender-Modell nach Hauser und Shugan

Vor rund 20 Jahren entwickelten John R. Hauser und Steven M. Shugan das normativ-analytische Defender-Modell.[331] Darin untersuchen sie, wie etablierte Unternehmen verschiedene Elemente des Marketing-Mix (Werbe- und Distributionsbudget, Preis und/ oder Markenpositionierung) unter der Prämisse der Gewinnmaximierung in der post-entry-Phase des Wettbewerbs anpassen sollen, wenn ein Newcomer in den Markt eintritt. Die Ergebnisse der Simulationsrechnungen beziehen sich auf denjenigen Marktteilnehmer, der von der Einführung des neuen Produktes am stärksten betroffen ist, das heißt dessen Produkt im Vergleich zu anderen Wettbewerbern das höchste Maß an Übereinstimmung der Pro-

[330] In Anlehnung an Hauser/ Shugan (1983), S. 330.

[331] Vgl. Hauser/ Shugan (1983) und Hauser/ Wernerfelt (1988).

dukteigenschaften mit der neuen Marke aufweist. Es wird unterstellt, dass nur dieser Verteidiger auf den Newcomer reagiert, während alle anderen Marktteilnehmer ihren pre-entry-Marketing-Mix beibehalten. Eine weitere Prämisse betrifft die Marktgröße, die in der pre- und post-entry-Phase ähnlich wie in den vorherigen Modellen unverändert bleibt. Abbildung 2.27 veranschaulicht die grafische Darstellung von drei Produkten im Defender-Modell am Beispiel der Geschirrspülmittel Ivory, Joy und Ajax.[332] Die Position einer Marke repräsentiert das Ausmaß der beiden Attribute „Efficacy“ und „Mildness“, die Konsumenten für eine Währungseinheit erhalten. Weitere Annahmen betreffen den Verlauf der Nutzenfunktionen von Konsumenten sowie der Marktreaktionsfunktionen für Werbe- und Distributionsbudgets.[333]

Im Rahmen der Grundversion des Defender-Simulationsmodells können folgende Ergebnisse abgeleitet werden:[334] Die Distributions- und Werbebudgets sollten als Reaktion auf den Markteintritt eines neuen Produktes reduziert werden.[335] Aufgrund der unterstellten konstanten Marktgröße verringert sich der Gewinn des etablierten Anbieters, wenn es ihm nicht gelingt, den neuen Wettbewerber vom Markteintritt abzuhalten.[336] Sofern die Präferenzen der Konsumenten im Markt gleichmäßig verteilt sind,[337] erhöht sich der Gewinn des Verteidigers im Vergleich zur Beibehaltung des pre-entry-Marketing-Mix, wenn der Verteidiger in der post-entry-Phase

- den Verkaufspreis reduziert[338] oder

---

332 Zur Methodik der Bestimmung von Produktpositionen im Produktmöglichkeitsraum vgl. Hauser/ Shugan (1983), S. 345 ff.

333 Vgl. Hauser/ Shugan (1983), S. 322 ff.

334 Vgl. im folgenden Hauser/ Shugan (1983), S. 342.

335 Eine Steigerung der Marketing-Ausgaben über das pre-entry-Niveau empfehlen dagegen Kumar/ Sudharshan (1988), S. 814 für wachsende Märkte sowie Gruca/ Kumar/ Sudharshan (1992), S. 356 und Basuroy/ Nguyen (1998), S. 1398 ff. für marktbeherrschende Unternehmen, denen in der post-entry-Phase ein Marktanteil von über 50 Prozent verbleibt. Gelingt es einem dominanten Verteidiger nicht, seinen pre-entry-Marktanteil von über 50 Prozent nach Markteintritt des Newcomers zu erhalten, so sollte nach Gruca/ Kumar/ Sudharshan (1992), S. 356 das Marketing-Budget reduziert werden.

336 Siehe hierzu auch Kuester/ Homburg/ Robertson (1999), S. 92.

337 Zur Bestimmung von Präferenzverteilungen im Defender-Modell vgl. Hauser/ Shugan (1983), S. 343 ff.

338 Dieses Ergebnis gilt meist auch dann, wenn man die teilweise restriktiven Prämissen des Grundmodells nach Hauser und Shugan modifiziert. Vgl. zum Beispiel Gruca/ Kumar/ Sudharshan (1992), S. 350 ff. für den Fall verbundener Reaktionsfunktionen in konstanten Märkten, Basuroy/ Nguyen (1998), S. 1397 ff. zu verbundenen Reaktionsfunktionen in wachsenden Märkten oder auch Kumar/ Sudharshan (1988), 805 ff.

- das Produkt in Richtung des relativen Produktvorteils durch Optimierung der Produkteigenschaften oder Marketingmaßnahmen re-positioniert.

In stark segmentierten Märkten können bei Vorliegen bestimmter Präferenzstrukturen Preiserhöhungen die gewinnoptimale Strategie darstellen. Das Defender-Modell wurde in verschiedenen Märkten (zum Beispiel Software, pharmazeutische Produkte und Lebensmittel) getestet und grundsätzlich verifiziert.[339] Einen zusammenfassenden Überblick über Prämissen, Ergebnisse und Erweiterungen des Defender-Modells gibt Tabelle 2.4.

Prior finding	References	Supporting conditions	Conflicting conditions
Brand closest to entrant should reduce price after entry	Hauser/ Shugan (1983)	Supported for the deterministic and both fixed and expanded probabilistic choice models	None
All brands should reduce price after entry in mature markets	Kumar/ Sudharshan (1988), Gruca/ Sudharshan/ Kumar (2001) and Basuroy/ Nguyen (1998)	Supported for expanded probabilistic choice model only	Furthest brands from the ideal point increase prices for deterministic and fixed probabilistic choice models
Price elasticity of bracketed brands is higher than for boundary brands	Huber/ Holbrook/ Kahn (1986)	Supported for all choice models	None
Incumbent brands that are outpositioned by the entrant should increase price after entry	Hauser/ Shugan (1983), Theorem 6	Supported for fixed probabilistic choice model	Not supported for the deterministic choice model
Brands closest to the entrant should reduce marketing spending after entry	Hauser/ Shugan (1983)	Supported for all choice models	None
Non-dominant brands should reduce marketing spending after entry in mature markets	Kumar/ Sudharshan (1988), Gruca/ Kumar/ Sudharshan (1992) and Basuroy/ Nguyen (1998)	Supported for fixed and expanded probabilistic choice models	Not supported for deterministic choice model

339 Vgl. Hauser/ Gaskins (1984), S. 327 ff.

Prior finding	References	Supporting conditions	Conflicting conditions
Dominant brands should increase marketing spending after entry in mature markets	Kumar/ Sudharshan (1988), Gruca/ Kumar/ Sudharshan (1992) and Basuroy/ Nguyen (1998)	Supported for brands retaining all pre-entry customers in deterministic choice model	Not applicable
If the incumbent retains all of its customers after entry, it should increase prices after entry	Gruca/ Sudharshan/ Kumar (2001)	Supported for the deterministic choice model	None
Marketing spending should be reduced proportionally to the amount of the market from which the incumbent is shut out by the entrant	Gruca/ Sudharshan/ Kumar (2001)	Supported for the fixed choice model	None

Tabelle 2.4: Ergebnisse und Erweiterungen des Defender-Modells[340]

2.5.4 Vorankündigungen gegenüber Wettbewerbern und Konsumenten

Eine weitere Verteidigungsoption im Rahmen der Kommunikationspolitik bezieht sich auf die Kommunikation von etablierten Unternehmen gegenüber relevanten Wettbewerbern oder Konsumenten in Form von Ankündigungen. Diese können wie folgt definiert werden:

> "Preannouncement is a formal and deliberate communication by a firm regarding its future planned actions or perspectives regarding future industry trends or practices. The preannouncement can be directed at one or more industry constituents, such as buyers, channels members, employees, investors, industry influencers, and government agencies, both current and prospective."[341]

Vorankündigungen lassen sich hinsichtlich des Zeitpunktes der Kommunikation, ihrer Detailliertheit, der eingesetzten Kommunikationskanäle und ihrer Zielgruppe charakterisieren.[342] Im Bereich des Marketing werden schwerpunktmäßig Vorankündigungen von neuen Produkten, Preisänderungen oder anderen Marketingaktivitäten gegenüber Wettbewerbern oder Konsumenten analysiert.

---

340 In Anlehnung an Gruca/ Sudharshan/ Kumar (2001), S. 63.

341 Calantone/ Schatzel (2000), S. 27.

342 Vgl. Calantone/ Schatzel (2000), S. 27 f.

Ein etabliertes Unternehmen kann mit der Umsetzung von Vorankündigungen verschiedene Zielsetzungen verfolgen. Beispielsweise kann der Verteidiger potentielle Konkurrenten vom Markteintritt abschrecken, indem er die Einführung einer verbesserten Modellvariante seiner bisherigen Produkte ankündigt. Diese Verteidigungsstrategie eignet sich insbesondere für den Bereich langlebiger Gebrauchsgüter, in denen die Kompatibilität zwischen neuen und bereits erworbenen Produkten für Konsumenten von wesentlicher Bedeutung ist.[343] Beabsichtigt der Angreifer ein neues Produkt auf den Markt zu bringen, so kann der Verteidiger durch seine Vorankündigung die Verbreitung des Konkurrenzproduktes eindämmen, wenn Konsumenten ihren Kauf verzögern und abwarten, bis das angekündigte Verteidigerprodukt mit verbesserten Produkteigenschaften verfügbar ist.[344] Allerdings muss er berücksichtigen, dass sich aufgrund desselben Effektes zugleich die Nachfrage nach seinem eigenen, aktuell am Markt verfügbaren Produkt mit hoher Wahrscheinlichkeit ebenfalls reduziert.[345]

Vorankündigungen müssen jedoch nicht zwangsläufig auf die vollständige oder teilweise Eintrittsverhinderung potentieller Konkurrenten ausgerichtet sein. Eine Neuproduktankündigung kann auch dazu eingesetzt werden, Reaktionen der Konkurrenten herauszufordern. Auf diese Weise gewonnene Informationen geben etablierten Unternehmen Aufschluss über den Entwicklungsstand von Innovationsprojekten der Wettbewerber und lassen sich für die Planung weiterer Verteidigungsmaßnahmen nutzen.[346] Der Einsatz von Neuproduktankündigungen ist ferner auch im Hinblick auf kooperative Intentionen denkbar. Verteidiger können beispielsweise Wettbewerber ermutigen, einen bestimmten Standard zu etablieren oder kompatible Komplementärprodukte am Markt anzubieten.[347]

Abbildung 2.28 zeigt wesentliche Elemente im Kommunikationsprozess von Neuproduktankündigungen zwischen Angreifer und Verteidiger. Zu Beginn kommuniziert ein Marktteilnehmer seine Absicht zur Innovation eines neuen Produktes. Neben dieser Information empfängt der Adressat auch kontextbezogene In-

---

343 Dies gilt beispielsweise für Hardware- oder Software-Produkte. Softwareprodukte sind in der Regel nur auf bestimmten Betriebssystemen einsetzbar. Die Verwendbarkeit von Betriebssystemen hängt von der Hardwareausstattung der eingesetzten Rechner beziehungsweise Server ab.

344 Vgl. Ernst/ Schnoor (2000), S. 1332 und Farrell/ Saloner (1986), S. 942 ff.

345 Vgl. Gruca/ Sudharshan (1995), S. 50.

346 Vgl. hierzu unter anderem die Untersuchung von Doyle/ Snyder (1999), die Wettbewerbsinteraktionen am Beispiel amerikanischer Fahrzeughersteller untersuchen. Sie zeigen, wie die Unternehmen durch Bekanntgabe ihrer geplanten Produktionsmengen in Fachzeitschriften die Produktionsentscheidungen der Wettbewerber beeinflussen.

347 Vgl. Robertson/ Eliashberg/ Rymon (1995), S. 1.

formationen über diverse Kommunikationswege.[348] Zu senderbezogenen Kontext-Informationen gehören beispielsweise die Größe des ankündigenden Unternehmens, sein Marktanteil, die Zusammensetzung seines Produktportfolios etc. Bei umweltbezogenen Kontext-Informationen kann es sich um Informationen hinsichtlich Nachfrageveränderungen, Marktstrukturen oder technologischer Entwicklungen handeln. Der Empfänger interpretiert im nächsten Schritt die Signale der Wettbewerber, indem er Intentionen und Fähigkeiten des Innovators sowie das Ausmaß der Bedrohung bestimmt. Letztere Einschätzung hängt wesentlich davon ab, inwieweit das bedrohte Unternehmen davon ausgeht, dass durch das potentielle Produkt des Konkurrenten eigene Kernprodukte oder -märkte tangiert werden. Die Glaubhaftigkeit der Wettbewerbssignale erhöht sich, je eher ankündigende Unternehmen in der Vergangenheit ihre Ankündigungen wiederholt realisiert haben.[349] Auch wenn der Ankündiger bereits produktspezifische Verpflichtungen im Sinne des oben dargestellten Commitment-Ansatzes eingegangen ist, zum Beispiel durch den Aufbau von Produktionskapazitäten, wirken Ankündigungen auf den Empfänger in hohem Maße glaubhaft.[350] Als Reaktion auf die Bedrohung stehen dem Empfänger diverse Handlungsoptionen zur Verfügung. Er kann vollständig oder vorübergehend auf eine Reaktion verzichten, ein Gegensignal senden (zum Beispiel ebenfalls eine Produkteinführung ankündigen) oder eine Verteidigungsmaßnahme realisieren, indem er beispielsweise ein neues Produkt am Markt einführt oder zusätzliche Marketingmaßnahmen umsetzt.[351]

Grundsätzlich stellt sich die Frage, ob und inwieweit ein Verteidiger durch Aussendung einer (Neuprodukt-)Ankündigung als Reaktion auf Produktankündigungen eines Angreifers die Eintrittsentscheidungen seiner Konkurrenten beziehungsweise die Kaufentscheidung der Konsumenten tatsächlich beeinflussen kann. Bei Vorankündigungen handelt es sich aus Sicht des Empfängers (zum Beispiel Wettbewerber oder Konsumenten) um Sonderfälle so genannter Phantom-Alternativen, die im Bereich der Psychologie eingehend untersucht werden. „A phantom alternative is a choice option that looks real but is unavailable at the time a decision is made."[352] Interne oder externe Rahmenbedingungen wie Budgetbe-

---

[348] In einer Untersuchung von Robertson/ Eliashberg/ Rymon (1995), S. 8 geben knapp 60 Prozent der Befragten an, dass sie Neuproduktankündigungen mit Hilfe von Printmedien identifizieren; die übrigen Teilnehmer nutzen andere Informationsquellen wie Vorträge, Konferenzen oder Mund-zu-Mund-Propaganda.

[349] Vgl. Prabhu/ Stewart (2001), S. 70 und Clark/ Montgomery (1998), S. 78 ff.

[350] Vgl. Prabhu/ Stewart (2001), S. 66 ff. und Robertson/ Eliashberg/ Rymon (1995), S. 3 ff.

[351] Vgl. Robertson/ Eliashberg/ Rymon (1995), S. 2 f.

[352] Pratkanis/ Farquhar (1992), S. 103.

schränkungen, Zeitrestriktionen, rechtliche Vorgaben, ethische Prinzipien oder natürliche Knappheit führen dazu, dass derartige Alternativen für den Entscheidungsträger zum Zeitpunkt der Entscheidung nicht verfügbar sind.

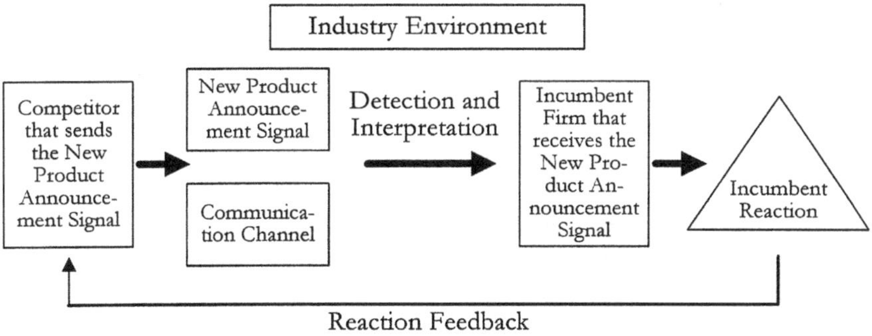

Abbildung 2.28: Signalisierung von Neuproduktankündigungen[353]

Pratkanis/ Farquhar (1992) charakterisieren Phantom-Alternativen über drei Dimensionen. Eine Phantom-Alternative kann erstens danach differenziert werden, ob sie dem Entscheider zu Beginn des Entscheidungsproblems bekannt oder unbekannt ist. Beispielsweise ist er sich bei Durchsicht einer Angebotsliste mit Artikeln, die als „verkauft" gekennzeichnet sind, darüber bewusst, dass diese Alternativen existieren und zugleich für ihn nicht verfügbar sind. Ist eine Phantom-Alternative dagegen zum Zeitpunkt der Entscheidung unbekannt, so findet der Entscheider erst zu einem späteren Zeitpunkt heraus, dass eine vorab gewählte Alternative nicht verfügbar ist (beispielsweise wenn ihm mitgeteilt wird, dass ein vor kurzem bestellter Artikel nicht lieferbar ist). Das zweite Merkmal von Phantom-Alternativen betrifft die Wahrnehmung der Schwierigkeiten und Anstrengungen, die erforderlich sind, um die eingeschränkte Verfügbarkeit einer Alternative zu beseitigen. Sind die Restriktionen nicht veränderbar, so spricht man von absoluten Phantom-Alternativen. Als bedingte Phantom-Alternativen definieren die Autoren diejenigen Alternativen, bei denen eine Möglichkeit besteht, die Restriktion durch zusätzliche Anstrengungen zu beseitigen. Phantom-Alternativen unterscheiden sich drittens hinsichtlich der Erwartungen des Entscheiders über seine

---

353 In Anlehnung an Prabhu/ Stewart (2001), S. 64 und Robertson/ Eliashberg/ Rymon (1995), S. 2.

Berechtigung, die Alternative zu besitzen. Während bei manchen Alternativen kaum jemand erwartet, sie zu erlangen (zum Beispiel Erhalt eines Nobel Preises), sind andere Alternativen durch eine hohe Erwartungshaltung hinsichtlich ihres Besitzes geprägt.[354]

Nach Pratkanis und Farquhar, die eine Synopse zahlreicher Experimente vorlegen,[355] beeinflusst die Existenz einer Phantom-Alternative eine Entscheidungssituation wie folgt:[356]

- Verschiebung der Entscheidungskriterien: Die Existenz einer Phantom-Alternative kann einen Entscheidungsträger veranlassen, neue Kriterien in den Entscheidungsprozess aufzunehmen oder seine Präferenzen zu verändern. Entscheider nutzen dabei häufig die Phantom-Alternative als Referenzpunkt für Generierung, Bewertung und Auswahl von Alternativen.
- Der Knappheits-Attraktivitätseffekt: Nicht-Verfügbarkeit und Knappheit steigern die Attraktivität der Phantom-Alternative, da Entscheidungsträger der knappen Alternative einen höheren Wert beimessen. Dies führt dazu, dass andere verfügbare Alternativen relational weniger attraktiv bewertet werden.
- Phantom-Fixierung: Die Existenz einer Phantom-Alternative führt zur Fokussierung der Aufmerksamkeit des Entscheiders auf die Phantom-Alternative und mobilisiert Ressourcen zu ihrer Erlangung. Dieser Effekt zeigt sich insbesondere bei bedingten Phantom-Alternativen, wenn sich der Entscheider berechtigt fühlt, das Phantom zu erlangen.

Auf Basis der spieltheoretischen Modelle zur Eintrittsabschreckung von Kreps/ Wilson (1982) und Milgrom/ Roberts (1982b) ermitteln Prabhu/ Stewart (2001) mit Hilfe von Experimenten Erfolgsfaktoren für effektive Ankündigungs-Strategien. Sie kommen zu dem Ergebnis, dass kontext-bezogene Informationen die Interpretation und Bewertung von Wettbewerbssignalen durch den Empfänger maßgeblich beeinflussen. Empfänger schätzen Signale umso bedrohlicher ein, je weniger die Signale auf für den Sender externe Faktoren zurückzuführen sind. So nimmt der Empfänger beispielsweise eine Ankündigung zur Preisreduzierung durch den Angreifer relativ bedrohlich wahr, wenn er diese auf eine veränderte Kostenstruktur des Angreifers zurückführt. Beruht die Preisreduzierung dagegen auf Nachfrageveränderungen im relevanten Markt, empfindet der Empfänger das Signal weniger bedrohlich. Um die Wirksamkeit von kommunikationspolitischen

354 Vgl. Pratkanis/ Farquhar (1992), S. 103 f.

355 Frühere Forschungsarbeiten gehen meist davon aus, dass Phantom-Alternativen vor der Bewertung von Alternativen aus dem Entscheidungsprozess eliminiert werden. Vgl. beispielsweise Luce (1959), S. 3 ff.

356 Vgl. Farquhar/ Pratkanis (1993), S. 1222 und Pratkanis/ Farquhar (1992), S. 113 f.

Verteidigungsmaßnahmen zu erhöhen, sollte der Verteidiger daher neben dem eigentlichen Wettbewerbssignal auch kontextbezogene Informationen verbreiten, die seine Ankündigungen oder Aktivitäten auf unternehmensintern begründete Faktoren zurückführen. Dabei ist es nicht zwingend erforderlich, dass der Verteidiger seine Ankündigungen tatsächlich realisiert.[357] Insbesondere unter Unsicherheit, wenn die Informationsbeschaffung für den Empfänger Kosten verursacht, tendieren Informationsempfänger eher dazu, sich am Verhalten des Senders in vergangenen Perioden zu orientieren, anstatt aktuelle Informationen zu beschaffen.[358]

Zusammenfassend ist festzuhalten, dass Vorankündigungen durch den Verteidiger die Wettbewerbsposition des Angreifers schwächen können, insbesondere dann, wenn das etablierte Unternehmen als Reaktion auf Produktvorankündigungen des Angreifers ebenfalls die Einführung eines neuen Produktes ankündigt.[359] Produktvorankündigungen können Konsumenten veranlassen, den Kaufakt bis zur Markteinführung des neuen Produktes zu verzögern und damit auf einen Kauf des Angreiferproduktes zu verzichten. Weiterhin ist denkbar, dass die Ankündigung des Verteidigers dazu führt, dass der Angreifer seinen Markteintritt verzögert, um die Produkteinführung des etablierten Unternehmens abzuwarten. Gleichzeitig kann der Verteidiger durch eine Produktvorankündigung die Diffusion seiner künftigen Produkte oder Dienstleistungen unterstützen und Unsicherheiten auf Käuferseite reduzieren, indem er seine Innovationen gegenüber relevanten Multiplikatoren kommuniziert. In neuen Märkten ist für Pionierunternehmen zudem der Aufbau von first-mover-Vorteilen, die im vorherigen Kapitel erläutert wurden, möglich.[360]

Der strategische Einsatz von Ankündigungen birgt jedoch zugleich die Gefahr, dass der Verteidiger die Marktposition seiner aktuell angebotenen Produkte durch Kannibalisierungseffekte schwächt, falls Konsumenten ihren Kauf bis zum Erscheinen des neuen Produktes verzögern. Sofern es seine Ankündigungen mehrfach nicht realisiert, beschädigt das etablierte Unternehmen langfristig eventuell seine Marktreputation.[361] Ferner können Wettbewerber als Reaktion auf Vorankündigungen Gegenmaßnahmen einleiten und so ihre Wirksamkeit reduzieren.[362]

---

357 Diese Ausführungen gelten jeweils analog auch für den Angreifer.

358 Vgl. Prabhu/ Stewart (2001), S. 67 ff.

359 Vgl. Waarts/ Wierenga (2000), S. 77.

360 Vgl. Calantone/ Schatzel (2000), S. 18.

361 Vgl. Ernst/ Schnoor (2000), S. 1332.

362 Vgl. Eliashberg/ Robertson (1988), S. 283.

Neben Werbemaßnahmen und Vorankündigungen kann ferner die selektive Kommunikation relevanter Informationen als kommunikationspolitische Verteidigungsmaßnahme eingesetzt werden. Wie im Abschnitt zu preispolitischen Strategieoptionen gezeigt wurde, spielen Informationen über Kosten- und Profitabilitätsstrukturen eine wesentliche Rolle bei der Umsetzung von Verteidigungsstrategien.[363] Insofern besteht eine Strategieoption des etablierten Unternehmens darin, die Kommunikation von Kosten-, Erlös- und Gewinnkennzahlen auf die gesetzlich vorgeschriebenen Publizitätspflichten[364] zu beschränken. [365]

Die bisherigen Ausführungen erläuterten relevante Verteidigungsstrategien im Bereich der Preis-, Produkt und Kommunikationspolitik auf Basis theoretischer Überlegungen. Der folgende Abschnitt gibt einen Überblick zu Anwendungshäufigkeiten und Einsatzbedingungen derartiger Verteidigungsaktivitäten in der Unternehmenspraxis anhand empirischer Studien aus dem Bereich der Wirtschaftswissenschaften.

363 Vgl. hierzu auch die Informationsprämissen des Defender-Modells bei Hauser/ Shugan (1983), S. 320 f.

364 So müssen deutsche Unternehmen aufgrund diverser Publizitätsvorschriften unter bestimmten Voraussetzungen Bilanz, Gewinn- und Verlustrechnung sowie einen Lagebericht veröffentlichen.

365 Porter (1999), S. 156 f. sieht die selektive Herausgabe von Informationen als wichtiges Mittel, um Wettbewerbsmaßnahmen durchzuführen. Vgl. auch Neven (1989), S. 225 f.

2.6 Empirische Befunde zum Verteidigungsverhalten etablierter Anbieter

Bis heute ist die Anzahl empirischer Analysen zum Verteidigungsverhalten bestehender Marktteilnehmer überschaubar, was von einigen Autoren auf die mangelnde Verfügbarkeit von Daten zurückgeführt wird. Unternehmen sind in der Regel nicht bereit, vertrauliche Daten zur Strategiekonzeption und -umsetzung für wissenschaftliche Zwecke zur Verfügung zu stellen.[366] Die Mehrzahl der gesichteten Studien beschränkt sich daher darauf, die Art der Instrumente und Bedingungen für den Einsatz von Verteidigungsmaßnahmen zu analysieren. Lediglich Gatignon/ Robertson/ Fein (1997) bestimmen Erfolgsfaktoren von verschiedenen Verteidigungsstrategien. Die folgenden Ausführungen geben einen Überblick zur Untersuchungsmethodik der empirischen Studien sowie zu Ergebnissen hinsichtlich Anwendungshäufigkeiten und Einsatzbedingungen von Verteidigungsinstrumenten.

Untersuchungsmethodik

Die Methodik der empirischen Arbeiten unterscheidet sich auch im Hinblick auf die Art der analysierten Datenbasis. Die Mehrzahl der Autoren wertet Sekundärdaten aus, zum Beispiel auf Basis des PIMS-Datenbankmodells,[367] wodurch alle tatsächlich realisierten Verteidigungsmaßnahmen vollständig erfasst werden können, unabhängig vom Erfolg der Maßnahmen. Waarts/ Wierenga (2000) halten dagegen empirische Studien, die das Verteidigungsverhalten anhand von Sekundärdaten untersuchen, für wenig aussagekräftig. Sie weisen nach, dass die Interpretation dieser Daten durch die betroffenen Entscheidungsträger eine entscheidende Rolle bei der Ausgestaltung von Verteidigungsstrategien spielt.[368]

Grundsätzlich stellt sich die Frage, ob die ausgewerteten Ereignisse eine Verteidigungsreaktion darstellen oder durch andere Faktoren verursacht wurden. Chen/ Smith/ Grimm (1992) und Chen/ MacMillan (1992) lösen dieses Problem in ihrer Studie zur Luftfahrtbranche mit Hilfe einer Inhaltsanalyse von Artikeln aus Fachzeitschriften, indem sie post-entry-Reaktionen anhand von Schlüsselwörtern wie „...in responding to...", „...following..." oder „...reacting to..." identi-

---

366 Vgl. Klemz/ Gruca (2001), S. 43, Kuester/ Homburg/ Robertson/ Schäfer (2001), S. 1197, Bowman/ Gatignon (1995), S. 42 und Chen/ Smith/ Grimm (1992), Fn. 7.

367 PIMS = Profit Impact of Market Strategies. Zur PIMS-Studie vgl. Welge/ Al-Laham (2003), S. 149 ff.

368 Vgl. Waarts/ Wierenga (2000), S. 67 ff.

fizieren.[369] Als Alternative bietet sich die Durchführung von Primärerhebungen an, die meist in Form von schriftlichen Befragungen oder Conjoint-Analysen[370] realisiert werden. Ein Vorteil dieser Methodik besteht darin, dass auch ex-ante-Abschreckungsmaßnahmen untersucht werden können, die sich im Rahmen von Marktdatenauswertungen schwer abbilden lassen, da der Verzicht des Angreifers auf einen Markteintritt kaum nachweisbar ist. [371] Die Aussagekraft von Befragungen wird allerdings insbesondere im Bereich des Strategischen Managements durch die Besonderheiten der Strategieprozesse und der Fähigkeit strategischer Akteure zur Selbstauskunft erheblich eingeschränkt.[372]

Anwendungshäufigkeiten von Verteidigungsinstrumenten

Über 85 Prozent der Befragten in Großbritannien messen in der Studie von Sing/ Utton/ Waterson (1998) der ex-ante-Abschreckung potentieller Wettbewerber durch mindestens ein Instrument hohe Priorität bei.[373] Als wichtigste Instrumente der pre-entry-Abschreckung dienen F&E-Aktivitäten sowie der Aufbau eines umfassenden Vertriebsnetzes. Kommunikationspolitik, Überschusskapazitäten, Preispolitik, Sicherung der Bereitstellung von Rohstoffen und Vorprodukten sowie Vereinbarungen mit Wettbewerbern sind dagegen als pre-entry-Maßnahmen für die Mehrzahl der Unternehmen unbedeutend.[374] Diese Ergebnisse bestätigt

---

369 Vgl. Chen/ Smith/ Grimm (1992), S. 447 f. und Chen/ MacMillan (1992), S. 551 f. In der Arbeit von Cubbin/ Domberger (1988), S. 129 ff. werden marketingbezogene Verteidigungshandlungen über eine Abweichung der Marketingausgaben vom mittelfristigen Ausgabentrend identifiziert. Andere Studien unterstellen implizit, dass die erfassten Maßnahmen eine Reaktion auf den Eintritt neuer Wettbewerber oder die Einführung neuer Produkte darstellen. Vgl. zum Beispiel Yamawaki (2002), S. 32 oder Shankar (1999), S. 332 f.

370 Diese Methodik findet sich im zweiten Teil einer empirischen Studie von Waarts/ Wierenga (2000), S. 70 ff.

371 Vgl. Sing/ Utton/ Waterson (1998), S. 230 f. und Geroski (1995), S. 433. Die vorliegenden Studien zur ex-ante Abschreckung wurden überwiegend auf Basis von Primärerhebungen erstellt.

372 Vgl. Klemz/ Gruca (2001), S. 39, Schreyögg (1999), S. 398, Schwenk (1995), S. 476 ff. sowie Zajac/ Bazerman (1991), S. 49 ff. Beispielsweise tendieren Entscheidungsträger dazu, Erfolge auf ihr eigenes Handeln zurückzuführen, während schlechte Ergebnisse externen Faktoren zugeschrieben werden. Vgl. Schwenk (1995), S. 477.

373 Vgl. Sing/ Utton/ Waterson (1998), S. 241. Nach Smiley (1988), S. 177 geben 54 Prozent der Befragten an, dass sie regelmäßig Strategien zur Abschreckung neuer Wettbewerber einsetzen. Im Widerspruch dazu steht die Einschätzung von Kuester/ Homburg/ Robertson/ Schäfer (2001), S. 1197, nach der sich nur wenige Unternehmen der proaktiven Abschreckung widmen. Offenbar bezieht sich diese Schlussfolgerung lediglich auf die Limitpreisstrategie.

374 Vgl. Sing/ Utton/ Waterson (1998), S. 235 ff. Siehe hierzu auch eine frühere Studie von Sing/ Utton/ Waterson (1991).

eine in den USA durchgeführte Studie von Smiley (1988) abgesehen von der Rolle der Kommunikationspolitik weitgehend. Werbemaßnahmen werden bei Smiley als wichtigste strategische Variable bewertet,[375] was durch eine veränderte Gewichtung der Instrumente im Zeitablauf oder auch durch länderspezifische Faktoren erklärt werden könnte. Die wie oben gezeigt in der theoretischen Literatur umfassend diskutierten Limitpreis-Strategien kommen in der pre-entry-Phase des Wettbewerbs in der Praxis folglich kaum zum Einsatz.[376] Neven erklärt dieses erstaunliche Ergebnis durch die Schwierigkeiten eines Unternehmens, eine selbstauferlegte Preisverpflichtung auszuführen und durchzuhalten.[377]

Im Rahmen der ex-post-Verteidigung reagieren etablierte Wettbewerber meist regelmäßig auf die Ankündigung oder Einführung von Konkurrenzprodukten.[378] Nach Kuester/ Homburg/ Robertson/ Schäfer (2001) wenden Verteidiger in über 80 Prozent der Fälle produktbezogene Maßnahmen an, insbesondere die Verbesserung oder Neupositionierung bereits am Markt eingeführter Produkte oder die Einführung neuer Produkte. Preispolitische Maßnahmen nutzen rund 55 Prozent der Unternehmen, wobei in Übereinstimmung mit den Empfehlungen des Defender-Modells zumeist Preisreduzierungen, in seltenen Fällen Preiserhöhungen erfolgen. Verteidigungsinstrumente aus den Bereichen Kommunikations- und Distributionspolitik nutzen weniger als die Hälfte der Befragten. Gatignon/ Robertson/ Fein (1997) bestätigen die Rolle der Produktpolitik als wichtigstes Instrument der Verteidigung, während der Preispolitik lediglich unter-

---

375 Vgl. Smiley (1988), S. 177. In dieser Studie wurden im Unterschied zu Sing/ Utton/ Waterson (1998) der Reputationsaufbau sowie die Ausnutzung von Lernkurvenvorteilen zusätzlich, die Rohstoffsicherung, der Ausbau des Vertriebsnetzes sowie die Vereinbarungen mit Wettbewerbern dagegen nicht abgefragt.

376 Vgl. hierzu auch Gilbert (1989), S. 123 ff. sowie eine ältere Studie von Masson/ Shaanan (1982).

377 Vgl. Neven (1989), S. 227. Obwohl damit auch Signalisierungs-Strategien kaum verbreitet scheinen, verheimlicht nach den Ergebnissen von Smiley (1988), S. 172 f. die Mehrheit der etablierten Anbieter Profitabilitätsdaten, um in attraktiven Geschäftsfeldern keine zusätzlichen Konkurrenten anzulocken.

378 Bei Kuester/ Homburg/ Robertson/ Schäfer (2001), S. 1206 gaben 93 Prozent der Befragten an, dass sie mit mindestens einem Instrument aus dem Marketing-Mix reagiert hätten. Zu ähnlichen Ergebnissen kommen Gatignon/ Robertson/ Fein (1997), S. 169 (90 Prozent), Robertson/ Eliashberg/ Rymon (1995), S. 10 (50 Prozent) sowie Bowman/ Gatignon (1995), S. 46 (60 Prozent).

geordnete Bedeutung zukommt.[379] 56 Prozent der Befragten nutzen Werbemaßnahmen, Verkaufsförderung und Distributionspolitik, womit diesen Instrumenten im Vergleich zu anderen Studien höhere Relevanz im Rahmen der ex-post-Verteidigung beigemessen wird.[380] Im Hinblick auf den Umfang der Reaktion wird meist eine Kombination von zwei oder drei Instrumenten gleichzeitig genutzt.[381]

Im Unterschied zu Reaktionen bei der Produkteinführung durch Konkurrenten reagieren bestehende Wettbewerber auf den Markteintritt neuer Wettbewerber in der Mehrzahl der gesichteten empirischen Studien nur in ausgewählten Fällen.[382] Robinson (1988a) untersucht die Reaktionen etablierter Unternehmen auf den Markteintritt von Start-Up-Firmen und stellt fest, dass Verteidiger ihren pre-entry-Marketing-Mix kurzfristig kaum variieren.[383] Offenbar stellen Neugründungen mit geringen Marktanteilen aufgrund hoher Unsicherheit bezüglich des Markterfolges der Angreifer für Verteidiger im Allgemeinen keine wesentliche Bedrohung dar. Sofern neue Wettbewerber erfolgreich sind, werden sie häufig von bestehenden Wettbewerbern aufgekauft, wodurch Verteidigungsmaßnahmen unnötig werden.[384] Nach Yamawaki (2002) reagieren Verteidiger innerhalb einer strategischen Gruppe ähnlich auf das Auftreten neuer Wettbewerber. Am Beispiel des US-Marktes für Autos der Luxusklasse zeigt er, dass deutsche, britische und US-Hersteller unterschiedlich, innerhalb ihrer Ländergruppe jedoch ähnlich auf den Markteintritt japanischer Fahrzeughersteller in den US-Markt reagieren.[385]

Einsatzbedingungen von Verteidigungsinstrumenten

Die Determinanten der Geschwindigkeit der Umsetzung von Verteidigungsmaßnahmen werden kontrovers diskutiert. Produkt- oder vertriebspolitische Maß-

---

379 Dieses Instrument nutzen 27 Prozent der Unternehmen. Vgl. Gatignon/ Robertson/ Fein (1997), S. 169 f. Im Gegensatz zu Kuester/ Homburg/ Robertson/ Schäfer (2001) wurden lediglich Preissenkungen als Verteidigungsinstrument abgefragt. Da Preiserhöhungen jedoch wie oben gezeigt relativ selten angewandt werden, ist davon auszugehen, dass die Ergebnisse der beiden Studien weitgehend vergleichbar sind.

380 Zu ähnlichen Ergebnissen kommt Shankar (1999), S. 335 in einer Auswertung von Sekundärdaten. Demnach reagieren knapp 63 Prozent der Unternehmen mit Werbemaßnahmen und knapp 58 Prozent im Bereich der Verkaufsförderung.

381 Vgl. Kuester/ Homburg/ Robertson/ Schäfer (2001), S. 1206, Sing/ Utton/ Waterson (1998), S. 248 sowie Gatignon/ Robertson/ Fein (1997), S. 169.

382 Vgl. Shankar (1999), S. 332 und Robertson/ Eliashberg/ Rymon (1995), S. 8.

383 Vgl. Robinson (1988a), S. 371.

384 Vgl. Bowman/ Gatignon (1995), S 46 und Robinson (1988a), S. 380.

385 Vgl. Yamawaki (2002), S. 35 f.

nahmen erfordert häufig längere Vorlauf- und Entwicklungszeiten, weshalb eine kurzfristige Implementierung meist nicht möglich ist. Erstaunlicherweise erfolgen aber auch kurzfristig umsetzbare Maßnahmen wie Preisreduzierungen oder verstärkte Werbeaktivitäten im Gegensatz zu den normativen Empfehlungen der theoretischen Modelle in der Realität mit Zeitverzögerung. Gatignon/ Anderson/ Helsen (1989) führen diese „Inability to respond effectively“[386] auf unzureichende Informationsverfügbarkeit und Fähigkeiten sowie Unentschlossenheit der Entscheidungsträger im Hinblick auf die optimale Verteidigungsstrategie zurück. Nach Bowman/ Gatignon (1995) ist die Reaktionszeit umso länger, je höher die Wechselkosten aus Kundensicht sind, je langsamer der relevante Markt wächst und je kleiner der Marktanteil des Verteidigers ist.[387] Denkbar ist auch, dass potentielle Kunden die Qualität eines neuen Anbieters anhand der Reaktionen des etablierten Marktführers ableiten. Reagiert dieser beispielsweise mit einer Preissenkung, so könnten Konsumenten die Produktqualität des Angreifers relativ hoch einschätzen, weshalb eine verzögerte Reaktion für Verteidiger eine rationale Strategie darstellen kann.[388]

Neben Art, Umfang und Geschwindigkeit von Verteidigungsmaßnahmen untersuchen zahlreiche Autoren Einflussgrößen auf die Intensität von Verteidigungsstrategien. Die Intensität gibt an, wie stark Instrumente des Marketing-Mix genutzt werden und kann beispielsweise über die Höhe des Werbebudgets operationalisiert werden. In der Regel wird ein linearer und monokausaler Zusammenhang zwischen der Intensität der Verteidigung und der analysierten Einflussgröße unterstellt.[389] Nach den ausgewerteten empirischen Studien fallen Maßnahmen im Bereich der häufig angewandten Produktpolitik umso intensiver aus,[390]

386 Gatignon/ Anderson/ Helsen (1989), S. 46.

387 Vgl. Bowman/ Gatignon (1995), S. 52. Kuester/ Homburg/ Robertson (1999), S. 103 ergänzen diese Ergebnisse: Die Verteidigungsreaktionen erfolgen umso langsamer, je innovativer das neue Produkt ist, je größer die Anbieterkonzentration der Verteidiger ist, je größer der Verteidiger ist und je kleiner die empfundene Bedrohung des Angriffs ist.

388 Vgl. Kalra/ Rajiv/ Srinivasan (1998), S. 398. Im Widerspruch dazu stehen die Ergebnisse von Gatignon/ Robertson/ Fein (1997), nach denen der Erfolg der Verteidigung maßgeblich von einer schnellen Implementierung abhängt. Eine schnelle Reaktion dient als Signal der Vergeltungsbereitschaft und verhindert weitgehend, dass ein Angreifer die Konsumentenpräferenzen zu seinen Gunsten beeinflussen kann.

389 Vgl. zum Beispiel Shankar (1999), S. 328 ff. Denkbar sind jedoch auch nicht-lineare Korrelationen wie Robinson (1988a), S. 377 ff. zeigt.

390 Diese Aufzählung orientiert sich an Kuester/ Homburg/ Robertson/ Schäfer (2001), S. 1206 ff. Die folgenden Verweise beziehen sich auf frühere Studien mit ähnlichen Untersuchungsinhalten.

- je innovativer das Produkt eines Angreifers ist. Mit zunehmendem Innovationsgrad steigt das Ausmaß der Bedrohung des Verteidigers und die Gefahr von künftigen Marktanteilsverlusten.[391]
- je schneller der betrachtete Markt wächst. Verteidiger versuchen in wachsenden Märkten, die Gewinnpotentiale signalisieren, ihren Wettbewerbsvorteil zu sichern und zu erhalten.[392]
- je niedriger die Marktkonzentration ist. Etablierte Anbieter könnten befürchten, dass ein aggressives Marktverhalten in hoch konzentrierten Märkten zu Marktanteilsverlusten führt.[393]
- je kleiner das verteidigende Unternehmen ist. Für kleinere Unternehmen mit geringen Marktanteilen stellen Neuprodukteinführungen von Konkurrenten im Allgemeinen ein höheres wirtschaftliches Risiko dar. Zudem sind sie schneller als Großunternehmen in der Lage, Verteidigungsaktivitäten zu planen und umzusetzen.[394]

Diese Aussagen gelten weitgehend auch für Maßnahmen im Bereich der Kommunikations- und Distributionspolitik.[395] Die Stärke preisbezogener Verteidigungshandlungen hängt positiv von der Preissensitivität der Konsumenten[396] sowie dem prognostizierten Marktanteil des Angreifers[397] ab. Ein negativer Zusammenhang besteht analog zur Produktpolitik zwischen der Größe des Verteidigers und der Intensität der Preisreaktion.

Einige empirische Studien beschäftigten sich mit einzelnen Verteidigungsinstrumenten aus dem Bereich der Produktpolitik. Reddy/ Holak/ Bhat (1994) untersuchen über einen Zeitraum von 20 Jahren die Erfolgsfaktoren von Line Extensions und bestätigen weitgehend die Ergebnisse der volkswirtschaftlichen,

---

391 Vgl. Bowman/ Gatignon (1995), S. 51 f. sowie Robinson (1988a), S. 381.

392 Vgl. Shankar (1999), S. 341, Shankar (1997), S. 290 f., Ramaswamy/ Gatingnon/ Reibstein (1994), S. 53 und Robinson (1988a), S. 381. Porter (1999), S. 300 f. bewertet die Anwendung von Verteidigungsstrategien in jungen Branchen, die häufig durch hohes Marktwachstum gekennzeichnet sind, dagegen kritisch: „... In der Entstehungsphase (...) sollte sich das Unternehmen wohl besser darauf konzentrieren, seine eigenen Stärken aufzubauen und die Branche mitzuentwickeln."

393 Vgl. Shankar (1999), S. 341 und Ramaswamy/ Gatingnon/ Reibstein (1994), S. 53. Bowman/ Gatignon (1995), S. 44 ff. postulieren einen umgekehrten Zusammenhang, den sie empirisch jedoch nicht nachweisen können.

394 Vgl. Shankar (1999), S. 340 ff.

395 Vgl. Shankar (1999), S. 342 f.

396 Vgl. Kuester/ Homburg/ Robertson/ Schäfer (2001), S. 1208.

397 Vgl. Yamawaki (2002), S. 32.

spieltheoretischen und marketingorientierten Modelle. Line Extensions sind insbesondere dann erfolgreich, wenn sie

- von einer Basismarke mit hohem Bekanntheitsgrad und starkem emotionalen beziehungsweise symbolischen Image ausgehen,
- intensiv durch Werbung und/ oder Verkaufsförderung unterstützt werden,
- tendenziell früher als Wettbewerbsprodukte auf den Markt kommen und zur Erschließung neuer Märkte für die Marke beitragen sowie
- durch ihre Absatzsteigerung Kannibalisierungseffekte mindestens kompensieren.[398]

Je näher der Angreifer sein Produkt am etablierten Produkt des Verteidigers positioniert[399] und je länger der Angreifer in vergangenen Perioden eine Erfolgs-Reputation aufgebaut hat, desto größer ist die empfundene Bedrohung des Verteidigers.[400]

Im Rahmen der Analyse einer einzelnen Line Extension eines Lebensmittelherstellers stellen Kadiyali/ Vilcassim/ Chintagunta (1999) fest, dass die Erweiterung der Produktlinie die Marktmacht der Stamm-Marke sowie die Gesamtnachfrage im relevanten Markt vergrößert.[401] Eine Ausweitung des Angebotsspektrums führt nach Auswertungen der PIMS-Datenbank zu größeren Marktanteilen, höherer Profitabilität und höheren Preisen.[402] Gleichzeitig verursacht eine verstärkte Produktdifferenzierung jedoch einen überproportionalen Kostenanstieg, der den positiven Nachfrageffekt übersteigen kann.[403] Je länger ein Unternehmen am Markt etabliert ist, je größer sein Marktanteil und je mehr Produktvarianten es in der Vergangenheit produziert hat, desto größer ist die Wahrscheinlichkeit, dass es seine Produkte im gesamten Qualitätsspektrum anbietet.[404] Im Rahmen einer em-

---

398 Vgl. Reddy/ Holak/ Bhat (1994), S. 257 ff. Siehe hierzu auch Homburg/ Krohmer (2003), S. 530.

399 Waarts/ Wierenga (2000), S. 69 verweisen hierbei auf die Darstellung des Produktraumes nach Hauser/ Shugan (1983), S. 330.

400 Vgl. Waarts/ Wierenga (2000), S. 72.

401 Vgl. Kadiyali/ Vilcassim/ Chintagunta (1999), S. 360 ff. Bayus/ Putsis (1999), S. 151 können diese Ergebnisse jedoch nicht bestätigen.

402 Vgl. Kekre/ Srinivasan (1990), S. 1228, Robinson (1988b), S. 92 f. sowie Robinson/ Fornell (1985), S. 306 ff.

403 Vgl. Bayus/ Putsis (1999), S. 150. Im Widerspruch dazu stehen die Ergebnisse von Kekre/ Srinivasan (1990), S. 1227, die sinkende Kosten bei einer Ausweitung des Angebotsspektrums beobachten.

404 Vgl. Stavins (1995), S. 583 und Bayus/ Putsis (1999), S. 150 f.

pirischen Analyse von Konsumgütermarken zeigt Sullivan (1992), dass Brand Extensions, die verglichen mit den jeweiligen Wettbewerbern später eingeführt werden, anders als Line Extensions erfolgreicher sind und eine höhere Überlebenswahrscheinlichkeit aufweisen.[405] Die Eintrittsabschreckung potentieller Wettbewerber durch eine Proliferationsstrategie können Bayus und Putsis empirisch nicht bestätigen.[406]

Tabelle 2.5 systematisiert in Anlehnung an Kuester/ Homburg/ Robertson/ Schäfer (2001) relevante Studien nach dem Zeitpunkt der Verteidigungshandlungen. In der pre-entry-Phase vor Markteintritt eines neuen Produktes oder Wettbewerbers dienen Maßnahmen von etablierten Akteuren der ex-ante Abschreckung potentieller Konkurrenten. Die post-entry-Verteidigung erfolgt dagegen nach Eintritt des neuen Wettbewerbers und richtet sich gegen einzelne Produkte beziehungsweise Dienstleistungen oder gegen neue Marktteilnehmer. [407] In der Unternehmenspraxis kann dabei der Zeitpunkt des Markteintritts unterschiedlich definiert werden, zum Beispiel als Startzeitpunkt der Einführungswerbekampagne oder als Zeitpunkt der Produktverfügbarkeit in einzelnen Verkaufsgebieten/ -kanälen beziehungsweise im gesamten relevanten Markt.

Im Anschluss an diese Darstellung von wirtschaftswissenschaftlichen Erkenntnissen zu Verteidigungsstrategien erfolgt im nächsten Kapitel die Ableitung von Hypothesen zum Verteidigungsverhalten etablierter Medienunternehmen am Beispiel deutscher Zeitschriftenverlage. Ausgehend von einer Erläuterung der Wettbewerbsstruktur und der Produktionsbedingungen (3.1) werden in Abschnitt 3.2 die Besonderheiten der Marketing-Mix-Instrumente von Zeitschriftenverlagen erläutert. Abschnitt 3.3 untersucht die Übertragbarkeit der wirtschaftswissenschaftlichen Konzepte zu Verteidigungsstrategien auf Zeitschriftenverlage und stellt mögliche Hypothesen dar.

---

[405] Vgl. Sullivan (1992), S. 804 f.

[406] Vgl. Bayus/ Putsis (1999), S. 146.

[407] In Einzelfällen sind sowohl pre-entry- als auch post-entry-Maßnahmen Gegenstand der Analyse. Diese Studien wurden entsprechend ihrem Untersuchungsschwerpunkt der jeweiligen Kategorie zugeordnet. Zur Problematik der Abgrenzung von pre- und post-entry-Verhalten von Verteidigern vgl. Kuester/ Homburg/ Robertson (1999), S. 92 und Cubbin/ Domberger (1988), S. 139.

Quelle	Untersuchungsgegenstand	Datengrundlage	Ergebnisse
Eintrittsabschreckung in der pre-entry-Phase			
Lieberman (1987a)	Abschreckung durch Überschusskapazitäten	Sekundärdaten – eine Branche (Chemische Industrie)	Aufbau von Überschusskapazitäten zur Eintrittsabschreckung potentieller Wettbewerber konnte empirisch nicht nachgewiesen werden. Überschusskapazitäten werden zum Ausgleich von Nachfrageschwankungen vorgehalten.
Smiley (1988)	Abschreckung durch Überschusskapazitäten, Kommunikationspolitik, F&E/ Patente, Reputationsaufbau, Limitpreis-Strategie, Lernvorteile	Primärdaten – mehrere Branchen, u. a. Medienbranche	Gegen neue Produkte werden Werbung und Patente eingesetzt. Zur Verteidigung gegen bestehende Produkte versuchen Unternehmen, vorhandene Marktnischen zu besetzen, verheimlichen Profitdaten und nutzen Werbung zur Kundenbindung.
Bunch/ Smiley (1992)	Abschreckung durch Überschusskapazitäten, Kommunikationspolitik, F&E/ Patente, Reputationsaufbau, Limitpreis-Strategie, Lernvorteile	gleiche Datenbasis wie bei Smiley (1988)	Über die Ergebnisse von 1988 hinaus: Abschreckungsstrategien werden häufiger in konzentrierten, F&E-intensiven Märkten mit großen Konkurrenten genutzt (die Unternehmensgröße hatte keinen Effekt in reifen Märkten). Geringere Nutzung von Abschreckungsstrategien bei Existenz anderer Markteintrittsbarrieren.
Sing/ Utton/ Waterson (1998) und Sing/ Utton/ Waterson (1999)	Abschreckung durch Patente, F&E, Kommunikationspolitik, Überschusskapazitäten, Preispolitik, Sicherung von Rohstoffen und Vorprodukten, Ausbau des Vertriebsnetzes, Vereinbarungen mit Wettbewerbern	Primärdaten – mehrere Branchen	F&E und der Ausbau des Vertriebsnetzes stellen wichtige strategische Variablen zur Eintrittsabschreckung dar. Patente, Kommunikationspolitik, Überschusskapazitäten, Preispolitik, Sicherung von Rohstoffen und Vorprodukten und Vereinbarungen mit Wettbewerbern werden nur in ausgewählten Fällen angewandt.

Quelle	Untersuchungsgegenstand	Datengrundlage	Ergebnisse
Verteidigung in der post-entry-Phase			
a) Einführung eines neuen Produkts			
Hauser/ Gaskins (1984)	Anwendung des Defender-Modells zur Überprüfung seiner Prognosequalität gegenüber anderen Prognosemethoden	Sekundärdaten - eine Branche	Die Empfehlungen des Defender-Modells unterscheiden sich von Ergebnissen älterer Modelle durch die Methodik zur Abschätzung von Präferenzänderungen und die Einbeziehung preisbezogener Wahrnehmungen. Dennoch sind die Defender-Prognosen konsistent gegenüber tatsächlichen Testmarkt-Ergebnissen.
MacMillan/ McCaffery/ Van Wijk (1985)	Abschätzung der Reaktionsgeschwindigkeit gegenüber leicht imitierbaren Neuprodukten	Sekundärdaten - eine Branche (Finanzdienstleistungen)	Der Konkurrenzdruck beschleunigt die Verteidigungsreaktionen. Organisatorische Trägheit verlangsamt die Reaktionen - sogar bei leichter Imitierbarkeit der Produkte.
Cubbin/ Domberger (1988)	Kommunikationsbezogene Reaktionen auf neue Produkte	Sekundärdaten – eine Branche (Konsumgüterhersteller)	Bei 38 Prozent der Fälle fanden Reaktionen in der Kommunikationspolitik statt. Je höher der Marktanteil des Verteidigers und je niedriger das Marktwachstum ist, desto wahrscheinlicher ist eine Reaktion innerhalb der Kommunikationspolitik.
Heil/ Walters (1993)	Stärke der Wettbewerbsreaktion auf Neuprodukt-Signale	Primärdaten – mehrere Branchen	Neuprodukteinführungen, charakterisiert durch das Ausmaß der signalisierten Bedrohung, provozieren starke Reaktionen.
Bowman/ Gatignon (1995)	Reaktionsgeschwindigkeit auf Neuprodukteinführungen	Sekundärdaten PIMS SPIYR (Informationen über die exogenen Variablen der PIMS-Datenbank)	Schnellere Reaktionen erfolgen in wachsenden Märkten und Märkten mit geringen Wechselkosten für Kunden. Langsamere Reaktionen bei niedrigem Marktanteil des Verteidigers und hohem Anteil des Angreifers. Die Dauer der Produktentwicklungszyklen und die Häufigkeit von Produktänderungen sind bedeutende Determinanten der Reaktionsgeschwindigkeit.

Quelle	Untersuchungsgegenstand	Datengrundlage	Ergebnisse
Gatignon/ Robertson/ Fein (1997)	Erfolgsfaktoren von Verteidigungsstrategien gegen Neuprodukteinführungen	Primärdaten – mehrere Branchen	Der Erfolg der Gegenmaßnahmen hängt von der Geschwindigkeit ihrer Einleitung ab. Je mehr Verteidigungsinstrumente eingesetzt werden, desto weniger erfolgreich ist die Verteidigung. Preisbezogene Reaktionen stehen in keinem Zusammenhang mit dem Erfolg der Vergeltung.
Kuester/ Homburg/ Robertson (1999) und Kuester/ Homburg/ Robertson/ Schäfer (2001)	Einfluss von Marktcharakteristika, Eigenschaften des Angreifers sowie des Verteidigers auf unterschiedliche Dimensionen der Verteidigungsreaktion im Bereich der Produkt- und Preispolitik	Primärdaten – mehrere Branchen	Verteidiger in weniger konzentrierten und stark wachsenden Märkten reagieren intensiver und schneller auf neue Konkurrenzprodukte (insbesondere im Bereich der Produktpolitik), während die Größe des Verteidigers und der Innovationsgrad des neuen Produktes die Reaktion verlangsamt.
Shankar (1999)	Einfluss von Merkmalen des Marktes, Angreifers und Verteidigers auf Ausgaben zur Produkteinführung und zur Verteidigung.	Sekundärdaten – eine Branche (rezeptpflichtige Arzneimittel)	Marktwachstum und -größe sowie relative Qualität des neuen Produktes wirken positiv auf die Höhe der Verteidigungsausgaben, Marktdominanz des Verteidigers, Marktkenntnis und Ausgabenhöhe des Angreifers wirken negativ auf die Höhe der Verteidigungsausgaben (Vertriebs- und Werbeausgaben).
Thomas (1999)	Reaktionen etablierter Unternehmen im Bereich Preis-, Kommunikations- und Produktpolitik auf Neuprodukteinführungen	Sekundärdaten – eine Branche (Nahrungsmittelhersteller)	Die Verteidigung hängt von der Art des Angreifers ab: Verteidigungsmaßnahmen gegenüber anderen etablierten Unternehmen erfolgen primär durch eine Steigerung der Werbeausgaben; es erfolgen kaum preis- oder produktbezogene Reaktionen. Gegen neue Wettbewerber wird dagegen Preispolitik eingesetzt. Die Intensität der Reaktion nimmt mit der der relativen Größe des Angreifers zu.

Quelle	Untersuchungsgegenstand	Datengrundlage	Ergebnisse
Waarts/ Wierenga (2000)	Einfluss der Interpretationen von Wettbewerbsdaten durch beteiligte Entscheidungsträger auf die Verteidigungsreaktion	Primärdaten – eine Branche (Konsumgüterhersteller)	Die Einbeziehung der individuellen Einschätzungen von Entscheidungsträgern bei der Analyse von Angreifern verbessert die Vorhersage ihrer Verteidigungsreaktionen. Entscheidungsträger empfinden Angriffe durch neue Produkte umso bedrohlicher, je innovativer das neue Produkt ist, je näher die Marktpositionierung am eigenen Produkt liegt und je größer die Erfolgs- und Aggressivitäts-Reputation des Angreifers ist.
b) Markteintritt neuer Wettbewerber			
Biggadike (1979)	Reaktionen auf Änderungen von Preisen, Produkten, Kapazitäten, Marketingausgaben und im Vertrieb (Perspektive des Eindringlings)	Sekundärdaten (PIMS)	Keine Reaktion stellt die Norm dar. Falls eine Reaktion stattfindet, liegt ihr Schwerpunkt in der Kommunikationspolitik und in der F&E. Ziel ist das Verlangsamen des Eintritts und die Wahrung der eigenen Marktposition.
Yip (1982)	Reaktionen auf Änderungen von Preisen, Produkten, Kapazitäten, Marketingausgaben und im Vertrieb (Perspektive des Eindringlings)	Sekundärdaten (PIMS)	Kaum Reaktionen auf einen Markteintritt durch Akquisition eines bestehenden Wettbewerbers. Begrenzte Reaktionen auf neu gegründete Unternehmen. Häufigste Reaktionen sind Änderungen der relativen Produktqualität und der relativen Preise.
Lieberman (1987b)	Verteidigung durch Überschusskapazitäten	Sekundärdaten – eine Branche (Chemische Industrie)	In Branchen mit hoher Anbieterkonzentration erhöhen Verteidiger ihre Kapazitäten, wenn neue Anbieter in den Markt eintreten. Keine Reaktion erfolgt bei Angriffen anderer etablierter Wettbewerber oder in weniger konzentrierten Branchen.
Robinson (1988a)	Aggressivität der Reaktion von etablierten Unternehmen gegenüber neu gegründeten Wettbewerbern	Sekundärdaten PIMS SPI (Daten über Unternehmensgründungen)	Keine Reaktion stellt die Norm dar. Vergeltung wird üblicherweise in stark wachsenden Märkten beobachtet.

Quelle	Untersuchungsgegenstand	Datengrundlage	Ergebnisse
Gatignon/ Anderson/ Helsen (1989)	Variation des Marketing-Mix als Reaktion auf neuen Weltbewerber	Sekundärdaten - zwei Branchen (freiverkäufliche Arzneimittel und Luftfahrt)	Unternehmen verschieben den Schwerpunkt ihrer Aktivitäten auf die effektivsten Marketing-Mix-Parameter. Effektivität wird auf Basis von Nachfrageelastizitäten gemessen.
Yamawaki (2002)	Preisreaktion bei Eintritt neuer Wettbewerber	Sekundärdaten – eine Branche (Fahrzeughersteller)	Verteidiger innerhalb einer strategischen Anbietergruppe reagieren ähnlich. Die Stärke der Preisreaktion korreliert positiv mit dem Marktanteil des Angreifers.
c) Einführung neuer Dienstleistungsinitiativen			
Chen/ MacMillan (1992)	Ausbleiben der Reaktion beziehungsweise Verzögerung bei strategischen und taktischen Angriffen	Sekundärdaten - eine Branche (Luftfahrt)	Hohe Abhängigkeit des Verteidigers vom betrachteten Markt führt eher zu vorsichtigen, verzögerten und reziproken Reaktionen. Strategische, unwiderrufliche Angriffsmaßnahmen haben den gegenteiligen Effekt.
Chen/ Smith/ Grimm (1992)	Anzahl der Vergeltungsmaßnahmen und Verzögerung bei strategischen und taktischen Angriffen	Sekundärdaten - eine Branche (Luftfahrt)	Die Anzahl der betroffenen Wettbewerber und die strategische Bedeutung des betrachteten Marktes erhöhen die Anzahl der Vergeltungsmaßnahmen. Verteidigungsmaßnahmen, die maßgebliche Ressourcen binden, erfolgen häufig zeitverzögert.

Tabelle 2.5: Empirische Studien zum Verteidigungsverhalten etablierter Anbieter in der pre- und post-entry-Phase

3 Ableitung von Hypothesen zum Verteidigungsverhalten etablierter Anbieter im deutschen Zeitschriftenmarkt

3.1 Besonderheiten und Rahmenbedingungen im Markt der deutschen Publikumszeitschriften

3.1.1 Marktstruktur und -entwicklung

Medienunternehmen agieren auf einem dualen Produktmarkt, indem sie gleichzeitig zwei unterschiedliche Güter- beziehungsweise Servicemärkte ansprechen. Gegenüber Rezipienten bieten sie Unterhaltungs-, Bildungs- oder Informationsprodukte wie Zeitungen, Zeitschriften oder audiovisuelle Programme an. [408] Auf dem Werbemarkt offerieren Medienanbieter werbetreibenden Unternehmen den Zugang zu Rezipienten als Zielgruppen für Werbung.[409] Die folgenden Ausführungen erläutern die Marktstruktur und -entwicklung des Rezipienten- sowie des Werbemarktes.

Rezipientenmarkt

Erfolgskriterien von Medienunternehmen im Rezipientenmarkt können darin bestehen, hohe Reichweiten oder Einschaltquoten zu erzielen, Entgelte für den Verkauf der Medienprodukte zu erhalten oder eine Vielfalt von Leistungsangeboten für unterschiedliche Rezipientengruppen anzubieten.[410] Dabei konkurrieren Medienanbieter nicht nur um finanzielle Ausgaben der Nutzer, sondern auch um das Zeitbudget und die Aufmerksamkeit der Rezipienten.[411]

In den letzten Jahren hat sich das Mediennutzungsverhalten der Bundesbürger stark gewandelt, wie Tabelle 3.1 im Langzeitvergleich zeigt. Der zeitliche Umfang der Mediennutzung an einem Durchschnittstag[412] ist einschließlich Internetnutzung von 1980 bis 2000 um 156 Minuten auf rund achteinhalb Stunden gestiegen. Somit verbringen Rezipienten in Deutschland derzeit etwa die Hälfte ihrer wachen Zeit mit Medien.[413] Diese Ausweitung erklärt sich einerseits durch einen gestiegen Freizeitanteil am Zeitbudget der Bundesdeutschen, andererseits durch die zunehmende Symbiose der Mediennutzung mit anderen Tätigkeiten des Ta-

---

408 Vgl. Ludwig (2003), S. 204 ff.

409 Vgl. Pethig (2003), S. 141 ff.

410 Vgl. Weigand (2003), S. 278 ff. und Ludwig (2003), S. 193 ff.

411 Vgl. Knobloch/ Schneider (1999), S. 13.

412 Montag bis Sonntag, 5.00 bis 24.00 Uhr.

413 Vgl. Fritz/ Klingler (2003), S. 21.

gesgeschäfts.[414] Ein Großteil des Zeitbudgets entfällt auf tagesaktuelle Medienangebote wie Fernsehen, Radio, Tageszeitung oder Internet. Die Nutzung von Zeitschriften und Büchern ging im Betrachtungszeitraum leicht zurück, während der Konsum von Tonträgern, deren Nutzung stärker am Wochenende erfolgt, in der Nutzung gestiegen ist.

Medium	1980 in Min.	1980 in %	2000 in Min.	2000 in %
Hörfunk	135	39%	206	41%
Fernsehen	125	36%	185	37%
Tonträger (z. B. CD)	15	4%	36	7%
Tageszeitung	38	11%	30	6%
Bücher	22	6%	18	4%
Internet	-	-	13	3%
Zeitschriften	11	3%	10	2%
Video	-	-	4	1%
Σ	346	100%[415]	502	100%[415]

Tabelle 3.1: Zeitaufwand für Mediennutzung je Tag[416]

Der Ausweitung der Mediennutzung steht eine überproportionale Steigerung der Medienangebote gegenüber. Seit 1982 ist mit der Dualisierung des Rundfunksystems das Programmangebot der im Inland lizenzierten Fernsehsender - gemessen an der Anzahl der jährlichen Sendestunden - um mehr als siebenhundert Prozent gestiegen.[417] Gleichzeitig entstanden rund 180 private Radiosender, die ihre Programme bundesweit, landesweit, regional oder lokal ausstrahlen.[418] Zwar dominieren die klassischen Rundfunkangebote bis heute das Nutzungsverhalten der Rezipienten, gleichwohl nehmen intra- sowie intermediale Konkurrenz der Medienan-

---

414 Vgl. Gerhards/ Klingler (2003), S. 115.

415 Abweichungen zur Aufsummierung der Einzelwerte sind durch Rundungsdifferenzen bedingt.

416 Datenquelle: Massenkommunikation 1980 und 2000 zitiert nach Fritz/ Klingler (2003), S. 21.

417 Vgl. Heinrich (1999), S. 455.

418 Vgl. Breunig (2001), S. 451.

bieter zu.[419] So hat sich die Zahl der Internetnutzer in Deutschland seit 1997 mehr als verfünffacht.[420]

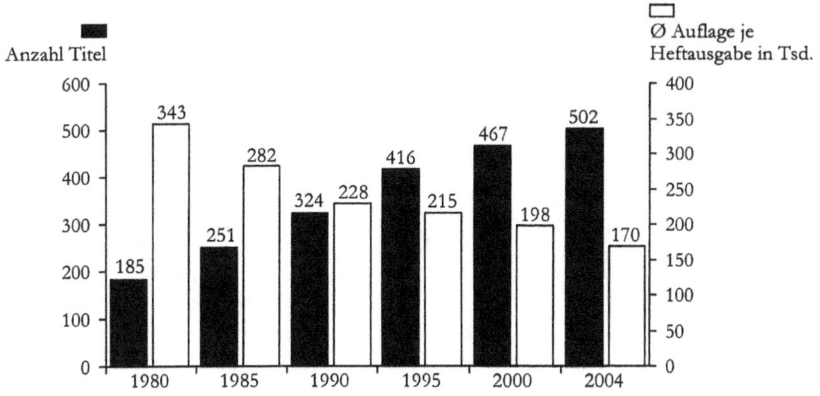

Abbildung 3.1: Entwicklung von Titelanzahl und durchschnittlicher Auflage im Markt der deutschen Publikumszeitschriften[421]

Von diesem veränderten Wettbewerbsumfeld sind nicht nur Rundfunkanbieter, sondern gleichermaßen auch Presseverlage in Deutschland betroffen. Obwohl die Rezeptionsdauer von Zeitschriften seit 1980 leicht gesunken ist, wurde eine Vielzahl neuer Titel auf den Markt gebracht.[422] Die Anzahl der IVW-geprüften Publikumszeitschriften stieg zwischen 1980 und 2004 von 185 auf 502 Titel um 171

---

419 Vgl. Ridder/ Engel (2001), S. 102 ff.

420 Vgl. Vogel (2001), S. 590.

421 Datenquelle: gattungsbereinigte IVW-Daten (jeweils I. Quartal) nach Vogel (2004), S. 325 und Vogel (2002a), S. 436.

422 Vgl. Tieschky (2003), S. 17 und Porten (1999), S. 129.

Prozent,[423] während sich die Gesamtauflage sämtlicher Zeitschriftentitel nahezu konstant entwickelte. Daher reduzierte sich die durchschnittliche Auflage der einzelnen Zeitschriften seit 1980 um rund 50 Prozent auf 170.446 Exemplare je Heftausgabe, wie Abbildung 3.1 zeigt. Die Folge ist ein stark kompetitiver intramedialer Verdrängungswettbewerb der Verlage, da Auflagengewinne eines Titels lediglich zu Lasten von konkurrierenden Zeitschriftenangeboten realisiert werden können.[424]

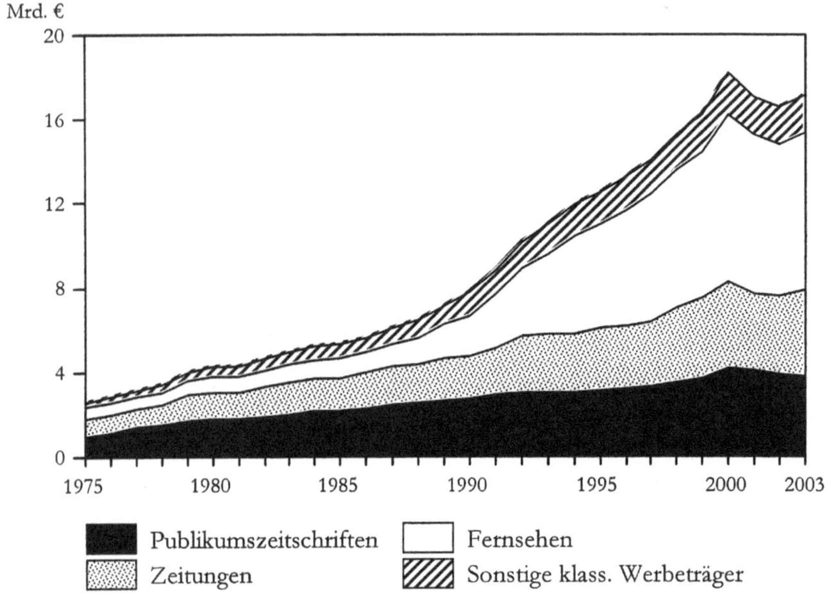

Abbildung 3.2: Entwicklung der Bruttowerbeumsätze klassischer Werbeträger in Deutschland[425]

---

[423] Vgl. hierzu die Darstellung gattungsbereinigter IVW-Daten nach Vogel (2004), S. 325 und Vogel (2002a), S. 436. Bezugsgattung ist die populäre Presse als redaktionell gestaltete Kaufpresse. Nicht berücksichtigt werden Mitglieder- oder Kundenzeitschriften, Gratistitel und Fachzeitschriften, Anleitungshefte wie zum Beispiel reine Rezept- oder Strickzeitschriften, Comics, Romane oder reine Rätselhefte. Aufnahme finden hingegen auch sieben Wochenzeitungen sowie 16 Hobbyzeitschriften, die in der IVW-Systematik unter Fachpresse geführt werden.

[424] Vgl. Wehrle/ Busch (2002), S. 89, Hartmann (1997), S. 136 ff. und o. V. (1997a), S. 2.

[425] Datenquellen: o. V. (2004a) und o. V. (2004b).

Werbemarkt

Das Erfolgskriterium von Medienunternehmen im Werbemarkt ist im Wesentlichen die Erreichbarkeit potentieller Zielgruppen aus Sicht der Werbekunden.[426] Die unterschiedlichen spezifischen Darstellungsformen der Werbung in den einzelnen Medien weisen große Unterschiede in der Wahrnehmungs- und Gestaltungsform auf, so dass es sich weniger um substituierbare, sondern vielmehr um komplementäre Werbeträgerangebote handelt.[427]

Abbildung 3.2 zeigt die Entwicklung der Werbeerlöse klassischer Mediengattungen ab 1975 anhand der Erhebungen des Hamburger Marktforschungsinstituts Nielsen Media Research GmbH. Hierzu gehören Publikumszeitschriften, Zeitungen, private und öffentlich-rechtliche Fernsehanbieter, Hörfunk, Plakat, Online-Angebote und Fachzeitschriften. Bis zum Boomjahr 2000 wuchsen die Werbeeinnahmen der Medienanbieter stets positiv und stärker als die allgemeine Wirtschaft. Die Einführung des Privatfernsehens führte ab Mitte der achtziger Jahre zu einer deutlichen Markterweiterung des Werbemarktes. Bedingt durch die schwache Konjunkturentwicklung verbunden mit einer sinkenden Binnennachfrage waren die Werbeerlöse 2001 und 2002 erstmals in nahezu allen Werbeträgerkategorien rückläufig. Der Gesamtmarkt aller Mediengattungen verringerte sich von 18,2 Milliarden Euro im Jahr 2000 auf 17,2 Milliarden Euro in 2003.[428] Die größten Marktanteile der klassischen Medien im Werbemarkt entfallen in 2003 auf das Fernsehen mit 43 Prozent, gefolgt von Tageszeitungen mit 24 Prozent und Publikumszeitschriften, die 22 Prozent Marktanteil erzielen.[429] Wegen der unterproportionalen Zuwächse beziehungsweise der überproportionalen Rückgänge im Anzeigenmarkt ist das Wachstum von Publikumszeitschriften analog zur Situation im Lesermarkt auch im Werbemarkt vorwiegend über die Verdrängung bestehender Wettbewerber zu realisieren.[430]

---

426 Vgl. Pethig (2003), S. 144 ff., Kiefer (2001), S. 86 f. und Rankin/ Waggaman (1984), S 187 f.

427 Vgl. Wirtz (2003), S. 20 ff.

428 Es ist davon auszugehen, dass die Netto-Erlösrückgänge stärker als in der hier gezeigten Brutto-Statistik ausfallen. Bruttowerbeumsätze errechnen sich durch Multiplikation der Anzahl von Werbeaufträgen (zum Beispiel Printanzeigen oder TV-Spots) mit den hierfür geltenden Preisen laut Preisliste. Rabatte, die in Zeiten rückläufiger Märkte verstärkt gewährt werden, gehen nicht in die Berechnung ein. Außerdem kompensieren Medienanbieter rückläufige Werbevolumina häufig durch Gegengeschäfte mit anderen Medien. Vgl. hierzu Werbewirtschaft (2003), S. 12 ff. und S. 233, Presse (2003), S. 10, Vogel (1998), S. 83 sowie die Aussagen diverser Verlagsleiter in einer Befragung von Vogel/ Dorn (1997), S. 37, S. 74 und S. 98.

429 Vgl. o. V. (2004a).

430 Vgl. Wehrle/ Busch (2002), S. 89 und Hartmann (1997), S. 136 ff.

Aufgrund der Dualität der Produktmärkte können Medienunternehmen unterschiedliche Schwerpunkte hinsichtlich ihrer potentiellen Erlösquellen setzen. Das Geschäftsmodell kann zum Beispiel darauf abzielen, lediglich auf dem Werbemarkt Umsätze zu erzielen und die Produkte auf dem Rezipientenmarkt kostenlos zur Verfügung zu stellen, um möglichst hohe Reichweiten zu erzielen. Dieses Modell wird beispielsweise im Bereich des privaten Rundfunks oder von Anzeigenblättern verfolgt.[431] Andererseits kann sich ein Medienanbieter primär aus Teilnehmerentgelten finanzieren, wie beispielsweise Pay-TV-Programme.[432] Ferner sind häufig auch Erweiterungen der Geschäftsmodelle vorzufinden, wenn Medienunternehmen neben einem dualen Leistungsbündel weitere Verbundprodukte als Merchandisingartikel oder ergänzende Informationsdienste anbieten.[433]

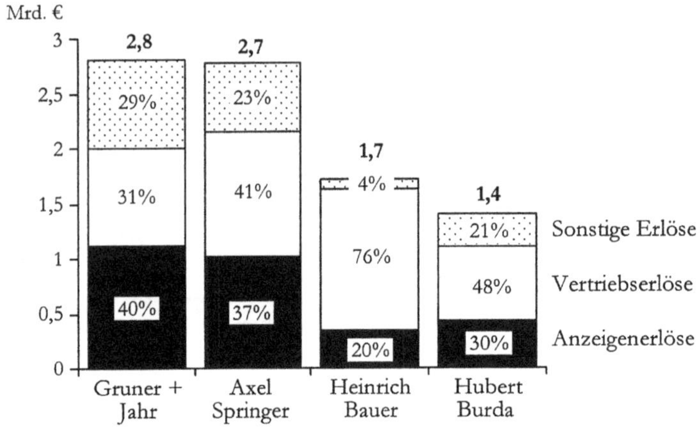

Abbildung 3.3: Erlösstruktur ausgewählter Großverlage in 2002[434]

---

431 Im Unterschied zu Publikumszeitschriften handelt es sich bei Anzeigenblättern um unentgeltlich und unbestellt verbreitete Druckwerke, die überwiegend aus Anzeigen bestehen. Vgl. Wilke (2002), S. 439 ff.

432 Zu Formen und Strukturen der Finanzierungsmöglichkeiten von Medienunternehmen vgl. Kiefer (2001), S. 297 ff. und S. 231.

433 Vgl. Ludwig (2003), S. 201 ff.

434 Datenquelle: Vogel (2004), S. 327. Abweichungen der Aufsummierung der Einzelwerte zu 100 Prozent sind durch Rundungsdifferenzen bedingt.

Abbildung 3.3 visualisiert die Erlösstruktur von vier Großverlagen in Deutschland mit den drei Erlösblöcken Anzeigenerlöse, Vertriebserlöse und sonstige Erlöse. Bei letzteren handelt es sich beispielsweise um Druckerlöse oder Erlöse durch Merchandisingaktivitäten. Während Gruner + Jahr, der Axel-Springer-Verlag und Burda ihre Erlöse zu maximal 48 Prozent aus dem Vertriebsgeschäft erzielen, erwirtschaftet der Heinrich Bauer Verlag seine Erlöse zu 76 Prozent aus dem Vertrieb der verlegten Objekte. Dies ist insbesondere auf die unterschiedliche Zusammensetzung der Verlagsprogramme zurückzuführen.[435]

3.1.2 Produktcharakteristika von Zeitschriften

Alphons Silbermann definiert als Zeitschrift „ein fortlaufend und in regelmäßiger Folge erscheinendes Druckwerk ..., das einem umgrenzten Aufgabenbereich oder einer gesonderten Stoffdarbietung ... dient".[436] Nach Haacke ist eine Zeitschrift eine periodische Publikation, deren geistige Einheitlichkeit sich aus ihrem Programm ergibt. Programm und Titel bleiben für den Inhalt jedes einzelnen Heftes maßgebend. Verlag, Herausgeber und Redaktion legen ihre Auffassungen über die Zeitschrifteninhalte in gegenseitiger Übereinkunft unter abgewogener Einbeziehung der Wünsche der Leser fest.[437]

In der Regel differenziert man Zeitschriften nach ihrem Inhalt in Fachzeitschriften sowie Publikumszeitschriften, wobei letztere wiederum in General-Interest-Zeitschriften und Special-Interest-Zeitschriften unterteilt werden können. General-Interest-Titel sind im Gegensatz zu Special-Interest-Zeitschriften für breite Publikumkreise konzipiert, denen sie allgemeinverständliche Informationen oder Unterhaltungsinhalte anbieten.[438]

---

435 Vgl. Dreier (2004), S. 251 f., Presse (2003), S. 14 und Schulze (2001), S. 1678.

436 Zitiert nach Koschnick (1995), S. 1939.

437 Vgl. Haacke (1961), S. 111 ff. Eine Negativabgrenzung findet sich bei Hagemann (1957), S. 8: „Zeitschriften sind periodische Druckwerke, die in höchstens vierteljährlichem Rhythmus erscheinen und deren Schwerpunkt nicht auf der Verbreitung aktuellen und universellen Nachrichtenstoffes liegt." Vgl. hierzu auch Koschnick (2003), S. 2233.

438 Vgl. Rolf (1995), S. 50 ff. und S. 99, Schroeder (1994), S. 21 f. sowie Huhndorf (1957), S. 33 f. Einen weiteren Typologisierungsversuch unternehmen Hagemann (1957), S. 9 und Kieslich/Schütz (1957), S. 17 ff., die periodische Druckmedien nach folgenden Kriterien unterteilen: berufsbezogene Fachpresse, Standes- und Verbandspresse, Freizeitzeitschriften, Werk- und Kundenzeitschriften sowie reine Anzeigenblätter. Das Medienhandbuch Stamm (2003), Teil 2b unterscheidet 20 Gruppen von Zeitschriften. Zu weiteren Typologisierungsmöglichkeiten vgl. Rolf (1995), S. 16 ff. und Koschnick (1995), S. 1939 f.

Eine Zeitschrift besitzt nachfolgende Merkmale, die in Abhängigkeit von den jeweiligen Inhalten unterschiedlich stark ausgeprägt sind:[439]

- Publizität (Öffentlichkeit),
- Kontinuität und Periodizität (fortgesetzte und regelmäßige Erscheinungsweise),
- Aktualität (Gegenwartsbezug),
- Universalität (Verbreitung vielfältiger Wissensgebiete für unterschiedliche Zielgruppen) sowie
- Soziabilität (gesellschaftsbildende und gemeinschaftsfördernde Kraft).

Diese Merkmale machen deutlich, dass sich Zeitschriften als Medienprodukte hinsichtlich ihrer Produkteigenschaften von Produkten der Dienstleistungs- oder Konsumgüterindustrie unterscheiden. Produkte von Medienunternehmen sind Kuppel- oder Verbundprodukte, da sie aus einer Vielzahl von Einzelangeboten bestehen. Dazu gehören zunächst Informations- und Unterhaltungsangebote für Rezipienten sowie Werberaumleistungen für Werbekunden. [440] Die Inhaltsangebote für Rezipienten bestehen ebenfalls aus einem Güterbündelkomplex, da Zeitschriften in der Regel unterschiedliche Ressorts, die aus einzelnen Artikeln oder Themen bestehen, umfassen.[441] Diese Mischung unterschiedlicher Inhalte ist gerade bei General-Interest-Titeln ein wesentlicher Erfolgsfaktor, wenngleich Rezipienten einzelne Ressorts in der Regel unterschiedlich stark präferieren.[442]

Ein weiteres Klassifizierungsmerkmal von Medienprodukten ist das Kriterium der Materialität. Zeitschriftenprodukte weisen teilweise Dienstleistungscharakteristika wie Immaterialität oder die Integration eines externen Faktors auf. Dabei muss unterschieden werden zwischen dem Medieninhalt als dem eigentlich nutzenstiftenden Gut und dem zur Übermittlung von Inhalten eingesetzten Medienträger.[443] Medieninhalte sind immaterielle, öffentliche Güter mit externen Effekten und teilweise meritorischem Charakter. Auf dem Rezipientenmarkt werden Inhalte auf einem materiellen Trägermedium, für das ein Eigentumsübergang stattfindet, verbreitet, weshalb Medienträger von Zeitschriften, Zeitungen oder Büchern verglichen mit Rundfunkangeboten einen hohen Sachgutanteil aufwei-

439 Vgl. hierzu Haacke (1961), S. 215 ff.

440 Breyer-Mayländer/ Werner (2003), S. 33 f. verstehen als Verbundprodukte diejenigen Medienangebote, für deren Konsum eine Empfangstechnologie benötigt wird.

441 Vgl. Knobloch/ Schneider (1999), S. 10.

442 Vgl. Kiefer (2001), S. 144 ff.

443 Vgl. Sjurts (2002), S. 8.

sen.[444] Die Vermittlung von Zielgruppenkontakten im Werbemarkt hat dagegen starken Dienstleistungscharakter, da diese Leistung als immateriell, nicht lagerfähig und nicht transportfähig charakterisiert werden kann.[445] Medienprodukte auf materiellen Trägern lassen sich somit als Sachgüter mit Dienstleistungsfunktion charakterisieren.[446]

In der wirtschaftswissenschaftlichen Theorie klassifiziert man Güter weiterhin nach dem Zeitpunkt der Qualitätsbewertung durch Konsumenten. Bei Zeitschriften handelt es sich aus Sicht der Konsumenten um komplexe Erfahrungsgüter, da die Kenntnis und Bewertung der Qualität und des Nutzens von Zeitschriften vor dem Konsum nicht möglich ist.[447] Informative Medieninhalte können dabei auch den Charakter von Vertrauensgütern annehmen, wenn die Vollständigkeit und Richtigkeit der Berichterstattung nach dem Konsum nicht oder nur schwer beurteilt werden kann.[448] Dabei hängt die Verantwortung für die Nutzenstiftung, die erst während des Konsums erfolgt, maßgeblich von den Rezipienten ab. Eine Überprüfung der Qualität von Zeitschriftentiteln ist für den Nutzer im Gegensatz zu Suchgütern kaum durch eine Überprüfung objektiver Eigenschaften feststellbar, sondern erfolgt vorwiegend durch den Nutzungsakt.[449] Dieses Merkmal hat unter anderem Konsequenzen für die im nächsten Abschnitt erläuterte Bedeutung der Preispolitik für Zeitschriftenprodukte.

Auch die Art des Wettbewerbs von Presseprodukten unterscheidet sich von gängigen kommerziellen Produkten. Häufig wird zwischen ökonomischem und publizistischem Wettbewerb differenziert, wobei sich diese Wettbewerbsformen in der Anwendung unterschiedlicher Maßstäbe zur Bewertung der Wettbewerbsergebnisse unterscheiden.[450] Der Erfolgsmaßstab des ökonomischen Wettbewerbs kann monetär ausgedrückt werden und sich als Gewinn, Absatz- oder Umsatzgröße messen lassen.[451] Der publizistische Wettbewerb unterliegt dagegen stärker qualitativen Erfolgsmaßstäben wie beispielsweise Aktualität der Information,

---

444 Vgl. Wirtz (2003), S. 26 ff.

445 Vgl. Kiefer (2001), S. 155.

446 Dies gilt nicht für Zeitschrifteninhalte, die in Internetauftritten der Verlage publiziert werden.

447 Vgl. Breyer-Mayländer/ Werner (2003), S. 34 f. Sjurts (2002), S. 99 f. weist darauf hin, dass Zeitschriften aufgrund ihrer einfachen Konsumierbarkeit noch in der Verkaufsstätte vor dem Kaufakt von Lesern einem Vergleich unterzogen werden können.

448 Vgl. Sjurts (2002), S. 10 f.

449 Vgl. Kiefer (2001), S. 150 f. und Wirtz (2003), S. 26 ff.

450 Vgl. Ludwig (2003), S. 192 ff.

451 Vgl. Heinrich (2002), S. 48 ff.

Meinungsvielfalt oder Ausgewogenheit der Berichterstattung. Somit können Medienprodukte einerseits als Kulturgüter, andererseits als kommerzielle Güter klassifiziert werden, wobei die kommunikationswissenschaftliche Literatur häufig einen Widerspruch zwischen ökonomischen und publizistischen Zielen unterstellt.[452] Denkbar ist jedoch auch ein enger Zusammenhang beider Wettbewerbsformen, wenn Verlage Gewinne wirtschaftlich erfolgreicher Titel für Produktverbesserungen im Sinne publizistischer Wertvorstellungen verwenden.[453]

3.1.3 Besonderheiten der Zeitschriftenproduktion

Neben der allgemeinen Charakterisierung von Zeitschriften sollen anhand der Wertschöpfungskette von Verlagsunternehmen weitere Besonderheiten von Presseprodukten sowie den zugehörigen Produktionsprozessen erläutert werden. Der Wertschöpfungsprozess von Zeitschriftenverlagen (vgl. Abbildung 3.4) beginnt mit der Beschaffung und Generierung von Inhalten und Werberaumleistungen. Redaktionen und Anzeigenabteilungen erstellen anschließend ein Presseprodukt, bevor das Packaging der Zeitschriften erfolgt. Dazu gehören insbesondere die Zusammensetzung der einzelnen Produktbestandteile sowie deren graphische Gestaltung. In der vierten Stufe der Wertschöpfungskette vervielfältigen verlagsinterne oder externe Druckereien das Zeitschriftenmedium. Digitale Druckvorstufen und andere Rationalisierungstechniken ermöglichen die Realisierung schneller Prozesszeiten und eines späten Redaktionsschlusses.[454] Die letzte Stufe der Wertschöpfungskette umfasst die Distribution der Zeitschriften über verschiedene Vertriebssparten.[455]

Die ersten drei Produktionsstufen der Erstellung von Zeitschriften sind durch eine verhältnismäßig geringe Planbarkeit der Produkteigenschaften und -qualität durch Entscheidungsträger der Verlagsleitung gekennzeichnet. Je nach Relevanz der Aktualität für einen Zeitschriftentitel ist die Vorproduktion beziehungsweise Zwischenlagerung redaktioneller Beiträge lediglich stark eingeschränkt möglich.[456] Unvorhersehbare politische, kulturelle oder ökonomische Ereignisse erfordern häufig eine tagesaktuelle Produktion der Artikel, insbesondere bei wöchentlich erscheinenden Titeln. Anders als bei konventionellen Produkten werden die in-

---

452 Vgl. Kiefer (2001), S. 58 ff. Siehe hierzu auch Heinrich (2002), S. 53 f.

453 Vgl. Fabris (2002), S. 187, Heinrich (2001), S. 110 ff. und Wirtz (2003), S. 20 ff.

454 Vgl. Schütz (2002), S. 515 und Heinrich (2001), S. 197 ff.

455 Vgl. Picard (2002), S. 26 ff.

456 Vgl. Breid (1999), S. 108.

haltlichen Bestandteile eines Heftes für jede Ausgabe in der Regel neu erstellt, wobei der Erfolg dieses Titels von der exogen vorgegebenen Nachrichtenlage abhängt. Hinzu kommt eine starke Abhängigkeit der Geschäftsleitung von Journalisten, Grafikern und anderen personellen Ressourcen, deren Kreativität und Schreibstil die Inhalte und damit den Erfolg eines Titels maßgeblich beeinflussen.[457] Zentrale Einflussgrößen und Handlungsparameter für den Erfolg eines Heftes wie Themenvorschläge, Themenauswahl, Recherche, die Herstellung von Bildmaterial sowie die Layouterstellung hängen in hohem Maße von der Leistungsfähigkeit und dem Leistungswillen redaktioneller Mitarbeiter ab.[458] Auch die Inhalte von Werbeanzeigen oder Sonderwerbeformen, die das Erscheinungsbild von Zeitschriften wesentlich mitbestimmen, sind abgesehen von einer Ablehnung eines Auftrages kaum beeinflussbar.[459] Die Leistung eines Zeitschriftenverlages für Werbekunden besteht gerade darin, dem Werbekunden Seiten zur Verfügung zu stellen, die dieser frei gestalten kann.[460]

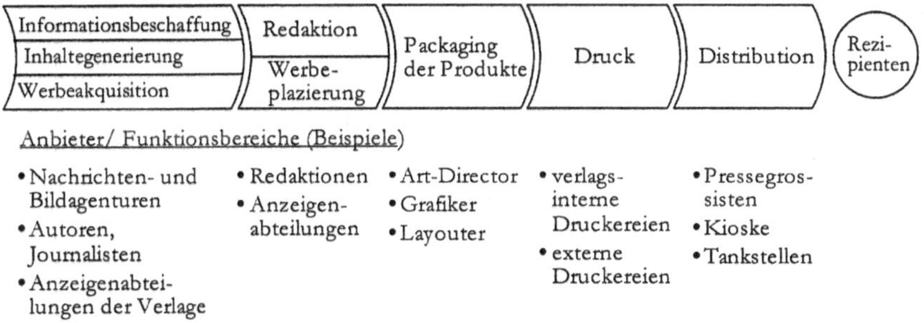

Abbildung 3.4: Wertschöpfungskette von Zeitschriftenverlagen[461]

457 Vgl. Breyer-Mayländer/ Werner (2003), S. 335 ff.

458 Vgl. Antoni (1993), Sp. 4563 f.

459 Zur Gestaltung von Werbeanzeigen in Zeitschriften vgl. Sowinski (2001), S. 1731 ff.

460 Zu beachten sind lediglich drucktechnische Vorgaben beziehungsweise werberechtliche oder andere gesetzliche Vorschriften wie das Verbot der Unlauterkeit und der Irreführung. Vgl. hierzu ZAW (2002), S. 22 ff.

461 In Anlehnung an Picard (2002), S. 32, Halstrup (2002), S. 44 und Wirtz (2003), S. 142.

Der geringen Beeinflussbarkeit der Produkteigenschaften von der Informationsbeschaffung bis zum Packaging der Produkte begegnen Medienunternehmen meist mit einer Formatierung ihrer Produkte. Rundfunkanbieter gestalten komplette Programme oder einzelne Sendungen nach einheitlichen Konzepten. Jede Ausgabe eines Zeitschriftentitels orientiert sich an vorab definierten inhaltlichen und optischen Schwerpunkten und Vorgaben. Beispielsweise ist die Reihenfolge und Gewichtung der Ressorts wie Politik, Sport, Wirtschaft etc. für jedes Heft festgelegt.[462] Auch bei Zeitungen findet sich meist täglich die gleiche Reihenfolge von Themenressorts innerhalb eines Zeitungsexemplars. Ziel dieser Maßnahmen ist neben der Reduzierung von Produktionsrisiken auf der Anbieterseite auch der Aufbau von Nutzungsroutinen, Orientierungshilfen und einer verstärkten Leserbindung.[463]

Während die Vervielfältigung von Zeitschriftenexemplaren weitgehend mit Prozessabläufen anderer Industrieunternehmen vergleichbar ist, unterliegt der Vertrieb von Zeitschriften auf der letzten Stufe der Wertschöpfungskette medienspezifischen Besonderheiten. Das Grundgesetz unterstellt in Artikel 5 Absatz 1 Satz 2 die Vermittlung publizistischer Inhalte durch Massenmedien einem besonderen Gewährleistungsauftrag, beispielsweise durch die Sicherstellung der Kommunikationsfreiheiten.[464] Zeitschriftenverlagen stehen im Wesentlichen die drei Distributionskanäle Einzelverkauf, Abonnement sowie die Vermietung zur Verfügung.[465] In der Vertriebssparte Einzelverkauf wird der Absatz über Handelsorganisationen zusammengefasst, die einen Verkauf ohne langfristige Abnahmeverpflichtung für Rezipienten vorsehen. Das Abonnement umfasst dagegen hinsichtlich Fristigkeit und Zeitdauer unterschiedliche Formen von Abnahmeverpflichtungen für Presseerzeugnisse. Die dritte Vertriebsart ist die Vermietung von Zeitschriften durch die so genannten Lesezirkel, die ihre Mappen vorwiegend Unternehmen anbieten, bei denen die Leistungsbereitstellung mit Wartezeiten für den Kunden verbunden ist, wie beispielsweise bei Arztpraxen oder Friseuren.[466]

---

462 Zeitschriftenspezifische Präsentationsformen und Texttypen erläutert Straßner (2001), S. 1734 ff.

463 Vgl. Kübler (2001a), S. 1760, Kiefer (2001), S. 180 f. und Jacob (1988), S. 232.

464 Vgl. Ricker (2002), S. 241 und Paschke (2001), S. 117 ff.

465 Vgl. Schütz (2002), S. 499.

466 Vgl. Presse (2003), S. 23 f. und Breyer-Mayländer/ Werner (2003), S. 212 ff.

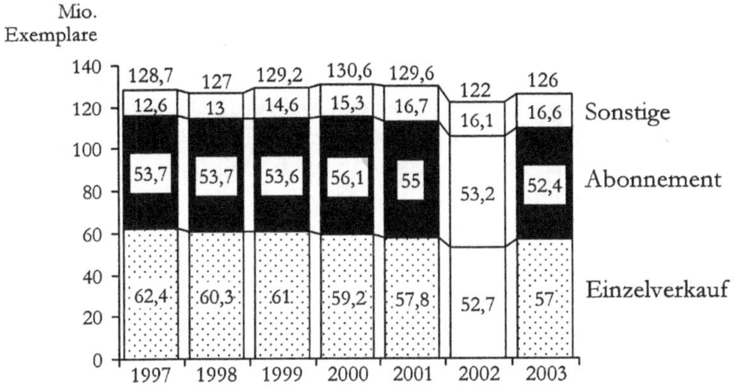

Abbildung 3.5: Absatzstruktur von Publikumszeitschriften[467]

Abbildung 3.5 gibt einen Überblick über die Absatzstruktur der IVW-erfassten Publikumszeitschriften für das jeweils dritte Quartal zwischen 1997 und 2003. Die Gesamtauflage in 2003 setzt sich zusammen aus 57 Millionen Exemplaren im Einzelverkauf, 52,4 Millionen Exemplaren im Abonnement und 16,6 Millionen Exemplaren im Bereich der sonstigen Verkäufe wie Lesezirkelstücke oder Bordexemplare. Für Zeitschriftenverlage gehören damit der Einzelverkauf, über den 45 Prozent der Auflage vertrieben werden, sowie der Festbezug mit 42 Prozent Auflagenanteil zu den wichtigsten Absatzkanälen. Verglichen mit den Rückgängen im Werbemarkt[468] verzeichnet der Lesermarkt in den letzten Jahren verhältnismäßig geringe Auflagenverluste. Von 2000 bis 2003 sank die Auflage im Abonnementvertrieb um sieben Prozent, während sich der Einzelverkauf um vier Prozent reduzierte.[469] Diese Entwicklung kann als Indiz für eine abnehmende Leser-Blatt-Bindung[470] beziehungsweise eine zunehmende Wechselbereitschaft der Kunden

---

[467] Datenquelle: IVW-Daten, jeweils III. Quartal, zitiert nach Presse (2003), S. 10 und o. V. (2004c). Die Werte für das dritte Quartal 2002 sind nur teilweise aussagekräftig, da 25 Titel der Vereinigten Motorpresse Stuttgart mit einer Gesamtauflage von rund 2,2 Millionen Exemplaren zu diesem Zeitpunkt nicht in der IVW-Statistik ausgewiesen wurden. Vgl. hierzu Vogel (2002a), S. 433. Zu Vertriebskanälen von Presseprodukten vgl. Breyer-Mayländer/ Werner (2003), S. 213 ff. und Dorn/ Vogel (2001), S. 232 ff.

[468] Vgl. hierzu die Ausführungen zu Abbildung 3.2 auf Seite 136 dieser Arbeit.

[469] Vgl. Presse (2003), S. 10 und o. V. (2004c).

[470] Zum Begriff der Leser-Blatt-Bindung vgl. Kübler (2001a), S. 1760.

im Rezipientenmarkt interpretiert werden.[471] Rund jeder siebte Käufer entscheidet sich spontan an der Verkaufsstelle für den Erwerb einer bestimmten Zeitschrift.[472]

Das deutsche Presse-Grosso-System, über das ein wesentlicher Teil aller verkauften Zeitungen und Zeitschriften an den Einzelhandel vertrieben wird,[473] weist medienspezifische Besonderheiten auf.[474] Es soll sämtlichen Presseprodukten über etwa 100 Großhandelsfirmen und 118.000 Einzelhändler in Deutschland den Zugang zum Leser ermöglichen.[475] Die Grossisten werden von Verlagen an bestimmte Preise gebunden, zu denen sie den Einzelhandel beliefern und zu denen der Einzelhandel die Endverbraucher beliefern soll. Die Preisbindung für Endverkaufspreise wird dabei von den Grossisten an den Einzelhandel weitergegeben.[476] In mehr als 90 Prozent des Bundesgebietes verfügt ein einzelner Grossist über das Auslieferungsrecht, in den übrigen Regionen bieten zwei Grossisten ihre Dienstleistungen an. Das Remissionsrecht erlaubt dem Groß- (und Einzel-) Handel die bezogenen, aber nicht verkauften Exemplare einer Zeitschrift oder Zeitung gegen eine entsprechende Preisgutschrift an den Verlag zurückzugeben. Es entbindet Einzelhändler und Grossist weitgehend vom Absatzrisiko und wälzt dieses auf den Verlag ab.[477]

Da der Grossist gegenüber den Verlagen über ein Nachfragemonopol und gegenüber den Einzelhändlern über ein Angebotsmonopol verfügt, unterliegt er einem Kontrahierungszwang, das heißt der Verpflichtung, in seiner Region jede Verkaufsstelle zu beliefern und jedes Presseerzeugnis, das ein Verlag auf den Markt bringt, in das Vertriebsprogramm aufzunehmen.[478] Auch der Einzelhändler unterliegt einem Abnahmezwang für alle Titel, die durch ihn verkäuflich sind und

---

[471] Im Markt der Publikumszeitschriften ist bedingt durch die Zunahme des Titelangebotes in den letzten Jahren ein Trend zur Spezialisierung und Fragmentierung von Zielgruppen und damit zur Diversifikation des Marktes zu beobachten. Vgl. Wilke (2002), S. 450 f.

[472] Vgl. o. V. (2004d).

[473] Rund 80 Unternehmen des Bahnhofsbuchhandels mit etwa 420 Verkaufsstellen erhalten ihre Titel dagegen direkt von den Verlagen und Nationalvertrieben. Vgl. Presse (2003), S. 22.

[474] Vgl. Bauernfeind (1996), S. 171 ff.

[475] Vgl. Presse (2003), S. 21. und Dorn/ Vogel (2001), S. 239. Zu Verlagsbeteiligungen am Pressegroßhandel vgl. Dorn/ Vogel (2001), S. 220 ff.

[476] Seit 1974 ist die vertikale Preisbindung nach § 14 des Gesetzes gegen Wettbewerbsbeschränkungen (GWB) grundsätzlich verboten. Ausnahmen bestehen nach § 15 I GWB für Zeitungen und Zeitschriften sowie nach § 28 ff. GWB für landwirtschaftliche Erzeugerbetriebe, Versicherungen und Urheberrechtsverwertungsgesellschaften. Zitiert nach o. V. (2004f).

[477] Zu den Merkmalen des deutschen Pressevertriebssystems vgl. Dreier (2004), S. 252 und Paschke (2001), S. 243 ff.

[478] Vgl. Dreier (2004), S. 252 f.

die der Grossist ihm liefert. Er kann entscheiden, ob er überhaupt Presseprodukte in seinem Angebot führen will, aber nicht die Titelauswahl bestimmen oder unterschiedliche Präsentation durchführen. Dieses Diskriminierungsverbot kommt überwiegend klein- und mittelauflagigen Titeln zugute.[479] Der Monopolgrossist muss gegebenenfalls weniger auflagenstarke Titel mit hochauflagigen Verlagserzeugnissen (so genannte Brotobjekte) alimentieren. Dabei geben die Verlage den Erstverkaufstag vor, um einen Wettbewerb zwischen den Handelsorganisationen auf Basis unterschiedlicher Erstverkaufstermine zu vermeiden.[480]

Die Elemente Dispositionsrecht und Preisbindung geben den Verlagen als Herstellern einen erheblichen Vermarktungsvorteil im Vergleich zu anderen Branchen, da die Einzelhändler nicht entscheiden können, in welchen Gesamtmengen und zu welchen Preisen sie die einzelnen Zeitschriften ihren Kunden gegenüber anbieten.[481] Die Preisbindung schließt den Preiswettbewerb auf den Handelsstufen, der Gebietsschutz den Wettbewerb der Verlage um den Absatzweg zum Einzelhandel aus.[482] Neben der erlaubten Preisbindung für Verlagserzeugnisse und der Zulässigkeit von Gebietsschutzkartellen im Pressegrosso existieren weitere Sonderrechte für Verlagsunternehmen, die aus dem Grundsatz der Pressefreiheit resultieren. Dazu gehören der ermäßigte Mehrwertsteuersatz für Vertriebserlöse (zurzeit 7 Prozent statt 16 Prozent[483]) sowie der subventionierte Postzustelldienst.[484]

Die hier dargestellten Charakteristika des Zeitschriftenmarktes sowie der Zeitschriftenproduktion führen dazu, dass auch die Marketing-Mix-Instrumente von Zeitschriftenverlagen Besonderheiten aufweisen. Diese werden im folgenden Abschnitt erläutert.

---

479 Vgl. Wirtz (2003), S. 117 ff.

480 Vgl. Breyer-Mayländer/ Werner (2003), S. 41.

481 Vgl. Dorn/ Vogel (2001), S. 216.

482 Vgl. Heinrich (2001), S. 226.

483 Zur Diskussion um den reduzierten Steuersatz für Zeitschriften mit Zugaben vgl. Werbewirtschaft (2003), S. 277 f.

484 Vgl. Schütz (2002), S. 501 f. und Heinrich (2001), S. 221.

3.2 Besonderheiten der Marketing-Mix-Instrumente von Zeitschriftenverlagen

3.2.1 Preispolitische Handlungsmöglichkeiten

Die Preisfindung von Zeitschriftenverlagen orientiert sich grundsätzlich am Wettbewerb sowie der Nachfragesituation im jeweiligen Marktsegment. Die entscheidenden Einflussfaktoren liegen somit ähnlich wie bei Konsumgüterherstellern zum einen in der Preispolitik der Wettbewerber und zum anderen in der Preiselastizität der Nachfrage.[485] Aufgrund der Dualität der Absatzmärkte können Zeitschriftenverlage Verteidigungsstrategien im Bereich der Preispolitik sowohl auf dem Werbemarkt als auch auf dem Rezipientenmarkt umsetzen.[486]

Preispolitik im Werbemarkt

Im Werbemarkt erzielen Zeitschriftenverlage den Großteil ihrer Erlöse aus dem Verkauf von Anzeigenraum.[487] Printanzeigen bestehen meist aus Text- und Bildelementen, die aufeinander bezogen sind und der Markenstrategie des beworbenen Produktes entsprechen.[488] Anzeigenwerbung ist bei der Mehrzahl der hochauflagigen Publikumstitel voll in den Heftablauf integriert, das heißt es besteht keine Differenzierung in einen Anzeigen- und einen Redaktionsteil. Der Anteil der Anzeigen am Gesamtumfang einer Zeitschrift variiert je nach Zeitschriftengattung. Aufgrund der Zulassungsbestimmungen der Postzeitungsordnung, aber vor allem auch aus Gründen der Zumutbarkeit für Leser und Inserenten liegt er in der Regel bei maximal 50 Prozent des gesamten Heftumfangs.[489]

Die Nachfrage nach Anzeigenraum ist ceteris paribus abhängig vom Anzeigenpreis, wobei Zeitschriftenverlage einer relativ preiselastischen Nachfrage sowie einem intensiven inter- und intramediären Wettbewerb gegenüberstehen.[490] Um eine Vergleichbarkeit der absoluten Anzeigenpreise zwischen Titeln mit unterschiedlichen Auflagen und Reichweiten zu ermöglichen, werden so genannte Tau-

---

485 Vgl. Wirtz (2003), S. 117 ff.

486 Die folgenden Ausführungen beziehen sich primär auf die Preispolitik im engeren Sinne, das heißt die Analyse von Preisveränderungen im Leser- oder Werbemarkt. Die Preispolitik im weiteren Sinne umfasst weitere Elemente des Kontrahierungsmix wie zum Beispiel Rabatte, die Verlage gegenüber dem Groß- und Einzelhandel oder Lesezirkelunternehmen gewähren. Vgl. hierzu auch Wirtz (2003), S. 117 ff.

487 Vgl. hierzu insbesondere die Erläuterungen zu Abbildung 3.3 auf Seite 138 dieser Arbeit.

488 Vgl. Sowinski (2001), S. 1731 f. Zu sozialpsychologischen Aspekten der Anzeigenwerbung vgl. Haug (1975), S. 255 ff.

489 Vgl. Koschnick (2003), S. 3066. In 2002 lag das durchschnittliche Verhältnis von Anzeigen zu redaktionellem Teil bei 27 zu 73 Prozent. Vgl. Werbewirtschaft (2003), S. 269.

490 Vgl. Wirtz (2003), S. 117 ff.

senderpreise ermittelt. Tausenderpreise können sich auf die verbreitete Auflage oder auf die Anzahl der erreichten Rezipienten beziehen und werden wie folgt berechnet:

$$\text{Tausender - Auflage - Preis} = \frac{\text{Preis einer Anzeigenseite}}{\text{Auflage}} \cdot 1.000 \qquad (3.1)$$

$$\text{Tausender - Leser - Preis} = \frac{\text{Preis einer Anzeigenseite}}{\text{Leser je Ausgabe}} \cdot 1.000 \qquad (3.2)$$

Der Tausender-Auflage-Preis gibt den Preis einer Anzeigenseite pro 1.000 verkaufte oder verbreitete Exemplare an, während der Tausender-Leser-Preis die Werbeträgerkontaktkosten pro 1.000 Rezipienten bei einmaliger Anzeigenschaltung angibt.[491] In diesem Fall ist er identisch mit dem

$$\text{Tausender - Kontakt - Preis} = \frac{\text{Summe der Anzeigenpreise}}{\text{Summe der Kontakte}} \cdot 1.000\,. \qquad (3.3)$$

[492]

Bei mehrfacher Schaltung einer Anzeige in verschiedenen Ausgaben eines Titels oder in verschiedenen Zeitschriftentiteln unterscheiden sich Tausender-Leser-Preis und Tausender-Kontakt-Preis im Rahmen des Umfangs interner und externer Überschneidungen.[493] Beide Kennzahlen sind intramedial vergleichbar, sofern man die Zielgruppenspezifika der unterschiedlichen Werbeträger berücksichtigt. Maßgebliches Entscheidungskriterium für Werbetreibende bei der Planung von Werbekampagnen ist der Tausender-Kontakt-Preis in der jeweiligen Zielgruppe. Dabei bezeichnet die Zielgruppenaffinität die Selektivität eines Titels gegenüber einer bestimmten Zielgruppe. Je höher die Affinität ist, desto geringer sind die Streuverluste und desto höher ist die Zielgruppenabdeckung.[494] Formal ergibt sie sich als Anteil der betrachteten Zielgruppe an der Gesamtbevölkerung.[495]

Die Anzeigenpreiskalkulation gestaltet sich wesentlich einfacher als die Kalkulation des Heftpreises für Leser, da Konkurrenzanbieter mit den Strukturen ihrer

---

491 Vgl. Nieschlag/ Dichtl/ Hörschgen (2002), S. 1083 f. Den Zusammenhang zwischen Reichweite und Auflage von Publikumszeitschriften erläutert Koschnick (2003), S. 2234 ff.

492 Vgl. Homburg/ Krohmer (2003), S. 646 ff.

493 Vgl. Homburg/ Krohmer (2003), S. 644 ff. und Nieschlag/ Dichtl/ Hörschgen (2002), S. 1090.

494 Vgl. Nieschlag/ Dichtl/ Hörschgen (2002), S. 1091 ff.

495 Vgl. Koschnick (2003), S. 2234.

Tausender-Preise die Preisgrenzen deutlich vorgeben. Schwierig gestaltet sich lediglich die Prognose der eigenen Auflage, die notwendig ist, um bei gegebenen Tausender-Preisen die Anzeigengrundpreise zu kalkulieren. Bei einer zu optimistischen Prognose besteht die Gefahr, dass der Verlag Werbekunden verärgert, eine zu pessimistische Prognose führt dagegen zu Einnahmeverlusten.[496] Der Anzeigenpreis erhöht sich mit steigender Auflage unterproportional während die Tausend-Käufer-Preise entsprechend sinken,[497] was prinzipiell auf folgende Gründe zurückgeführt werden kann:[498]

- Aufgrund der Degression der übrigen fixen Kosten der Zeitschriftenproduktion sinkt der notwendige Finanzierungsbeitrag der Anzeige mit steigender Auflage.
- Mit steigender Auflage wird der Zielgruppenbezug der Zeitschrift abnehmen, was den Wettbewerb mit anderen Zeitschriften und den entsprechenden Preiswettbewerb steigert. Zeitschriften mit einer klar abgegrenzten, kleinen und kaufkräftigen Zielgruppe erzielen höhere Tausender-Preise als Zeitschriften mit einer diffusen und wenig kaufkräftigen Zielgruppe.
- Mit steigender Auflage steigt der Anzeigengrundpreis. Dies erhöht die Preiselastizität der Nachfrage nach Anzeigen und vermindert die Zahlungsbereitschaft der Werbekunden.

Neben der erreichbaren Zielgruppe und der Auflagenhöhe eines Titels sind auch die Farbigkeit des Drucks (schwarz-weiß, Zusatzfarbe, mehrfarbig)[499] sowie die Größe von Anzeigen wichtige Einflussgrößen für die Kalkulation der Anzeigenpreise.[500]

Die Nachfrage von Werbekunden nach Printanzeigen hängt außerdem von qualitativen Eigenschaften einer Publikumszeitschrift ab. Häufig wird unterstellt, dass eine hohe Leser-Blatt-Bindung mit einer hohen Glaubwürdigkeit einhergeht und dass daher Anzeigen in Titeln mit höherer Leser-Blatt-Bindung eine größere Werbewirkung entfalten. Auch das Image und Prestige einer Zeitschrift können Einfluss auf die Glaubwürdigkeit der Anzeigen haben. Ferner spielen organisato-

---

496 Vgl. Heinrich (2001), S. 320 f.

497 Vgl. Koschnick (2003), S. 2234.

498 Vgl. zu dieser Aufzählung Heinrich (2001), S. 318 f.

499 In 2002 lag der Anteil vierfarbiger Anzeigen am gesamten Anzeigenaufkommen bei 74 Prozent. Vgl. Werbewirtschaft (2003), S. 269.

500 Auf dem Werbemarkt sind außerdem häufig Preisbündelungsstrategien zu finden, bei denen Werbekunden die Belegung zweier oder mehrerer Titel eines Verlages zusammen zu einem festgelegten Preis angeboten wird, der unter der Summe der Einzelpreise liegt. Vgl. Wirtz (2003), S. 120 ff.

rische oder technische Kriterien wie die zeitliche Verfügbarkeit, die Erscheinungshäufigkeit, die Dispositionsflexibilität sowie Format, Farbe und Druckqualität eine Rolle bei der Auswahl von Werbeträgern.[501]

Zeitschriftenverlage veröffentlichen die Anzeigenarten (normale Anzeigen, Beihefter, Beilagen etc.)[502] und Anzeigenformate, Teilbelegungsmöglichkeiten, Anzeigenpreise, Rabattkonditionen, Termine, Abwicklungsmodalitäten und Geschäftsbedingungen regelmäßig in Anzeigenpreislisten. Branchenüblich erfolgt die Festlegung und Veröffentlichung der Anzeigenpreise im Spätsommer und gilt für das gesamte folgende Kalenderjahr. Zahlreiche Großverlage haben sich zur so genannten Preislistentreue, die kurzfristige Preisänderungen ebenso ausschließt wie das Abweichen von veröffentlichten Rabattkonditionen, verpflichtet.[503] Angesichts des zunehmenden Verdrängungswettbewerbs und rückläufiger Werbeerlöse gelang es in den letzten Jahren Werbekunden allerdings zunehmend, Sonderkonditionen auszuhandeln.[504] Die Verlage geben in ihren Preislisten meist auch eine garantierte Mindestauflage für den jeweiligen Titel an. Wird diese um einen gewissen Prozentsatz unterschritten, erhält der Werbekunde nachträglich eine Rückvergütung auf den Anzeigenpreis. Da Überschreitungen der garantierten Auflage nicht zu Nachforderungen der Verlage führen, entsteht in diesem Fall ein Zusatzvorteil für den Werbekunden.[505]

Preispolitik im Lesermarkt

Die Preispolitik auf den Rezipientenmärkten ist gekennzeichnet durch Preisdifferenzierungen über die verschiedenen Absatzkanäle von Presseverlagen. Dabei werden identische Produkte verschiedenen Kundengruppen, das heißt Kunden im Einzelverkauf beziehungsweise im Abonnementbezug, zu unterschiedlichen Prei-

---

501 Vgl. Sowinski (2001), S. 1729 f.

502 Zu Varianten von Sonderwerbeformen vgl. Koschnick (2003), S. 3067.

503 Die „maz - Markttransparenz im Anzeigengeschäft von Zeitschriftenverlagen e. V." ist ein in Hamburg eingetragener selbstständiger Verein, der seit 1959 besteht. Die Mitglieder verpflichten sich laut Satzung, die Transparenz über die Konditionen ihrer Titel sicherzustellen und diese verbindlich für alle Kunden anzuwenden. Vgl. hierzu http://www.maz-ev.de, Abruf vom 15.03.2004.

504 Vgl. Rinsum (2002), S. 25 ff., der außerdem auf zahlreiche Sonderaktionen der Verlage hinweist. So gewährte die Fernsehzeitschrift Hörzu im ersten Quartal 2002 Neukunden 50 Prozent Anzeigenfreischaltungen bezogen auf das Auftragsvolumen. Auch bestehende Kunden erhielten 50 Prozent Naturalrabatt, sofern sie das Buchungsvolumen des Vorjahres nicht unterschritten.

505 Vgl. Stahmer (1995), S. 110 f.

sen angeboten.[506] Der Abonnementpreis einer Zeitschrift kann der Summe der Einzelverkaufspreise während des Bezugszeitraums des Abonnements entsprechen beziehungsweise höher oder niedriger liegen,[507] wie Tabelle 3.2 zeigt. Höhere Preise für ein Abonnement finden sich meist im Bereich der Programmpresse, niedrigere Abonnementpreise bei Nachrichtenmagazinen oder Special Interest-Titeln. Bei Zeitschriftentiteln wie Amica, Bravo oder Bunte entsprechen die kumulierten Einzelverkaufspreisen dem Abonnementpreis. Die verschiedenen Angebotsformen von Zeitschriftenabonnements werden häufig wiederum zu unterschiedlichen Konditionen angeboten. Innerhalb eines zeitlich begrenzten Bezugszeitraums bis zu drei Monaten gewähren Verlage besondere Preisvorteile für Probeabonnenten. Denkbar ist außerdem eine Variation der Abonnementpreise in Abhängigkeit von der Zahlungsweise (jährlich, halbjährlich, quartalsweise oder monatlich) oder der Kundengruppe (Studenten, Großabnehmer).[508]

Die Wirksamkeit der Lesermarkt-Preispolitik auf die verkaufte Auflage einer Zeitschrift hängt maßgeblich ab vom Ausmaß der Leser-Blatt-Bindung im relevanten Marktsegment sowie vom Umfang der Preisveränderung. Zeitschriften, die stark in den individuellen sozialen Alltag der Rezipienten eingebunden sind, weisen ähnlich wie Tageszeitungen eine starke Bindung der Konsumenten auf. Die Leser-Blatt-Bindung unterscheidet sich für die einzelnen Titelgattungen und ist beispielsweise bei Special-Interest- oder Fachzeitschriften verglichen mit Publikumstiteln der Programmpresse vergleichsweise stark ausgeprägt.

Preispolitische Maßnahmen können daher insbesondere in Marktsegmenten mit geringer Leser-Blatt-Bindung die verkaufte Auflage auf dem Rezipientenmarkt beeinflussen, wenn es gelingt, Leser von Konkurrenztiteln abzuwerben.[509] Je stärker die Leser-Blatt-Bindung ausfällt, desto größer muss eine Preisänderung ausfallen, um Leser zu motivieren, ihren Stammtitel zu wechseln.[510] Stahmer (1995) geht davon aus, dass Preisvariationen aufgrund der kontinuierlichen Neuproduktion

---

506 Zum Konzept der Preisdifferenzierung vgl. ausführlich Diller (2000), S. 286 ff., Homburg/ Krohmer (2003), S. 598 ff. sowie Nieschlag/ Dichtl/ Hörschgen (2002), S. 843 ff.

507 Vgl. Conrad (1996), S. 82.

508 Vgl. Wirtz (2003), S. 123 ff.

509 Conrad (1996), S. 83 weist darauf hin, dass bei Preisveränderungen auch Reaktionen nachgelagerter Handelsstufen zu berücksichtigen sind. So können Preiserhöhungen zu einer verbesserten Präsentation des Titels durch den Einzelhandel führen, da sich die Handelsspanne des Einzelhandels meist prozentual am Leserpreis bemisst.

510 Vgl. Kantzenbach/ Greiffenberg (1980), S. 195. Für Heinrich (2001), S. 320 ist dagegen grundsätzlich weniger der Preis auf dem Lesermarkt, sondern vielmehr die Qualität einer Zeitschrift das kaufentscheidende Kriterium auf dem Rezipientenmarkt.

und des fortwährenden Konsums von Zeitschriften eine breite und schnelle Resonanz finden.[511]

Titel	Einzelverkaufspreis	Erscheinungshäufigkeit	Einzelverkaufspreis p. a.	Abonnementpreis p. a.[512]	Vergleich
Hörzu	1,40 €	52	72,80 €	85,80 €	kumulierter Einzelverkaufspreis < Abonnementpreis
Tina	1,25 €	52	65 €	78 €	
TV Neu	0,70 €	52	36,40 €	46,80 €	
Amica	2,50 €	12	30 €	30 €	kumulierter Einzelverkaufspreis = Abonnementpreis
Bravo	1,30 €	52	67,60 €	67,60 €	
Bunte	2,40 €	52	124,80 €	124,80 €	
Focus	2,70 €	52	140,40 €	130 €	kumulierter Einzelverkaufspreis > Abonnementpreis
Spiegel	3 €	52	156 €	145,60 €	
Stereo	4,80 €	12	57,60 €	49,20 €	

Tabelle 3.2: Preispolitik von Zeitschriftenverlagen im Rezipientenmarkt[513]

Die Preispolitik auf den Lesermärkten war in der Vergangenheit durch das Phänomen einer konkurrenzorientierten Preisführerschaft gekennzeichnet. Dieses Verhalten tritt meist in der Marktform des Teilmonopols oder des Oligopols auf. Preisführerschaft bedeutet, dass ein Preisführer zuerst eine Preisänderung vornimmt, welcher sich kurz darauf der Preisfolger anschließt.[514] Als Preisführer im Zeitschriftenmarkt agierte in der Vergangenheit in der Regel der auflagenstärkste beziehungsweise derjenige Titel mit dem anspruchsvollsten Image im relevanten Marktsegment.[515] Das Bundeskartellamt verurteilte vor diesem Hintergrund die

511 Vgl. Stahmer (1995), S. 59.

512 Ohne einmalige Rabatte, Prämien oder vergünstigte Neukundenangebote. Bei Preisunterschieden zwischen verschiedenen Anbietern wurde der jeweils günstigste Abonnementpreis angegeben.

513 Eigene Erstellung. Datenquellen: http://markt.presse.de, http://www.leserservice.de, http://www.presse-im-handel.de sowie die Online-Auftritte der dargestellten Publikumszeitschriften, Abfrage vom 05.02.2004.

514 Vgl. Nieschlag/ Dichtl/ Hörschgen (2002), S. 858 f., Varian (2001), S. 459 ff. und Diller (2000), S. 256 f.

515 Vgl. Hensmann (1980), S. 243 und o. V. (1997b).

Verlage Heinrich Bauer, Axel Springer sowie Hubert Burda Anfang der achtziger Jahre des vergangenen Jahrhunderts zu einer Geldstrafe wegen eines Verstoßes gegen § 1 des Gesetzes gegen Wettbewerbsbeschränkungen (Verbot abgestimmter Verhaltensweisen).[516] Trotzdem kam es in der Folgezeit in verschiedenen Zeitschriftensegmenten zu parallelen Preiserhöhungen der etablierten Großverlage.[517]

Seit einigen Jahren nutzen Verlage preispolitische Maßnahmen im Lesermarkt im Zuge eines verstärkten Verdrängungswettbewerbs zunehmend als Marketinginstrument für Titelinnovationen oder für bereits am Markt eingeführte Zeitschriften. Neue Zeitschriftentitel werden häufig im Rahmen einer Penetrations-Strategie zu niedrigen Preisen am Markt eingeführt, um kurzfristig Marktanteile zu erzielen.[518] So startete der in 2001 durch den Condé Nast Verlag eingeführte Titel Glamour zum Einzelverkaufspreis von 1 Euro und erhöhte innerhalb eines Jahres seinen Preis in zwei Schritten auf 1,80 Euro.[519] Die seit 1995 publizierte Programmzeitschrift TV Today senkte im Oktober 1998 zeitweise ihren Einzelverkaufspreis von 2,50 DM auf 1,00 DM und kostete damit weniger als die Hälfte der direkten Konkurrenten.[520]

3.2.2 Produktpolitische Handlungsmöglichkeiten

Die Ausführungen dieses Abschnitts zu produktpolitischen Handlungsmöglichkeiten konzentrieren sich auf den durch Verlag und Redaktion beeinflussbaren redaktionellen Teil von Zeitschriften. Inhalte und Gestaltungsmerkmale von Anzeigen oder anderen Werbeformen werden maßgeblich durch Werbekunden vorgegeben und sind daher nicht Gegenstand dieser Arbeit. In den oben dargestellten spieltheoretischen Modellen wurden außerdem Produkt- und Distributionspolitik simultan behandelt. Dabei galt die Distributionspolitik als zusätzliche Möglichkeit zur Produktdifferenzierung, indem die Entfernung zwischen Kunde und Ver-

---

516 Vgl. Stahmer (1995), S. 103.

517 Vgl. hierzu die Beispiele bei Stahmer (1995), S. 105.

518 Eine Penetrationsstrategie zielt darauf ab, mit relativ niedrigen Preisen eine rasche Diffusion des neuen Produktes zu erreichen. Im Gegensatz dazu wird bei einer Skimming-Strategie ein neues Produkt zu einem vergleichsweise hohen Preis eingeführt, um diesen später sukzessive zu reduzieren. Vgl. Homburg/ Krohmer (2003), S. 552 und Nieschlag/ Dichtl/ Hörschgen (2002), S. 847.

519 Vgl. Radvilas (2003a), S. 25.

520 Vgl. Carl (1999), S. 154. Zu weiteren Beispielen im Bereich der Programmpresse vgl. o. V. (1996b), S. 5, o. V. (1996c), S. 1 f. und o. V. (1996d), S. 38.

kaufsstelle variiert wird.[521] Dieser Ansatz lässt sich kaum auf den Zeitschriftenmarkt übertragen, da Zeitschriften im Einzelverkauf nahezu flächendeckend angeboten werden beziehungsweise über den Abonnementvertrieb bundesweit verfügbar sind.[522] Dementsprechend beinhaltet das Aufgabenspektrum der Distributionspolitik von Presseverlagen andere Komponenten wie[523]

- die Bestimmung der langfristig optimalen Höhe der Auflage,
- die Remissionspolitik,
- die Verkaufsschätzung für jedes Erscheinungsintervall und die Festlegung der Druckauflage sowie
- die optimale Verteilung einer Auflage auf die einzelnen Vertriebssparten.

Da dieses Verständnis der Distributionspolitik nicht im Zusammenhang mit potentiellen Verteidigungskonzepten steht, soll auf die Distributionspolitik nicht näher eingegangen werden.[524] Dieser Abschnitt behandelt somit ausschließlich Besonderheiten der Produktpolitik für den redaktionellen Teil von Zeitschriftenverlagen.

Im Zeitschriftenmarkt sind die Handlungsparameter bei Produktvariationen ähnlich wie bei Konsumgüterherstellern weitgehend identisch sind mit den Einflussmöglichkeiten im Bereich der Produktdifferenzierung, weshalb beide im Folgenden gemeinsam erläutert werden. Im vorherigen Kapitel wurde gezeigt, dass Produktvariationen oder -differenzierungen im Bereich der ästhetischen, physikalischen oder symbolischen Produkteigenschaften oder auf Basis von Value-Added-Services erfolgen können. Für Publikumszeitschriften kommen dabei insbesondere Veränderungen folgender formaler und inhaltlicher Handlungsparameter in Frage:[525]

- Titelname
- Thema der Zeitschrift
- Logo und/ oder Untertitel des Logos

---

521 Vgl. hierzu Abschnitt 2.4 dieser Arbeit.

522 Vgl. Schütz (2002), S. 499 ff.

523 Vgl. hierzu Althans (1989), S. 765 und Hensmann (1980), S. 242 sowie die dortigen Literaturverweise.

524 Hensmann (1980), S. 245 ergänzt, dass die Distributionspolitik im Werbemarkt ganz entfällt, da Zeitschriftenverlage keine physischen Produkte, sondern immaterielle Leistungen anbieten.

525 Vgl. zu dieser Aufzählung Vogel (1998), S. 194, Conrad (1996), S. 79 f. und Jacob (1988), S. 222 ff. sowie die ergänzenden Literaturhinweise zu einzelnen Handlungsparametern.

- Erscheinungsrhythmus[526] (zum Beispiel monatlich, vierzehntäglich, wöchentlich)
- Erscheinungstag/ Erscheinungsdatum
- publizistische Haltung (zum Beispiel durch den Herausgeber festgelegt oder durch die Redaktion bestimmt)
- Format der Zeitschrift[527]
- Papier (zum Beispiel Qualität, Grammatur)
- Druckverfahren (zum Beispiel Heatset-Offsetdruck oder Tiefdruckverfahren)[528]
- Art der Weiterverarbeitung in der Druckerei (zum Beispiel Klebebindung, Fadenbindung oder Heftung)[529]
- Titelblatt (zum Beispiel Gestaltung, Inhalt, Umklapper)[530]
- Raster[531] (zum Beispiel Text-Bild-Relation,[532] Einsatz von Fotos, Zeichnungen, Infografiken oder Illustrationen)
- Farbanteil, Farbigkeit[533]
- Typografie, Zeichensätze[534]
- Struktur des Inhaltsverzeichnisses (zum Beispiel Hervorhebung bestimmter Themen durch Bilder)

---

526 Vgl. Schütz (2002), S. 497.

527 Zeitschriften in Deutschland liegen in der Regel im Format zwischen 20 und 16 cm Breite und 27 bis 36 cm Höhe, wobei der heutige Trend eher zu kleineren, kompakten und handlichen Formaten geht. Vgl. Göbel (2002), S. 220.

528 Vgl. Fuchs (2001), 1664.

529 Vgl. Fuchs (2001), 1669 f.

530 Vgl. Käse (1998), S. 41 ff.

531 Die Grundlage für Anordnung und Platzierung von Inhalten ist der Satzspiegel als festgelegtes Format auf der Fläche; in der Zeitschriftengestaltung Raster genannt. Das Raster garantiert eine durchgängige Seitengestaltung und trägt zum gleichmäßigen und eindeutigen Erscheinungsbild einer Zeitschrift bei. Vgl. Göbel (2002), S. 219 und Radtke/ Pisani/ Wolters (2001), S. 133 ff. und Dorn (1986), S. 36 ff.

532 Zur philosophischen Dimension der Text-Bild-Relation vgl. Türcke (2002), S. 292 f.

533 Vgl. Brielmaier/ Wolf (2000), S. 120 ff.

534 Hierzu gehört auch die Gestaltung von Überschriften, Zwischenüberschriften, Initialen, Einzügen, Abständen, Umrandungen, Kästen, Punkte, Linien und Balken. Vgl. Göbel (2002), S. 219, Radtke/ Pisani/ Wolters (2001), S. 113 ff. und Dorn (1986), S. 15 ff.

- Rubriken-Reihenfolge
- Benennung von Heftrubriken
- Heftumfang, Umfang redaktioneller Teil in Relation zum Anzeigenteil[535]
- Themengewichtung (zum Beispiel Verhältnis von Information, Kommentar, Unterhaltung, Nutzwert oder Service)
- Umfang der einzelnen Artikel
- Themenaufbereitung und -präsentation[536] (zum Beispiel Zielgruppe, journalistische Darstellungsformen, Anspruch, Tonalität, Qualität der Recherche, Aktualität)
- Zusatzservices (zum Beispiel Online-Archiv für Abonnenten)[537]

Bei Veränderungen eines Parameters sind unter Umständen Interdependenzen mit anderen Aktionsparametern im Bereich der Produktpolitik oder anderer Marketinginstrumente zu berücksichtigen. Beispielweise kann eine Änderung der Papiersorte zu Kostensteigerungen führen, die eine Anpassung des Leserpreises erfordern. Bei der Formatfestlegung spielen neben der Handlichkeit auch die optimale und ökonomische Papierausnutzung, die sich wesentlich auf die Herstellungskosten auswirkt, eine wichtige Rolle.[538] Das Format einer Zeitschrift beeinflusst wiederum die Gestaltungsmöglichkeiten des Zeitschriftenrasters, der Erscheinungsrhythmus determiniert die Aktualität von redaktionellen Beiträgen. Daher kommt es darauf an, die einzelnen Handlungsparameter in ein redaktionelles Gesamtkonzept zielgruppenkonform einzubinden und eventuell mit anderen Marketing-Mix-Variablen zu kombinieren.

Die Titelseite hat für den Erfolg einer Publikumszeitschrift im Einzelverkauf wesentliche Bedeutung, da Publikumszeitschriften mit ihren Titelseiten Aufmerksamkeit, Neugier und Kauflust sowohl bei Stammlesern als auch der wachsenden Laufkundschaft steuern.[539] In vielen Objektgruppen entscheiden sich Käufer spontan nach Optik, Thematik und inhaltlicher Aufmachung für oder gegen einen

---

[535] Vgl. Haller/ Ludwig/ Weßler (1994), S. 102.

[536] Zeitschriftenspezifische Präsentationsformen und Texttypen erläutert Straßner (2001), S. 1734 ff.

[537] Vgl. Breyer-Mayländer (2001), S. 1753.

[538] Vgl. Göbel (2002), S. 220.

[539] Vgl. Käse (1998), S. 104 und Conrad (1996), S. 80. Dabei gelten vorzugsweise weibliche Models und wenige thematische Headlines, möglichst auf Prominente hin personalisiert, als attraktivste und verkäuflichste Gestaltungsmerkmale.

Kauf des Titels,[540] weshalb die Gestaltung der Cover und Titelthemen von Zeitschriften ganz direkt den Markterfolg der jeweiligen Ausgabe mitbestimmt.[541] Bei Kaufzeitschriften im Pressehandel ist dabei die linke Seite der Titelseite von großer Wichtigkeit. In Verkaufregalen im Einzelhandel liegen die meisten Zeitschriften nicht in Vollsichtweise aus, sondern werden in Schuppung, also übereinander gefächert, ausgelegt. Der schmale Streifen am linken Heftrand bleibt somit als Blickfang für Kunden sichtbar, weshalb meist der gesamte Titelaufbau entsprechend gestaltet wird. Gleichzeitig muss die Titelgestaltung den unterschiedlichen Käufer-Zielgruppen Rechnung tragen, denn je hochpreisiger eine Zeitschrift angeboten wird, umso aufgeräumter und eleganter ist ihr Titel in der Regel zu strukturieren. Je niedriger der Verkaufspreis einer Zeitschrift ist, desto dichter wird ihr Titelbild durch Texte und Fotos gestaltet, da ein Großteil der Käufer niedrigpreisiger Zeitschriften davon ausgeht, dass der Fülle der Titelthemen eine besondere Vielzahl von inhaltlichen Beiträgen entspricht. Für potentielle Käufer entsteht dann der Eindruck: „Hier bekomme ich viel für mein Geld".[542]

Vogel (1998) gruppiert die Vielzahl der produktpolitischen Aktionsparameter, indem er drei Arten von Produktvariationen etablierter Publikumszeitschriften differenziert:[543]

- Relaunch: Ausgehend von grundsätzlichen Überlegungen der redaktionellen und kaufmännischen Entscheidungsträger kommt es zu einer systematischen Neufassung des Gesamtkonzeptes eines Titels. Ein Relaunch kann beispielsweise eine Veränderung des Titelnamens, der publizistischen Haltung, des Erscheinungsrhythmus oder der inhaltlichen Ausgestaltung von (Haupt-)Rubriken beinhalten. Er wird häufig begleitet durch eine Neuausrichtung der Kontrahierungs-, Kommunikations- oder Distributionspolitik.[544]
- Optimierung: Im Gegensatz zum Relaunch bleibt das Gesamtkonzept eines Titels unverändert, während sich die Heftstruktur ändert. Mögliche Handlungsparameter sind eine Änderung der Rubrikenreihenfolge, des Heftumfangs, der Leserführung, der Artikellängen, des Satzspiegels, der Papierqualität oder des Erscheinungstages. Eine Zeitschriftenoptimierung wird meist begleitet durch kommunikationspolitische Maßnahmen.

540 Vgl. Göbel (2002), S. 220.

541 Vgl. Althans (1989), S. 765.

542 Vgl. Göbel (2002), S. 220 f., Kübler (2001b), S. 1743 und Owen (1991), S. 186 ff.

543 Vgl. im folgenden Vogel (1998), S. 188 ff.

544 Vgl. hierzu auch Haller/ Ludwig/ Weßler (1994), S. 100 ff.

- Lifting: Ein Lifting beinhaltet eine Modernisierung beziehungsweise eine Angleichung an den allgemeinen Presse-Mainstream und erfordert kein Umdenken der Rezipienten bei der Nutzung des Heftes. Mögliche Lifting-Maßnahmen sind die optische Neugestaltung des Titelblattes, die Veränderung des Untertitels, die Umbenennung von Hauptrubriken, eine Formatänderung, eine Veränderung der Struktur des Inhaltsverzeichnisses, der Einsatz neuer Schriftarten oder Layout-Variationen.

Denkbar ist auch eine mehrfache Durchführung von Liftingmaßnahmen bei gleichzeitigem Verzicht auf kommunikationspolitische Instrumente, um über einen längeren Zeitraum in mehreren Zwischenschritten eine Optimierung des Titels zu realisieren. Dieses Vorgehen empfiehlt sich, wenn Redaktion und Verlagsleitung befürchten, dass eine einmalig durchgeführte Optimierung zu einem Verlust bisheriger Stammleser führen könnte. Umfangreiche Neuausrichtungen der Heftkonzeption gehen dabei häufig einher mit einem Wechsel der personellen Ressourcen, beispielsweise im Bereich der Chefredaktion.[545]

3.2.3 Kommunikationspolitische Handlungsmöglichkeiten

Zeitschriftenverlage können kommunikationspolitische Maßnahmen sowohl im Rezipienten- als auch im Werbemarkt umsetzen. Diese Ausführungen konzentrieren sich auf die Kommunikationspolitik im Rezipientenmarkt, da der langfristige Erfolg im Lesermarkt die entscheidende Voraussetzung für die Gewinnung von Werbekunden darstellt.[546] In der Regel werden diese Handlungsparameter nach den Absatzkanälen Einzelverkauf beziehungsweise Abonnement differenziert.

Kommunikationspolitik im Absatzkanal Einzelverkauf

Im Einzelverkauf setzen Zeitschriftenverlage klassische Werbung ein, um potentielle Leser zum Kauf eines Titels zu motivieren. Während bei neuen Titeln die Bekanntmachung im Vordergrund steht, soll für etablierte Titel der Abverkauf einer bestimmten Ausgabe gefördert oder das Image verbessert werden. Ob klassische Werbung für Zeitschriften regelmäßige Leser in ihrem Verhalten bestätigen und unregelmäßige Leser in regelmäßige Leser verwandeln kann, ist jedoch umstritten. Wie bei anderen Produkten oder Dienstleistungen resultiert eine dauerhafte Leser-Blatt-Bindung einerseits aus einer überzeugenden Leistung und weniger aus Werbemaßnahmen. Andererseits können Werbemaßnahmen potentielle

---

545 Vgl. Vogel (1998), S. 189 ff.

546 Vgl. Althans (1989), S. 762.

Leser mit jedem Erscheinungsintervall an den Kauf erinnern beziehungsweise in ihrer Kaufentscheidung bestätigen, da das Produkt mit jedem Erscheinen neu erstellt wird.[547]

Die Bedeutung der Anzeigenwerbung für klassische Medienanbieter lässt sich anhand der Herkunft der Werbeeinnahmen von Publikumszeitschriften erkennen (vgl. Abbildung 3.6). Das größte Anzeigenvolumen mit einem Gegenwert von 669 Millionen Euro erzielten deutsche Publikumszeitschriften in 2003 mit Anzeigenschaltungen von Medienunternehmen. Die Branche der Straßenfahrzeuge schaltete Anzeigen für 424 Millionen Euro, gefolgt von Sonstigen Dienstleistungsanbietern mit 313 Millionen Euro, dem Bereich Körperpflege und Kosmetik mit 266 Millionen Euro sowie Versand- und Handelsbetrieben mit 253 Millionen Euro. Betrachtet man die Herkunft der Werbeerlöse sämtlicher klassischer Medienanbieter (das heißt Tageszeitungen, Zeitschriften, Fernsehen, Hörfunk und Plakat), so erkennt man, dass die Mehrheit der Werbeinvestitionen in 2003 durch Versand- und Handelsbetriebe mit 2,2 Milliarden Euro sowie von Medienunternehmen mit 2 Milliarden Euro getätigt wurde.[548]

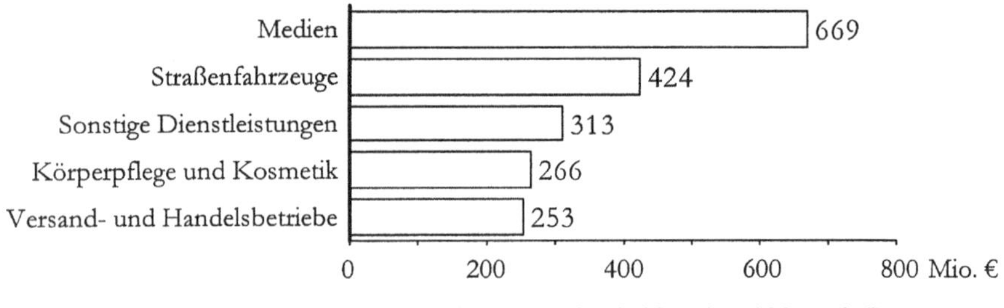

Abbildung 3.6: Werbeerlöse von Publikumszeitschriften in 2003 nach Branchen (Auswahl)[549]

Das bedeutende Anzeigenvolumen von Medienunternehmen in Publikumszeitschriften resultiert häufig aus Gegengeschäften, die in unterschiedlichen Formen auftreten. Intramediale Gegengeschäfte werden zwischen verschiedenen Zeit-

---

547 Vgl. Althans (1989), S. 766.

548 Vgl. o. V. (2004e), S. 7.

549 Datenquelle: Nielsen Media Research, zitiert nach o. V. (2004e), S. 8.

schriftentiteln innerhalb eines Verlages[550] abgeschlossen oder mit Fremdverlagen[551] getätigt. Intermediale Gegengeschäfte sind innerhalb eines Konzerns[552] oder zwischen verschiedenen Medienkonzernen[553] denkbar. Auf Basis von Gegengeschäften besteht somit für Zeitschriftenverlage die Möglichkeit, kostengünstig für bestimmte Titel in anderen Publikumszeitschriften oder Medien zu werben.

Kommunikationspolitische Maßnahmen im Einzelverkauf umfassen neben der klassischen Werbung auch die Verkaufsförderung, die sich stark von Verkaufsförderungsmaßnahmen der Markenartikelhersteller unterscheidet. Aufgrund des Remissionsrechts des Handels und des Belieferungsrechts der Verlage muss der Platz im Regal nicht mit vergleichbarer Intensität erkämpft werden. Die Verlage setzen allerdings regelmäßige Verkaufsförderungsaktionen ein, um die Platzierungsentscheidung des Handels im Verkaufsraum zu beeinflussen. Dabei kann zwischen Dauerverkaufshilfen (zum Beispiel Standtafeln, Aufklebern, Leuchtreklamen) und aktuellen Verkaufshilfen (zum Beispiel Plakate von Titelblättern) unterschieden werden.[554]

Zeitschriftenverlage können außerdem versuchen, redaktionelle Hinweise auf Inhalte der aktuellen Ausgabe in anderen Medien zu platzieren, um so die verkaufte Auflage zu steigern. Dieses Vorgehen besitzt vor allem für Nachrichtenmagazine und Aktuelle Illustrierte eine kommunikationspolitische Bedeutung.[555]

Kommunikationspolitik im Absatzkanal Abonnement

Neben Marketingmaßnahmen, die primär darauf abzielen, den Einzelverkauf von Publikumszeitschriften zu erhöhen, setzen Verlage diverse Instrumente der Kommunikationspolitik ein, um neue Abonnementen zu gewinnen, bestehende Abonnementen zu erhalten oder Kunden, die ihr Abonnement gekündigt haben, zurück zu gewinnen. Die Abonnentenwerbung erfolgt häufig über Instrumente des Direct-Marketing (zum Beispiel Beilagen, Beihefter oder Telefonmarketing) in verlagseigenen oder verlagsfremden Medien. Eine Erhöhung des Abonnementan-

[550] Ein fiktives Beispiel wäre ein Anzeigenaustausch der beiden Zeitschriftentitel Hörzu und Auto Bild des Axel Springer Verlages.

[551] Dies wäre der Fall, wenn ein Anzeigentausch zwischen dem Burda Titel Focus und dem Bauer Titel TV Movie erfolgt.

[552] Ein Beispiel wäre der Austausch von Fernsehspots gegen Printanzeigen zwischen dem Bertelsmann-Sender RTL und Zeitschriften des Tochterunternehmens Gruner + Jahr, wie zum Beispiel Brigitte.

[553] Dies wäre der der Fall, wenn die Zeitschrift Wirtschaftswoche Werberaum mit den Rundfunkprogrammen der ARD austauscht.

[554] Vgl. Conrad (1996), S. 84.

[555] Vgl. Conrad (1996), S. 81.

teils hat einerseits den Vorteil einer höheren Gewinnspanne verglichen mit dem Vertrieb über den Handel, da keine Remissionskosten und Rabatte für Grosso und Einzelhandel anfallen. Dieser Vorteil muss jedoch mit den Kosten der Abonnementakquisition[556] abgewogen werden.[557] Hierunter fallen auch die Einkaufspreise von Prämienzugaben, die Großverlage seit etwa 1980 für den Abschluss von Zeitschriftenabonnements ausloben.[558] Der Bruttowert von Abonnementprämien steigerte sich im Zuge eines Prämienwettbewerbs zwischen den Verlagen derartig, dass seit Mitte der achtziger Jahre der Prämienwert den Bezugspreis des ersten Jahres vereinzelt aufwiegt oder übersteigt.[559]

556 Als Erfolgskennziffer von Abomarketingmaßnahmen werden häufig die CPO (Costs per Order) analysiert, das heißt der Gesamtbetrag in Euro, der zur Gewinnung eines Abonnements innerhalb einer Werbeaktion anfällt.

557 Vgl. Althans (1996), S. 146.

558 Der zunehmende Einsatz von Prämien zur Abonnementenwerbung führte außerdem zu Auseinandersetzungen zwischen Verlagen und dem werbenden Buch- und Zeitschriftenhandel. Dieser beurteilt die Prämienwerbung als Gefährdung beziehungsweise Beeinträchtigung seiner Belieferungsrechte, denn schon bei oberflächlichem Durchblättern der Hefte wird der potentielle Abonnent merken, dass er sich wertvolle und attraktive Prämien oder sogar Bargeld verdienen kann, wenn er das Heft direkt beim Verlag bestellt, anstatt es beim Vertreter zu abonnieren. Diese Auseinandersetzungen reichen bis in die Gegenwart. Vgl. Dorn/ Vogel (2001), S. 233.

559 Vgl. Dorn/ Vogel (2001), S. 233.

3.3 Implikationen für die Formulierung und Umsetzung von Verteidigungsstrategien

3.3.1 Übertragbarkeit der betriebs- und volkswirtschaftlichen Konzepte zu Verteidigungsstrategien auf Zeitschriftenverlage

Die vorherigen wirtschaftswissenschaftlich-orientierten Ausführungen zur Konzeption von Verteidigungsstrategien beziehen sich insbesondere auf oligopolistische Industrie- oder Dienstleistungsmärkte in relativ stabilen Wettbewerbsumgebungen. Es stellt sich die Frage, inwieweit diese Überlegungen auf den Zeitschriftenmarkt übertragen werden können. Wie in den vorherigen Ausführungen in Kapitel zwei dieser Arbeit gezeigt wurde, bestimmt sich die Anwendbarkeit der wirtschaftswissenschaftlichen Konzepte zu Verteidigungsstrategien insbesondere durch

- die Möglichkeiten zur Errichtung von Markteintrittsbarrieren,
- die Art der Marktstruktur beziehungsweise dem Grad der Annäherung der Wettbewerbsform an ein Anbieteroligopol,
- das Ausmaß der Anbieterkonzentration,
- die Stabilität des relevanten Marktes auf Anbieter- und Nachfragerseite,
- die Möglichkeiten des Verteidigers, das Verhalten des Angreifers zu prognostizieren (Markttransparenz) sowie
- das Ausmaß der wechselseitigen Beeinflussbarkeit der Marktteilnehmer.

Diese Einflussgrößen werden in den folgenden Ausführungen für den Markt der Publikumszeitschriften in Deutschland analysiert, um die Relevanz möglicher Verteidigungskonzepte zu bestimmen.

Markteintrittsbarrieren

Im Markt der Publikumszeitschriften führen Economies of Scale-Effekte zum Aufbau von strukturellen Markteintrittsbarrieren, die maßgeblich aus einem verhältnismäßig hohen Fixkostenanteil der Verlage an den Gesamtkosten resultieren. Insbesondere die Herstellung des ersten Exemplars einer Zeitschrift verursacht Fixkosten in Form von so genannten „First-copy-Costs". Diese fallen beispielsweise für die technische und personelle Infrastruktur, die Erstellung eines redaktionellen Konzepts sowie das Layout an. First-copy-Costs führen zu einem hohen finanziellen Risiko bei der Produktion eines neuen Titels, da sie in der Regel versunkene Kosten darstellen, die bei einem Misserfolg nicht wieder rückgängig gemacht werden können.[560] Die Kosten für Vervielfältigung und Vertrieb jedes wei-

[560] Vgl. Ludwig (2003), S. 197 ff. und Picard (2002), S. 54 ff.

teren Zeitschriftenexemplars sind verglichen mit den Fixkosten der Erstausgabe gering. Dieses Verhältnis von fixen und variablen Kosten[561] hat zur Folge, dass bei steigender Auflage die durchschnittlichen Kosten je Zeitschriftenheft sinken. Betriebsgrößenvorteile von Anbietern mit hohen Auflagen stellen für potentielle Wettbewerber Markteintrittsbarrieren dar, die den Markteintritt erschweren beziehungsweise verhindern können.[562] Daher ist davon auszugehen, dass die Ausführungen des oben dargestellten Commitment-Ansatzes, der die strategischen Implikationen von sunk costs thematisiert, für Zeitschriftenverlage von besonderer Relevanz sind.

Die Markteintrittsbarrieren im Zeitschriftenmarkt[563] werden durch die duale Marktverbundenheit von Medienunternehmen weiter verstärkt, was anhand des Modells der so genannten Anzeigen-Auflagen-Spirale gezeigt werden kann (vgl. Abbildung 3.7). [564] Kantzenbach/ Greiffenberg (1980) unterstellen für den Lesermarkt aufgrund einer geringen Preiselastizität der Rezipientennachfrage einen Qualitätswettbewerb der Verlagsunternehmen.[565] Auflagensteigerungen werden in erster Linie durch Produktverbesserungen, weniger dagegen durch eine bestimmte Preispolitik zu erreichen versucht.[566] Im Gegensatz dazu steht auf dem Werbemarkt der Preiswettbewerb im Vordergrund. Gelingt es einem Anbieter, seine Auflagen zu steigern, so kommt es dadurch zu einer Fixkostendegression. Gleichzeitig erhöht sich sein Wettbewerbsvorteil im Werbemarkt, da wegen der höheren Auflage bei gleich bleibendem Seitenpreis die Tausenderpreise für werbetreibende Unternehmen sinken. Steigt infolgedessen die Nachfrage nach Anzeigen oder anderen Werbeformen, so sind Presseunternehmen in der Lage, Produktverbesserungen zu finanzieren, was wiederum auf dem Lesermarkt den soeben beschrie-

561 Die Abgrenzung zwischen fixen und variablen Kosten hängt nach Schweitzer/ Küpper (2003), S. 66 vom Betrachtungszeitraum für betriebliche Entscheidungen sowie der Teilbarkeit der Produktionsfaktoren ab. Kiefer (2001), S. 165 f. klassifiziert Personalkosten, Mieten, Abschreibungen und Werbekosten als fixe Kosten; Herstellungs-, Papier- sowie Vertriebskosten dagegen als variable Kosten von Zeitschriftenverlagen. Ähnliche Einteilungen finden sich bei Althans (1996), S. 137 ff. und Wharton (1992), S. 148 ff.

562 Vgl. Kiefer (2001), S. 166 ff. und Zohlnhöfer (1989), S. 49.

563 Eintrittsbarrieren in anderen Medienmärkten nennt Picard (2002), S. 72 ff.

564 Dieses Modell gilt analog auch für Anbieter elektronischer Medien. Siehe hierzu Heinrich (1999), S. 241 ff.

565 In den letzten Jahren ist allerdings in einigen Zeitschriftensegmenten auf dem Lesermarkt ein intensiver Preiswettbewerb zu beobachten, zum Beispiel im Bereich der Programm- oder Frauenzeitschriften. Vgl. Radvilas (2003a), S. 25, Wehrle/ Busch (2002), S. 90 ff. und o. V. (1996d), S. 38. Daher gelten die Annahmen des Modells der Anzeigen-Auflagen-Spirale heute lediglich für einzelne Teilsegmente der Zeitschriftenpresse.

566 Zur Bedeutung der Preispolitik für Zeitschriftenverlage vgl. Abschnitt 3.2.1 dieser Arbeit.

benen Prozess in Gang setzen kann.[567] Die Anzeigen-Auflagen-Spirale fördert Konzentrationstendenzen in den verschiedenen Medienmärkten und kann als strukturelle Markteintrittsbarriere interpretiert werden.[568] Begrenzt wird die hier dargestellte Wirkungskette allerdings durch ausgeprägte horizontale und vertikale Qualitätspräferenzen auf dem Lesermarkt, wodurch Auflagenerhöhungen Beschränkungen unterworfen sind. Dies gilt analog für den Werbemarkt, wenn regionale oder strukturelle Zielgruppenpräferenzen der Werbekunden vorliegen.[569]

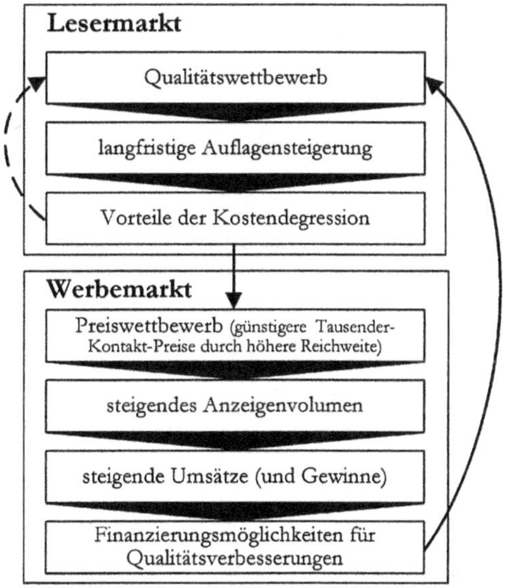

Abbildung 3.7: Wirkungszusammenhang der Anzeigen-Auflagen-Spirale im Pressebereich[570]

567 Vgl. Schütz (2002), S. 493. Die Vorteile der Kostendegression aufgrund von Auflagensteigerungen können auch unmittelbar zur Optimierung der redaktionellen Qualität eines Titels eingesetzt werden, wie die gestrichelte Linie in Abbildung 3.7 zeigt.

568 Vgl. Sjurts (2002), S. 33 f. Zu einer kritischen Würdigung des Modells der Anzeigen-Auflagen-Spirale vgl. Stahmer (1995), S. 155 ff.

569 Vgl. Zohlnhöfer (1989), S. 47 ff. und Kantzenbach/ Greiffenberg (1980), S. 200.

570 Vgl. Schumann/Hess (2000), S. 64 und Kantzenbach/ Greiffenberg (1980), S. 199.

Marktstruktur/ Anbieterkonzentration

Die Konzentrationstendenzen im Markt der Publikumszeitschriften in Deutschland lassen sich anhand der Anbieterstrukturen im Rezipienten- beziehungsweise Werbemarkt zeigen.[571] Im Lesermarkt der mindestens 14-täglich erscheinenden Titel vereinigen die vier Verlage Heinrich Bauer, Axel Springer, Hubert Burda und Gruner + Jahr im ersten Quartal 2004 einen Marktanteil von 76 Prozent auf sich, wie Abbildung 3.8 zeigt.[572] Somit sind drei von vier Heften der wöchentlichen beziehungsweise 14-täglichen Publikumspresse den etablierten Großverlagen zuzurechnen, obwohl durch die Ausgestaltung des Presse-Grosso-Vertriebssystems wie oben gezeigt der Marktzutritt für sämtliche Anbieter sichergestellt wird. Burda und der Axel Springer Verlag konnten ihre Anteile seit 1980 erhöhen, während Bauer und Gruner + Jahr im gleichen Zeitraum leicht rückläufige Lesermarktanteile erzielen.[573] Dreier (2004) konstatiert hinsichtlich der Anbieterkonzentration im Rezipientenmarkt, dass sowohl bei den Tageszeitungen als auch bei den Zeitschriften einige Unternehmen eine bedeutende Stellung auf dem Markt einnehmen und einen großen Teil der Auflage herstellen und verbreiten."[574]

Auch im Werbemarkt zeigen sich Konzentrationstendenzen, die verglichen mit dem Rezipientenmarkt allerdings etwas geringer ausfallen. In 2002 erwirtschafteten die sechs größten Anbieter einen Bruttowerbeumsatz von etwa 2,4 Milliarden Euro, was rund 64 Prozent des gesamten Marktvolumens von 3,8 Milliarden Euro entspricht.[575] Die prozentuale Aufteilung der Marktanteile veranschaulicht Abbildung 3.9. Der Umsatzanteil der zehn größten Verlage[576] am Gesamtwerbemarkt in Deutschland hat sich zwischen 1995 von 73 Prozent auf 76 Prozent in 2002 erhöht.[577] Aus dem Vergleich mit der vorherigen Abbildung zum Lesermarkt lassen sich außerdem die unterschiedlichen Erlösmodelle der Verlagsunternehmen erkennen. Beispielsweise erzielt der Heinrich Bauer Verlag einen relativ hohen

---

571 Vgl. hierzu auch Wilke (2002), S. 453 und Sjurts (2002), S. 97 ff.

572 Der Wert für sämtliche auflagenkontrollierten Zeitschriftentitel unabhängig von der Erscheinungsfrequenz liegt bei 60,4 Prozent. Vgl. Vogel (2004), S. 323.

573 Vgl. Vogel (2004), S. 323 und Vogel (2002a), S. 434 f.

574 Vgl. Dreier (2004), S. 250.

575 Vgl. o. V. (2004b), S. 2 ff.

576 Dazu zählen neben den bereits genannten Unternehmen der Spiegel Verlag, die Verlagsgruppe Milchstrasse, die Unternehmensgruppe Vereinigte Motor-Verlage beziehungsweise Motor-Presse Stuttgart, der Jahreszeiten Verlag, die GWP media marketing als Teil der Verlagsgruppe Handelsblatt sowie der Condé Nast Verlag (Auflistung in absteigender Reihenfolge entsprechend der Marktanteile im Werbemarkt). Vgl. o. V. (2004b), S. 4.

577 Vgl. o. V. (2004b), S. 4.

Anteil seiner Erlöse im Vertriebsmarkt und einen relativ geringen Anteil im Anzeigenmarkt, während bei Gruner + Jahr ein umgekehrtes Verhältnis der Erlösquellen vorliegt.[578]

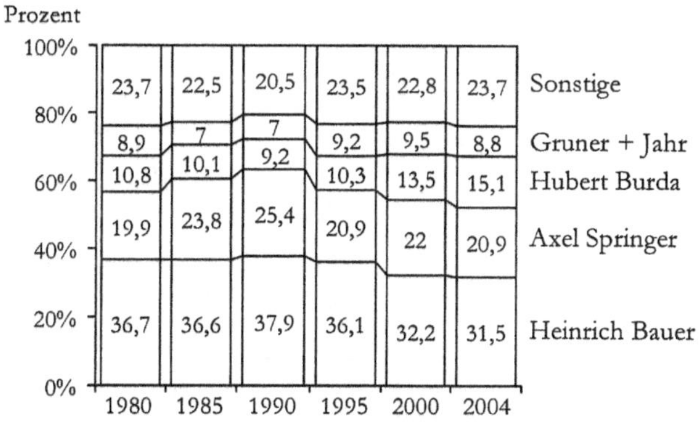

Abbildung 3.8: Konsolidierte Marktanteile der Großverlage im Rezipientenmarkt der Publikumszeitschriften[579]

Stabilität der Wettbewerbsbedingungen

Hinsichtlich der Stabilität der Anbieterstruktur im Markt der Publikumszeitschriften ist festzuhalten, dass die deutschen Großverlage seit Jahrzehnten im Wettbewerb untereinander stehen. 1946 gründete Axel Springer in Hamburg den Axel Springer Verlag,[580] Burda Verlag und Heinrich Bauer Verlag entstanden 1908[581] beziehungsweise 1875[582]. Der Stern, einer der auflagenstärksten Titel von Gruner + Jahr, erschien erstmals 1948. Zu den jüngeren Verlagen in Deutschland zählt

---

578 Vgl. hierzu auch die Ausführungen zu Abbildung 3.3 dieser Arbeit.

579 Datenquelle: IVW-Daten, mindestens 14-täglich erscheinende Titel gattungsbereinigt, jeweils I Quartal, zitiert nach Vogel (2004), S. 323 und Vogel (2002a), S. 434.

580 Vgl. o. V. (2002a), S. 164.

581 Vgl. o. V. (2002a), S. 64.

582 Vgl. o. V. (2002a), S. 47.

die Hamburger Verlagsgruppe Milchstrasse, deren Gründung 1975 erfolgte.[583] Die führenden Pressehäuser sind seit Jahrzehnten in das politische und gesellschaftliche Umfeld ihrer jeweiligen Absatzgebiete eingebunden.[584] Daher kann auf der Anbieterseite von einer hohen Stabilität des Wettbewerbs im Zeitschriftenmarkt ausgegangen werden, was insbesondere für die Anwendbarkeit der oben dargestellten Reputations-Ansätze spricht.[585]

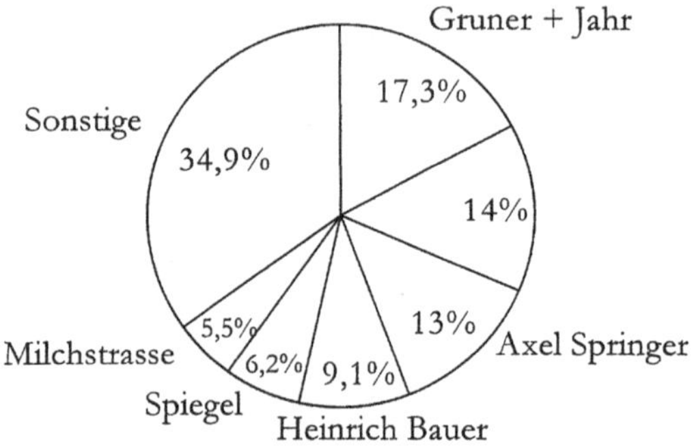

Abbildung 3.9: Marktanteile der Großverlage im Werbemarkt der Publikumszeitschriften 2002 in Prozent[586]

Allerdings ist zu erwarten, dass zukünftig im Zuge der allgemeinen Internationalisierung der Medienmärkte ausländische Medienunternehmen verstärkt versuchen werden, in den deutschen Markt einzudringen.[587] Dies gelingt anders als im Konsumgüterbereich jedoch nur mit landesspezifisch konzipierten Zeitschriften, da eine Übersetzung ausländischer Titel aufgrund länderspezifischer Kulturen und

583 Vgl. o. V. (2002a), S. 130.

584 Beispiele sind die Aktion „Ein Herz für Kinder" des Axel Springer Verlages, die Verleihung des Medienpreises „Goldene Feder" durch den Heinrich Bauer Verlag oder der seit 1977 durch Gruner + Jahr vergebene Egon Erwin Kisch-Preis. Siehe hierzu Gruner + Jahr (2002), S. 324 ff.

585 Dafür spricht auch die Einschätzung von Stahmer (1995), S. 100 und S. 105, der feststellt, dass sich die deutschen Großverlage seit langer Zeit gegenüber stehen und dadurch begründete Auffassungen über Ziele und Verhaltensmuster ihrer Wettbewerber gewonnen haben.

586 Datenquelle: Nielsen Media Research zitiert nach o. V. (2004b), S. 4.

587 Vgl. Dreier (2004), S. 258 ff.

Leserpräferenzen wenig Erfolg versprechend ist.[588] Die Stabilität des Zeitschriftenmarktes auf der Nachfragerseite könnte sich mittel- bis langfristig außerdem durch die zunehmende Nutzung von Multimediaangeboten durch die Rezipienten verändern.[589] Trotz stetig steigender Nutzerzahlen beträgt der Anteil der Internetwerbung am Gesamtwerbemarkt der Medienangebote bislang jedoch weniger als zwei Prozent.[590]

Markttransparenz/ Beeinflussbarkeit der Marktteilnehmer

Eine weitere Annahme der bisherigen Ausführungen zur Konzeption von Verteidigungsstrategien betrifft die wechselseitige Beeinflussung der Wettbewerber untereinander. Dafür muss im relevanten Markt zunächst eine ausreichende Markttransparenz vorherrschen, damit die Markteilnehmer strategische Handlungen ihrer Wettbewerber antizipieren und Reaktionsmaßnahmen einleiten können. Der Markt der Publikumszeitschriften zeichnet sich durch eine hohe Markttransparenz aus, da Zeitschriftenprodukte öffentlich zugänglich und somit relativ einfach auswertbar sind. Neben den obligatorischen IVW-Auflagenzahlen steht den Verlagen mit vergleichenden Reichweitenanalysen wie Media-Analyse, Allensbacher Werbeträger-Analyse, der Leseranalyse Entscheider, Markt-Media-Studien wie Verbraucher-Analyse und Typologie der Wünsche umfangreiches Datenmaterial zur Analyse der Wettbewerber zur Verfügung.[591] Über eine allgemein zugängliche Online-Datenbank sind Auflagenzahlen und Entwicklung der Anzeigenseiten für nahezu alle relevanten Publikumszeitschriften jederzeit im Internet abrufbar.[592] Darüber hinaus berichten diverse Branchendienste wie Kress Report, Text Intern, Kontakter, Werben & Verkaufen oder Horizont regelmäßig über aktuelle Entwicklungen in der Medienbranche.[593]

---

588 Vgl. Wilke (2002), S. 457 ff. und Knobloch/ Schneider (1999), S. 8.

589 Mittlerweile verfügt mehr als die Hälfte der deutschen Bevölkerung über erste Erfahrungen im Umgang mit Internet-Angeboten. Vgl. Dreier (2004), S. 258 f., Deutsche Fachpresse (2003), S. XIV, Breyer-Mayländer (2001), S. 1752 ff. und Klein (2001), S. 100 ff.

590 Vgl. o. V. (2004a).

591 Vgl. Koschnick (2003), S. 2234.

592 Siehe hierzu die Datenbank des Verbandes Deutscher Zeitschriftenverleger (VDZ) unter http://www.pz-online.de, Abruf vom 23.02.2004.

593 Der Detaillierungsgrad der Berichterstattung läßt sich exemplarisch an o. V. (2000m), S. 14 verdeutlichen. In diesem Beitrag veröffentlicht der Kress Report ein namentliches Mitarbeiterverzeichnis der neu gegründeten Zeitschrift Focus Money. Zusätzlich finden sich Angaben zur organisatorischen Einordnung, zum Alter sowie zum vorherigen Arbeitgeber der Beschäftigten.

Insbesondere die spieltheoretischen Modelle der Wirtschaftswissenschaften unterstellen, dass die Handlungen der Anbieter voneinander abhängen, was für den Zeitschriftenmarkt lediglich eingeschränkt gilt. Da in jeder Heftausgabe unterschiedliche Inhalte publiziert werden, ist es für den Markt der Publikumszeitschriften sinnvoll, zwischen strategischer und operativer Interdependenz zu differenzieren. Aus strategischer Sicht werden redaktionelle Inhalte je nach Heftkonzept und Zielgruppe unterschiedlich aufbereitet, wodurch sich Artikel in verschiedenen Zeitschriften aus Rezipientensicht voneinander unterscheiden, selbst wenn sie identische oder ähnliche Themen behandeln.[594] Verlage versuchen außerdem durch exklusive Vereinbarungen mit Interviewpartnern oder Informationsquellen zu verhindern, dass diese auch anderen Medienanbietern zur Verfügung stehen.[595] Dieses Vorgehen dient häufig der Wettbewerbsdifferenzierung von Zeitschriftentiteln mit starkem Aktualitätsbezug und findet sich weniger bei anderen Gattungen wie beispielsweise Frauenzeitschriften.

Bezogen auf die operative Planung einzelner Heftausgaben scheint eine wechselseitige Beeinflussbarkeit der Anbieter lediglich eingeschränkt gegeben. Gerade bei Zeitschriften mit hohem Aktualitätsbezug kann es vorkommen, dass konkurrierende Titel zeitgleich ähnliche Themen oder sogar Titelthemen publizieren. Entscheidungsträger eines Titels haben in diesem Fall vor dem Erstverkaufstag keine Möglichkeit, auf das Titelthema der Konkurrenz zu reagieren. Allerdings werden diese Themen je nach Zielgruppe aufbereitet und entsprechend der mittel- bis langfristigen Ausrichtung eines Titels präsentiert. Hinzu kommt, dass die Planung einzelner Titelthemen eher in den Bereich der operativen Geschäftspolitik fällt, während sich die Ausführungen zu Verteidigungsstrategien auf taktische oder strategische Entscheidungen beziehen. Insofern bezieht sich die Annahme der interdependenten Marktverbundenheit in dieser Ausarbeitung eher auf ein Heftkonzept oder einzelne Titelinnovationen und weniger auf einzelne Ausgaben einer Zeitschrift.[596]

Insgesamt kann der Zeitschriftenmarkt in Deutschland als stabiler oligopolistischer Wettbewerb unter etablierten Großverlagen charakterisiert werden.[597] Der Markteintritt neuer Wettbewerber wird durch hohe versunkene Anlaufkosten, lange Einführungsphasen und den Zeitbedarf für den Aufbau von journalistischen

594 Vgl. Picard (2002), S. 102 ff. und Schumann/Hess (2000), S. 40 ff.

595 Vgl. Wirtz (2003), S. 117 ff. und Vogel/ Dorn (1997), S. 38.

596 Vgl. hierzu auch die Klassifizierung operativer und strategischer Zielgrößen in der Marketing-Planung von Zeitschriftenverlagen nach Breid (1999), S. 110 f.

597 Vgl. Schumann/Hess (2000), S. 24 f.

Kernkompetenzen erschwert.[598] Die steigende Anzahl von Medienangeboten bei gleichzeitig stagnierender Mediennutzung, konstantem Medienbudget der Konsumenten sowie teilweise rückläufigen Werbeerlösen verstärkt den Verdrängungswettbewerb im Medienmarkt.[599] Der Zeitschriftenmarkt kann sowohl auf dem Rezipienten- als auch auf dem Werbemarkt durch eine zunehmend konzentrierte Anbieterstruktur charakterisiert werden.[600] Diese Marktcharakteristika sprechen für die Anwendbarkeit der bisher erläuterten wirtschaftswissenschaftlichen Konzepte zur Planung und Umsetzung von Verteidigungsstrategien.[601]

3.3.2 Hypothesen zum Verteidigungsverhalten deutscher Zeitschriftenverlage

In diesem Abschnitt sollen die wirtschaftswissenschaftlichen Erkenntnisse zu Verteidigungsstrategien auf den Markt der Publikumszeitschriften in Deutschland übertragen werden. Ausgehend von theoretischen Ansätzen und empirischen Befunden zu Verteidigungsmaßnahmen erfolgt eine Diskussion der Einsetzbarkeit verschiedener Marketing-Mix-Instrumente für Verteidigungsmaßnahmen von Zeitschriftenverlagen. Anschließend werden Hypothesen für den empirischen Teil dieser Arbeit formuliert.

Verteidigungsstrategien im Bereich der Preispolitik

Die wirtschaftswissenschaftliche Literatur begründet konkurrenzorientierte Preisstrategien zur Marktverteidigung durch alternative Theorieansätze, darunter die oben erläuterte Limitpreis-Theorie oder Weiterentwicklungen in Form der Predatory-, Reputations-, Signaling-, Commitment- beziehungsweise Sunk Cost-Ansätze. Diese Konzepte erläutern, unter welchen Bedingungen ein etabliertes Unternehmen durch Preisreduzierungen potentielle Wettbewerber vom Markteintritt abschrecken oder bestehende Wettbewerber aus dem Markt verdrängen kann.[602] Das normative Defender-Modell nach Hauser und Shugan kommt zu dem Ergebnis, dass die gewinnoptimale Reaktion des Verteidigers auf einen Markteintritt des Angreifers im Normalfall darin besteht, in der post-entry-Phase eine Preissen-

---

598 Vgl. Breyer-Mayländer/ Werner (2003), S. 25.

599 Vgl. Fritz/ Klingler (2003), S. 23, Presse (2003), S. 16 f., Heinrich (2001), S. 49 und Althans (1989), S. 775.

600 Vgl. Sjurts (2002), S. 101 ff.

601 Zur Auswahl von Verteidigungsstrategien in Abhängigkeit von der Wettbewerbssituation vgl. D'Aveni (1999), S. 134 sowie die Ausführungen in Abschnitt 2.2 dieser Arbeit.

602 Vgl. hierzu Abschnitt 2.3 dieser Arbeit.

kung vorzunehmen. In Ausnahmefällen können auch Preiserhöhungen als gewinnoptimale Reaktion sinnvoll sein.[603] Obwohl die theoretische Literatur preispolitische Verteidigungsaktivitäten umfassend behandelt, finden sich lediglich vereinzelte empirische Belege dafür, dass Unternehmen derartige Strategien in der Praxis anwenden.[604]

Die Umsetzung preispolitischer Verteidigungsmaßnahmen im Lesermarkt gestaltet sich für Zeitschriftenverlage verglichen mit Unternehmen aus anderen Branchen wegen der Besonderheiten des Pressevertriebssystems in Deutschland verhältnismäßig einfach. Da Zeitschriften im Gegensatz zu der Mehrzahl der im Einzelhandel erhältlichen Produkte preisgebunden vertrieben werden dürfen, obliegt die Entscheidungshoheit über den Endverbraucherpreis dem Verlag und nicht dem Grossisten oder Einzelhandel, womit Preisverhandlungen mit diesen Handelsstufen entfallen.

Die Preispolitik der Verlage fungiert dabei eher als mittel- bis langfristiges Aktionsinstrument.[605] Unabhängig von rechtlichen Vorgaben würden kurzfristige Sonderangebote für einzelne Heftausgaben für Leser vermutlich kaum einen Nutzen bringen, da redaktionelle Inhalte relativ kurzfristig ihren Wert verlieren.[606] Die Preisersparnis kurzfristiger Sonderangebote wäre außerdem angesichts einer insgesamt niedrigpreisigen Kaufpresse je Einzelverkauf aus Sicht des Verbrauchers verhältnismäßig gering.[607] Daher kommen als Verteidigungsmaßnahmen im Lesermarkt für Zeitschriftenverlage mindestens mittelfristige Preisvariationen über mehrere Wochen in Frage.

Der mehr oder weniger ausgeprägte Aktualitätsbezug von Zeitschriften könnte gleichzeitig die Anwendbarkeit von preispolitischen Verteidigungsstrategien begrenzen. Einige wirtschaftswissenschaftliche Modelle gehen davon aus, dass Preisreduzierungen zu einem Mehrkonsum oder zu Vorratskäufen bisheriger Nutzer des etablierten Produktes führen, wodurch sich die Absatzchancen des Angreifers verringern.[608] Dieser Effekt ist im Zeitschriftenmarkt nicht wirksam, da Bevorratungskäufe größerer Mengen aufgrund der Aktualität von Zeitschriften mit hoher Wahrscheinlichkeit ausscheiden.[609] Zeitschriften werden in regelmäßigen Interval-

---

603 Vgl. hierzu Abschnitt 2.5.3 dieser Arbeit.

604 Vgl. hierzu Abschnitt 2.6 dieser Arbeit.

605 Vgl. Conrad (1996), S. 82 und Althans (1989), S. 765 f.

606 Vgl. Stahmer (1995), S. 59 und Althans (1989), S. 761.

607 Vgl. Dorn/ Vogel (2001), S. 219.

608 Vgl. hierzu Abschnitt 2.3 dieser Arbeit.

609 Vgl. Dorn/ Vogel (2001), S. 219.

len immer wieder neu produziert und da jede neue Ausgabe die vorherige nicht nur ergänzt, sondern zumeist auch ersetzt, sinken die Absatzchancen einer Ausgabe nach dem Erscheinen der nächsten deutlich ab.[610] Insofern zielen Preissenkungen im Rezipientenmarkt primär darauf ab, Leser von Konkurrenztiteln abzuwerben oder bestehende Käufergruppen zu erhalten.

Obwohl die Preispolitik im Werbemarkt verschiedene medienspezifische Besonderheiten aufweist, ist davon auszugehen, dass die wirtschaftswissenschaftlichen Modelle zu Verteidigungsstrategien auch auf den Zeitschriftenmarkt übertragen werden können. Dafür spricht insbesondere ein hoher Grad an Übereinstimmung der Nachfragefunktionen im Anzeigenmarkt mit den Prämissen der spieltheoretischen Modelle zu Verteidigungsstrategien.[611] Deshalb wird analog zu den wirtschaftswissenschaftlichen Untersuchungen unterstellt, dass die preisbezogene Verteidigung verglichen mit anderen Instrumenten des Marketing-Mix sowohl in der pre-entry-Phase als auch in der post-entry-Phase des Wettbewerbs verhältnismäßig selten eingesetzt wird. Wie im zweiten Kapitel dieser Arbeit gezeigt wurde, stellt die Umsetzung von Preisreduzierungen in einigen Fällen für ein etabliertes Unternehmen keine rationale Strategie dar. Offenbar verzichten Entscheidungsträger häufig auf Preisreduzierungen, da sie befürchten, Umsatzverluste, die aus einer temporären Preissenkung resultieren, in Folgeperioden nicht wieder ausgleichen zu können.[612]

Die vereinzelte Anwendung von Preisreduzierungen im Medienbereich könnte auch mit der Verbundenheit der beiden Absatzmärkte von Verlagen begründet werden. Bei primär anzeigenfinanzierten Titeln deckt der Leserpreis lediglich einen geringen Teil der Gesamtkosten einer Zeitschrift.[613] Falls der Markteintritt des Angreifers dazu führt, dass sich die Werbeerlöse des Verteidigers reduzieren, könnte der Verteidiger versuchen, durch konstante Copypreise zusätzliche Erlösverluste auf dem Rezipientenmarkt zu verhindern.[614] Für den empirischen Teil

[610] Vgl. Schulte-Hillen/ Ganz/ Althans (2001), S. 479 f.

[611] Das Untersuchungsdesign von Smiley (1988), S. 178 f., der in seiner Studie unter anderem Medienunternehmen untersucht, kann ebenfalls als Indiz für diese These interpretiert werden.

[612] Im Rahmen einer Befragung von Gatignon/ Robertson/ Fein (1997), S. 172 ff. gibt die Mehrzahl der Teilnehmer an, dass sie Preisreduzierungen für wirkungslos hält, da ein solches Vorgehen von Konkurrenten eventuell als Signal der Schwäche interpretiert wird. Ähnliche Aussagen von Entscheidungsträgern deutscher Zeitschriftenverlage finden sich bei Gangloff (1998), S. 152 ff. sowie bei o. V. (1998a), S. 1. Gatignon/ Robertson/ Fein (1997) weisen allerdings darauf hin, dass die Ergebnisentwicklung des Verteidigers bei einem Verzicht auf eine Preisreduzierung noch ungünstiger als bei der Realisierung der Verteidigungsstrategie ausfallen könnte.

[613] Vgl. Schütz (2002), S. 502 ff.

[614] Vgl. hierzu Schütz (2002), S. 515.

dieser Arbeit werden folgende Hypothesen im Hinblick auf preispolitische Verteidigungsmaßnahmen von Zeitschriftenverlagen aufgestellt:

Hypothese H 1a: Preispolitische Maßnahmen werden von Zeitschriftenverlagen verglichen mit anderen Marketing-Mix-Instrumenten verhältnismäßig selten innerhalb der pre-entry-Phase als Verteidigungsstrategie angewandt.

Hypothese H 1b: Preispolitische Maßnahmen werden von Zeitschriftenverlagen verglichen mit anderen Marketing-Mix-Instrumenten verhältnismäßig selten innerhalb der post-entry-Phase als Verteidigungsstrategie angewandt.

Verteidigungsstrategien im Bereich der Produktpolitik

Im Bereich der Wirtschaftswissenschaften werden als produktpolitische Verteidigungsstrategien vorwiegend Produktvariationen oder -differenzierungen zur Eintrittsabschreckung beziehungsweise zur Steigerung der eigenen Marktanteile in der post-entry-Phase diskutiert. Durch Produktdifferenzierungen können einerseits zusätzliche Marktanteile erschlossen und Preiskämpfe mit Wettbewerbern reduziert werden, andererseits entstehen unter Umständen zusätzliche Komplexitätskosten oder Kannibalisierungseffekte bei etablierten Stammprodukten. Die Umsetzung von Produktvariationen hängt wesentlich ab vom kompetitiven Preiseffekt sowie der Verschiebung der Nachfrage aufgrund der Produktveränderungen.[615] Laut empirischen Studien wenden Unternehmen produktpolitische Verteidigungsmaßnahmen in der pre-entry-Phase verhältnismäßig selten, in der post-entry-Phase dagegen relativ häufig an, was insbesondere auf den Zeitbedarf für die Realisierung der Maßnahmen zurückgeführt wird.[616]

In der wissenschaftlichen Literatur zu Zeitschriftenverlagen finden sich lediglich vereinzelte Hinweise zu produktpolitischen Verteidigungsstrategien. Wharton (1992) empfiehlt etablierten Anbietern in Anlehnung an eine Produktdifferenzierungsstrategie mögliche Lücken im Produktraum zur Eintrittabschreckung vorsorglich durch Titelinnovationen zu besetzen.[617] Heinrich (2001) geht hingegen davon aus, dass Produktdifferenzierungsvorteile etablierter Anbieter lediglich gering ausgeprägt sind, da eine sehr große Fluktuation der Auflagen einzelner Zeit-

615 Vgl. hierzu Abschnitt 2.4 dieser Arbeit.

616 Vgl. hierzu Abschnitt 2.6 dieser Arbeit.

617 Vgl. Wharton (1992), S. 24: "...make sure there is no gap for someone else to come along and fill."

schriftentitel besteht und offenbar keine Markentreue der Rezipienten existiert.[618] Da sich diese Untersuchung primär auf die Frage nach der Häufigkeit der Anwendung und weniger auf die Wirksamkeit von Verteidigungsmaßnahmen konzentriert, wird diese These nicht näher untersucht. Im Hinblick auf Produktvariationen in der pre-entry-Phase stellt Vogel fest, dass etablierte Verlage in wenigen Fällen einen Relaunch umsetzen.[619]

Abgesehen von den bereits erläuterten Besonderheiten der produktpolitischen Instrumente ist davon auszugehen, dass die ökonomischen Verteidigungskonzepte auch auf den Zeitschriftenmarkt übertragen werden können. Im Absatzkanal Einzelverkauf bestehen für Verlage verglichen mit anderen Markenherstellern sogar zusätzliche Handlungsspielräume. Bei regulären Konsumgütern könnten nachgelagerte Handelsstufen im Falle einer Produktdifferenzierungsstrategie die Aufnahme eines neuen Artikels in das Sortiment verweigern. Ebenso könnten sie bei einer Produktmodifikation den Verkauf des Produktes theoretisch einstellen.[620] Aufgrund des Dispositionsrechts der Verlage ist im Pressemarkt sichergestellt, dass neue Titel in das Pressesortiment der Grossisten aufgenommen werden beziehungsweise bei Modifikationen im Sortiment verbleiben.[621] Somit fällt der Verhandlungsaufwand für Verlage mit nachgelagerten Handelsstufen verglichen mit regulären Produktherstellern geringer aus, was die Verbreitung modifizierter oder neuer Produkte vereinfacht. Außerdem sind für den Zeitschriftenmarkt die Annahmen der spieltheoretischen Verteidigungsmodelle eher erfüllt, da diese in der Regel vereinfachend keine zusätzlichen Handelstufen unterstellen.[622]

Die Hypothesen für den empirischen Teil zur Produktpolitik werden analog zu den preispolitischen Hypothesen nach der pre-entry-Phase und der post-entry-Phase des Wettbewerbs differenziert. Verglichen mit Preisänderungen oder kommunikationspolitischen Maßnahmen erfordern produktpolitische Verteidigungsmaßnahmen häufig einen zeitlichen Vorlauf für die Umsetzung der Maßnahmen,[623] weshalb unterstellt wird, dass sie in der pre-entry-Phase verhältnismäßig selten umgesetzt werden:

---

618 Vgl. Heinrich (2001), S. 353. Als Beispiele nennt er die schnellen Erfolge des Nachrichtenmagazins Focus gegenüber dem Spiegel sowie der Programmzeitschrift TV Movie gegenüber TV Spielfilm. Medienprodukte als Marken untersucht ausführlich Siegert (2003), S. 9 ff.

619 Vgl. Vogel (1998), S. 191.

620 Vgl. Homburg/ Krohmer (2003), S. 856 ff.

621 Einschränkend ist allerdings anzumerken, dass der Grossist entscheidet, welche Verkaufsstellen er mit welchen Zeitschriftentiteln beliefert. Außerdem trägt der Verlag anders als im Konsumgüterbereich das volle Absatzrisiko.

622 Zu Ausnahmen vgl. die Erläuterungen bei Villas-Boas (1998).

623 Vgl. Robinson (1988a), S. 383.

Hypothese H 2a: Produktvariationen oder -differenzierungen werden von Zeitschriftenverlagen innerhalb der pre-entry-Phase verglichen mit anderen Marketing-Mix-Instrumenten verhältnismäßig selten als Verteidigungsstrategie angewandt.

Hypothese H 2b: Produktvariationen oder -differenzierungen werden von Zeitschriftenverlagen innerhalb der post-entry-Phase verglichen mit anderen Marketing-Mix-Instrumenten verhältnismäßig häufig als Verteidigungsstrategie angewandt.

Verteidigungsstrategien im Rahmen der Kommunikationspolitik

Die folgenden Ausführungen dienen der Ableitung einer Hypothese zum Verteidigungsverhalten von Zeitschriftenverlagen im Bereich der Kommunikationspolitik. Wirtschaftswissenschaftliche Ansätze begründen die Verteidigungswirkung von kommunikationspolitischen Maßnahmen mit Hilfe alternativer Theorien. Werbemaßnahmen können einerseits als versunkenen Kosten zum Aufbau von Markteintrittsbarrieren oder andererseits zur Imagedifferenzierung gegenüber Produkten der Wettbewerber eingesetzt werden.[624] Dabei ist unklar, ob eine Reduzierung oder eine Erhöhung des Werbebudgets die gewinnoptimale Verteidigungshandlung als Reaktion auf den Markteintritt eines neuen Wettbewerbers darstellt.[625] Neben Werbemaßnahmen können etablierte Anbieter auch Produktvorankündigungen gegenüber Wettbewerbern oder Konsumenten als Verteidigungsstrategie einsetzen.

Nach empirischen Erhebungen ist der Einsatz kommunikationspolitischer Maßnahmen in der pre-entry-Phase des Wettbewerbs kaum verbreitet. In der post-entry-Phase ergibt sich ein uneinheitliches Bild. Offenbar variiert die Einsatzhäufigkeit stark zwischen verschiedenen Branchen beziehungsweise der Unternehmensgröße.[626]

Als kommunikationspolitische Verteidigungsinstrumente kommen für Zeitschriftenverlage ebenfalls Werbemaßnahmen sowie Produktvorankündigungen in Frage. Verglichen mit anderen Branchen ist davon auszugehen, dass Zeitschriftenverlage aufgrund ihrer Kenntnis der Abwicklungsprozesse in der Lage sind, Werbekampagnen relativ kurzfristig umzusetzen. Dies gilt insbesondere für intramediale Gegengeschäfte innerhalb eines Verlages.

Die Wirksamkeit von Produktvorankündigungen gegenüber Rezipienten wird aufgrund der produktspezifischen Besonderheiten von Zeitschriften stark einge-

---

[624] Vgl. hierzu die Abschnitte 2.3.5 und 2.5.2. dieser Arbeit.

[625] Vgl. hierzu Abschnitt 2.5.3 dieser Arbeit.

[626] Vgl. hierzu Abschnitt 2.6 dieser Arbeit.

schränkt. Wegen der hohen Aktualität zahlreicher Publikumszeitschriften erscheint es unwahrscheinlich, dass Leser ihren Konsum aufschieben, um auf die Einführung einer angekündigten Zeitschrift zu warten.[627] Hinsichtlich der Effizienz von Vorankündigungen gegenüber Wettbewerbern sind jedoch keine Einschränkungen erkennbar. Vielmehr erleichtert die hohe Markttransparenz im Bereich der Presseverlage die Kommunikation derartiger Verteidigungsaktivitäten. Sofern sich eine Verteidigung im Rahmen von Produktvorankündigungen nicht an Leser, sondern ausschließlich an Wettbewerber richtet, kann unterstellt werden, dass die Umsetzung von Produktvorankündigungen ausschließlich in der pre-entry-Phase sinnvoll ist. Lediglich in dieser Phase des Wettbewerbs hat der Verteidiger die Möglichkeit, die Markteintrittsentscheidung eines Angreifers so zu beeinflussen, dass dieser den Markteintritt aufschiebt oder auf ihn verzichtet.

Abgesehen von der eingeschränkten Wirksamkeit von Produktvorankündigungen in der post-entry-Phase ist davon auszugehen, dass die wirtschaftswissenschaftlichen Erkenntnisse zu kommunikationspolitischen Verteidigungsstrategien auch auf Zeitschriftenverlage übertragen werden können.[628] Daher soll analog zu den bereits dargestellten empirischen Untersuchungen unterstellt werden, dass die kommunikationspolitische Verteidigung verglichen mit anderen Instrumenten des Marketing-Mix in der pre-entry-Phase verhältnismäßig selten eingesetzt wird. In der post-entry-Phase ergibt sich laut empirischen Studien der Wirtschaftswissenschaften ein uneinheitliches Bild. Aufgrund der einfachen Umsetzbarkeit klassischer Werbung für Zeitschriftenverlage soll unterstellt werden, dass kommunikationspolitische Maßnahmen relativ häufig eingesetzt werden. Für diese These spricht auch die relativ hohe Markttransparenz im Markt der deutschen Publikumszeitschriften. Sofern ein Verteidiger erkennt, dass ein angreifender Großverlag eine Titelinnovation durch umfangreiche kommunikationspolitische Maßnahmen begleitet, könnte dies entsprechende Reaktionen des Verteidigers provozieren.

Hypothese H 3a: Werbemaßnahmen oder Produktvorankündigungen werden von Zeitschriftenverlagen verglichen mit anderen Marketing-Mix-Instrumenten verhältnismäßig selten als Verteidigungsstrategie innerhalb der pre-entry-Phase angewandt.

627 Dieser Sachverhält ist könnte allenfalls für den Abschluss eines Abonnements eine gewisse Relevanz besitzen.

628 Dafür spricht auch das Untersuchungsdesign von Smiley (1988), S. 178 f., der in seiner Studie unter anderem Medienunternehmen untersucht.

Hypothese H 3b: Werbemaßnahmen werden von Zeitschriftenverlagen verglichen mit anderen Marketing-Mix-Instrumenten verhältnismäßig häufig als Verteidigungsstrategie innerhalb der post-entry-Phase angewandt.

4 Analyse von Verteidigungsstrategien etablierter Anbieter im deutschen Zeitschriftenmarkt in der Praxis

4.1 Untersuchungsdesign

4.1.1 Untersuchungsobjekt und Untersuchungszeitraum

Nachdem die theoretischen Ansätze zu Verteidigungsstrategien auf den deutschen Zeitschriftenmarkt übertragen wurden, erfolgt in diesem Kapitel die empirische Überprüfung der aufgestellten Hypothesen. Ziel der Untersuchung ist die Ermittlung von Art und Häufigkeit der Reaktionen etablierter Verlage in ausgewählten Marktsegmenten im Markt der Publikumszeitschriften in Deutschland. Der zehnjährige Untersuchungszeitraum umfasst die Jahre 1992 bis 2002. In Abschnitt 4.1.2 werden zunächst aus der Vielzahl der Titel relevante Angreifer und Verteidiger ausgewählt, wobei sich die Auswahl auf etablierte Großverlage konzentriert, da diese wie gezeigt eine marktbeherrschende Stellung innehaben. Anschließend erfolgt eine Darstellung des Untersuchungsdesigns für den empirischen Teil dieser Arbeit. Die Untersuchungsmethodik zur Analyse der Verteidigungsaktivitäten unterscheidet sich in Abhängigkeit von den zur Verteidigung eingesetzten Instrumenten (vgl. hierzu Abschnitt 0).

Hinsichtlich des Untersuchungszeitraums wird analog zu den wirtschaftswissenschaftlichen Verteidigungsmodellen in dieser Untersuchung zwischen einer pre-entry-Phase vor Markteintritt sowie einer post-entry-Phase nach Markteintritt des neuen Wettbewerbers unterschieden. Der pre-entry-Untersuchungszeitraum umfasst ein Jahr vor dem Markteintritt einer neuen Zeitschrift in das jeweilige Marktsegment. Dieser Zeitraum erscheint aus Sicht des Verteidigers ausreichend, um einen potentiellen Angriff zu identifizieren und das Ausmaß der Bedrohung zu bewerten. Hierzu kommt es im Zeitschriftenmarkt im Wesentlichen darauf an, den angreifenden Verlag, das redaktionelle Konzept des neuen Titels sowie den Umfang an Ressourcen, den der Angreifer in den neuen Titel investiert, in Erfahrung zu bringen.

Der Verteidiger kann sich derartige Informationen über verschiedene Kommunikationswege beschaffen. Ähnlich wie in anderen Branchen werden im Pressebereich im Rahmen von Fachtagungen, zum Beispiel des Verbandes Deutscher Zeitschriftenverleger, persönliche Kontakte zwischen Entscheidungsträgern der Verlage gepflegt. Der Verteidiger könnte außerdem indirekt von vorbereitenden Aktivitäten des Angreifers erfahren, zum Beispiel durch Personalrekrutierungsmaßnahmen, regional begrenzte Markttests oder Präsentationen für Werbekunden. Beispielsweise veranstaltete das Nachrichtenmagazin Focus etwa vier Monate vor dem Erscheinen der Erstausgabe Präsentationen des Heftkonzeptes für potentielle Werbekunden.[629] Hinzu kommt die umfangreiche Berichterstattung der Medienfachpresse. Dabei ist es für diese Untersuchung unerheblich, ob der Angreifer seine Produktankündigung absichtlich kommuniziert oder ob der Verteidiger unbeabsichtigt über eine Hefteinführung informiert wird.

Der Untersuchungszeitraum der post-entry-Phase umfasst zwei Jahre nach dem Markteintritt der neuen Zeitschrift. Dieser Zeitraum wurde in Anlehnung an die Methodik einer Untersuchung von Robinson gewählt.[630] Er geht in Übereinstimmung mit Biggadike (1979) davon aus, dass Reaktionen, die mehr als zwei Jahre nach dem Markteintritt des Angreifers erfolgen durch diverse Faktoren beeinflusst werden und nicht auf einen speziellen Angreifer zurückgeführt werden können.

Insgesamt werden somit die Verteidigungshandlungen des etablierten Titels innerhalb eines Zeitraumes von drei Jahren untersucht, wie Abbildung 4.1 veranschaulicht. Die konkreten Zeiträume für die ausgewählten Titel stellt Tabelle 4.2 im folgenden Abschnitt dar.

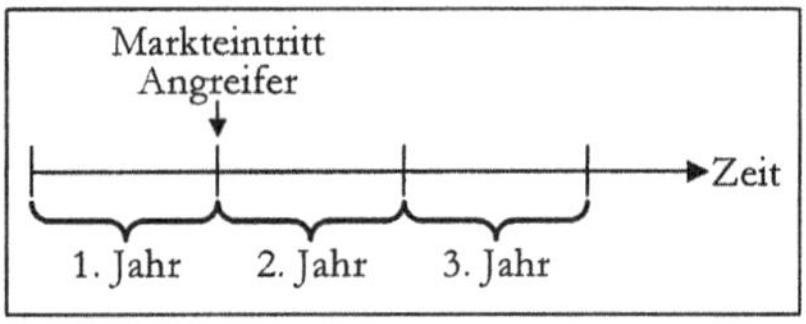

Abbildung 4.1: Untersuchungszeitraum dieser Analyse

4.1.2 Auswahl von Angreifern und Verteidigern

Im ersten Schritt der Auswahl von Angreifer und Verteidiger werden die für die Werbewirtschaft relevanten Zeitschriftensegmente anhand der Auswertungen des Bruttoanzeigenumsatzes bestimmt. Dieses Vorgehen geht von der Überlegung aus, dass die Wahrscheinlichkeit für eine Berichterstattung über die Aktivitäten von Angreifer und Verteidiger in Fachmedien für ein Titelsegment umso größer ist, je eher ein Segment für die Werbewirtschaft von Bedeutung ist. Insofern soll diese Vorauswahl in Anlehnung an die Methodik der Untersuchungen von Chen/

629 Vgl. o. V. (1992a), S. 6.

630 Vgl. Robinson (1988a), S. 369 f.

Smith/ Grimm (1992) und Chen/ MacMillan (1992) eine umfassende Datenverfügbarkeit für den empirischen Teil dieser Arbeit sicherstellen.

Zu den Zeitschriftensegmenten mit den größten Werbeumsätzen zählen in 2003 die Aktuellen Zeitschriften und Magazine mit 868 Millionen Euro, Frauenzeitschriften mit 779 Millionen Euro, Programmtitel mit 520 Millionen Euro sowie Zeitschriften für Kultur, Natur und Wissen beziehungsweise das Marktsegment der Motorpresse.[631] Diese Gattungen vereinigen zusammen knapp 76 Prozent der gesamten Bruttowerbeumsätze in Höhe von 3,7 Milliarden Euro auf sich, wie Abbildung 4.2 zeigt.[632]

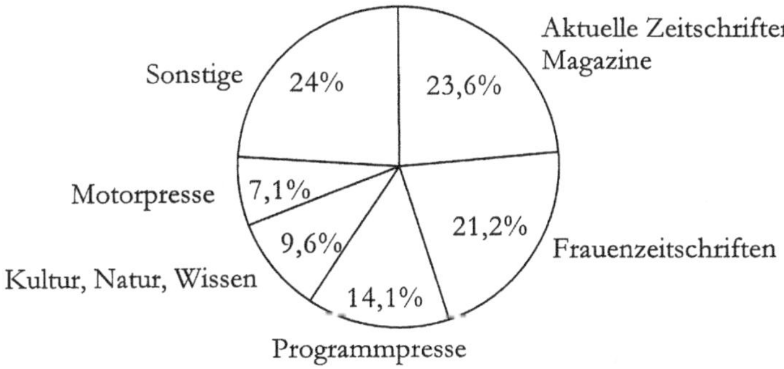

Abbildung 4.2: Brutto-Anzeigenumsatzanteile der Publikumszeitschriften-Gattungen 2003[633]

Im nächsten Schritt sollen innerhalb dieser Marktsegmente Angreifer, das heißt Zeitschriften, die in den letzten Jahren neu erschienen sind, identifiziert werden. Wie oben gezeigt, hängen die empfundene Bedrohung und die Reaktionswahrscheinlichkeit des Verteidigers von der Größe und der Reputation des Angreifers ab. Daher werden für diese Arbeit Markteintritte von Zeitschriften, die von etab-

---

631 Vgl. o. V. (2004e), S. 3.

632 Die Bedeutung der einzelnen Segmente Anzeigenmarkt ist in den letzten Jahren weitgehend konstant geblieben. Lediglich das Werbevolumen der Wirtschaftspresse hat sich zwischen 1997 und 2000 bis auf 456 Millionen Euro mehr als verdoppelt, um sich anschließend wieder auf 203 Millionen Euro in 2003 zu reduzieren. Vgl. o. V. (2004b), S. 3 und o. V. (2004e), S. 3.

633 Datenquelle: o. V. (2004e), S. 3. Abweichungen der Aufsummierung der Einzelwerte zu 100 Prozent sind durch Rundungsdifferenzen bedingt.

lierten Großverlagen herausgegeben werden, mit einer Auflage von mindestens 100.000 Tausend Exemplaren in der Startphase selektiert. Aufgrund der erheblichen finanziellen Mittel, die ein solches Vorhaben erfordert, ist davon auszugehen, dass derartige Angreifer für etablierte Titel im jeweiligen Marktsegment vor dem Hintergrund stagnierender Märkte eine wesentliche Bedrohung darstellen.

Marktsegment[634]	Zeitschriftenname	Verlag[635]	Erstverkaufstag der Erstausgabe	durchschnittliche verkaufte Auflage[636]
Aktuelle Zeitschriften/ Magazine	Focus	Hubert Burda (Focus Magazin Verlag GmbH)	18.01.1993	511.233
	Gala	Gruner + Jahr (NVG Norddeutsche Verlagsgesellschaft mbH)	14.04.1994	260.061
Frauenzeitschriften	YoYo	Heinrich Bauer	29.03.1995	162.000
	Lisa	Hubert Burda (Medien Innovation GmbH)	07.09.1994	596.209
Programmpresse	TV Direkt	Gong Verlag	13.11.1998	895.888
Kultur, Natur, Wissen	Computer Bild	Axel Springer	02.09.1996	743.003
Sonstige: Wirtschaftsmagazine	Focus Money	Hubert Burda (Focus Magazin Verlag GmbH)	30.03.2000	148.338
Sonstige: Jugendzeitschriften	YAM!	Axel Springer (Axel Springer Young Mediahouse GmbH)	13.09.2000	344.832

Tabelle 4.1: Ausgewählte Titelinnovationen im Markt der Publikumszeitschriften[637]

[634] Die Klassifizierung entspricht der Systematik in Abbildung 4.2.

[635] Sofern die Titel in Tochtergesellschaften der Verlage erscheinen, werden diese in Klammern angegeben.

[636] Arithmetischer Mittelwert der ersten drei quartalsbezogenen Heftauflagen nach Markteintritt des Angreifers.

[637] Datenquelle: Eigene Erstellung nach IVW-Daten.

Tabelle 4.1 gibt einen Überblick über ausgewählte Titelinnovationen im Markt der Publikumszeitschriften in Deutschland innerhalb der letzten zehn Jahre, die diese Kriterien erfüllen. Sofern mehrere Titelinnovationen in Frage kamen, wurde diejenige Zeitschrift mit der höchsten verkauften Auflage innerhalb der ersten drei Quartale nach Markteintritt im jeweiligen Marktsegment ausgewählt. In einigen Segmenten erfolgten innerhalb verhältnismäßig kurzer Zeit Markteintritte verschiedener Angreifer mit ähnlichen redaktionellen Profilen.[638] In diesen Fällen stehen die hier aufgeführten Titel stellvertretend für die Gesamtheit der Angreifer bestehend aus mehreren Titeln. Der Bereich der Motorpresse wurde nicht berücksichtigt, da dieses Marktsegment seit Jahrzehnten durch die Verlage Axel Springer sowie die Vereinigte Motorpresse Stuttgart beherrscht wird.[639] Aus der Kategorie der Sonstigen Zeitschriften wurden exemplarisch Titeleinführungen der Wirtschaftspresse sowie der Jugendzeitschriften ausgewählt.

Nach der Identifikation der Angreifer erfolgt im nächsten Schritt die Identifikation des jeweiligen Verteidigers. Dieser wird definiert als Marktführer im Vertriebsmarkt des relevanten Zeitschriftensegments zum Zeitpunkt des Markteintritts des Angreifers. Wie oben gezeigt, erscheint die Bedrohung durch ein neues Produkt aus Sicht des Verteidigers umso stärker ausgeprägt, je eher die Produkteigenschaften des Angreifers mit denjenigen des Verteidigers übereinstimmen. Je enger folglich die relevanten Marktsegmente abgegrenzt werden, umso höher ist demnach die Wahrscheinlichkeit, dass der Markteintritt des neuen Zeitschriftentitels zu Abwehrreaktionen des Verteidigers führt. Die bisherige Abgrenzung erscheint für diese Zwecke zu grob, da die einzelnen Kategorien mitunter eine Vielzahl von Titeln beinhalten, die sich hinsichtlich ihrer Zielgruppen im Leser- und Anzeigenmarkt stark unterscheiden. So werden beispielsweise Zeitschriften wie Manager Magazin, Bunte oder Der Spiegel gemeinsam in der Kategorie Aktuelle Zeitschriften und Magazine ausgewiesen.

Die Sichtung diverser Reichweiten- und Marktstudien sowie Gliederungssystematiken zum deutschen Zeitschriftenmarkt ergab, dass die einzelnen Zeitschriftensegmente je nach Untersuchungsgegenstand und Zielsetzung der Analyse unterschiedlich detailliert untergliedert werden.[640] Die Zuordnung von Titeln zu den verschiedenen Marktsegmenten orientiert sich nicht durchgängig an der Konkur-

---

638 Beispielsweise erschienen zwischen 1994 und 1996 diverse Frauentitel, die sich primär an junge Zielgruppen richteten. Mit Beginn des Börsenbooms Anfang des neuen Jahrhunderts wurden zahlreiche Anlegermagazine auf den Markt gebracht. Vgl. Rosenbach (2000), S. 21, Löw (1996), S. 124 f. und o. V. (1995f), S. 150.

639 Der letzte größere Markteintritt fand 1986 mit der Einführung der Zeitschrift Auto-Bild durch den Axel Springer Verlag statt.

640 Zur Notwendigkeit einer Pressesystematik vgl. Vogel (2002b), S. 16 ff.

renzintensität. Beispielsweise ist die Einsortierung der einzelnen Titel in die Pressegattungen der IVW zum einen eine Selbsteinordnung des jeweiligen Mitgliedsverlages, zum anderen findet keine explizite Trennung der kostenlosen Titel von verkauften Titeln statt. Objekte der Kundenpresse werden zur Publikumspresse gezählt, Objekte der Publikumspresse bei der Fachpresse geführt, Mitgliedschaftstitel und Insertionstitel sind in der Kategorie Populärpresse zu finden,[641] weshalb diese Systematik für diese Arbeit kaum geeignet ist.

Für die Marktabgrenzungen dieser Untersuchung wurden die Allensbacher Werbeträger-Analyse AWA sowie die Funktionsanalyse des Jahrszeiten Verlages ausgewertet. Die Allensbacher Werbeträger-Analyse erfasst mit Hilfe persönlicher Befragungen als Single-Source-Erhebung die Mediennutzung der Bundesbürger für Printtitel, Rundfunk, Kino und Plakate. Für die Zielgruppenplanung der Werbewirtschaft enthält die jährlich erscheinende AWA auch Konsumdaten für mehrere hundert Märkte und marktpsychologische Zielgruppen.[642] Die Funktions-Analyse des Jahreszeiten Verlages berichtet in Form von Inhaltsanalysen über die Themenstrukturen von Publikumszeitschriften und richtet sich ebenfalls an Mediaplaner.[643] Die erfasste Einheit der Funktions-Analyse ist der redaktionelle Beitrag von Publikumszeitschriften, wobei die Beitragslänge in Seiten und Seitenanteilen bis zu 1/24 Seite verschlüsselt wird.[644] Das Kategoriensystem der Funktions-Analyse 2003 umfasst 25 Hauptkategorien (zum Beispiel Politik und Wirtschaft, Programminformation, Urlaub und Reisen), die teilweise wiederum in Unterkategorien unterteilt sind (zum Beispiel gliedert sich der Bereich Hobbys in Hobbys mit Technik und Hobbys ohne Technik).[645]

Für die Abgrenzung der Zeitschriftensegmente in dieser Arbeit wurden aus der AWA sowie der Funktionsanalyse jeweils die engere Segmentabgrenzung, das heißt die Segmentierung mit der geringsten Anzahl enthaltener Titel, gewählt. Anschließend wurde mit Hilfe von IVW-Daten[646] der verteidigende Titel mit der höchsten quartalsbezogenen Auflage zum Zeitpunkt des Markteintritts ermittelt. Abschließend erfolgte eine Überprüfung der Dauer der Marktpräsenz des Verteidigers, um sicherzustellen, dass es sich nicht um einen Newcomer handelt. Die Ergebnisse dieser Auswahl zeigt Tabelle 4.2.

---

641 Vgl. Vogel (1998), S. 73.

642 Vgl. Schulz/ Schneller (2002), S. 186 ff.

643 Vgl. Jahreszeiten Verlag (1998), S. 3.

644 Vgl. Jahreszeiten Verlag (1998), S. 282 f.

645 Vgl. Jahreszeiten Verlag (2003), Tabellenblatt „FA 2003 Erläuterungen".

646 Als Alternative wäre auch eine Auswahl des Marktführers anhand von (Werbe-)Umsätzen, Anzeigenseiten oder anhand von Reichweitendaten denkbar.

Zeitschriftensegment	Etablierter Titel					Newcomer			Analysezeitraum der Verteidigungsaktivitäten
	Name	Gründungsjahr	Verlag	Chefredakteur(e) zum Zeitpunkt des Angriffs	Verlagsgeschäftsführer, -leiter/ Objektleiter, Herausgeber zum Zeitpunkt des Angriffs	Name	Verlag	EVT der Erstausgabe	
Women´s Weeklies	Bild der Frau	1983	Axel Springer	Andrea Zangemeister	Karl Althoff	Lisa	Hubert Burda (Medien Innovation GmbH)	07.09.1994	07.09.1993-07.09.1996
Jugendzeitschriften	Bravo	1956	Heinrich Bauer	Jürgen Stollberg, Uli Weissbrod	Claus-Dieter Grabner, Axel Bogocz	YAM!	Axel Springer (Axel Springer Young Mediahouse GmbH)	13.09.2000	13.09.1999-13.09.2002
Frauenzeitschriften vierzehntäglich	Brigitte	1957	Gruner + Jahr	Anne Volk	Klaus Resch, Dr. Volker Breid	YoYo	Heinrich Bauer	29.03.1995	29.03.1994-29.03.1997
People-Magazine	Bunte	1948	Hubert Burda (Bunte Entertainment Verlag GmbH)	Beate Wedekind, Franz Josef Wagner	Christian G. Hirsch	Gala	Gruner + Jahr (NVG Norddeutsche Verlagsgesellschaft mbH)	14.04.1994	14.04.1993-14.04.1996
Wirtschaftspresse	Capital	1962	Gruner + Jahr	Ralf-Dieter Brunowsky, Werner Funk (übergangsweise)	Dr. Jürgen Althans	Focus Money	Hubert Burda (Focus Magazin Verlag GmbH)	30.03.2000	30.03.1999-30.03.2002

Zeitschriftensegment	Etablierter Titel					Newcomer			Analysezeitraum der Verteidigungsaktivitäten
	Name	Gründungsjahr	Verlag	Chefredakteur(e) zum Zeitpunkt des Angriffs	Verlagsgeschäftsführer, -leiter/ Objektleiter, Herausgeber zum Zeitpunkt des Angriffs	Name	Verlag	EVT der Erstausgabe	
EDV-Zeitschriften	Chip	1978	Hubert Burda (Vogel Burda Communications GmbH)	Rainer Grabowski	Dr. Andreas Kaiser, Johann B. Maisch, Michael Ardelt, Dr. Kurt Eckernkamp	Computer Bild	Axel Springer	02.09.1996	02.09.1995-02.09.1998
Nachrichtenmagazine	Der Spiegel	1946	Spiegel-Verlag	Hans-Werner Kilz, Wolfgang Kaden, Stefan Aust	Karl-Dietrich Seikel, Rudolf Augstein	Focus	Hubert Burda (Focus Magazin Verlag GmbH)	18.01.1993	18.01.1992-18.01.1995
Programmzeitschriften	TV Movie	1991	Heinrich Bauer	Michael Hopp, Stefan Westendorp	Thomas Schmidt, Andreas Schoo	TV Direkt	Gong Verlag	13.11.1998	13.11.1997-13.11.2000

Tabelle 4.2: Etablierte Titel und Newcomer im Markt der Publikumszeitschriften in Deutschland

Die ausgewählten Paare etablierter und neu eingeführter Zeitschriftentitel weisen ein unterschiedliches Maß an Übereineinstimmung hinsichtlich Leserpreisniveau und Produkteigenschaften auf. Beispielsweise unterscheidet sich der Newcomer TV Direkt im Vergleich zu TV Movie durch einen geringeren Umfang des redaktionellen Mantels und einen deutlich reduzierten Leserpreis.[647] Spiegel und Focus weisen dagegen ein vergleichsweise hohes Maß an Übereinstimmung hinsichtlich Copypreis und redaktionellem Profil auf.[648] Entscheidendes Kriterium für die Auswahl der Titel in dieser Analyse ist jedoch weniger eine maximale Entsprechung der Produkteigenschaften von Angreifer und Verteidiger, sondern vielmehr die Frage, ob der Markteintritt des Angreifers dazu führen könnte, dass der etablierte Titel relevante Rückgänge im Leser- und/ oder Werbemarkt erleidet.[649] Insofern wird in Übereinstimmung mit der Allensbacher Werbeträger-Analyse sowie der Funktions-Analyse darauf verzichtet, die Marktsegmente zur Auswahl von Angreifer und Verteidiger zu stark zu differenzieren.[650]

4.1.3 Untersuchungsmethodik

4.1.3.1 Analyse von Marketing-Mix-Instrumenten

Dieser Abschnitt gibt einen Überblick über die Erhebungskategorien der empirischen Untersuchung zur Analyse der Art und Häufigkeit von Verteidigungsmaßnahmen im Bereich der Preis-, Produkt- sowie Kommunikationspolitik. Produkt-

---

647 In den ersten sechs Monaten nach der Markteinführung kostete TV Direkt im Einzelverkauf zwischen 0,80 DM und 1,60 DM, während TV Movie für 2,60 DM angeboten wurde. Vgl. Carl (1999), S. 154. Der Preis des Verteidigers betrug damit mehr als das dreifache des Leserpreises des Angreifers.

648 Focus kostete in der Einführungsphase mit 4,00 DM eine Mark weniger als Der Spiegel, das heißt die Preisdifferenz beider Titel lag bei lediglich 20 Prozent. Zur inhaltlichen Übereinstimmung von Focus und Spiegel stellt Stockmann (1999), S. 157 fest: „Im inhaltlichen Angebot, repräsentiert durch den Ressort-Aufbau, decken beide (Focus und Der Spiegel, d. Verf.) ein ähnliches Spektrum ab."

649 Im Segment der Programmzeitschriften gewannen beispielsweise Anfang der neunziger Jahre des vergangenen Jahrhunderts 14-tägliche Spielfilmtitel im Leser- und Werbemarkt nennenswerte Marktanteile zu Lasten der klassischen wöchentlichen Programmtitel. Vgl. Wehrle/ Busch (2002), S. 97 f. In dieser Analyse wird die Methodik der Auswahl von Angreifern und Verteidigern so gewählt, dass derartige Entwicklungen erfasst werden können.

650 Beispielsweise wird in der Unternehmenspraxis das Marktsegment der Programmtitel häufig nach Preisniveau, Erscheinungsweise und redaktioneller Ausstattung in Subsegmente unterteilt; Wirtschaftstitel werden differenziert in Anlegermagazine und Allgemeine Wirtschaftszeitschriften. Vgl. hierzu Wehrle/ Busch (2002), S. 97 f. und 99 f.

variationen des verteidigenden Titels werden mit Hilfe einer Inhaltsanalyse ausgewertet. Aufgrund des umfangreicheren Untersuchungsdesigns wird dieser Teil gesondert im nachfolgenden Abschnitt (4.1.3.2) beschrieben.

In Übereinstimmung mit der Mehrzahl der empirischen Studien aus dem Bereich der Wirtschaftswissenschaften[651] erfolgt im Rahmen dieser Untersuchung keine Erfolgsbewertung der erfassten Verteidigungsmaßnahmen. Außerdem werden in Anlehnung an die Studie von Robinson (1988a) keine Verteidigungsmaßnahmen im Zusammenhang mit Inputfaktoren, Überschusskapazitäten oder Vergeltungsmaßnahmen in Auslandsmärkten erfasst. Die Erhebung konzentriert sich vielmehr auf ausgewählte Elemente des Marketing-Mix, das heißt Preisveränderungen, Produktdifferenzierungen, Produktvariationen, Werbemaßnahmen sowie Produktvorankündigungen.[652]

Verteidigungsmaßnahmen im Bereich der Preispolitik werden für den Lesermarkt anhand der Entwicklung des Einzelverkaufspreises im jeweiligen Untersuchungszeitraum ausgewertet. Da die Umsatzsteuer grundsätzlich durch den Endverbraucher getragen wird,[653] erfolgen Preisangaben für den Rezipientenmarkt inklusive Umsatzsteuer. Neukundenangebote oder Prämienzugaben im Bereich des Abonnementmarketings werden nicht berücksichtigt, um die Vergleichbarkeit mit der Untersuchungsmethodik empirischer Studien der Wirtschaftswissenschaften sicherzustellen.[654] Die Preiserhebungen im Werbemarkt beziehen sich auf ganzseitige Anzeigen im Vierfarbdruck sowie die entsprechenden Tausender-Kontakt- und Tausender-Auflage-Preise. Bei Werbekunden handelt es sich in der Regel um vorsteuerabzugsberechtigte Firmenkunden, weshalb die Umsatzsteuer nicht berücksichtigt wird.

Als preispolitische Verteidigungsmaßnahmen werden für diese Arbeit Preisveränderungen von mindestens fünf Prozent gewertet. Somit werden leichte Preisvariationen, zum Beispiel aufgrund der Währungsumstellung Anfang 2002 oder Anpassungen an die Inflationsentwicklung nicht berücksichtigt. Es werden jeweils die Preisveränderungen innerhalb der pre-entry-Phase sowie im ersten beziehungsweise zweiten Jahr nach dem Markteintritt des Angreifers berechnet. Um die Vergleichbarkeit sämtlicher Preise sicherzustellen, erfolgt eine Umrechnung von Euro- in DM-Preise.

---

[651] Vgl. hierzu Abschnitt 2.6 dieser Arbeit.

[652] Siehe hierzu auch das Untersuchungsdesign von Robinson (1988a), S. 369 ff.

[653] Vgl. Kußmaul (2003), S. 397.

[654] Im Rahmen der wirtschaftswissenschaftlichen Studien zum Verteidigungsverhalten von Dienstleistungsanbietern oder Konsumgüterherstellern wird der Einsatz von Prämienzugaben als absatzpolitisches Marketing-Instrument in der Mehrzahl der Fälle nicht berücksichtigt.

Aufgrund der branchenüblichen Praxis jährlicher Anzeigenpreisfestsetzungen jeweils im September für das folgende Kalenderjahr ist davon aufzugehen, dass die Durchführbarkeit einer preispolitischen Verteidigung im Werbemarkt in der pre-entry-Phase davon abhängt, in welchem Monat der Markteintritt des Angreifers erfolgt. Findet der Markteintritt beispielsweise im November statt, so wäre eine Preisanpassung erst ab dem folgenden Kalenderjahr in der post-entry-Phase wahrscheinlich. Für eine Verteidigung innerhalb der pre-entry-Phase hätten die Anzeigenpreise bis zum September des Vorjahres, also über ein Jahr vor dem Markteintritt des Angreifers, verändert werden müssen, was unwahrscheinlich erscheint, da dem Verteidiger ein Jahr vor dem Markteintritt des neuen Wettbewerbers vermutlich kaum Informationen über den bevorstehenden Angriff vorliegen.[655] Für diese Arbeit wurde daher unterstellt, dass keine preispolitische Verteidigung im Anzeigenmarkt in der pre-entry-Phase möglich ist, wenn der Markteintritt des Newcomers innerhalb der Zeitspanne von August bis Dezember im ersten Jahr des Untersuchungszeitraums erfolgt.[656]

Produktdifferenzierungen der verteidigenden Zeitschriftentitel sollen mit Hilfe einer Sekundärauswertung der Medienfachpresse in Anlehnung an das Untersuchungsdesign von Chen/ Smith/ Grimm (1992) und Chen/ MacMillan (1992) erfasst werden. Dabei wird differenziert zwischen Maßnahmen in Form von Line Extensions, Brand Extensions oder der Einführung neuer Marken. Im jeweiligen Zeitraum werden die relevanten Rubriken der Branchentitel Horizont, Werben & Verkaufen, Text Intern, Der Kontakter sowie Kress Report ausgewertet. Dabei sollen insbesondere Aussagen zu Verteidigungsmaßnahmen im Rahmen von Interviews mit Entscheidungsträgern der etablierten Zeitschriftentitel (vgl. Tabelle 4.2) analysiert werden. Zusätzlich werden die Medienressorts überregionaler Tageszeitungen mit Hilfe einer elektronischen Datenbank ausgewertet. Dieses Vorgehen gilt analog für die Erhebung von Hinweisen zur Umsetzung von Werbemaßnahmen beziehungsweise von Produktvorankündigungen im Bereich der Kommunikationspolitik.[657]

Durch die Methodik der Auswertung von Verteidigungsmaßnahmen anhand von Fachzeitschriften über Medienanbieter soll sichergestellt werden, dass möglichst alle relevanten Verteidigungsaktivitäten erfasst werden. Alternativ wäre eine

---

[655] Nach mündlichen Auskünften verschiedener Entscheidungsträger deutscher Großverlage finden unterjährige Anpassungen der Anzeigenpreislisten äußerst selten statt.

[656] Im Rahmen dieser Untersuchung werden ferner keine Sondervereinbarungen zwischen Verlagen und Werbekunden (zum Beispiel über Naturalrabatte) erfasst.

[657] Um eine vollständige Erfassung sämtlicher Verteidigungshandlungen sicherzustellen, erfolgt die Auswertung der Medienfachzeitschriften jeweils ein Jahr vor Beginn bis ein Jahr nach Ende des Untersuchungszeitraumes gemäß Tabelle 4.2.

Erhebung durch Selbstauskünfte der Verlage, zum Beispiel im Rahmen von Leitfadeninterviews oder schriftlichen Befragungen denkbar. Angesichts der umfangreichen und teilweise länger zurückliegenden Untersuchungszeiträume erscheint es jedoch problematisch, die beteiligten Entscheidungsträger im Rahmen von Primärerhebungen zu erreichen. Außerdem ist davon auszugehen, dass in Fachmedien nur dann mehrfach über strategische Maßnahmen der Verlage berichtet wird, wenn diese eine gewisse Relevanz für Marktteilnehmer oder -beobachter aufweisen. Dies erleichtert die Abgrenzung zwischen Aktivitäten des Verteidigers, die eher dem operativen Tagesgeschäft zuzuordnen sind und Maßnahmen, die eine strategische Verteidigungshandlung darstellen.[658]

Für diese Untersuchung wird außerdem vereinfachend unterstellt, dass sämtliche analysierten Aktivitäten des Verteidigers auf den (bevorstehenden) Markteintritt des Angreifers zurückzuführen sind. In der Unternehmenspraxis können preis-, produkt- oder kommunikationspolitische Maßnahmen gleichwohl auch durch bereits im Markt etablierte Konkurrenten oder andere Ereignisse ausgelöst werden. Da eine derartige Unterscheidung in einer ex-post-Betrachtung kaum möglich ist, wird in Anlehnung an die empirischen Studien der Wirtschaftswissenschaften auf eine Differenzierung verzichtet.

4.1.3.2 Inhaltsanalyse zur Analyse von Produktvariationen

Im Bereich der Produktpolitik sollen neben Produktdifferenzierungen auch Produktvariationen etablierter Verlage erhoben werden. Diese Untersuchung erfolgt mit Hilfe einer Inhaltsanalyse derjenigen Zeitschriftentitel, die sich im relevanten Untersuchungszeitraum gegen den Markteintritt eines neuen Wettbewerbers verteidigen. Eine Inhaltsanalyse ist eine empirische Methode zur systematischen und intersubjektiv nachvollziehbaren Beschreibung inhaltlicher Merkmale von Mitteilungen.[659] Gegenüber anderen Erhebungsmethoden der Kommunikationswissenschaften bietet die Inhaltsanalyse im Rahmen dieser Untersuchung zwei zentrale Vorteile:[660]

---

[658] Beispielsweise stellt sich die Frage, welche prozentuale Veränderung des Werbebudgets des Verteidigers notwendig ist, um diese als Verteidigungsmaßnahme zu klassifizieren. Im Rahmen dieser Untersuchung wird unterstellt, dass die Maßnahme dann eine Verteidigungsmaßnahme darstellt, wenn verschiedene Branchendienste darüber berichten.

[659] Vgl. Brosius/ Koschel (2001), S. 158, Früh (2001), S. 25 und Merten (1995), S. 14 ff. Zur Abgrenzung verschiedener Konzeptionen von Inhaltsanalysen vgl. Baumann (2001), S. 363 ff.

[660] Zu weiteren Vorteilen vgl. Schirmer (2001), S. 79 und Früh (2001), S. 39 f.

- Eine Inhaltsanalyse erlaubt die Ableitung von Aussagen über Kommunikatoren, die nicht (mehr) erreichbar sind. Da die Untersuchungszeiträume dieser Arbeit teilweise über zehn Jahre zurückreichen, ist davon auszugehen, dass die Erreichbarkeit der beteiligten Entscheidungsträger – zum Beispiel im Rahmen einer Befragung – lediglich eingeschränkt gegeben wäre.
- Die Durchführung einer Inhaltsanalyse erfordert im Gegensatz zu einer Befragung keine Kooperation von Versuchspersonen. Wie in Abschnitt 2.6 erläutert, sind Unternehmen häufig nicht bereit, Informationen über Verteidigungsaktivitäten und -konsequenzen zur Verfügung zu stellen. Die Inhaltsanalyse ermöglicht somit eine Auswertung dieser Daten ohne Kontaktierung der beteiligten Verlage. Gleichzeitig werden die bei Befragungen häufig auftretenden Fehlerquellen vermieden (zum Beispiel Verzerrung der Ergebnisse durch Verweigerer, soziale Erwünschtheit bei der Beantwortung).

Zielsetzung der Inhaltsanalyse ist es, die Handlungsparameter für Produktvariationen im Hinblick auf Veränderungen im Zeitablauf vor beziehungsweise nach dem Markteintritt von neuen Wettbewerbern zu untersuchen. Das Kategoriensystem orientiert sich deshalb an den Erläuterungen in Abschnitt 3.2.2. Der Schwerpunkt der Analyse liegt dabei in der Auswertung quantitativer formaler und inhaltlicher Merkmale der relevanten Publikumszeitschriften.

Aufgrund der großen Bandbreite der Handlungsparameter zur Produktvariation von Zeitschriften erscheint es sinnvoll, für die Inhaltsanalyse verschiedene Analyseebenen zu wählen. Um alle Bereiche adäquat abzudecken, wird das Untersuchungsmaterial im Rahmen der folgenden drei Analyseebenen mit jeweils unterschiedlichen Kategoriensystemen erfasst:

- Zeitschrift gesamt,
- Titelseite und
- Inhaltsverzeichnis.

Die Grundgesamtheit der Inhaltsanalyse beinhaltet sämtliche Zeitschriftenausgaben der verteidigenden Titel innerhalb der jeweils dreijährigen Untersuchungszeiträume beim Markteintritt eines neuen Wettbewerbers. Aus forschungsökonomischen Gründen erfolgt eine Stichprobenerhebung von jeweils zwei aufeinander folgenden Heftausgaben zu je vier Zeitpunkten innerhalb der pre- und post-entry-Phase pro Titelgattung, wie Abbildung 4.3 veranschaulicht. Die Codiereinheiten werden in jährlichen Abständen jeweils vor Beginn der pre-entry Phase, vor Beginn der post-entry-Phase sowie vor Ablauf des ersten beziehungsweise zweiten

Jahres innerhalb der post-entry-Phase ausgewertet. Insgesamt beinhaltet die Codierung somit 64 Einheiten für jeweils drei Analyseebenen.[661]

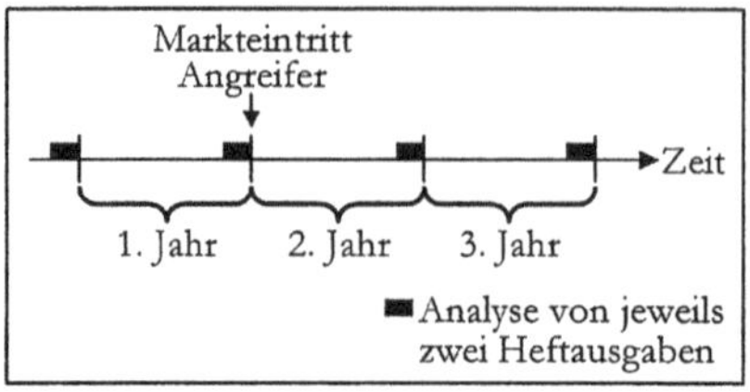

Abbildung 4.3: Stichprobenumfang der Inhaltsanalyse

Das Auswahlverfahren für die Stichprobenbildung entspricht einer bewussten Auswahl[662] innerhalb der in Tabelle 4.2 angegebenen Untersuchungszeiträume. Durch die Erhebung in Jahresintervallen soll sichergestellt werden, dass die Beeinflussung der Ergebnisse durch saisonale Faktoren möglichst gering ausfällt. Beispielsweise erhöht sich in der Regel zu Beginn beziehungsweise am Ende des Kalenderjahres der Umfang von Publikumszeitschriften aufgrund saisonaler Nachfrageschwankungen der Werbewirtschaft.[663]

Wesentlicher Bestandteil jeder Inhaltsanalyse ist das Kategoriensystem, das festlegt, welche Merkmalsausprägungen auf jeder Analyseebene erhoben werden. Das Kategoriensystem soll ausgehend von den Zielsetzungen der Untersuchung theoretisch abgeleitet sein und die vollständige Erfassung der analysierten Daten sicherstellen.[664] Die einzelnen Kategorien sollen möglichst wechselseitig exklusiv,

661 In kommunikationswissenschaftlichen Inhaltsanalysen wird meist davon ausgegangen, dass ein Stichprobenumfang von etwa 30 Fällen erforderlich ist, um Trendaussagen ableiten zu können. Vgl. beispielsweise Schirmer (2001), S. 87 f. und Stockmann (1999), S. 44. Bezogen auf die einzelnen Titel wird in dieser Analyse eine geringere Stichprobengröße gewählt, da die untersuchten Parameter kaum zufallsbedingten Schwankungen unterliegen. Daher wird auch auf die Berechnung von Signifikanzniveaus verzichtet.

662 Vgl. hierzu Brosius/ Koschel (2001), S. 91 und Merten (1995), S. 284.

663 Vgl. o. V. (2004e), S. 10. Die saisonalen Einflüsse der Zeitschriftenproduktion erläutert ausführlich Vogel (1998), S. 178 ff.

664 Vgl. Merten (1995), S. 147.

voneinander unabhängig und eindeutig definiert sein sowie einem einheitlichen Klassifikationsprinzip genügen.[665]

Die Kategorien dieser Arbeit wurden überwiegend empiriegeleitet generiert, wobei die Konstruktion ausgewählter Kategorien in Anlehnung an die Arbeiten von Schirmer (2001), Stockmann (1999) sowie Schenk/ Rössler (1996) erfolgte. Um das Kategoriensystem dieser Arbeit auf seine Messgenauigkeit hin zu überprüfen, wurde ein Pretest durchgeführt, im Rahmen dessen ausgewählte Zeitschriften probehalber codiert wurden. Anhand der Testergebnisse wurden die Merkmalsausprägungen einzelner Kategorien vor der Durchführung der Erhebung vervollständigt beziehungsweise hinsichtlich ihrer Bezeichnungen optimiert. Die Prüfung der Reliabilität der Kategoriensysteme erfolgte im Rahmen von Intracoderprüfungen zu verschiedenen Zeitpunkten durch den Verfasser.[666] Innerhalb der verschiedenen Analyseebenen wurden die Kategorienschemata jeweils einheitlich und ohne Ausnahme angewandt.

Im Folgenden werden die Kategoriendefinitionen der drei Analyseebenen „Zeitschrift gesamt", „Titelseite" und „Inhaltsverzeichnis" erläutert. Ziel ist es, wesentliche Handlungsparameter von Zeitschriftenverlagen zur Produktvariation unmittelbar zu erheben oder über geeignete Indikatoren abzubilden.

Zeitschrift gesamt

Als Codiereinheit der Analyseebene „Zeitschrift gesamt" sei eine vollständige Heftausgabe der analysierten Zeitschriftentitel definiert. Folgende formale Kategorien werden aufgestellt:[667]

- Name der Zeitschrift
- Erscheinungsrhythmus
- Erscheinungstag/ Erscheinungsdatum
- Format der Zeitschrift
- Art der Bindung
- Druckverfahren
- Papiersorte
- Heftumfang

---

665 Vgl. Brosius/ Koschel (2001), S. 179 ff. und Früh (2001), S. 80 ff.

666 Hierzu wurde eine Stichprobe von fünf Zeitschriftenausgaben aus verschiedenen Untersuchungseinheiten gezogen und im Abstand von sechs Wochen zweimal verschlüsselt. Anschließend wurde der Reliabilitätskoeffizient nach Früh (2001), S. 177 ff. bestimmt.

667 Die verschiedenen Merkmalsausprägungen der Kategorien werden in Anhang I dargestellt.

- Redaktioneller Anteil

Als inhaltliche Erhebungskategorie wird der Name des jeweiligen Chefredakteurs erhoben. Diese Kategorie dient in Anlehnung an ressourcenorientierte Ansätze des Strategischen Managements[668] als Indikator für eine Veränderung der Themenaufbereitung und -präsentation. Da der Chefredakteur die inhaltliche Gestaltung einer Zeitschrift wesentlich prägt, kann davon ausgegangen werden, dass eine Neubesetzung dieser Position in der Regel häufig eine Modifikation der thematischen und gestalterischen Ausrichtung eines Titels zur Folge hat.[669]

Titelseite

Als Codiereinheit der Analyseebene „Titelseite" wird das Titelblatt der jeweiligen Heftausgabe ohne Berücksichtigung von evtl. vorhandenen Umklappern gewertet. Aufgrund der hohen Bedeutung der Gestaltung von Titelseiten für den Erfolg einer Zeitschrift im Absatzkanal Einzelverkauf soll untersucht werden, auf welche Art und Weise sich die Zeitschriften im Hinblick auf ihre inhaltliche und grafische Gestaltung präsentieren. Dabei kommt es primär auf den ersten Eindruck eines potentiellen Käufers an. Bei der Codierung war nicht ausschlaggebend, inwieweit die Heftinhalte die Versprechungen der Titelseite (zum Beispiel exklusive Themen) tatsächlich einhalten konnten. Vielmehr war die subjektive und oberflächliche Wahrnehmung der Titelseite aus der Leserperspektive von Interesse. Folgende formale Kategorien werden aufgestellt:[667]

- Logogröße
- Untertitel
- Anzahl Ankündigungen
- Anzahl Abbildungen
- Textband unten
- Textband oben

Die Kategorie Titelhauptthema gibt darüber hinaus an, aus welchem Themenbereich das Titelhauptthema stammt. Dieses ist definiert als diejenige Ankündigung, die auf der Titelseite die größte Fläche in Form zusammengehöriger Abbildungs- und/ oder Textelemente einnimmt. Die Codierung des Titelhauptthemas erfolgt anhand des leicht modifizierten Kategorienschemas der bereits erläuterten Funk-

[668] Vgl. hierzu Abschnitt 2.1.2.2 dieser Arbeit.

[669] Vgl. hierzu auch die Argumentation von Vogel (1998), S. 189 ff.

tions-Analyse.[670] Dieses in Anhang II dargestellte Kategorienschema wurde bereits über viele Jahre in der Praxis eingesetzt und deckt ein breites Themenspektrum auflagenstarker Publikumszeitschriften ab.

Inhaltsverzeichnis

Als Codiereinheit der Analyseebene "Inhaltsverzeichnis" wird das Inhaltsverzeichnis der jeweiligen Heftausgabe betrachtet. Neben der grafischen Gestaltung des Inhaltsverzeichnisses soll auch die Gewichtung der Themen innerhalb einer Zeitschrift untersucht werden.

Um Veränderungen bei der Benennung von Ressorts, ihrer Reihenfolge oder ihres Umfangs innerhalb des Inhaltsverzeichnisses zu erfassen, werden dreidimensionale Vektoren der Form (Ressortname, Ressortposition, Ressortlänge) erhoben. Damit lässt sich die Einführung, Abschaffung und Längengewichtung von Ressorts erfassen und statistisch auswerten. Somit soll diese Erhebungskategorie einen Indikator für die Veränderung des Themenspektrums und der Themengewichtung darstellen.

Als Kategorien für eine Untersuchung der grafischen Gestaltung des Inhaltsverzeichnisses werden folgende Kategorien erhoben:[667]

- Umfang des Inhaltsverzeichnisses
- Bildanteil
- Anzahl Ankündigungen
- Farbigkeit
- Seitenzahlenposition
- Kennzeichnung Titelthemen
- Kennzeichnung Ankündigungen

Mit Hilfe dieser Kategoriensysteme können die in Abschnitt 3.2.2 dargestellten Handlungsparameter zur Produktvariation unmittelbar erhoben oder über Indikatoren näherungsweise erfasst werden. Auf eine Operationalisierung der publizistischen Haltung sowie das Anbieten von Zusatzservices wurde im Rahmen der Inhaltsanalyse aus forschungsökonomischen Gründen verzichtet. Es kann jedoch davon ausgegangen werden, dass relevante Veränderungen dieser Parameter über

---

670 Vgl. hierzu Abschnitt 4.1.2 sowie Jahreszeiten Verlag (2003). Das Kategorienschema der Funktions-Analyse bezieht sich auf die Untersuchung redaktioneller Beiträge von Publikumszeitschriften. Für die Erfassung von Titelthemen im Rahmen dieser Auswertung wurden deshalb leichte Modifikationen vorgenommen. Nicht übernommen wurde beispielsweise die Kategorie „Service-Seiten der Redaktion“ (Impressum, Anbieterverzeichnis etc.), da derartige Inhalte nicht als Titelthemen angekündigt werden.

die in Abschnitt 4.1.3.1 beschriebene Auswertung von Branchenmedien erfasst werden.

Der folgende Abschnitt stellt die Ergebnisse der Untersuchung zum Verteidigungsverhalten der acht etablierten Zeitschriften beziehungsweise Verlage im Rahmen eines zweistufigen Vorgehens dar. Da die Umsetzung von Verteidigungsmaßnahmen häufig eine Kombination verschiedener Marketing-Mix-Instrumente beinhaltet,[671] soll im ersten Schritt in Abschnitt 4.2.1 anhand von drei exemplarisch ausgewählten Fallstudien das Zusammenspiel der Verteidigungsinstrumente in der pre- und post-entry-Phase analysiert werden. Zielsetzung bei der Auswahl der Fallstudien war es, eine möglichst große Bandbreite an Reaktionsweisen sowie Kombinationsmöglichkeiten von Verteidigungsinstrumenten aufzuzeigen.[672] Im zweiten Schritt der Ergebnisdarstellung (ab 4.2.2) erfolgt eine Diskussion der Ergebnisse dieser Untersuchung in Bezug auf die Hypothesen zur Preis-, Produkt- und Kommunikationspolitik.

---

671 Vgl. hierzu Kuester/ Homburg/ Robertson/ Schäfer (2001), S. 1206, Sing/ Utton/ Waterson (1998), S. 248, Vogel (1998), S. 188 ff. sowie Gatignon/ Robertson/ Fein (1997), S. 169.

672 Außerdem sollen im Rahmen der drei Fallstudiendarstellungen Interaktionen zwischen Angreifer und Verteidiger dargestellt werden. Daher werden auf Basis der Auswertungen von Medienfachzeitschriften auch Charakteristika sowie strategische Maßnahmen des jeweiligen Angreifers erläutert.

4.2 Untersuchungsergebnisse

4.2.1 Fallstudien zum Verteidigungsverhalten etablierter Zeitschriftenverlage

4.2.1.1 Fallstudie 1: Bunte - Gala

Die Zeitschrift Bunte des Burda Verlages wurde 1948 gegründet und erscheint wöchentlich jeden Donnerstag. Das redaktionelle Konzept beinhaltet zum Zeitpunkt des Markteintritts von Gala aktuelle Berichte über prominente Persönlichkeiten aus Film, Fernsehen, Musik, Sport und Politik sowie Beiträge aus den Bereichen Entertainment, Mode, Gesundheit, Kultur und Kunst.[673] 1993 erzielt Bunte in der deutschen Gesamtbevölkerung ab 14 Jahren eine Reichweite von 4,79 Millionen Lesern pro Ausgabe, wobei der Frauenanteil knapp 60 Prozent beträgt.[674] Das Verhältnis von redaktionellem Umfang zum Anzeigenumfang der Zeitschrift Bunte beträgt 1993 rund 69 zu 31 Prozent.[675]

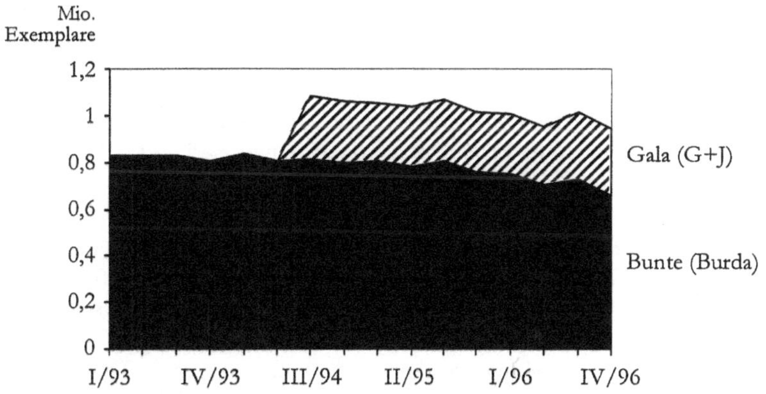

Abbildung 4.4: Entwicklung der verkauften Auflage von Bunte und Gala[676]

---

673 Vgl. o. V. (1993m), S. 1.

674 Vgl. Allensbach (1994), S. 1a.

675 Basis: ZAS-Werte kumuliert per Dezember 1993. Zitiert nach http://www.pz-online.de, Abruf vom 31.05.2004.

676 Datenquelle: IVW-Quartalsauflagen, zitiert nach http://www.pz-online.de, Abruf vom 30.05.2004.

Abbildung 4.4 zeigt die Entwicklung der durchschnittlichen verkauften Auflage von Bunte und Gala von 1993 bis 1996 im Teilmarktsegment der People-Zeitschriften. In diesem Zeitraum reduziert sich die Auflage von Bunte von 830.301 auf 661.057 verkaufte Exemplare um rund 20 Prozent. Gala erzielt seit der Markteinführung im April 1994 eine maximale Auflage von bis zu 285.017 Exemplaren.

Pre-entry-Phase

In der pre-entry-Phase, die ab 1993 beginnt, führt Gruner + Jahr die Prominenten-Zeitschrift Gala in Frankreich ein. Daraufhin spekulieren Fachmedien, ob das Konzept in ähnlicher Form auch in Deutschland auf den Markt gebracht wird.[677] Ab August 1993 berichten verschiedene Branchendienste über den Aufbau einer Entwicklungsredaktion und den bevorstehenden Markteintritt einer neuen Gruner + Jahr-Zeitschrift (Arbeitstitel „Leute“) in Deutschland, die sich am Konzept von Gala in Frankreich orientiert.[678]

Im Bereich der Preispolitik setzt der Burda Verlag in der pre-entry-Phase keine Verteidigungsmaßnahmen um. Der Anzeigengrundpreis für ganzseitige Anzeigen im Vierfarbdruck (61.660 DM) sowie der Copypreis (4 DM) von Bunte bleiben unverändert.

Produktpolitische Verteidigungsaktivitäten der Zeitschrift Bunte werden mit Hilfe der verschiedenen Analyseebenen der Inhaltsanalyse ausgewertet. Dabei lassen sich im Bereich der Produktvariation zwischen Ende März 1993 und Ende März 1994 folgende Veränderungen beobachten:

- Zeitschrift gesamt: Im August 1993 übernimmt Franz-Josef Wagner als neuer Chefredakteur und Nachfolger von Beate Wedekind die redaktionelle Verantwortung für Bunte.[679] Der durchschnittliche Heftumfang je Ausgabe reduziert sich um neun Prozent von 152 auf 139 Seiten, wobei dieser Rückgang maßgeblich aus einem geringeren Anzeigenvolumen resultiert. Der redaktionelle Anteil am Gesamtumfang erhöht sich gleichzeitig um 13 Prozent.[680]
- Titelseite: Die durchschnittliche Anzahl angekündigter Titelthemen reduziert sich von vier auf zwei. Ein gelb unterlegtes horizontales Textband mit Themenankündigungen am oberen Seitenrand wird entfernt. Sämtliche Titelstorys

677 Vgl. o. V. (1993a), S. 4. Siehe auch Bogumil (1993), S. 7.

678 Vgl. o. V. (1993c), S. 3.

679 Vgl. hierzu auch o. V. (1993b), S. 14.

680 Basis: ZAS-Werte jeweils kumuliert per März. Zitiert nach http://www.pz-online.de, Abruf vom 16.05.2004.

sowie die zugehörigen Bilder lassen sich der Kategorie „Prominente, Künstler, Adel“ zuordnen.[681]

- Inhaltsverzeichnis: Ein einspaltiger Einleitungstext des Chefredakteurs wird entfernt, wodurch sich der Umfang des Inhaltsverzeichnisses um etwa eine drittel Seite vergrößert. Zwei von vier Ressorts werden umbenannt, während die Ressortreihenfolge unverändert bleibt. Das Ressort „Bunte Welt“ wird umbenannt in „Arena – Die Geschichten der Reichen und Schönen“ und hinsichtlich des durchschnittlichen Umfangs um 50 Prozent erweitert.[682]

Über die Ergebnisse der Inhaltsanalyse hinaus wird eine weitere Produktvariation der Bunten in verschiedenen Branchendiensten diskutiert. In Teilauflagen der Zeitschrift ergänzt der Burda Verlag im Oktober 1993 auf der Titelseite als neuen Untertitel den Slogan „Das People-Magazin“.[683] Chefredakteur Franz-Josef Wagner erklärt, mit diesem Subslogan die Ausrichtung der Marktpositionierung im Vertriebs- und Anzeigenmarkt überprüfen zu wollen.[684] Da die modifizierten Ausgaben der Bunten unter anderem in Hamburg, dem Sitz der Entwicklungsredaktion von Gruner + Jahr, erscheinen, interpretieren Fachmedien diese Produktvariation als „Seitenhieb“ [685] in Richtung der bevorstehenden Konkurrenz. Denkbar ist auch, dass der Burda Verlag beabsichtigt, den Begriff „People-Magazin“ für Bunte zu besetzen, bevor der Markteintritt des Gruner + Jahr-Titels erfolgt. Im November 1993 erklärt Wagner schließlich, dass der Test abgeschlossen sei und der Untertitel nicht weiter eingesetzt werde.[686]

Neben produktpolitischen Maßnahmen reagiert der Burda Verlag auf den bevorstehenden Markteintritt von Gala außerdem mit Verteidigungsinstrumenten aus dem Bereich der Kommunikationspolitik. Noch in der pre-entry-Phase startet eine mehrmonatige Werbekampagne für Bunte in Printtiteln, Fernsehprogrammen und auf Plakaten im Gegenwert von rund fünf Millionen Mark.[687]

---

[681] Teilweise stellen die Titelthemen der Bunten eine Mischung aus Prominentenberichten und klassischen Ratgeberthemen dar (zum Beispiel „Die Diät der Erfolgsfrauen“). Da diese Themen in den ausgewerteten Stichproben durchweg durch eine starke Personalisierung im Hinblick auf bekannte Prominente gekennzeichnet waren, wurden sie regelmäßig der Kategorie „Prominente, Künstler, Adel“ zugeordnet.

[682] Es ist denkbar, dass Bunte bereits in der pre-entry-Phase versucht, diesen Themenschwerpunkt besonders herauszustellen.

[683] Vgl. o. V. (1993f), S. 2.

[684] Vgl. o. V. (1993g), S. 43.

[685] o. V. (1993g), S. 43. Vgl. hierzu auch o. V. (1994f), S. 43.

[686] Vgl. o. V. (1993h), S. 2 und o. V. (1994d), S. 78 f.

[687] Vgl. o. V. (1993d), S. 4, o. V. (1993e), S. 18, o. V. (1994a), S. 13, o. V. (1994b), S. 18.

Post-entry-Phase

Nachdem der Starttermin von Gala mehrfach verschoben wurde,[688] erscheint die Zeitschrift ab 14.04.1994 wöchentlich in Deutschland mit einer gedruckten Startauflage von 500.000 Exemplaren im Gruner + Jahr-Tochterverlag Norddeutsche Verlagsgesellschaft. Eine vierfarbige Anzeigenseite kostet zunächst 19.800 DM, wobei der Verlag Einführungsrabatte bis zu 50 Prozent gewährt. Der Copypreis wird kurz vor dem Start von ursprünglich geplanten 3,50 DM auf 3 DM reduziert. Die Einführung des Titels, der in einem vergleichsweise großen Format und auf hochwertigem Papier erscheint, wird begleitet von einer Werbekampagne in verschiedenen Mediengattungen im Gegenwert von rund fünf Millionen Mark. Das redaktionelle Konzept von Gala besteht ähnlich wie bei Bunte schwerpunktmäßig aus redaktionellen Beiträgen rund um prominente Persönlichkeiten des aktuellen Zeitgeschehens und richtet sich laut Verlagsangaben primär an Frauen zwischen 35 und 49 Jahren.[689]

Angesichts eines rückläufigen Anzeigenvolumens von Bunte nach der Markteinführung von Gala[690] erklärt der neue Bunte-Verlagsleiter Christian G. Hirsch im September 1994, dass er die „Hamburger Herausforderungen" angenommen habe.[691] Er reduziert die Anzeigenpreise zwischen 1994 und 1995 um 15 Prozent für Vierfarb-Anzeigen beziehungsweise um zehn Prozent für Schwarz-weiß-Anzeigen. Zusätzlich werden für Werbekunden ergänzende Mengenrabatte eingeführt und die Schlusstermine zur Einreichung der Druckunterlagen verkürzt.[692] Gleichzeitig bietet Bunte gemeinsam mit der Burda-Zeitschrift Focus rubrizierte Kleinanzeigen an.[693] Der Tausender-Kontakt-Preis für Bunte reduziert sich im gesamten Untersuchungszeitraum bezogen auf die Gesamtreichweite von 14,54 DM auf 11,11 DM, wie Abbildung 4.5 veranschaulicht.

Der Leserpreis von Bunte bleibt während der gesamten post-entry-Phase unverändert bei vier Mark, während der Newcomer Gala im zweiten Quartal 1995 seinen Einzelverkaufspreis von 3 DM auf 3,50 DM erhöht.[694]

---

688 Vgl. o. V. (1995b), S. 49.

689 Zu den Ausführungen dieses Absatzes vgl. o. V. (1994c), S. 3, o. V. (1994e), S. 1, o. V. (1994i), S. 6, o. V. (1993i), S. 3, o. V. (1993j), S. 43 und o. V. (1993k), S. 6.

690 Bunte verliert zwischen 1993 und 1994 rund 16 Prozent Anzeigenseiten. Basis: ZAS-Werte kumuliert per Dezember. Zitiert nach http://www.pz-online.de, Abruf vom 31.05.2004. Vgl. hierzu auch o. V. (1994j), S. 19.

691 Vgl. o. V. (1994g), S. 4.

692 Vgl. ebenda.

693 Vgl. o. V. (1994h), S. 2.

694 Vgl. o. V. (1995b), S. 49.

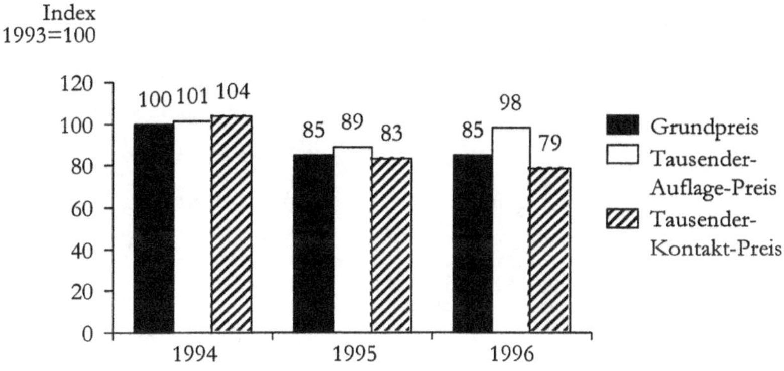

Abbildung 4.5: Indexierte Entwicklung der Anzeigenpreise der Zeitschrift Bunte[695]

Zeitgleich mit dem Start von Gala in Deutschland setzt der Burda Verlag weitere Produktvariationen der Zeitschrift Bunte um. Diese lassen sich insbesondere im Bereich der Analyseebenen Titelseite und Inhaltsverzeichnis beobachten:

- Titelseite: Die Anzahl der Themenankündigungen verringert sich in beiden Jahren der post-entry-Phase weiter von zwei auf durchschnittlich 1,5 Ankündigungen je Heftausgabe. Die Titelthemen lassen sich unverändert dem Themenbereich „Prominente, Künstler, Adel" zuordnen.[696] Abbildung 4.6 zeigt einen exemplarischen Vergleich der Titelseiten zu Beginn beziehungsweise am Ende des dreijährigen Untersuchungszeitraums.
- Inhaltsverzeichnis: Die durchschnittliche Anzahl der Themenankündigungen außerhalb der tabellarischen Inhaltsübersicht erhöht sich während der zwei-

---

695 Basis: Preise für ganzseitige Anzeigen im Vierfarbdruck, Reichweiten in der Gesamtbevölkerung ab 14 Jahren laut MA. Datenquelle: Anzeigenpreislisten, IVW-Daten und Media Analysen zitiert nach http://www.pz-online.de, Abruf vom 31.05.2004, diversen Jahrgängen der Medienhandbücher Stamm (2003) sowie Verlagsangaben der Gruner + Jahr AG & Co KG. Die Auflagenwerte wurden anhand der jahresbezogenen arithmetischen Mittelwerte der IVW-Quartalsauflagen in die Berechnung einbezogen.

696 Im Gegensatz zur pre-entry-Phase weisen die Titelthemen zum Ende des ersten Jahres der post-entry-Phase allerdings offenbar eine stärkere Ratgeberorientierung auf (vgl. hierzu auch Fn. 681). Beispielsweise werden in den pre-entry-Artikeln ausschließlich Fotos von prominenten Persönlichkeiten eingesetzt, während ein Jahr später auch unbekannte Models abgebildet werden. Auf eine detaillierte Verifizierung dieser These mit Hilfe eines gesonderten Kategoriensystems für Titelstorys wurde jedoch im Rahmen dieser Arbeit verzichtet.

jährigen post-entry-Phase von 5 auf 7,5. Insbesondere Interviews mit prominenten Persönlichkeiten werden dabei verstärkt gesondert angekündigt. Bezeichnungen und Reihenfolge der Ressorts bleiben unverändert. Lediglich die Anzahl der redaktionellen Beiträge im Ressort „Arena" geht leicht zurück.

Heft 13/ 1993

Heft 13/ 1996

Abbildung 4.6: Titelseiten von Bunte ein Jahr vor (links) sowie zwei Jahre nach dem Markteintritt von Gala (rechts)

Im August 1996 kündigt Verlagsgeschäftsführer Hirsch eine weitere optische Neugestaltung der Bunten an.[697] Da der Untersuchungszeitraum dieser Arbeit im April 1996 endet, wird diese Produktvariation nicht mehr berücksichtigt.

Im April 1995 startet Bunte ein Brand Extension-Projekt mit dem privaten Hörfunkanbieter Klassik Radio, der sein Programm bundesweit verbreitet. Professor Joachim Kaiser präsentiert jeden Mittwoch ab 19 Uhr im Rahmen einer einstündigen Sendung Werke und Komponisten der klassischen Musik. Donnerstags erscheint in der Bunten die Serie „Kaisers Klassik" mit zusätzlichen Informationen zu den vorgestellten Kompositionen. Werbekunden können Printanzeigen und Hörfunk-Spot im Verbund zu Sonderkonditionen buchen.[698] Weitere Brand

697 Vgl. o. V. (1996e), S. 14.

698 Vgl. o. V. (1995c), S. 5 und o. V. (1995d), S. 21.

Extension-Aktivitäten in Form von Fernsehformaten und Internet werden in 1995 geplant.[699]

Anfang 1995 startet eine weitere Werbekampagne im Rezipientenmarkt für die Prominentenzeitschrift Bunte mit bekannten Persönlichkeiten des öffentlichen Lebens wie Karl Lagerfeld, Claudia Schiffer und Niki Lauda. Ziel dieser Maßnahme ist es laut Burda Verlag, eine jüngere Leserschaft für die Zeitschrift zu gewinnen.[700]

Abbildung 4.7 auf Seite 204 stellt die Chronologie der Verteidigungsmaßnahmen der Bunten im Überblick dar.

699 Vgl. o. V. (1995e), S. 9.

700 Vgl. o. V. (1995a), S. 23.

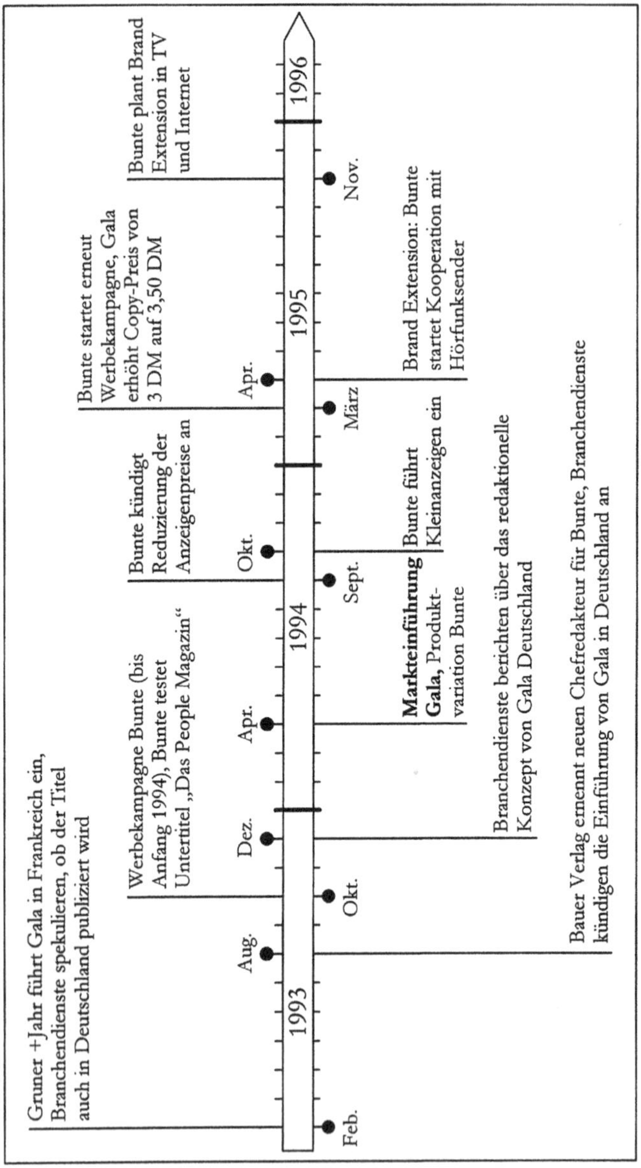

Abbildung 4.7: Chronologie der Marktverteidigung von Bunte

4.2.1.2 Fallstudie 2: Bravo - Yam

Der Markt der Jugendzeitschriften ist gekennzeichnet durch eine große Titelvielfalt im Bereich von General- und Special-Interest-Titeln.[701] Als General-Interest-Zeitschriften für die Zielgruppe der Jugendlichen weist die Allensbacher Werbeträger-Analyse 2002 folgende sieben Titel aus: Bravo, Bravo-Girl (Heinrich Bauer Verlag), Mädchen, Popcorn, Yam (Axel Springer Verlag) sowie 16/ Sixteen[702] und Sugar (Attic Futura Verlag).[703]

Abbildung 4.8 zeigt die Entwicklung der durchschnittlichen verkauften Auflage der genannten Titel im dreijährigen Untersuchungszeitraum dieser Arbeit. [704] Auflagenmarktführer ist die Zeitschrift Bravo, die zu Beginn der pre-entry-Phase eine verkaufte Auflage von rund 800 Tausend Exemplaren erzielt. Zusammen mit der Mädchenzeitschrift Bravo-Girl beherrscht der Heinrich Bauer Verlag zu diesem Zeitpunkt über 50 Prozent der verkauften Auflage im Bereich der General Interest-Jugendzeitschriften. Seine auflagenstärksten Wettbewerber vor dem Markteintritt von Yam sind die Zeitschriften Mädchen und Sugar, die im ersten Jahr des Untersuchungszeitraums jeweils eine Auflage zwischen 344 und 357 Tausend verkauften Exemplaren erzielen.

Bravo ist eine seit 1956 bestehende Jugendzeitschrift, die seit 1968 zur Heinrich Bauer Verlagsgruppe gehört.[705] Sie erscheint jeden Mittwoch und richtet sich mit einem Themenmix aus Berichten über Stars, Modetrends, Partnerschaft sowie Reportagen vorwiegend an die Zielgruppe der 12- bis 17-jährigen Jugendlichen. Die Allensbacher Werbeträger-Analyse 2000 weist für Bravo zum Zeitpunkt des Markteintritts des Angreifers Yam eine Reichweite von 1,73 Millionen Lesern pro Ausgabe aus, davon sind rund 70 Prozent weibliche Leserinnen.[706] Der Anteil der Vertriebserlöse an den Gesamterlösen bestehend aus der Summe von Vertriebs- und Anzeigenerlösen beträgt im Jahr 2000 über zwei Drittel.[707] Seit Anfang der

---

701 Vgl. Röde/ Röhrig (2000), S. 5.

702 Das Mädchen-Magazin Sixteen aus dem Attic Futura Verlag wird im Mai 2003 eingestellt. Vgl. Schäfer (2003), S. 27 und Radvilas (2003b), S. 33.

703 Vgl. Allensbach (2002), S. 244.

704 Zur allgemeinen Marktentwicklung der Jugendzeitschriften vgl. o. V. (2002b), S. 97.

705 Vgl. o. V. (2003a), S. 3.

706 Vgl. Allensbach (2000), S. 1a. In der Altersgruppe der 14-19-jährigen Jugendlichen erreicht Bravo 18,2 Prozent der Gesamtbevölkerung. Vgl. Allensbach (2000), S. 2a.

707 Eigene Abschätzung anhand der Auswertungen von Nielsen Media Research in Relation zum Gesamtumsatz auf Basis der Marktumsätze nach o. V. (2001b), S. 57 ff. in der Medienfachzeitschrift Kress Report. Röde/ Röhrig (2000), S. 5 gehen davon aus, dass die Zeitschrift Bravo fast 90 Prozent ihrer Erlöse im Vertriebsmarkt erwirtschaftet.

neunziger Jahre realisierte der Heinrich Bauer Verlag verschiedene Markenerweiterungen der Bravo-Familie in Form von Line Extensions (zum Beispiel Bravo Girl, Bravo Sport, Bravo Screenfun) und Brand Extensions (zum Beispiel Bravo-TV auf RTL 2 beziehungsweise im ZDF).[708]

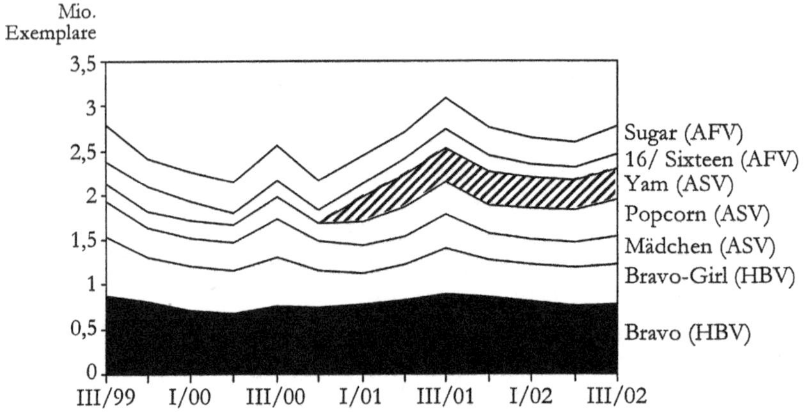

Abbildung 4.8: Entwicklung der verkauften Auflage ausgewählter Jugendzeitschriften[709]

In den Jahren vor dem Markteintritt von Yam verzeichnet Bravo einen knapp fünfzigprozentigen Auflagenrückgang von 1,3 Millionen verkauften Exemplaren in 1998 auf 680 Tausend im Jahr 2000.[710] Vor diesem Hintergrund erscheint es wahrscheinlich, dass ein neuer General Interest-Titel im Jugendmarkt aus Sicht des Heinrich Bauer Verlages im Jahr 2000 eine wesentliche Bedrohung darstellt. Die folgenden Abschnitte beschreiben die Verteidigungsmaßnahmen von Bravo im Rahmen der erläuterten Erhebungskategorien im Untersuchungszeitraum von 1999 bis 2002.

---

708 Vgl. o. V. (2000d), S. 5.

709 Datenquelle: IVW-Quartalsauflagen, zitiert nach http://www.pz-online.de, Abruf vom 31.03.2004.

710 Datenquelle: IVW, jeweils zweites Quartal. Zitiert nach http://www.pz-online.de, Abruf vom 31.03.2004.

Pre-entry-Phase

Etwa ein Jahr vor der Markteinführung von Yam wechselt Claus-Dieter Grabner, der bisherige Geschäftsführer der Bravo, vom Heinrich Bauer Verlag zum Axel Springer Verlag.[711] Anfang 2000 übernimmt er die Betreuung mehrerer Jugendtitel, die der Axel Springer Verlag kurz davor von der Schweizer Marquard-Gruppe erworben hat, darunter Popcorn, Mädchen, Miss Beauty, Musikexpress/ Sounds und Hammer.[712] Einige Wochen später spekulieren Medienfachzeitschriften über die Einführung eines neuen Jugendmagazins durch den Axel Springer Verlag:

> „Wie aus Bauer-Verlagskreisen zu hören ist, wandern zurzeit Mitarbeiter der Bravo-Redaktion vom Münchner Bauer-Verlag zum Münchner Springer Young Media House ab. ... ASV-Sprecherin Edda Fels will die Gerüchte nicht kommentieren, bestätigt aber, dass der Verlag in der Tat „an den Jugendmarkt glaubt" und „der weitere Titel verträgt"."[713]

Obwohl sich der Bauer Verlag nach außen hin zunächst unbeeindruckt von einer bevorstehenden Markteinführung zeigt,[714] leitet er noch in der pre-entry-Phase Verteidigungsmaßnahmen im Bereich der Kommunikations- und Produktpolitik ein. Bravo startet mit einem Volumen von etwa zehn Millionen Mark „die größte Werbeaktion in der Geschichte der Bravo"[715] und sponsert unter anderem die zweite Staffel des Fernsehformates Big Brother, das in jungen Zielgruppen vergleichsweise hohe Reichweiten erzielt.[716]

Im Bereich der Produktpolitik setzt der Heinrich Bauer Verlag diverse Produktvariationen um, indem Heftkonzept und -layout von Bravo modifiziert werden. [717] Bezogen auf die Analyseebenen der Inhaltsanalyse lassen sich folgende Veränderungen feststellen:

- Zeitschrift gesamt: Der durchschnittliche Heftumfang je Ausgabe steigt um sechs Prozent, wobei sich der redaktionelle Umfang um drei Prozent er-

---

711 Vgl. Staas (2000), S. 37 und o. V. (2000a), S. 236.

712 Vgl. Röde/ Röhrig (2000), S. 5 und o. V. (2000c), S. 40.

713 o. V. (2000c), S. 40. Eine weitere Ankündigung findet sich bei o. V. (2000f), S. 6.

714 Beispielsweise antwortet Bravo-Sprecher Horst Müller auf die Frage, welche Auflage er dem neuen Springer-Jugendtitel zutraue: „Dazu müsste man wissen, was Pop (ursprünglicher Arbeitstitel von Yam, d. Verf.) eigentlich sein wird. Eine Bravo-Kopie – dafür spricht die personelle Konstellation – dürfte auf Dauer kaum erfolgreich sein. Wir wären ganz bestimmt wesentlich unruhiger, wenn neue, hungrige Leute Pop starten würden und nicht uns sehr wohl bekannte Ex-Bravo-Macher." Zitiert nach o. V. (2000e), S. 12.

715 Vgl. Staas (2000), S. 37.

716 Vgl. Röde/ Röhrig (2000), S. 5.

717 Vgl. o. V. (2000d), S. 5, Staas (2000), S. 37, Alanyali (2000), S. 33 und Hauptmeier (2000), S. 8.

höht.[718] Im April 2000 ernennt der Heinrich Bauer Verlag Uli Weissbrod zum neuen Bravo-Chefredakteur.[719]

- Titelseite: Die Gestaltung der Titelseite unterscheidet sich zwischen beiden Stichproben bis auf die Elimination eines horizontalen Textbandes mit Themenankündigungen am unteren Seitenrand nicht wesentlich voneinander. Sämtliche Titelstorys sowie die zugehörigen Bilder entstammen der Kategorie „Prominente, Künstler, Adel".
- Inhaltsverzeichnis: Als zusätzliche Rubriken erscheinen die Comicgeschichte „Sally & Fannie" sowie Persönlichkeitstests für Leser[720] unter dem Titel „E-motions". Nahezu alle Ressorts werden umbenannt, wobei es sich meist um sprachliche Anpassungen an den aktuellen Duktus der Bravo-Zielgruppe handelt.[721] Die Reihenfolge der ersten vier Ressorts bleibt unverändert, während die übrigen Rubriken neu platziert werden.[722] In Übereinstimmung mit den Themen der Titelstorys stellt die Rubrik „Stars Aktuell" mit durchschnittlich 11 Themenankündigungen unverändert die umfangreichste Rubrik dar. Der Umfang des Inhaltsverzeichnisses reduziert sich leicht, gleichzeitig erhöht sich die Anzahl von Themenankündigungen außerhalb der tabellarischen Inhaltsübersicht von vier auf fünf. In der tabellarischen Inhaltsübersicht entfällt eine farbige Markierung von Themen, die auf der Titelseite angekündigt werden.

Im Hinblick auf Produktdifferenzierungen meldet ein Branchendienst, dass der Bauer Verlag angeblich die Herausgabe einer Line Extension-Ausgabe von Bravo zur Abwehr gegen den neuen Jugendtitel des Springer Verlages plane, was die Bravo-Geschäftsleitung jedoch dementiert.[723] Für diese Auswertung wird dieser Vorgang daher nicht als Produktvorankündigung in der pre-entry-Phase gewertet.

Der Copypreis von Bravo bleibt in der pre-entry-Phase unverändert bei 2,50 DM. Die Entwicklung der Anzeigenpreise wird für die pre- sowie die post-entry-Phase im nächsten Abschnitt dargestellt.

---

718 Basis: ZAS-Werte jeweils kumuliert per August. Zitiert nach http://www.pz-online.de, Abruf vom 31.05.2004.

719 Vgl. hierzu auch o. V. (2003a), S. 3 und o. V. (2000b), S. 6.

720 Zum Beispiel: „Zeigst Du Dein wahres Gesicht?".

721 Als Beispiele seien die Umbenennungen der Rubriken „Musik-Infos" in „Musik-News", „Unterhaltung" in „Fun & More" sowie „Aufklärung" in „Dr. Sommer" genannt.

722 Beispielsweise wird das Ressort „Poster" von der Mitte des Inhaltsverzeichnisses an die vorletzte Position verschoben.

723 Vgl. o. V. (2000g), S. 36.

Post-entry-Phase

Am 13. September 2000 erscheint, begleitet von einer umfangreichen Werbekampagne, die Erstausgabe von Yam mit einer gedruckten Startauflage von 800.000 Exemplaren.[724] Der Einführungspreis beträgt zunächst eine Mark und wird später auf den Bravo-Preis in Höhe von 2,50 DM erhöht. Das redaktionelle Konzept von Yam orientiert sich mit einer Themenmischung aus Stars, Musik, Aufklärung, Mode und Computer ähnlich wie der Heftumfang stark am etablierten Marktführer Bravo.[725] Nach Aussage des Axel Springer Verlages ist Yam in seiner Gestaltung und Ansprache hochwertiger positioniert als andere Jugendtitel, was sich auch in der Verwendung von höherwertigem Papier im Vergleich zu den Wettbewerbern widerspiegelt.[726]

Mit Beginn der post-entry-Phase, die sich für die Zeitschrift Bravo von September 2000 bis September 2002 erstreckt, wechselt die Unternehmensleitung des Heinrich Bauer Verlages den Verlagsgeschäftsführer der Bravo aus.[727] Der Tenor der öffentlichen Kommunikation gegenüber dem Springer Verlag wechselt von einer eher abwartenden Haltung in der pre-entry-Phase zur Bekräftigung einer proaktiven Verteidigung.[728]

Abbildung 4.9 stellt ausgehend von 1999 die indexierte Anzeigenpreispolitik der Jugendzeitschrift Bravo im gesamten Untersuchungszeitraum dar. Der Anzeigengrundpreis für eine einseitige Anzeige im Vierfarbdruck sinkt von 77.250 DM im Jahr 1999 auf 65.663 DM ab dem Kalenderjahr 2000.[729] Dies entspricht einer absoluten Preisreduzierung in Höhe von 15 Prozent. Da diese Preissenkung bereits etwa ein Jahr vor dem Markteintritt von Yam kommuniziert wurde, erscheint es unwahrscheinlich, dass ein Zusammenhang zwischen beiden Ereignissen besteht. Der Tausender-Auflage-Preis bleibt zwischen 1999 und 2000 bei 90,64 DM annähernd konstant, da sich die verkaufte Auflage um rund 13 Prozent reduziert.[730] In den Jahren 2001 und 2002 nimmt der Heinrich Bauer Verlag keine Anpassungen des Anzeigengrundpreises vor. Infolge steigender Auflagen von Bravo reduziert sich der Tausender-Auflage-Preis verglichen mit dem Jahr 2000

[724] Vgl. Schwab (2001), S. 82 ff.

[725] Vgl. Wolf (2000), S. 21.

[726] Vgl. o. V. (2000h), S. 10 und Reiter (2000), S. 52.

[727] Vgl. o. V. (2001a), S. 10 und Böhling (2001), S. 94.

[728] Beispielsweise lässt sich der Bravo-Chefredakteur in einem Branchendienst mit den Worten „Wir ziehen uns die Rüstung an.“ zitieren. Vgl. o. V. (2000e), S. 8.

[729] Sämtliche Euro-Preisangaben wurden für diese Auswertung in DM umgerechnet.

[730] Basis der Berechnung ist jeweils der arithmetische Mittelwert der vier IVW-Quartalsauflagen für die Jahre 1999, 2000, 2001 bzw. 2002.

auf 78,32 DM in 2001 beziehungsweise 86,25 DM in 2002. Der Tausender-Kontakt-Preis für Bravo steigt dagegen wegen sinkender Reichweiten in den Media Analysen im gesamten Untersuchungszeitraum bezogen auf die Gesamtreichweite von 30,45 DM auf 37,00 DM.

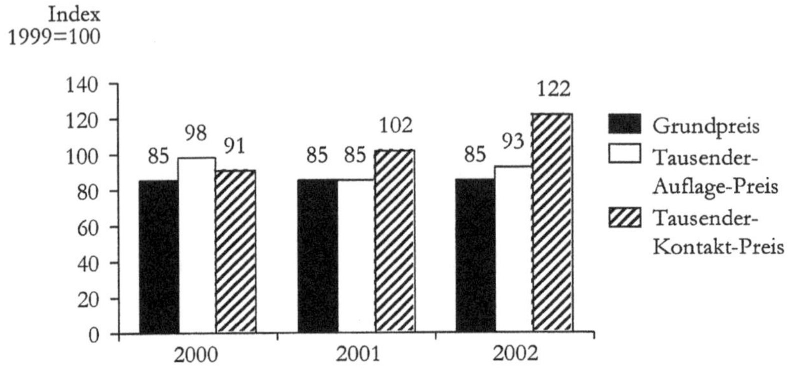

Abbildung 4.9: Indexierte Entwicklung der Anzeigenpreise der Jugendzeitschrift Bravo

Der Bravo-Heftpreis im Lesermarkt liegt bis zum ersten Jahr der pre-entry-Phase konstant bei 2,50 DM und erhöht sich in 2002 auf 2,54 DM um zwei Prozent.[729]

Im Mai 2001 kündigt der neue Verlagsgeschäftsführer Axel Bogocz weitere Produktvariationen in Form einer neuen Heftführung sowie eines veränderten Layouts an.[731] Vergleicht man die Heftausgaben zum Ende der pre-entry-Phase mit den Stichproben während der post-entry-Phase, so lassen sich mit Hilfe der Inhaltsanalyse folgende Veränderungen feststellen:

- Zeitschrift gesamt: Der durchschnittliche Heftumfang je Ausgabe[732] steigt weiter, wobei sich der Anzeigenumfang überproportional erhöht. Der Ge-

731 Vgl. o. V. (2001a), S. 10.

732 Der durchschnittliche Heftumfang ergibt sich aus dem arithmetischen Mittelwert der Umfänge der unmittelbar aufeinanderfolgenden Heftausgaben im Rahmen der erhobenen Stichproben.

samtumfang erhöht sich somit seit Beginn der pre-entry-Phase um 20 Prozent.[733]

- Titelseite: Sämtliche Titelstorys sowie die zugehörigen Bilder entstammen unverändert der Kategorie „Prominente, Künstler, Adel".
- Inhaltsverzeichnis: Im ersten Jahr der post-entry-Phase verdreifacht sich die Anzahl der mit Hilfe einer Abbildung angekündigten Themen im inzwischen einseitigen Inhaltsverzeichnis von fünf auf 15. Gleichzeitig reduziert sich die durchschnittliche Anzahl der Ressorts von 14 auf elf.[734] Ähnlich wie in der pre-entry-Phase verändert sich die Ressortreihenfolge, während die Ressortgewichtung weitgehend unverändert bleibt.[735] In der tabellarischen Inhaltsübersicht wird eine farbige Markierung von Themen, die auf der Titelseite angekündigt werden, im ersten Jahr der post-entry-Phase wieder eingeführt. Im zweiten Jahr der post-entry-Phase erfolgen lediglich geringe Produktvariationen des Inhaltsverzeichnisses, indem zwei Ressorts umbenannt werden. Die Anzahl der Ressorts bleibt hingegen ebenso wie die Reihenfolge, die Anzahl der Themenankündigungen sowie die Ressortgewichtung unverändert.

Als weitere Verteidigungsmaßnahme im Bereich der Produktpolitik setzt Bravo ein Brand Extension-Projekt um. Zwei Wochen nach dem Verkaufsstart von Yam wird kurzfristig unter www.bravo.de ein vorläufiger Internet-Auftritt realisiert, der ursprünglich erst für das Jahr 2001 geplant war.[736] Mit Beginn des Jahres 2001 startet schließlich der vollständige Online-Auftritt der Jugendzeitschrift Bravo.[737]

---

733 Basis: ZAS-Werte jeweils kumuliert per August. Zitiert nach http://www.pz-online.de, Abruf vom 31.05.2004.

734 Zum einen werden die beiden in der pre-entry-Phase eingeführten Rubriken „Sally & Fannie" sowie „Emotions" wieder eliminiert, zweitens werden die Ressorts „Kino-News" und „TV-News" zusammengeführt zu „Movies + TV".

735 Zwar kündigt die Chefredaktion in verschiedenen Branchendiensten eine Ausweitung der Themenbereiche Computer, Computerspiele und Telekommunikation an (vgl. beispielsweise Hauptmeier (2000), S. 8), gleichwohl werden derartige redaktionelle Beiträge einer Sammelrubrik „Service" zusammen mit Musikthemen zugeordnet.

736 Vgl. o. V. (2000i), S. 50.

737 Die Erwartungen der Verlagsgeschäftsführung an den Internetauftritt von Bravo erfüllen sich jedoch nur teilweise, weshalb der Heinrich Bauer Verlag die Personalstärke der Online-Redaktion im August 2001 reduziert. Vgl. Böhling (2001), S. 94 f. Diese Entwicklung steht vermutlich weniger im Zusammenhang mit der Marktverteidigungsstrategie, sondern ist eher auf die insgesamt stark rückläufigen Internetmärkte in 2001 zurückzuführen.

Im ersten Jahr der post-entry-Phase setzt sich außerdem im Bereich der Kommunikationspolitik die Umsetzung der in der pre-entry-Phase gestarteten Werbekampagne fort. [738]

4.2.1.3 Fallstudie 3: Bild der Frau - Lisa

Das Marktsegment der Frauenzeitschriften, das durch eine Vielzahl an Titeln gekennzeichnet ist, wird meist in verschiedene Subsegmente differenziert. Häufig erfolgt eine Unterteilung in wöchentliche beratende Frauenzeitschriften, wöchentliche unterhaltende Frauenzeitschriften (Yellowpress), vierzehntägliche Titel sowie Monatsmagazine.[739]

Abbildung 4.10 zeigt die Auflagenentwicklung ausgewählter wöchentlicher beratender Frauenzeitschriften im Untersuchungszeitraum von Ende 1993 bis Ende 1996.[740] Auflagenmarktführer ist der Titel Bild der Frau aus dem Axel Springer Verlag, gefolgt von Tina und Bella, den wöchentlichen Frauenzeitschriften des Heinrich Bauer Verlages. Ende 1994 bringt der Burda Verlag den neuen Titel Lisa heraus; kurz darauf erscheint im Januar 1995 der Bauer-Titel Laura.[741] Die Ausführungen in dieser Fallstudie konzentrieren sich auf den Titel Lisa, da dieser zuerst eingeführt wurde. Sie gelten allerdings analog auch für den zweiten Newcomer im Segment der wöchentlichen beratenden Frauenzeitschriften.

Der Titel Bild der Frau ist Teil der Bild-Gruppe des Axel Springer Verlages. Grundgedanke bei der Gründung des Titels im Jahr 1983 war es, Frauenthemen der Bild-Zeitung in einem eigenen Blatt zu bündeln.[742] Bild der Frau bietet eine breite Themenmischung vorwiegend aus den Bereichen Mode, Kosmetik, Kochen, Familie, Politik, Beruf und Finanzen.[743] Umfangreichstes Ressort ist der Ratgeber-Teil von Bild der Frau, der nützliche Tipps für die überwiegend weibli-

---

738 Bereits im Mai 2001 erklärt die Geschäftsleitung von Bravo, den Angriff von Yam erfolgreich abgewehrt zu haben Vgl. o. V. (2001a), S. 10.

739 Vgl. zu dieser Einteilung beispielsweise Wehrle/ Busch (2002), S. 98.

740 Die Auswahl der Titel orientiert sich an der Marktabgrenzung des Women´s Weeklies-Segments nach Hartmann (1998), S. 112 f.

741 In der Folgezeit werden weitere neue Frauenzeitschriften gegründet, die vor allem junge Leserinnen ansprechen sollen, darunter Joy (Jürg Marquard), Young Miss (Gruner + Jahr) oder Frauen Blitz (Auto-Media-Verlagsgruppe). Vgl. o. V. (1995f), S. 150.

742 Vgl. Radvilas (2003c), S. 32.

743 Vgl. Radvilas (2003c), S. 32 ff. und o. V. (1993n), S. 2.

che Leserschaft beinhaltet.[744] Die wöchentlich jeden Montag erscheinende Zeitschrift erzielt rund zwei Drittel ihrer Gesamterlöse in Form von Vertriebserlösen beziehungsweise rund 33 Prozent in Form von Anzeigenerlösen.[745]

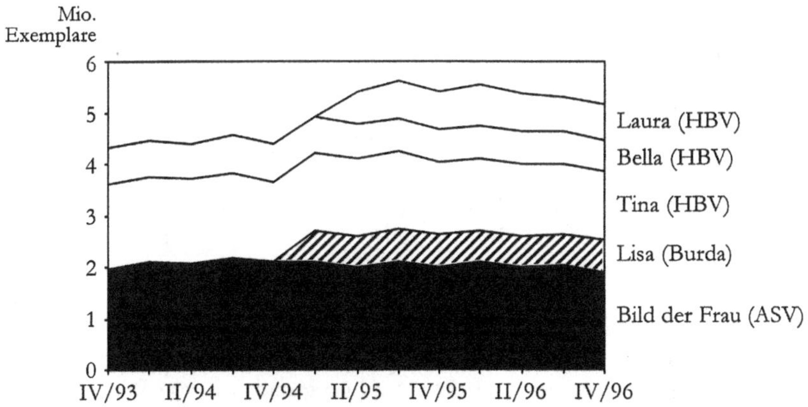

Abbildung 4.10: Entwicklung der verkauften Auflage ausgewählter wöchentlicher beratender Frauenzeitschriften[746]

Pre-entry-Phase

Verglichen mit den anderen Fallstudien dieser Arbeit erscheint die Zeitspanne zwischen Ankündigung und Markteinführung von Lisa ungewöhnlich kurz. Lediglich einen Monat vor dem Erscheinen der Erstausgabe der neuen wöchentlichen Frauenzeitschrift des Burda Verlages veröffentlichen Branchenmedien im August 1994 erste Ankündigungen.[747] In Medienfachzeitschriften finden sich außerdem keine indirekten Hinweise auf mögliche Markteinführungen, wie in den vorheri-

---

744 Quelle: Inhaltsanalyse dieser Arbeit.

745 Vgl. o. V. (1995f), S. 150.

746 Datenquelle: IVW-Quartalsauflagen, zitiert nach http://www.pz-online.de, Abruf vom 31.03.2004.

747 Vgl. o. V. (1994k), S. 1, o. V. (1994l), S. 19 und o. V. (1994m), S. 8.

gen Fallstudien die Einführung von Gala im Ausland beziehungsweise der Wechsel von Entscheidungsträgern der Bravo zu einem anderen Großverlag.[748]

Der vergleichsweise kurze Planungszeitraum für mögliche Verteidigungsaktivitäten ist vermutlich der Hauptgrund dafür, dass weder im Rahmen der Sekundärauswertungen von Branchendiensten noch mit Hilfe der Inhaltsanalyse nennenswerte Verteidigungsaktivitäten des Axel Springer Verlages in der pre-entry-Phase erfasst werden konnten.[749]

Post-entry-Phase

Ab Anfang September 1994 erscheint Lisa jeden Mittwoch zum gleichen Leserpreis wie Bild der Frau in Höhe von 1,20 DM.[750] Laut Burda Verlag richtet sich das redaktionelle Konzept, das im Wesentlichen aus Beiträgen über Mode, Kosmetik, Frisuren, Kochen und Gesundheit besteht, primär an junge Frauen zwischen 20 und 35.[751] Die Marktführung von Lisa wird begleitet von einer Werbekampagne im Gegenwert von rund zehn Millionen Mark sowie der Verteilung von etwa zehn Millionen kostenlosen Leseproben in Tageszeitungen.[752] Die Druckauflage von Lisa beträgt zu Beginn laut Verlagsangaben eine Million Exemplare.[753] Aus Sicht der Werbewirtschaft liegen die Kosten für eine vierfarbige Anzeigenseite mit 7.000 DM deutlich unter dem Anzeigengrundpreis von Bild der Frau mit 69.000 DM.[754]

Um der Zeitschrift Lisa, die sich ebenso wie Bild der Frau maßgeblich aus Vertriebserlösen finanziert,[755] verkaufsfördernde Platzierungen in den Verkaufsstellen zu sichern, plant der Burda Verlag die unentgeltliche Abgabe der ersten Ausgabe von Lisa an Grossisten und Einzelhändler, das heißt der Copypreis der ersten Ausgabe soll in voller Höhe den Händlern zugute kommen.[756] Die Verlage Axel

---

748 Krüger (1994) bezeichnet die Einführung von Lisa als „Überraschungscoup" des Burda Verlages.

749 Ausnahmen sind die Umbenennung des Ressorts „Diät" in „Abnehmen" sowie eine leichte primär anzeigenbedingte Zunahme des Heftumfangs.

750 Vgl. o. V. (1994l), S. 19.

751 Vgl. o. V. (1994k), S. 1.

752 Vgl. o. V. (1994q), S. 2, o. V. (1994r), S. 5.

753 Vgl. o. V. (1994m), S. 4.

754 Ab 1995 erhöht der Burda Verlag den Anzeigengrundpreis von Lisa auf 13.500 Mark. Vgl. o. V. (1994p), S. 52 und o. V. (1994t), S. 38.

755 Vgl. o. V. (1994q), S. 2.

756 Vgl. o. V. (1994o), S. 8 und o. V. (1994p), S. 52.

Springer, Heinrich Bauer sowie Gruner + Jahr sehen darin eine unsachliche Beeinflussung des Handels sowie eine Behinderung des Wettbewerbs und stoppen die geplante Aktion des Burda Verlags mit Hilfe einer einstweiligen Verfügung.[757] Dieser gewährt daraufhin über die ersten vier Heftausgaben verteilt vergleichsweise hohe Vergütungen gegenüber den nachgelagerten Handelsstufen.[758]

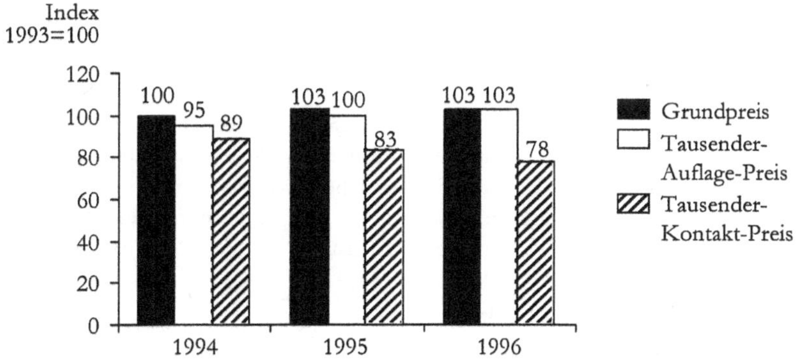

Abbildung 4.11: Indexierte Entwicklung der Anzeigenpreise der Frauenzeitschrift Bild der Frau[759]

Die preispolitische Verteidigung von Bild der Frau gegen den Markteintritt von Lisa ist durch Preissteigerungen gekennzeichnet. Im ersten Jahr der post-entry-Phase wird der Leserpreis um über acht Prozent auf 1,30 DM erhöht und liegt damit über dem Copypreis von Lisa. Der Anzeigengrundpreis bleibt im ersten post-entry-Jahr auf dem Niveau des pre-entry-Preises und erhöht sich 1996 um drei Prozent auf 70.728 Mark. Abbildung 4.11 veranschaulicht die Anzeigenpreisentwicklung von Bild der Frau im gesamten Untersuchungszeitraum von 1993 bis

757 Vgl. Krüger (1994) und o. V. (1994r), S. 5.

758 Vgl. Jansen (1994), S. 112.

759 Basis: Preise für ganzseitige Anzeigen im Vierfarbdruck, Reichweiten in der Gesamtbevölkerung ab 14 Jahren laut MA. Datenquelle: Anzeigenpreislisten, IVW-Daten und Media Analysen zitiert nach http://www.pz-online.de, Abruf vom 31.05.2004, diversen Jahrgängen der Medienhandbücher Stamm (2003) sowie Verlagsangaben der Gruner + Jahr AG & Co KG. Die Auflagenwerte wurden anhand der jahresbezogenen arithmetischen Mittelwerte der IVW-Quartalsauflagen in die Berechnung einbezogen.

1996.[760] Während sich der Tausender-Auflage-Preis leicht erhöht, sinkt der Tausender-Kontaktpreis um insgesamt 22 Prozent. Dies erklärt sich durch eine verhältnismäßig konstante Auflagenentwicklung bei gleichzeitiger Steigerung der Reichweiten (Leser pro Ausgabe) von Bild der Frau.[761]

Im Bereich der Produktpolitik können im Rahmen der Inhaltsanalyse folgende Produktvariationen von Bild der Frau beobachtet werden:

- Zeitschrift gesamt: Der Heftumfang vergrößert sich zwischen dem Ende der pre-entry- und dem Ende des zweiten Jahres der post-entry-Phase um 19 Prozent, wobei sich der Anzeigenteil im Vergleich zum redaktionellen Angebot überproportional erhöht. Insgesamt reduziert sich der redaktionelle Anteil um sechs Prozent.[762]
- Titelseite: Die Anzahl der Abbildungen erhöht sich von durchschnittlich zwei auf 3,5. Die durchschnittliche Anzahl angekündigter Titelthemen schwankt permanent zwischen 7,5 und 9,5. Sämtliche Titelstorys sowie die zugehörigen Abbildungen lassen sich den Kategorien „Mode zum Kaufen“, “Kosmetik und Körperpflege“, „Haarpflege und Frisuren“ sowie „“Kochen, Essen und Trinken“ zuordnen.
- Inhaltsverzeichnis: Das Inhaltsverzeichnis beinhaltet im gesamten Untersuchungszeitraum zwischen 11 und 13 Ressorts. Die ersten vier sowie die letzten vier Ressorts erscheinen abgesehen von marginalen Namensanpassungen[763] in sämtlichen ausgewerteten Heftausgaben in der gleichen Reihenfolge. Auch die Themengewichtung bleibt ebenso wie der Umfang des Inhaltsverzeichnisses konstant. Rund 50 Prozent aller Themenankündigungen entfallen durchgehend auf die Ressorts „Ratgeber“ sowie „Mode/ Kosmetik“. Im ersten Jahr der post-entry-Phase werden außerdem redaktionelle Beiträge, die auf der Titelseite angekündigt werden, mit einem roten Punkt in der tabellarischen Inhaltsübersicht markiert.

Im November 1994 kündigt der Axel Springer Verlag mit dem Titel Allegra die Einführung einer neuen monatlichen Frauenzeitschrift an, die im April 1995

---

760 Aufgrund der kurzen Zeitspanne zwischen Ankündigung und Markteintritt des Angreifers ist davon auszugehen, dass der Axel Springer Verlag vermutlich erst ab dem Jahr 1995 in der Lage war, preispolitische Verteidigungsmaßnahmen im Anzeigenmarkt einzuleiten.

761 Zwischen 1993 und 1996 erhöht sich die Reichweite von Bild der Frau laut Media Analysen von 3,62 auf 4,74 Millionen Leser. Quelle: Verlagsangaben Gruner + Jahr AG & Co KG.

762 Basis: ZAS-Werte jeweils kumuliert per August. Zitiert nach http://www.pz-online.de, Abruf vom 31.05.2004. Zur Umfangsausweitung von Bild der Frau vgl. auch o. V. (1994s), S. 6.

763 Beispielsweise wird das Ressort „Rätsel“ in „Rätsel & Gewinnen“ umbenannt.

erstmalig erscheint.[764] Es stellt sich die Frage, inwieweit diese Produktdifferenzierung im Zusammenhang mit dem Markteintritt von Lisa oder zeitgleich gestarteten Newcomern steht. Für eine kausale Beziehung beider Ereignisse sprechen neben dem engen zeitlichen Zusammenhang auch die personelle Besetzung der Leitungsfunktionen von Allegra. Die Konzeptplanung und -umsetzung von Allegra verantwortet Andreas Petzold, der unmittelbar zuvor als stellvertretender Chefredakteur für Bild der Frau arbeitete.[765] Gegen einen Zusammenhang sprechen die unterschiedlichen Erscheinungsweisen und Produkteigenschaften von Bild der Frau und Allegra. Letztere ist im Gegensatz zu Bild der Frau mit einem Einzelverkaufspreis von fünf Mark im Segment hochpreisiger Frauentitel positioniert. Auch das redaktionelle Profil von Allegra unterscheidet sich deutlich vom Profil wöchentlicher beratender Frauenzeitschriften.[766]

Dieses Beispiel zeigt, dass die zeitliche Einordnung und Interpretation von Verteidigungsmaßnahmen maßgeblich von der Abgrenzung des relevanten Marktes abhängt. Legt man als Marktabgrenzung das Segment der monatlichen hochpreisigen Frauenzeitschriften zugrunde, so kann die Produktinnovation des Titels Allegra als pre-entry-Maßnahme im Hinblick auf den bevorstehenden Markteintritts von Amica im Februar 1996 interpretiert werden.[767] Betrachtet man dagegen den Markt der Frauenzeitschriften insgesamt, könnte Allegra als post-entry-Maßnahme auf den Markteintritt von Lisa interpretiert werden.[768] Letztere Auslegung wird in dieser Arbeit verwendet.

Neben preis- und produktpolitischen Maßnahmen setzt der Axel Springer Verlag im ersten Jahr der post-entry-Phase für Bild der Frau auch eine Werbe- und Vertriebsaktion um.[769]

---

764 Vgl. Halefeldt (1994), S. 12, Bogumil (1995), S. 9 und Löw (1996), S. 124 f.

765 Vgl. o. V. (1994u), S. 1 und o. V. (1994v), S. 43.

766 Vgl. hierzu Bogumil (1995), S. 9.

767 Diese Interpretation findet sich in einigen Branchendiensten. Vgl. Löw (1996), S. 124 f., o. V. (1994n), S. 1 und o. V. (1994v), S. 43.

768 Vgl. zu dieser Auslegung beispielsweise o. V. (1995f), S. 150. Anfang 2004 wurde der Titel Allegra mangels wirtschaftlicher Perspektive eingestellt.

769 Vgl. Krüger (1994), S. 130 ff.

4.2.2 Darstellung der Ergebnisse für einzelne Marketing-Mix-Instrumente

In diesem Abschnitt erfolgt eine zusammenfassende Darstellung von Verteidigungsaktivitäten der analysierten Publikumszeitschriften im Bereich der Preis-, Produkt- und Kommunikationspolitik.

Titel	Copypreis	Anzeigengrund-preis	Tausender-Auflage-Preis	Tausender-Kontakt-Preis
Bild der Frau	0	-	-	-
Bravo	0	-	-	-
Brigitte	0	(+1)	+5	-7
Bunte	0	0	(+1)	(+4)
Capital	-33	(+2)	+15	-14
Chip	0	-	-	-
Der Spiegel	+11	+5	+8	(+4)
TV Movie	(+4)	-	-	-

Tabelle 4.3: Preisentwicklung in der pre-entry-Phase in Prozent[770]

Preispolitik

In der pre-entry-Phase lassen sich im Lesermarkt bei zwei von acht untersuchten Zeitschriften Preisveränderungen von mindestens fünf Prozent feststellen.[771] Das Nachrichtenmagazin Der Spiegel erhöht seinen Copypreis um elf Prozent von DM 4,50 DM auf fünf Mark, während Capital den Leserpreis bei gleichzeitiger Verdoppelung der Erscheinungsweise von neun auf sechs Mark (-33 Prozent) reduziert. Im Bereich der Anzeigengrundpreise lässt sich vor dem Markteintritt des Angreifers eine fünfprozentige Preiserhöhung bei einem der acht untersuchten Titel beobachten. Bei Bild der Frau, Bravo, Chip und TV Movie konnten keine preispolitischen pre-entry-Verteidigungsmaßnahmen im Werbemarkt ausgewertet werden, da der Markteintritt des Angreifers in den Monaten August bis

770 Preisveränderungen von weniger als fünf Prozent, die in dieser Untersuchung nicht als strategische Verteidigungsmaßnahme gewertet werden, sind in Klammern angegeben. Fälle, in denen eine Auswertung aufgrund der Besonderheiten der Anzeigenpreisfestsetzung (vgl. hierzu 4.1.3.1) nicht möglich ist, sind durch einen Strich gekennzeichnet. Sofern innerhalb der pre-entry-Phase keine Preisveränderung auftritt, ist der Wert Null angegeben. Zu den verschiedenen Datenquellen vgl. Fn. 759.

771 Die Entwicklung sämtlicher preisbezogener Kenngrößen ist im Anhang III dieser Arbeit auf Seite 252 dargestellt.

Dezember erfolgte.[772] Die Tausender-Auflage-Preise erhöhen sich in drei von acht Fällen zwischen fünf und 15 Prozent. Im Bereich der Tausender-Kontakt-Preise lassen sich bei zwei Titeln Preissenkungen nachweisen. Einen zusammenfassenden Überblick über die Preisentwicklung der etablierten Zeitschriftentitel im Rezipienten- und Anzeigenmarkt gibt Tabelle 4.3.
Im ersten und zweiten Jahr der post-entry-Phase finden im Bereich der Leserpreise abgesehen von einer achtprozentigen Preiserhöhung bei Bild der Frau keine Preisanpassungen statt. Der Anzeigengrundpreis reduziert sich in zwei Fällen bei Bunte (-15 Prozent im ersten post-entry-Jahr) sowie bei Capital (-7 Prozent im ersten und nochmals im zweiten post-entry-Jahr). Bei sieben von acht Zeitschriften verändern sich im ersten Jahr die Tausender-Auflage-Preise um mindestens fünf Prozent, wobei bei fünf Titeln die Tausender-Auflage-Preise steigen. Im zweiten Jahr der post-entry-Phase lassen sich zwei zehnprozentige TAP-Erhöhungen sowie eine Senkung in Höhe von 12 Prozent beobachten. Die Tausender-Kontakt-Preise sinken bei der Mehrzahl der Titel im ersten post-entry-Jahr, während im zweiten Jahr jeweils drei Reduzierungen beziehungsweise Erhöhungen von Tausender-Kontakt-Preisen auftreten, wie Tabelle 4.4 zeigt.

Titel	Copypreis	Anzeigengrund-preis	Tausender-Auflage-Preis	Tausender-Kontakt-Preis
Bild der Frau	+8, 0	(+3), 0	+5, (+3)	-7, -6
Bravo	0, (+2)	0, 0	-14, +10	+12, +19
Brigitte	0, 0	0, 0	+5, (+3)	-5, +16
Bunte	0, 0	-15, 0	-12, +10	-21, (-4)
Capital	0, (-2)	-7, -7	+7, (-4)	+9, -11
Chip	0, 0	0, (+2)	(-2), -12	-8, +15
Der Spiegel	0, 0	0, (-4)	+5, (-4)	-8, (-2)
TV Movie	0, (+4)	0, 0	+10, 0	+6, (-12)

Tabelle 4.4: Preisentwicklung im ersten und zweiten Jahr der post-entry-Phase in Prozent[773]

772 Vgl. hierzu auch die Erläuterungen zum Untersuchungsdesign dieser Arbeit

773 Die erste Zahl gibt die prozentuale Preisvariation im ersten, die zweite Zahl die prozentuale Preisvariation im zweiten post-entry-Jahr an. Bezugszeitpunkt ist im Unterschied zu Abbildung 4.5, Abbildung 4.9 sowie Abbildung 4.11 nicht der Beginn der pre-entry-Phase, sondern die jeweilige Vorperiode. Preisveränderungen von weniger als fünf Prozent, die in dieser Untersuchung nicht als strategische Verteidigungsmaßnahmen gewertet werden, sind in Klammern angegeben.

Vergleicht man die Ergebnisse zur Variation der Leserpreise sowie der Anzeigengrundpreise mit den Erkenntnissen der Wirtschaftswissenschaften zu preispolitischen Verteidigungsstrategien, so stellt man fest, dass abgesehen von der Zeitschrift Capital kein etablierter Titel in der pre-entry-Phase nennenswerte Preisreduzierungen umsetzt.[774] Die Konzepte zur Eintrittsabschreckung potentieller Wettbewerber, zum Beispiel im Rahmen der Limitpreis-, Signaling- oder Reputations-Ansätze werden folglich im Markt der Publikumszeitschriften nach dieser Untersuchung verhältnismäßig selten angewandt. Der Spiegel Verlag erhöhte im Gegensatz zu den Empfehlungen der wissenschaftlichen Verteidigungsmodelle in der pre-entry-Phase seinen Heftpreis sowie den Anzeigengrundpreis. Für die Anwendung einer preispolitischen post-entry-Verteidigung im Sinne der Predatory-Konzepte finden sich ebenfalls keine empirischen Belege. Dieser Befund entspricht den Ergebnissen bislang durchgeführter Studien zu Verteidigungsaktivitäten etablierter Anbieter in anderen Branchen.[775]

Diese Aussagen gelten lediglich eingeschränkt für die Analyse der Veränderungen der Tausenderpreise etablierter Zeitschriftentitel. Hierbei lassen sich verhältnismäßig häufig Preisveränderungen beobachten, beispielsweise bei sämtlichen acht Titeln im zweiten Jahr der post-entry-Phase. Die größte Veränderung des Tausender-Kontakt-Preises erfolgt bei der Zeitschrift Bunte, die im ersten post-entry-Jahr ihren Tausender-Kontakt-Preis von 14, 54 DM auf 11,55 DM um 21 Prozent reduziert. Darüber hinaus werden im Unterschied zu den Ergebnissen des Defender-Modells verhältnismäßig häufig Preiserhöhungen in der post-entry-Phase vorgenommen.

Bei einer Analyse der Entwicklung der Tausenderpreise ist zu berücksichtigen, dass diese durch die Verlage nicht unmittelbar beeinflusst werden können, sondern sich aus dem Anzeigengrundpreis und der Auflage beziehungsweise Reichweite eines Titels zusammensetzen. Bei bekannter Auflage beziehungsweise Reichweite einer Zeitschrift kann der Verteidiger seinen Anzeigengrundpreis entsprechend kalkulieren, um seinen Tausender-Preis zu variieren. Lässt er beispielsweise bei steigender Auflage oder Reichweite den Anzeigengrundpreis unverändert, führt dies zu sinkenden Tausenderpreisen. Im Gegensatz zu den wirtschaftswissenschaftlichen Modellen und empirischen Studien lassen sich verhältnismäßig häufig Steigerungen der Tausender-Preise im Zeitschriftenmarkt nachweisen.

---

[774] Die Zeitschrift Capital stellt im Rahmen dieser Untersuchung einen Sonderfall dar, da gleichzeitig mit der Preisreduzierung die Erscheinungshäufigkeit von monatlich auf vierzehntäglich verdoppelt wird.

[775] Vgl. hierzu Abschnitt 2.6 dieser Arbeit.

Im Rahmen dieser Auswertung ist ferner zu berücksichtigen, dass für die Berechnung der Tausender-Kontakt-Preise die Reichweiten eines Titels in der Gesamtbevölkerung ab 14 Jahren als Basis zugrunde gelegt wurden. Genauere Aussagen zur preispolitischen Verteidigung im Bereich der Tausender-Preise könnten sich anhand einer Analyse der Entwicklung von Tausender-Kontakt-Preisen in relevanten Rezipienten-Zielgruppen für den jeweils untersuchten Titel ableiten lassen.

Es stellt sich die Frage, welche Gründe zu einer selektiven, allenfalls indirekten Anwendung preispolitischer Verteidigungsstrategien im Markt der Publikumszeitschriften in Deutschland führen. Einerseits könnte aus Sicht der Entscheidungsträger von etablierten Verlagen die Gefahr bestehen, dass umfangreiche Preisreduzierungen zu Umsatzrückgängen führen, die sich in Folgeperioden nicht wieder ausgleichen lassen. Ein alternativer Erklärungsansatz wäre die starke Marktstellung der etablierten Titel, die eventuell zu einer vergleichsweise geringen Preiselastizität der Nachfrageseite führt. Eine Preissenkung hätte dann aufgrund einer vergleichsweise hohen Leser-Blatt-Bindung keine oder lediglich geringe Nachfrageeffekte im Leser- oder Anzeigenmarkt zur Folge.[776] Denkbar ist ferner, dass Verlage befürchten, aufgrund von Preissenkungen Reputationsverluste zu erleiden, da das Preisniveau im Zeitschriftenmarkt von Nachfragern als Qualitätsindikator angesehen wird. Für diese These spricht insbesondere die oben erläuterte Art der Nutzenstiftung von Zeitschriften, die sowohl im Leser- als auch im Anzeigenmarkt eher immaterieller Natur ist.

Produktpolitik

Pre-entry-Verteidigungsaktivitäten in Form von Produktdifferenzierungen werden von den analysierten Verlagen verhältnismäßig selten angewandt. Für Differenzierungen in Form von Brand Extensions finden sich in der gesichteten Medienfachpresse keine Hinweise. Gruner + Jahr bringt unter dem Titel Young Miss Anfang 1995 eine Zeitschrift für junge Mädchen zwischen 14 und 19 Jahren als Line Extension des etablierten Titels Brigitte heraus.[777] Diese Zeitschrifteneinführung ist die einzige erfasste Produktdifferenzierung aller untersuchten Titel in der pre-entry-Phase.

Mit Hilfe der Inhaltsanalyse lassen sich folgende Produktvariationen der etablierten Titel vor dem Markteintritt der neuen Titel im Rahmen der drei Analyseebenen feststellen:

---

[776] Für diese These sprechen u. a. auch die bei Der Spiegel und Bild der Frau umgesetzten Preiserhöhungen.

[777] Vgl. o. V. (1995g), S. 11. Der Titel Brigitte Young Miss erschien zuvor unregelmäßig als Sonderheft, zuletzt fünfmal jährlich.

- Zeitschrift gesamt: In zwei von acht Fällen (bei Bravo und Bunte) findet ein Wechsel des Chefredakteurs statt. Capital wechselt als einzige der etablierten Zeitschriften ihren Erscheinungsrhythmus von monatlich auf vierzehntäglich und damit auch den Erscheinungstag beziehungsweise das Erscheinungsdatum. Eine mindestens fünfprozentige Veränderung des gesamten Heftumfangs findet sich bei Bild der Frau, Bravo, Bunte, Capital sowie bei Chip. Zwei Titel erhöhen ihren Umfang, während es bei drei Zeitschriften zu Umfangsreduzierungen kommt. In zwei Fällen steigt der redaktionelle Anteil, in einem Fall sinkt er um mindestens fünf Prozent. Hinsichtlich der Kategorien Name der Zeitschrift, Format, Bindung, Druckverfahren und Papier werden keine relevanten Veränderungen festgestellt.
- Titelseite: Bei Bunte sinkt die Anzahl der angekündigten Themen, bei Chip steigt sie von durchschnittlich sechs auf neun. Bei Bravo und Bunte werden Textbänder entfernt. Im Rahmen der Analyse der Erhebungskategorien Logogröße, Untertitel, Anzahl Abbildungen und Themenzugehörigkeit der Titelstory zeigen sich keine Veränderungen.
- Inhaltsverzeichnis: Bei sechs von acht Titeln lassen sich Veränderungen der Erhebungsvektoren der Form (Ressortname, Ressortposition, Ressortlänge) feststellen. In drei Fällen wird der Umfang des Inhaltsverzeichnisses variiert. Der Bildanteil erhöht sich bei der Fernsehprogrammzeitschrift TV Movie. Die Kennzeichnung von Titelthemen entfällt bei Bravo. Die Anzahl der Ankündigungen mit Abbildung außerhalb der tabellarischen Inhaltsübersicht verändert sich in zwei Fällen. Hinsichtlich der Merkmale Kennzeichnung von angekündigten Themen, Farbigkeit und Seitenzahlenpositionierung lassen sich keine Änderungen nachweisen.

Im Gegensatz zur pre-entry-Phase lassen sich verhältnismäßig zahlreiche Produktdifferenzierungsmaßnahmen nach dem Markteintritt des Angreifers beobachten. Bei vier von acht Fällen werden Brand Extension- und/ oder Line Extension-Maßnahmen vorgenommen oder neue Marken eingeführt. Zusätzlich zu den in den Fallstudien erläuterten Verteidigungsaktivitäten setzen Der Spiegel und Capital Brand Extension-Projekte in den Bereichen Fernsehen und Internet um.[778] Der Vogel Verlag führt die Computerzeitschrift Easy PC ein, der Spiegel Verlag veröffentlicht Spiegel Special und für Spiegel Abonnenten die Beilage Spiegel Kultur Extra.[779] Im Marktsegment der Programmzeitschriften bringt der Heinrich Bauer Verlag den vierwöchig erscheinenden Titel TV Pur sowie den vierzehntäglichen

[778] Vgl. Reis (1994), S. 74 f. und o. V. (2000o), S. 14.

[779] Vgl. o. V. (1994y), S. 40, o. V. (1994z), S. 116 f., o. V. (1995h), S. 26. Der Titel Spiegel Special wurde später umbenannt in Spiegel Reporter.

Titel TV 14 auf den Markt.[780] Letzterer orientiert sich stark am Konzept des Angreifers TV Direkt des Gong Verlages.[781]

In der post-entry-Phase lassen sich folgende Produktvariationen beobachten:

- Zeitschrift gesamt: Bei drei etablierten Titeln wird ein neuer Chefredakteur eingesetzt. Der Heftumfang verändert sich bei 75 Prozent aller untersuchten Fälle im ersten oder zweiten post-entry-Jahr um mindestens fünf Prozent. Etwa die Hälfte der Titel erhöht, die andere Hälfte verringert ihren Gesamtumfang. Bei fünf von acht Zeitschriften verändert sich der redaktionelle Anteil im ersten oder zweiten post-entry-Jahr um mindestens fünf Prozent, wobei es in der Mehrzahl zu Steigerungen kommt. Hinsichtlich der Kategorien Name der Zeitschrift, Erscheinungsrhythmus und -tag, Format, Bindung, Druckverfahren und Papier werden keine relevanten Veränderungen festgestellt.
- Titelseite: Bei Chip wird das Logo verkleinert, zwei Zeitschriften steigern die Anzahl ihrer Themenankündigungen, zwei senken sie. In drei Fällen verändert sich die Anzahl der Abbildungen. Auf der Titelseite von Chip wird ein horizontales Textband statt am unteren ab dem ersten post-entry-Jahr am oberen Seitenrand positioniert, bei TV Movie entfällt ein Textband am unteren Seitenrand. Die Analyse der Erhebungskategorien Untertitel und Themenzugehörigkeit der Titelstory zeigt keine Veränderungen in der post-entry-Phase.
- Inhaltsverzeichnis: Bei sieben von acht Titeln werden Ressortnamen, Ressortpositionen oder Ressortlängen variiert. In zwei Fällen bei Bravo und Chip verändert sich der Umfang des Inhaltsverzeichnisses. Die Kennzeichnung von Titelthemen entfällt bei der Zeitschrift Bravo. Die Anzahl der Ankündigungen mit Abbildung außerhalb der tabellarischen Inhaltsübersicht verändert sich in fünf Fällen. Der Spiegel wechselt von einer schwarz-weißen zur mehrfarbigen Gestaltung seines Inhaltsverzeichnisses. Eine Kennzeichnung von Themen der Titelseite oder von Themen, die im Inhaltsverzeichnis gesondert angekündigt werden, findet sich bei bis zu zwei Verteidigern. Capital verändert die Positionierung der Seitenzahlenverweise im Inhaltsverzeichnis. Hinsichtlich des Merkmals Bildanteil lassen sich keine Änderungen nachweisen.

---

780 Vgl. Carl (1999), S. 154 ff.

781 Zum Ende des Untersuchungungszeitraums im vierten Quartal 2000 übersteigt die Auflage von TV 14 die verkaufte Auflage von TV direkt um das 1,8-fache. Ende 2003 erreicht TV 14 mit einer Auflage von rund 2,3 Millionen Exemplaren die Auflagenmarktmarktführerschaft im Segment der Programmzeitschriften. Basis: IVW-Zahlen, jeweils viertes Quartal, zitiert nach http://www.pz-online.de, Abruf vom 19.06.2004.

Sämtliche Produktvariationen lassen sich den in dieser Arbeit definierten Kategorien Optimierung oder Lifting zuordnen. Ein Relaunch eines etablierten Titels findet weder in der pre- noch in der post-entry-Phase statt.

Ähnlich wie in anderen Märkten werden die produktpolitischen Maßnahmen zur Verteidigung gegen neue Wettbewerber im Markt der Publikumszeitschriften verhältnismäßig häufig eingesetzt, vorwiegend im Rahmen von Produktoptimierungen. Obwohl anhand von Schmalensees Ringdorf die Wirksamkeit einer pre-entry-Produktdifferenzierungsstrategie nachgewiesen werden kann, wird sie lediglich von einem Verlag in der pre-entry-Phase angewandt. Offenbar sehen zahlreiche Verlage primär die Gefahr von Kannibalisierungseffekten gegenüber etablierten Stammprodukten bei der Einführung eigener neuer Titel im gleichen relevanten Marktsegment. Anhand der wirtschaftswissenschaftlichen Modelle lässt sich jedoch zeigen, dass trotz einer Kannibalisierung der etablierten Produkte weitere Produktdifferenzierungen sinnvoll sein können, wenn sich dadurch gewinnreduzierende Preiskämpfe mit Konkurrenten in Folgeperioden vermeiden lassen.

Kommunikationspolitik

Werbemaßnahmen als Verteidigungsaktivitäten im Bereich der Kommunikationspolitik lassen sich in der pre-entry-Phase in insgesamt drei von acht Fällen nachweisen. Neben Bravo und Bunte setzt auch das Wirtschaftsmagazin Capital vor dem Markteintritt des Angreifers eine Werbekampagne um.[782] In der post-entry-Phase werden Werbeaktivitäten bei sechs von acht Zeitschriften im Rahmen der Sekundärauswertungen erfasst.

Produktvorankündigungen in der pre-entry-Phase finden sich lediglich in einem Fall als Gruner + Jahr die Hefteinführung von Brigitte Young Miss etwa vier Monate vorher ankündigt.[783] Ansonsten lassen sich in einigen untersuchten Fällen Spekulationen von Medienjournalisten über neue Titeleinführungen des Verteidigers nachweisen,[784] die jedoch im Rahmen dieser Analyse nicht als Produktvorankündigung des etablierten Anbieters gewertet werden.

In diesem Zusammenhang stellt sich die Frage, weshalb lediglich einer der vier etablierten Verlage seine Titelinnovation in der pre-entry-Phase ankündigt. Wie oben gezeigt können Verteidiger durch Produktvorankündigungen die Markteintrittsentscheidung des Angreifers unter Umständen verzögern oder generell beein-

---

782 Vgl. Friedrich (1999), S. 28 und o. V. (1999a), S. 22.

783 Vgl. beispielsweise o. V. (1994w), S. 2 und o. V. (1994x), S. 37.

784 Vgl. hierzu beispielsweise o. V. (1998b), S. 66: „Auch Bauer und Springer haben (als Abwehrmaßnahme gegen den Markteinritt von TV Direkt, d. Verf.) fertig entwickelte Blätter in der Schublade, die auf Knopfdruck innerhalb von drei Wochen auf den Markt gebracht werden könnten". Ein weiteres Beispiel findet sich bei o. V. (2000g), S. 36.

flussen. Es ist jedoch denkbar, dass die Mehrzahl der Verteidiger eher dazu tendiert, zunächst den Erfolg eines Angreifers nach dessen Markteintritt zu analysieren, um anschließend über eigene Titeleinführungen zu entscheiden. Außerdem könnten Zeitschriftenverlage generell die Strategie verfolgen, das redaktionelle Profil neuer Titel möglichst bis kurz vor Start des Anzeigenverkaufs oder der Einführung im Lesermarkt geheim zu halten, um weiteren Markteintritten beziehungsweise Imitationen durch Konkurrenten vorzubeugen.

4.2.3 Überprüfung der Hypothesen

Um im Anschluss an die Darstellung der Ergebnisse im nächsten Schritt die Hypothesen dieser Arbeit überprüfen zu können, wird die Vielzahl der Handlungsparameter zu den drei bekannten Gruppen von Marketing-Mix-Elementen zusammengefasst. Hierzu wird jeweils der arithmetische Mittelwert der Anwendungshäufigkeiten über die verschiedenen Handlungsparameter im Bereich der Preis-, Produkt- sowie Kommunikationspolitik gebildet.[785] Für post-entry-Maßnahmen der Preispolitik, bei denen im Unterschied zu produkt- und kommunikationspolitischen Maßnahmen eine differenzierte Auswertung für das erste und zweite post-entry-Jahr erfolgte,[786] wird jeweils dasjenige Jahr einbezogen, in dem die meisten relevanten Preisveränderungen auftreten.[787]

Abbildung 4.12 zeigt die durchschnittliche Anwendungshäufigkeit der verschiedenen Verteidigungsinstrumente für die acht untersuchten Zeitschriftentitel. Die Marktverteidigung etablierter Zeitschriftenverlage konzentriert sich in Übereinstimmung mit den Befunden empirischer Studien im Bereich der Wirtschaftswissenschaften[788] primär auf die post-entry-Phase. Am häufigsten werden dabei kommunikationspolitische Maßnahmen, gefolgt von produkt- und preispolitischen Verteidigungsaktivitäten eingesetzt. Im Rahmen der drei ausführlich darge-

---

785 Diese Vorgehensweise impliziert, dass sämtliche Handlungsparameter innerhalb der verschiedenen Marketing-Mix-Elemente gleich gewichtet werden. Alternativ könnte man die Einflussgrößen unterschiedlich gewichten; zum Beispiel könnte eine Line Extension-Einführung stärker gewichtet werden als eine Produktvariation. Da sich jedoch hierzu in der wirtschaftswissenschaftlichen Literatur zu Verteidigungsstrategien keine Hinweise fanden, wurde aus Vereinfachungsgründen auf eine Gewichtung verzichtet

786 Vgl. hierzu Tabelle 4.4 auf Seite 219.

787 Gemäß Tabelle 4.4 ist dies regelmäßig im ersten post-entry-Jahr der Fall. Insofern werden durchgängig die Anwendungshäufigkeiten im ersten Jahr nach der Markteinführung in die Mittelwertbildung einbezogen.

788 Vgl. hierzu zum Beispiel Kuester/ Homburg/ Robertson/ Schäfer (2001), S. 1197.

stellten Fallstudien wurde gezeigt, dass etablierte Verlage häufig eine Kombination aus verschiedenen Verteidigungsinstrumenten wählen. Bei Verteidigungsaktivitäten in der pre-entry-Phase werden produktpolitische Instrumente häufiger genutzt als Kommunikationspolitik oder Preispolitik. Innerhalb der Produktpolitik werden Produktvariationen verhältnismäßig häufig, Produktdifferenzierungen, zum Beispiel in Form von Brand Extension- oder Line Extension-Aktivitäten dagegen eher selten eingesetzt.

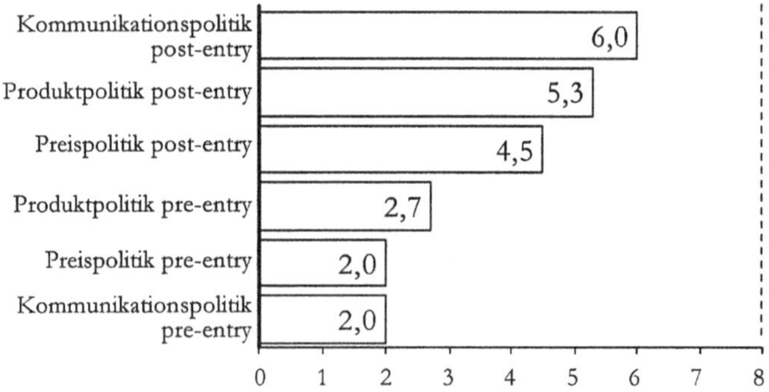

Abbildung 4.12: Durchschnittliche Anwendungshäufigkeiten der Verteidigungsinstrumente im Rahmen dieser Untersuchung[789]

Somit kann festgehalten werden, dass die Hypothesen H 1a, H 1b, H 2b, H 3a sowie H 3b bestätigt werden, wie Tabelle 4.5 zeigt. Im Rahmen der untersuchten Fälle zur Marktverteidigung orientiert sich das Verhalten der Verteidiger im Markt der Publikumszeitschriften weitgehend an den empirischen Befunden wirtschaftswissenschaftlicher Untersuchungen für andere Branchen. Im Bereich der Preispolitik werden in der post-entry-Phase allerdings im Gegensatz zu den Empfehlungen des Defender-Modells im Markt der Publikumszeitschriften verhältnismäßig häufig Preissteigerungen umgesetzt. Beispielsweise erhöhen sich im ersten Jahr nach dem Markteintritt des Angreifers in drei von acht Fällen die Tau-

789 Die gestrichelte Linie zeigt die theoretische maximale Anwendungshäufigkeit an, das heißt bei sämtlichen der acht untersuchten Publikumszeitschriften wird ein Verteidigungsinstrument eingesetzt.

sender-Kontakt-Preise.[790] Hypothese H 2a wird ebenfalls bestätigt, wenn man die Anwendungshäufigkeiten der Verteidigungsinstrumente im gesamten Untersuchungszeitraum als Vergleichsbasis zu Grunde legt. Sofern man den Häufigkeitsvergleich allerdings lediglich auf die pre-entry-Phase beschränkt, ist H 2a abzulehnen, da preis- und kommunikationspolitische Maßnahmen seltener als produktbezogene Aktivitäten umgesetzt werden.

Bei einer Diskussion der empirischen Untersuchungsergebnisse anhand der theoretischen Verteidigungsmodelle im zweiten Kapitel dieser Arbeit sind die Besonderheiten des Zeitschriftenmarktes sowie der Zeitschriftenproduktion zu berücksichtigen, wie Tabelle 4.5 veranschaulicht. Beispielsweise könnte die verhältnismäßig hohe Anbieterkonzentration im Zeitschriftenmarkt dazu beitragen, dass etablierte Verlage bei einer Entscheidung über die Umsetzung von Produktdifferenzierungen in der pre-entry-Phase primär die Gefahr von Kannibalisierungseffekten bei Stammprodukten herausstellen.[791] Signaling-Modelle, die Informationsasymmetrien zwischen Angreifer und Verteidiger unterstellen,[792] besitzen für den Markt der Publikumszeitschriften offenbar lediglich eingeschränkte Gültigkeit, da die Marktteilnehmer aufgrund der hohen Markttransparenz[793] vergleichsweise umfassend über die Kostenstrukturen der Wettbewerber informiert sind.[794]

790 Bei einem Vergleich der Häufigkeiten zu preispolitischen Verteidigungsmaßnahmen ist ferner zu berücksichtigen, dass je nach dem Zeitpunkt des Markteintritts des Angreifers eine pre-entry-Verteidigung aufgrund der Praxis jährlicher Preisüberprüfungen verhältnismäßig unwahrscheinlich erscheint.

791 Vgl. hierzu Abschnitt 2.4.4. und 3.3.1 dieser Arbeit.

792 Vgl. hierzu Abschnitt 2.3.4 dieser Arbeit.

793 Vgl. hierzu Abschnitt 3.3.1 dieser Arbeit.

794 Zahlreiche Großverlage erstellen laut Aussagen von Entscheidungsträgern der Verlage regelmäßig Kosten-, Erlös- und Gewinnschätzungen für relevante Wettbewerber.

<table>
<tr><th>Hypothese</th><th>Empirischer Befund</th><th>Mögliche Begründungen</th></tr>
<tr><td>H 1a: Preispolitische Maßnahmen werden von Zeitschriftenverlagen verglichen mit anderen Marketing-Mix-Instrumenten verhältnismäßig selten innerhalb der pre-entry-Phase als Verteidigungsstrategie angewandt.</td><td>H 1a bestätigt, Produktpolitik wird häufiger, Kommunikationspolitik ebenfalls in lediglich zwei von acht Fällen angewandt</td><td rowspan="2">• Aus Sicht des Verteidigers erscheint es fraglich, ob eine preispolitische Verteidigung den Markteintritt des Angreifers verhindern beziehungsweise seine Position nennenswert schwächen kann (2.3.1 und 2.3.2).
• Aufgrund der hohen Markttransparenz im Zeitschriftenmarkt (3.3.1) eignet sich der Preis nicht zur Kommunikation der Kostensituation des Verteidigers im Sinne der Signaling-Ansätze (2.3.4).
• Verlage befürchten bei der Umsetzung von Preissenkungen negative Reputationseffekte gegenüber Werbekunden oder Lesern (2.3.3). Bei Gütern mit immateriellem Charakter der Nutzenstiftung, wie beispielsweise bei Zeitschriften (3.1.2), fungiert der Preis verstärkt als Qualitätsindikator.
• Bindende Verpflichtungen der Verlage im Sinne der Commitment-Ansätze, zum Beispiel in Form von Druckkapazitäten oder dem Aufbau journalistischer Kernkompetenzen (2.1.2), machen die Ausführung von preispolitischen Verteidigungsmaßnahmen unnötig (2.3.5).
• Bei hoher Leser-Blatt-Bindung (3.2.1) könnte die Preispolitik im Lesermarkt als Verteidigungsinstrument verhältnismäßig unwirksam sein.</td></tr>
<tr><td>H 1b: Preispolitische Maßnahmen werden von Zeitschriftenverlagen verglichen mit anderen Marketing-Mix-Instrumenten verhältnismäßig selten innerhalb der post-entry-Phase als Verteidigungsstrategie angewandt.</td><td>H 1b bestätigt, Produktpolitik und Kommunikationspolitik werden häufiger angewandt</td></tr>
<tr><td>H 2a: Produktvariationen oder -differenzierungen werden von Zeitschriftenverlagen innerhalb der pre-entry-Phase verglichen mit anderen Marketing-Mix-Instrumenten verhältnismäßig selten als Verteidigungsstrategie angewandt.</td><td>H 2a nicht bestätigt, Produktpolitik wird häufiger als Preis- und Kommunikationspolitik angewandt</td><td>• Im Gegensatz zu den Aussagen von Hotellings Straßendorf (2.4.2 und 2.4.4) schätzen Verlage Produktvariationen als wirksames Verteidigungsinstrument ein.
• Bei Produktdifferenzierungen sehen Entscheidungsträger der Verlage primär die Gefahr von Kannibalisierungseffekten etablierter Stammprodukte (2.4.4). Dieser Effekt könnte durch die verhältnismäßig hohe Marktkonzentration im Zeitschriftenmarkt (3.3.1) verstärkt werden.
• Produktdifferenzierungen erfordern verglichen mit anderen Verteidigungsinstrumenten einen höheren zeitlichen Vorlauf zur Planung und Umsetzung (2.4.1 und 3.1.3).</td></tr>
</table>

Hypothese	Empirischer Befund	Mögliche Begründungen
H 2b: Produktvariationen oder -differenzierungen werden von Zeitschriftenverlagen innerhalb der post-entry-Phase verglichen mit anderen Marketing-Mix-Instrumenten verhältnismäßig häufig als Verteidigungsstrategie angewandt.	H 2b bestätigt, Produktpolitik wird häufiger als Preispolitik angewandt	• Durch den Einsatz von Produktvariationen versuchen etablierte Verlage Preiskämpfe mit dem Angreifer zu vermeiden (2.4.2). • Bei Produktdifferenzierungen sehen Entscheidungsträger der Verlage primär die Möglichkeit zur Sicherung der eigenen Marktanteile im relevanten Marktsegment (2.4.3 und 2.4.4).
H 3a: Werbemaßnahmen oder Produktvorankündigungen werden von Zeitschriftenverlagen verglichen mit anderen Marketing-Mix-Instrumenten verhältnismäßig selten als Verteidigungsstrategie innerhalb der pre-entry-Phase angewandt.	H 3a bestätigt, Produktpolitik wird häufiger als Kommunikationspolitik, Preispolitik ebenfalls selten angewandt	• Aufgrund der Produktcharakteristika von Zeitschriften (3.1.2) ist der Aufbau von Markteintrittsbarrieren durch Werbemaßnahmen (2.5.2) im Zeitschriftenmarkt lediglich eingeschränkt umsetzbar. Dies gilt insbesondere in Marktsegmenten mit geringer Leser-Blatt-Bindung (3.2.1). • Angesichts einer Vielzahl von Titelinnovationen im Zeitschriftenmarkt (3.1.1) beobachten Verteidiger zunächst, inwieweit der Angriff eines Newcomers erfolgreich ist und entscheiden erst in der post-entry-Phase über den Einsatz von Werbemaßnahmen oder Produktvorankündigungen.
H 3b: Werbemaßnahmen werden von Zeitschriftenverlagen verglichen mit anderen Marketing-Mix-Instrumenten verhältnismäßig häufig als Verteidigungsstrategie innerhalb der post-entry-Phase angewandt.	H 3b bestätigt, Kommunikationspolitik wird häufiger als Produkt- beziehungsweise Preispolitik angewandt	• In Übereinstimmung mit den Empfehlungen des Defender-Modells (2.5.3) erhöhen marktführende Verteidiger ihre Marketing-Ausgaben, um ihre Marktstellung zu erhalten. • Obwohl sich Produktvorankündigungen kaum zur Marktverteidigung in der post-entry-Phase eignen (3.2.3 und 3.3.2), werden sie verglichen mit der pre-entry-Phase verhältnismäßig häufig eingesetzt. Offenbar signalisieren Verlage dadurch dem jeweiligen Angreifer die Bereitschaft zur Marktverteidigung. • Im Vergleich zu anderen Branchen können Medienanbieter Werbekampagnen über Gegengeschäfte oder Werbung in eigenen Medien zu vergleichsweise geringen Kosten umsetzen (3.2.3).

Tabelle 4.5: Empirische Befunde und Interpretation der Untersuchungsergebnisse [795]

[795] Die Verweise beziehen sich auf die entsprechenden Ausführungen in vorherigen Abschnitten dieser Arbeit.

Abschließend soll eine Einschätzung der Aussagekraft dieser Untersuchung anhand der zur Beurteilung der Qualität wissenschaftlicher Erkenntnisgewinnung üblichen Gütekriterien Objektivität, Reliabilität, Validität sowie Repräsentativität vorgenommen werden.[796] Die Messergebnisse der empirischen Analyse sind weitgehend unabhängig von subjektiven Einflüssen durch den Untersuchungsleiter, womit das Kriterium der Objektivität erfüllt ist. Verglichen mit anderen Erhebungsmethoden - wie beispielsweise Befragungen - ist die Reliabilität ebenfalls verhältnismäßig hoch einzuschätzen, da sowohl die Ergebnisse der Inhaltsanalyse als auch der Branchenmedien-Auswertung bei wiederholter Messung reproduzierbar wären.

Die Validität einer Untersuchung ist gegeben, wenn sie den eigentlich interessierenden Sachverhalt tatsächlich zu erfassen vermag, das heißt wenn die Daten den relevanten Untersuchungsgegenstand repräsentieren.[797] Für diese Untersuchung wurde unterstellt, dass der Verteidiger sämtliche Änderungen der analysierten Marketing-Mix-Instrumente aufgrund eines bevorstehenden oder bereits erfolgten Markteintritts des Angreifers vornimmt. In der Unternehmenspraxis sind jedoch zahlreiche andere Faktoren vorstellbar, die zu Marketing-Mix-Variationen führen. Beispielsweise könnte der Verteidiger unabhängig von der Existenz des Angreifers ein Ressort stärker gewichten, wenn sich im Zeitablauf die Interessen der Leserschaft verschieben. Eine Marketing-Mix-Variation könnte auch primär durch andere etablierte Wettbewerber und weniger durch den Angreifer verursacht worden sein.[798] Weiterhin ist fraglich, ob die Entscheidungsträger des verteidigenden Verlages einen Angriff überhaupt als Bedrohung der eigenen Wettbewerbsposition erkennen.[799] Vor diesem Hintergrund müsste die Fragestellung dieser Untersuchung streng genommen allgemeiner formuliert werden, um das Kriterium der Validität zu erfüllen. Analysiert werden Maßnahmen etablierter Zeitschriftenverlage zur Gewinnmaximierung, wenn der Markteintritt eines Angreifers bevorsteht oder bereits erfolgt ist.[800] Die Analyse von Verteidigungsstrategien gegen das neue Produkt beziehungsweise den neuen Wettbewerber wäre dann als Unterfall dieses Untersuchungsziels zu interpretieren.

---

[796] Vgl. hierzu Rogge (1995), Sp. 2282 f.

[797] Vgl. Müller (2000), S. 144 ff. und Rogge (1995), Sp. 2282.

[798] Vgl. hierzu Ailawadi/ Lehmann/ Neslin (2001), S. 58.

[799] In der öffentlichen Kommunikation bewerten Verteidiger den oder die Angreifer häufig als nicht bedrohlich, selbst wenn der Verteidiger bereits Einbußen im Vertriebs- oder Anzeigenmarkt hinnehmen musste. Vgl. hierzu beispielsweise Fn. 714.

[800] Diese Formulierung unterstellt vereinfachend, dass neben der Gewinnmaximierung keine weiteren Unternehmensziele verfolgt werden.

Eine Untersuchung ist als repräsentativ zu bezeichnen, wenn die Stichprobe die gleichen Merkmale und Verteilungen wie die Grundgesamtheit aufweist und damit die Ergebnisse generalisierbar sind.[801] Aufgrund der Beschränkung des Stichprobenumfangs auf acht etablierte Zeitschriftentitel ist die Repräsentativität dieser Untersuchung nicht gewährleistet.[802] Gleichwohl lassen sich anhand der Ergebnisse Schlüsse in Bezug auf das Verteidigungsverhalten etablierter Großverlage beziehungsweise auflagenstarker Zeitschriftentitel ableiten, da die Titelauswahl der Untersuchung relevante Anbieter in unterschiedlichen Marktsegmenten über einen längeren Zeitraum erfasst. Das zeigt auch die weitgehende Übereinstimmung der Ergebnisse dieser Analyse mit wirtschaftswissenschaftlichen Untersuchungen zur Umsetzung von Verteidigungsmaßnahmen.

4.2.4 Unternehmenspolitische Schlußfolgerungen

Klassische Medienunternehmen agieren häufig in konzentrierten oligopolistischen Märkten. Insofern empfiehlt es sich, die Anwendung wirtschaftswissenschaftlicher Konzepte zur Marktverteidigung zu prüfen, um langfristig die eigene Wettbewerbsposition auszubauen beziehungsweise mindestens erhalten zu können. In dieser Arbeit werden preis-, produkt- sowie kommunikationspolitische Verteidigungsoptionen erläutert und hinsichtlich ihrer Anwendungshäufigkeit im Markt der auflagenstarken Publikumszeitschriften in Deutschland empirisch überprüft. Die Ergebnisse können prinzipiell auch auf andere klassische Medienanbieter übertragen werden, sofern man deren unternehmensspezifische Besonderheiten berücksichtigt.[803]

Im Bereich der Preispolitik werden Preisreduzierungen als mögliche Verteidigungsstrategie diskutiert, um einen Angreifer vom Markteintritt in der pre-entry-Phase abzuschrecken oder seine Etablierung in der post-entry-Phase zu erschweren. Derartige Strategien werden im Zeitschriftenmarkt ähnlich wie in anderen Branchen in der Unternehmenspraxis verhältnismäßig selten angewandt. Es könnte für den Verteidiger allerdings sinnvoll sein, im Einzelfall abzuwägen, ob eine preispolitische Verteidigung oder die Gewährung des Markteintritts durch den Angreifer die relativ vorteilhaftere Strategie darstellt. Dabei sind prinzipiell die

801 Vgl. Rogge (1995), Sp. 2283.

802 Angesichts einer Vielzahl von Innovationen im Zeitschriftenmarkt (vgl. hierzu 3.1.1) wäre eine repräsentative Untersuchung mit erheblichem Aufwand verbunden.

803 Beispielsweise entfällt bei privaten Rundfunkanbietern der Handlungsparameter der Preispolitik im Rezipientenmarkt, da diese abgesehen von Pay-TV- oder Pay-Audio-Programmen ihre Programme unentgeltlich anbieten.

Ergebniskonsequenzen einer Preisreduzierung den Ergebniskonsequenzen im Falle eines erfolgreichen Markteintritts des Angreifers gegenüberzustellen. Da die temporären Gewinnreduzierungen des Verteidigers zunehmen, je höher sein Fixkostenanteil an den Gesamtkosten ist, empfiehlt es sich, diesen grundsätzlich möglichst gering zu halten, um den eigenen Handlungsspielraum zur Umsetzung von Verteidigungsaktivitäten zu erhöhen. Beispielsweise könnte sich ein Zeitschriftenverlag weitgehend auf die Erstellung redaktioneller Inhalte konzentrieren und Anzeigen-, Vertriebs- oder Verwaltungsfunktionen soweit wie möglich am Markt einkaufen.[804]

Als Verteidigungsstrategien im Bereich der Produktpolitik sind die Umsetzung von Produktvariationen sowie die Einführung von Produktdifferenzierungen denkbar. Die Wirksamkeit der Abschreckung gegenüber potentiellen Wettbewerbern wird durch wirtschaftswissenschaftliche Modelle insbesondere für eine Produktdifferenzierungsstrategie nachgewiesen. Im Gegensatz dazu zeigen die empirischen Befunde, dass Produktdifferenzierungen, zum Beispiel in Form von Line Extensions, verglichen mit anderen produktpolitischen Handlungsparametern relativ selten zur Marktverteidigung eingesetzt werden. Hierbei wäre zu prüfen, ob eine Produktdifferenzierungsstrategie unter Inkaufnahme von Kannibalisierungseffekten bei etablierten Stammprodukten sinnvoll ist, wenn dadurch der Markteintritt potentieller Wettbewerber verhindert werden kann. Denkbar ist auch die Einführung unregelmäßiger Sonderhefte, um das wirtschaftliche Risiko neuer Titelinnovationen zu begrenzen.[805] Ein derartiges Vorgehen könnte zukünftige Preiskämpfe mit neuen Konkurrenten verhindern und damit aus Sicht des Verteidigers die relativ vorteilhaftere Strategie darstellen.

Im Bereich der Kommunikationspolitik können etablierte Medienunternehmen ihre Marktposition verteidigen, indem sie einerseits Werbemaßnahmen umsetzen oder andererseits gegenüber dem Angreifer in der pre-entry-Phase die bevorstehende Einführung eines neuen Produktes ankündigen. Erstere Strategie wird von Zeitschriftenverlagen in der post-entry-Phase besonders häufig eingesetzt. Für die Umsetzung von Produktvorankündigungen finden sich dagegen lediglich vereinzelte empirische Belege. Dieses Ergebnis erstaunt, da für derartige Verteidigungshandlungen verglichen mit anderen Verteidigungsstrategien vergleichsweise geringe Kosten anfallen. Insofern empfiehlt es sich für Medienunternehmen zu prüfen,

[804] Anders als im Zeitschriftenmarkt werden beispielsweise nationale Werbezeiten zahlreicher privater Hörfunksender nicht durch die Sender selbst, sondern über eine senderübergreifende Gesellschaft vermarktet. Zwar halten die beteiligten Sender Anteile an dieser Vermarktungsgesellschaft, gleichwohl entfällt für sie der Fixkostenblock für die Infrastruktur zur nationalen Vermarktung ihrer Programme.

[805] Vgl. hierzu Schür-Langkau (1997), S. 199 ff.

inwieweit Produktvorankündigungen im Rahmen der strategischen Marktverteidigung eingesetzt werden können.

Unabhängig von einzelnen Marketing-Mix-Instrumenten fällt auf, dass in fünf von acht Fällen die Chefredakteurin beziehungsweise der Chefredakteur des etablierten Titels innerhalb des jeweils dreijährigen Untersuchungszeitraums wechselt. Offenbar geht die Unternehmensleitung der Verlage in der Mehrzahl der Fälle davon aus, dass die zu Beginn des Angriffs verantwortlichen Chefredakteure nicht in der Lage sind, dem Angriff erfolgreich zu begegnen.[806] Gleichzeitig bindet jedoch ein Wechsel von Führungskräften häufig erhebliche interne Ressourcen des Verteidigers,[807] die in der pre- oder post-entry-Phase produktiver für die Planung und Umsetzung von Verteidigungsaktivitäten eingesetzt werden könnten. Vor diesem Hintergrund empfiehlt sich für Medienunternehmen, im Sinne der ressourcenorientierten Ansätze Kernkompetenzen hinsichtlich organisatorischer Fähigkeiten zur strategischen Marktverteidigung, zum Beispiel im Rahmen von Schulungen der Führungskräfte oder Szenarioanalysen, aufzubauen und permanent weiterzuentwickeln. Sofern es dadurch gelingt, Personalwechsel während der Angriffsphase zu vermeiden, ist der Verteidiger in der Lage, sich primär auf die Umsetzung von Verteidigungsaktivitäten zu konzentrieren.

Insgesamt stellt sich die Frage, inwieweit Medienunternehmen in konzentrierten Märkten die Aktivitäten der Konkurrenten in die eigene Entscheidungsfindung einbeziehen beziehungsweise proaktiv versuchen, Markteintrittsentscheidungen von potentiellen Angreifern zu beeinflussen. Die Ergebnisse dieser Arbeit lassen vermuten, dass Entscheidungsträger im Falle eines (bevorstehenden) Angriffs häufig ein Planungsszenario ohne Berücksichtigung von Angreifern als Referenzbasis zu Grunde legen. Es wäre sinnvoll, diese Perspektive um folgende Bereiche zu erweitern:

- Welche voraussichtlichen Ergebniskonsequenzen hat der Markteintritt des Angreifers, wenn keine Verteidigungsmaßnahmen umgesetzt werden?
- Welche voraussichtlichen Ergebniskonsequenzen hat der Markteintritt des Angreifers, wenn eine oder mehrere Verteidigungsmaßnahmen umgesetzt werden, sofern es nicht gelingt, dadurch den Markteintritt des Angreifers zu verhindern?

---

[806] In keinem einzigen untersuchten Fall fanden sich im Rahmen der Auswertungen der Medienfachpresse Hinweise darauf, dass der bisherige Chefredakteur aus altersbedingten Gründen aus dem Unternehmen ausscheidet.

[807] Beispielsweise während der Nachfolgersuche oder der Einarbeitungszeit des Nachfolgers. Daneben führen (bevorstehende) Führungswechsel häufig zu einer Verunsicherung der Beschäftigten, was sich negativ auf deren Motivation auswirken kann.

- Welche voraussichtlichen Ergebniskonsequenzen hat der Markteintritt des Angreifers, wenn eine oder mehrere Verteidigungsmaßnahmen umgesetzt werden und es gelingt, den Markteintritt des Angreifers zu verhindern?

Mit Hilfe von spieltheoretischen Modellen lassen sich derartige Entscheidungsalternativen unter Berücksichtigung von Interaktionen zwischen den beteiligten Unternehmen darstellen und bewerten.

5 Zusammenfassung und Ausblick

Der Forschungsbereich des Strategischen Managements ist gekennzeichnet durch eine Vielfalt an Paradigmen und Konzepten zur Erklärung der Erfolgspotentiale von Unternehmen. Vertreter rational-entscheidungsorientierter Ansätze aus dem Bereich der Betriebswirtschaftslehre betonen den Planungsaspekt im Prozess des Strategischen Managements. Im Rahmen einer schrittweise gegliederten Entscheidungssystematik werden strategische Maßnahmen ausgehend von langfristigen Wertvorstellungen und Unternehmenszielen geplant und anschließend implementiert. Dabei ist gegenwärtig weitgehend anerkannt, dass die Umsetzung von Strategien nicht aufgrund einer Einzelentscheidung des Top-Managements erfolgt, sondern dass Strategien im Zuge eines unternehmensweiten Veränderungs- und Lernprozesses umgesetzt werden.

Zu den volkswirtschaftlich geprägten Paradigmen des strategischen Managements zählen unter anderem industrieökonomische, ressourcenorientierte und spieltheoretische Ansätze. Die Industrieökonomik untersucht den Zusammenhang von Branchenstruktur (structure), Unternehmensstrategie (conduct) und Markterfolg (performance) von Branchen oder Unternehmen. Ressourcenorientierte Ansätze begründen den Markterfolg von Unternehmen weniger durch externe marktbedingte Erklärungsvariablen, sondern betonen die Bedeutung unternehmensinterner Ressourcen oder Ressourcenkombinationen. Spieltheoretische Ansätze befassen sich unter anderem mit der mathematischen Beschreibung und Lösung sozialer Konfliktsituationen unter vereinfachenden Annahmen, sofern die Entscheidungen der beteiligten Spieler interdependent voneinander abhängen.

In Anlehnung an Altmeppen (2001) und Ortmann/ Sydow (2001) wird in dieser Arbeit die Strukturationstheorie als theoretische Klammer beziehungsweise Metatheorie der verschiedenen Paradigmen des strategischen Managements zugrunde gelegt.

Etablierte Unternehmen können diverse Verteidigungsstrategien einsetzen, um den Markteintritt neuer Wettbewerber oder Produkte zu verhindern oder zu verlangsamen. Ziel ist es dabei, die eigene Wettbewerbsposition mindestens zu erhalten und die Wettbewerbsposition des Angreifers zu schwächen. Der Einsatz von Verteidigungsstrategien eignet sich insbesondere für Unternehmen in oligopolistischen Märkten, in denen der Aufbau von Markteintrittsbarrieren möglich ist.[808] Die Verteidigung kann mit Hilfe von Instrumenten innerhalb oder außerhalb des Marketing-Mix erfolgen und vor beziehungsweise nach dem Markteintritt des neuen Konkurrenten umgesetzt werden. Diese Arbeit behandelt primär Verteidi-

808 D'Aveni (1999) empfiehlt dabei die Ausgestaltung von Verteidigungsstrategien anhand der Charakteristika der Unternehmensumwelt auszurichten.

gungsstrategien im Bereich der Preis-, Produkt- sowie der Kommunikationspolitik.

Im Bereich der preispolitischen Verteidigung diskutieren Industrieökonomen seit den sechziger Jahren des vergangenen Jahrhunderts die Implikationen von temporären Preissenkungen auf die Wettbewerbs- und die Gewinnsituation des Verteidigers. Bain (1968) unterstellt im Rahmen seiner ursprünglichen Limitpreis-Theorie, dass der etablierte Anbieter durch eine Preisreduzierung in der pre-entry-Phase potentiellen Angreifern seine Bereitschaft zum Preiskampf signalisiert und damit den Eindringling vom Markteintritt abhält. Darauf aufbauende Konzepte wie Predatory-, Reputations-, Signaling- oder Commitment-/ Sunk-Costs-Ansätze prüfen, inwieweit Preissenkungen aus Sicht des Verteidigers rationale und damit gewinnoptimale Handlungsalternativen darstellen.

Predatory-Ansätze thematisieren insbesondere die Bedeutung von Informationen, über die Angreifer und Verteidiger jeweils wechselseitig voneinander verfügen. Reputations-Ansätze heben die Prämisse der vollständigen Informiertheit der Marktteilnehmer auf und unterstellen, dass potentielle Konkurrenten das künftige Preisverhalten eines etablierten Unternehmens anhand der in der Vergangenheit umgesetzten Preispolitik prognostizieren. Im Unterschied dazu fungiert der Preis im Rahmen von Signaling-Konzepten als Signal für die relative Wettbewerbsposition des Angreifers. Sofern ein Newcomer nicht in der Lage ist, die Kostensituation des Verteidigers zu prognostizieren, kann der Verteidiger durch Preissenkungen versuchen, dem Angreifer den Eindruck zu vermitteln, dass dieser einen relativen Kostennachteil besitzt. Durch diese Strategie kann der potentielle Angreifer in der pre-entry-Phase vom Eintritt in den relevanten Markt abgehalten werden.

Commitment-Ansätze begründen die Glaubwürdigkeit von Preisdrohungen über das Eingehen einer dauerhaften und irreversiblen finanziellen Verpflichtung durch den Verteidiger. Die Kostenwirkungen dieser Verpflichtung sind anschließend für den Verteidiger nicht mehr entscheidungsrelevant, da es sich um versunkene Kosten handelt. Aufgrund der Irreversibilität der Verpflichtung kann der Verteidiger dem Angreifer glaubhaft drohen, im Falle eines Markteintritts die Preise für das etablierte Produkt zu senken und dadurch den Markteintritt verhindern oder erschweren.[809]

Im Bereich der Produktpolitik werden als Verteidigungsstrategien insbesondere Produktvariationen sowie Produktdifferenzierungen diskutiert. Beide Strategien können über eine Vielzahl von Handlungsparametern zur Modifikation der Produkteigenschaften umgesetzt werden. Das spieltheoretische Modell des Straßen-

---

809 Anders als in den vorherigen Erklärungsmodellen braucht der Verteidiger dabei eine Preissenkung nicht zwangsläufig umzusetzen, vielmehr genügt bereits die Androhung von Preismaßnahmen zur Abschreckung potentieller Newcomer.

dorfes in Anlehnung an Hotelling (1929) zeigt am Beispiel von zwei Unternehmen mit jeweils einem Produkt wesentliche strategische Effekte, die entstehen, wenn eines der Unternehmen Produktvariationen in der post-entry-Phase vornimmt. Sofern der Verteidiger sein Produkt derart modifiziert, dass es sich stärker vom Wettbewerber unterscheidet, erhöht sich einerseits sein Preisspielraum und damit das Gewinnpotential. Andererseits verringert sich jedoch sein Absatzpotential, sofern man eine konstante Marktnachfrage der Konsumenten unterstellt. Weiterhin wird gezeigt, dass es im Qualitätswettbewerb für den Erstanbieter vorteilhaft ist, vor dem Markteintritt neuer Konkurrenten die Qualitätsführerschaft zu übernehmen.

Das Ringdorfmodell nach Schmalensee (1978) zeigt, dass etablierte Anbieter durch eine Produktdifferenzierungsstrategie Markteintritte wirksam abschrecken können, indem sie sämtliche Lücken im Produktraum in der pre-entry-Phase besetzen. Zu beachten sind aus Sicht des Verteidigers jedoch Kannibalisierungseffekte bei bestehenden Produkten sowie gegebenenfalls überproportional zunehmende Komplexitätskosten. Das Instrument der Produktvariation eignet sich im Gegensatz zu einer Produktdifferenzierungsstrategie lediglich stark eingeschränkt zur Eintrittsabschreckung potentieller Konkurrenten in der pre-entry-Phase.

Im Bereich der Kommunikationspolitik können Werbemaßnahmen, Produktvorankündigungen sowie die selektive Kommunikation relevanter Informationen durch den Verteidiger als Verteidigungsstrategien eingesetzt werden. Die Wirksamkeit von Werbemaßnahmen in der pre-entry-Phase lässt sich unter anderem mit Hilfe der bereits erläuterten Commitment- beziehungsweise Sunk-Cost-Ansätze begründen. Nach dem Defender-Modell aus dem Bereich der Marketingforschung besteht die gewinnoptimale Strategie eines Verteidigers darin, in der post-entry-Phase des Wettbewerbs das Werbebudget zu senken.[810]

Produktvorankündigungen gegenüber Konsumenten können die Wettbewerbsposition eines Angreifers schwächen, wenn die Ankündigung des Verteidigers dazu führt, dass potentielle Käufer ihren Kauf verzögern und auf das angekündigte (verbesserte) Produkt warten.[811] Andererseits muss der Verteidiger berücksichtigen, dass die Verzögerung der Kaufentscheidung auch zu einer Kannibalisierung seiner eigenen Stammprodukte führen kann. Produktvorankündigungen sind als kommunikationspolitische Verteidigungsmaßnahme nicht nur gegenüber Konsumenten, sondern auch gegenüber Wettbewerbern denkbar. Beispiels-

810 Werbemaßnahmen können ferner insbesondere bei Markenprodukten zur Produktvariation mit dem Zweck einer Imageveränderung eingesetzt werden.

811 Diese Strategie eignet sich vorwiegend für einen Einsatz im Bereich von langlebigen Gebrauchsgütern.

weise kann dabei die Markeintrittsentscheidung des Angreifers durch eine Veränderung seiner Entscheidungskriterien beeinflusst werden.

Die Mehrzahl der empirischen Studien aus dem Bereich der Wirtschaftswissenschaften konzentriert sich auf die Analyse von Anwendungshäufigkeiten und Einsatzbedingungen möglicher Verteidigungsmaßnahmen. Demnach werden preispolitische Maßnahmen verhältnismäßig selten in der Unternehmenspraxis angewandt, obwohl sie in theoretischen Abhandlungen ausführlich diskutiert werden. Der Einsatz der Produktpolitik zur Marktverteidigung erfolgt vorwiegend in der post-entry-Phase, während sich hinsichtlich Kommunikationspolitik auf Basis der ausgewerteten Studien ein uneinheitliches Bild ergibt. Die Intensität von Verteidigungsmaßnahmen korreliert in der Regel positiv mit dem Marktwachstum des relevanten Marktes sowie dem Innovationsgrad des angreifenden Produktes. Je geringer die Unternehmensgröße des Verteidigers ausfällt, desto schneller und intensiver erfolgt die Umsetzung von Verteidigungsaktivitäten.

Bei einer Übertragung der wirtschaftswissenschaftlichen Konzepte zu Verteidigungsstrategien auf Medienanbieter sind die unternehmensspezifischen Besonderheiten im Vergleich zu klassischen Industrie- oder Konsumgüterherstellern zu berücksichtigen. Private Medienunternehmen agieren im Rezipienten- und Werbemarkt auf zwei unterschiedlichen Absatzmärkten, die interdependent voneinander abhängen. Gleichzeitig weisen Medienprodukte spezifische Produktcharakteristika auf, die beispielsweise dazu führen, dass sich der Einsatz von Produktvorankündigungen in der post-entry-Phase kaum als Verteidigungsstrategie eignet.

Zeitschriftenverlage in Deutschland erfüllen weitgehend die theoretischen Voraussetzungen für eine Anwendung von Verteidigungskonzepten. Sie agieren in einem oligopolistischen Wettbewerbsumfeld mit verhältnismäßig hoher Markttransparenz, wobei der Markteintritt für Newcomer durch relativ hohe Markteintrittsbarrieren erschwert wird. Aufgrund der Besonderheiten des deutschen Vertriebssystems für Presseerzeugnisse können die wirtschaftswissenschaftlichen Erkenntnisse zu Verteidigungsstrategien im Bereich der Distributionspolitik nicht übertragen werden.

Anhand relevanter Titelinnovationen deutscher Großverlage konnten die Ergebnisse der wirtschaftswissenschaftlichen Studien zur Anwendungshäufigkeit von Verteidigungsstrategien für den Markt der Publikumszeitschriften weitgehend bestätigt werden. Hiervon abweichend wenden die untersuchten Verteidiger verhältnismäßig häufig indirekte anzeigenpreispolitische Maßnahmen im Bereich der Tausender-Kontakt- sowie der Tausender-Auflagen-Preise an. Werbemaßnahmen werden in der post-entry-Phase bezogen auf alle untersuchten Verteidigungsinstrumente am häufigsten eingesetzt.[812] Teilweise begünstigen dabei die Besonderheiten von Zeitschriftenmärkten und -produkten die Umsetzbarkeit wirtschaftswissenschaftlicher Verteidigungskonzepte, bei anderen Verteidigungsinstrumenten wird die Anwendbarkeit eingeschränkt[813]. Es bietet sich somit für etablierte Verlage und andere Medienunternehmen an, unter Berücksichtigung der Unternehmensspezifika bei bevorstehenden Markteintritten verschiedene Verteidigungsmaßnahmen zu evaluieren und ihre Umsetzung zu prüfen.

Die Ergebnisse dieser Arbeit stellen eine Dokumentation tatsächlicher Reaktionsweisen etablierter Zeitschriftenverlage dar. Da nicht bewertet wird, inwieweit die umgesetzten Maßnahmen erfolgreich waren, könnte eine derartige Analyse im Rahmen zukünftiger Untersuchungen erfolgen. Zwar veröffentlichen Presseverlage in der Regel keine Daten zur Ergebnissituation einzelner Titel, [814] gleichwohl könnte auf Basis der Auflagen- sowie der Anzeigenerlösentwicklung eine Abschätzung der Wettbewerbsposition des Verteidigers in Relation zum relevanten Marktsegment vorgenommen werden.

Die empirische Auswertung dieser Arbeit konzentriert sich in Anlehnung an zahlreiche empirische Studien der Wirtschaftswissenschaften auf die Analyse von Verteidigungsmaßnahmen gegen die Einführung von neuen Produkten durch bereits bestehende intramediale Wettbewerber. Interessant wäre darüber hinaus auch eine Untersuchung von Verteidigungsaktivitäten etablierter Anbieter gegen den Markteintritt neuer Medienunternehmen,[815] beispielsweise durch ausländische Anbieter. Darüber hinaus könnte eine Erweiterung der Analyse auf internationale Verteidigungsaktivitäten als Ansatzpunkt für weitere Forschungen dienen.[816]

---

[812] Ein Grund dafür könnte sein, dass Zeitschriftenverlage über Gegengeschäfte mit anderen Medienunternehmen in der Lage sind, Werbemaßnahmen kostengünstig und schnell umzusetzen.

[813] So unterliegt die Umsetzung von Produktvorankündigungen zur Marktverteidigung verschiedenen Restriktionen.

[814] Die Geschäftsberichte der deutschen Großverlage orientierten sich in Abhängigkeit von ihrer Rechtsform meist an den gesetzlich vorgegebenen Publizitätspflichten. Kennzahlen zur Vermögens-, Finanz- und Ertragslage werden dabei aggregiert für das gesamte Unternehmen oder für Unternehmensbereiche ausgewiesen.

[815] In einigen untersuchten Fällen dieser Arbeit gründeten die angreifenden Verlage für die neuen Zeitschriftentitel eigenständige Gesellschaften. Rein juristisch betrachtet handelt es sich damit um neue Medienunternehmen. Gleichwohl kann aufgrund der jeweiligen Beteiligungsverhältnisse davon ausgegangen werden, dass die neuen Titel im Einflussbereich des bislang am Markt agierenden Angreifers stehen.

[816] Einen Überblick über Strategien im internationalen Verlagsmarketing geben Schulte-Hillen/ Ganz/ Althans (2001).

Ein möglicher Ansatz für weitere Untersuchungen wäre außerdem ein Vergleich der Ergebnisse dieser Studie mit Verteidigungsmaßnahmen elektronischer Medienanbieter, insbesondere im Bereich Fernsehen oder Hörfunk. Ferner könnte die Analyse auch auf intermediale Angreifer oder auf Instrumente außerhalb des Marketing-Mix, zum Beispiel in Form von Überschusskapazitäten[817] oder rechtlichen Maßnahmen, ausgeweitet werden. Denkbar ist auch, dass Medienunternehmen Verteidigungsmaßnahmen praktizieren, die im Bereich der Wirtschaftswissenschaften bislang nicht thematisiert wurden.

Abschließend ist anzumerken, dass die in dieser Arbeit erläuterten Verteidigungsstrategien nicht als einziges isoliertes Konzept zu verstehen sind. Sofern sich ein Medienunternehmen beispielsweise als Hochqualitätsanbieter im Markt positionieren möchte, könnte seine Reputation durch eine aggressive Verteidigung im Bereich der Preispolitik beeinträchtigt werden. Denkbar ist auch, dass die Wirkung kommunikationspolitischer Verteidigungsmaßnahmen begrenzt wird, wenn das angebotene Medienprodukt lediglich in geringem Umfang den Konsumentenpräferenzen entspricht. Insofern sollten daher sowohl die einzelnen Verteidigungsinstrumente als auch der kombinierte Einsatz verschiedener Handlungsparameter insgesamt in ein ganzheitliches Strategiekonzept des Verteidigers eingebunden werden.

[817] Beispielsweise könnten Presseverlage versuchen, potentielle Angreifer durch einen Aufbau von Überschusskapazitäten im Druckereibereich abzuschrecken.

Anhang I: Kategoriensystem der Inhaltsanalyse

Zeitschrift gesamt

Als Codiereinheit der Analyseebene „Zeitschrift gesamt" sei eine vollständige Heftausgabe der analysierten Zeitschriftentitel definiert. Folgende Kategorien werden aufgestellt:

Name der Zeitschrift: Bild der Frau (1)[818], Bravo (2), Brigitte (3), Bunte (4), Capital (5), Chip (6), Der Spiegel (7), TV Movie (8), Sonstiger Titelname (9)

Erscheinungsrhythmus: monatlich (1), vierzehntäglich (2), wöchentlich (3)

Erscheinungstag/ Erscheinungsdatum: Montag (1), Dienstag (2), Mittwoch (3), Donnerstag (4), Freitag (5), Samstag (6), Sonntag (7), Erscheinungsdatum innerhalb einheitlicher Zeitintervalle, zum Beispiel alle 14 Tage (8)

Format der Zeitschrift: Höhe und Breite in Zentimetern gemessen anhand der Titelseite

Art der Bindung: Erfasst die Art der Zusammenfassung und Fixierung der Seiten der Zeitschrift: Klammerbindung (1), Klebebindung (2), Fadenbindung (3), Sonstige Bindung (4)

Druckverfahren: Tiefdruck-Verfahren (1), Offsetdruck-Verfahren (2) jeweils ohne Berücksichtigung der Umschlagsseiten

Papiersorte: Diese Kategorie beschreibt die Art des verwendeten Druckpapiers ohne Berücksichtigung der Umschlagsseiten: SC = Uncoated Super-Calendered Mechanical Paper (1), LWC = Lighweight Coated Paper (2), MWC = Medium-Weight Coated Paper (3), Heavyweight Coated Paper (4)[819]

Heftumfang: Der Heftumfang in Seiten ergibt sich aus der paginierten beziehungsweise stumm paginierten Endseitenzahl der Zeitschrift ohne Berücksichtigung von Beilagen und Umschlagsseiten.

---

818 Der Wert in Klammern gibt die Codierung von dichotom, nominal oder ordinal skalierten Erhebungsmerkmalen an.

819 Diese Einteilung orientiert sich an der Einteilung nach Miert (1998), S. 3 und entspricht der branchenüblichen Klassifizierung von Papiersorten für Publikumszeitschriften.

Redaktioneller Anteil: Der redaktionelle Anteil in Prozent ist definiert als Anteil redaktioneller Beiträge in Relation zum Gesamtumfang, der sich aus dem Anzeigenteil sowie dem redaktionellen Teil zusammensetzt. Als Anzeigenumfang[820] gilt der veröffentlichte Umfang aller bezahlten und unbezahlten Anzeigen, Sponsoranzeigen und Beihefter. Seitenanteilige Anzeigen werden entsprechend ihrer Abdruckfläche umgerechnet. Als redaktioneller Teil wird der Umfang aller redaktionellen Beiträge (zum Beispiel Artikel, Interviews, Fotoreportagen etc.) definiert.

Name des Chefredakteurs: Diese Kategorie gibt den Vor- und Nachnamen des Chefredakteurs der analysierten Heftausgaben ohne Berücksichtigung akademischer Titel an, wobei die Kategorie sämtliche im Untersuchungszeitraum tätigen Chefredakteure beinhaltet: Stefan Aust (1), Ralf-Dieter Brunowsky (2), Werner Funk (3), Rainer Grabowski (4), Michael Hopp (5), Wolfgang Kaden (6), Hans Werner Kilz (7), Kai Stepp (8), Jürgen Stollberg (9), Anne Volk (10), Franz Josef Wagner (11), Beate Wedekind (12), Uli Weissbrod (13), Stefan Westendorp (14), Andrea Zangemeister (15)

Titelseite

Als Codiereinheit der Analyseebene „Titelseite“ wird das Titelblatt der jeweiligen Heftausgabe ohne Berücksichtung von evtl. vorhandenen Umklappern gewertet.

Folgende formale und inhaltliche Kategorien werden aufgestellt:

Logogröße: gibt die Größe des Logos der Zeitschrift in Quadratzentimetern an. Gemessen wird die Fläche eines (imaginären) rechtwinkligen Vierecks, das von den äußeren Punkten des Logos abgegrenzt wird.

Untertitel: ja (1), nein (0). Diese Kategorie gibt an, ob auf der Titelseite in der Nähe des Logos ein Untertitel für die Zeitschrift (zum Beispiel „Das Magazin für Frauen“) angegeben wird.

Ankündigungen: Erhoben wird die Anzahl aller Titelthemen, die auf der Titelseite angekündigt werden. Hierzu zählen sowohl großflächige Titelthemen als auch

---

820 Diese Kenngröße wird regelmäßig im Rahmen der VDZ-Anzeigenstatistiken erfasst und veröffentlicht. Aus forschungsökonomischen Gründen wurde daher auf diese Auswertungen zurückgegriffen, wobei eine Überprüfung anhand zufällig ausgewählter Stichproben der Heftausgaben erfolgte.

kurze Ankündigungen in Textform, die gelegentlich durch graphische Hervorhebungen gesondert gekennzeichnet sind.

Abbildungen: Gibt die Anzahl sämtlicher Abbildungen (zum Beispiel Fotos, Illustrationen oder Grafiken) auf der Titelseite an. In die Berechnung werden alle Abbildungen einbezogen, die eine Mindestgröße von zwei Quadratzentimetern überschreiten und die auf ihrer Gesamtfläche von weniger als 20 Prozent durch Text verdeckt werden. Somit werden sehr kleine oder Hintergrund-Abbildungen nicht in die Zählung einbezogen. Bei Abbildungen, die keine viereckige Grundform aufweisen, zum Beispiel bei freistehenden Abbildungen, gilt die Meßmethode der Kategorie *Logogröße* analog.

Textband unten: ja (1), nein (0). Diese Kategorie gibt an, ob ein durchgängiges horizontales Textband am unteren Seitenrand auf der Titelseite der Zeitschrift vorhanden ist.

Textband oben: ja (1), nein (0). Diese Kategorie gibt an, ob ein durchgängiges horizontales Textband am oberen Seitenrand auf der Titelseite der Zeitschrift vorhanden ist.

Titelhauptthema: Gibt an, aus welchem Themenbereich das Titelhauptthema stammt. Das Titelhauptthema ist definiert als diejenige Ankündigung, die auf der Titelseite die größte Fläche in Form zusammengehöriger Abbildungs- und/ oder Textelemente einnimmt. Die Codierung des Titelhauptthemas erfolgt anhand des leicht modifizierten Kategorienschemas der bereits erläuterten Funktions-Analyse[821].

Inhaltsverzeichnis

Als Codiereinheit der Analyseebene "Inhaltsverzeichnis" wird das Inhaltsverzeichnis der jeweiligen Heftausgabe betrachtet. Neben der grafischen Gestaltung des Inhaltsverzeichnisses soll auch die Gewichtung der Themen innerhalb einer Zeitschrift untersucht werden.

---

[821] Vgl. hierzu Abschnitt 4.1.2 sowie Jahreszeiten Verlag (2003). Das Kategorienschema der Funktions-Analyse bezieht sich auf die Untersuchung redaktioneller Beiträge von Publikumszeitschriften. Für die Erfassung von Titelthemen im Rahmen dieser Auswertung wurden deshalb leichte Modifikationen vorgenommen. Nicht übernommen wurde beispielsweise die Kategorie „Service-Seiten der Redaktion" (Impressum, Anbieterverzeichnis etc.), da derartige Inhalte nicht als Titelthemen angekündigt werden.

Um Veränderungen bei der Benennung von Ressorts, ihrer Reihenfolge oder ihres Umfangs innerhalb des Inhaltsverzeichnisses zu erfassen, werden dreidimensionale Vektoren der Form (Ressortname, Ressortposition, Ressortlänge) erhoben. Diese setzen sich wie folgt zusammen:

Ressortname: Die Variable Ressortname gibt den Wert der zugehörigen Kennziffer aus einer Liste sämtlicher Ressortbezeichnungen an, die im Untersuchungszeitraum erfasst wurden. Die Ressortnamen unterscheiden sich in Abhängigkeit von der analysierten Zeitschrift:

Bild der Frau: Abnehmen (1), Aktion (2), Diät (3), Exklusiv Test (4), Kochen (5), Lebenshilfe (6), Menschen & Schicksale (7), Mode/ Kosmetik (8), Pro & Contra (9), Prominente (10), Ratgeber (11), Rätsel (12), Rätsel & Gewinnen (13), Reise (14), Report (15), Reportage (16), Rubriken (17), Serien (18), Tiere (19), Umwelt (20)

Bravo: Aufklärung (1), Bravo-Extra (2), Bravo-Extras (3), Bravo-Foto-Roman (4), Comedy (5), Dr. Sommer (6), Dr. Sommer Team (7), Emotions (8), Extra (9), Fernsehen (10), Foto-Love-Story (11), Fun & More (12), Kino-News (13), Lifestyle/ Accessoires (14), Lifestyle/ Mode (15), Mode (16), Movies + TV (17), Musik-News (18), Musik-Infos (19), Poster (20), Poster/ Porträts (21), Report (22), Rubriken (23), Sally & Fannie (24), Service (25), Standards (26), Stars Aktuell (27), TV News (28), Unterhaltung (29)

Brigitte: Aktuelles Magazin (1), Beruf (2), Beruf & Mode (3), Dossier (4), Ernährung (5), Ernährung/ Haushalt (6), Familie (7), Gesellschaft (8), Gesundheit (9), Info (10), Kochen (11), Kochen und Haushalt (12), Kolumnen (13), Kosmetik (14), Kreativ (15), Kreativ-Wohnen (16), Kreativ-Teil (17), Kultur (18), Kultur-Magazin (19), Medizin (20), Mode (21), Partnerschaft (22), Porträts (23), Psychologie (24), Reise (25), Reportage (26), Rubriken (27), Schönheit (28), Wohnen (29)

Bunte: Arena: Die Geschichten der Reichen und Schönen (1), Besser Leben (2), Bunte Welt (4), Diese Woche in Bunte (5), Magazin (6)

Capital: Börse (1), Brennpunkt (2), Capitalmarkt (3), Dossier (4), Geld (5), Karriere (6), Kolumnen (7), Leben (8), Leser Service (9), Politik (10), Private Finanzen (11), Rubriken & Kolumnen (12), Rubriken (13), Spezial (14), Steuern (15), Titel (16), Trend (17), Unternehmen (18)

Chip: Aktuell (1), Chip hilft (2), Hard- und Software im Einzeltest (3), Hardware (4), Immer in Chip (5), Internet (6), Kaufberater Hardware (7), Kaufberater Software (8), Kaufberater/ Test (9), Kommunikation (10), Magazin (11), News (12), Praxis (13), Ratgeber (14), Rubriken (15), Service (16), Software (17), Spaß & Unterhaltung (18), Test (19), Test Hardware (20), Test Software (21), Test Special (22), Tips & Tricks (23), Titelthemen (24), Top-Aktuell (25), Trend (26), Windows 95 (27), Wissen (28), Wissen & Trend (29)

Der Spiegel: Ausland (1), Deutschland (2), Gesellschaft (3), Kommentar (4), Kultur (5), Rubriken (6), Serie (7), Sport (8), Technik (9), Titel (10), Wirtschaft (11), Wissenschaft (12)

TV Movie: Aktionen (1), Aktuell (2), Entertainment (3), Kino-Magazin (4), Media-Magazin (5), Programm (6), Standard (7), Standards (8), Stars (9), TV-Aktuell (10)

Ressortposition: Die Ressortposition sei definiert als Platzierung des jeweiligen Ressorts innerhalb sämtlicher Ressorts des analysierten Inhaltsverzeichnisses. Die Leserichtung erfolgt dabei zunächst in horizontaler Richtung von links nach rechts, anschließend innerhalb einzelner Spalten in vertikaler Richtung.

Ressortlänge: Die Ressortlänge gibt die Anzahl angekündigter Themen im Inhaltsverzeichnis für das betrachtete Ressort an. Eine Themenankündigung ist definiert als Verweis auf einen redaktionellen Beitrag mit einer Seitenangabe. Sofern lediglich Anfangs- und Endseite eines redaktionellen Beitrags angegeben werden (zum Beispiel „Brigitte Kulturmagazin: Film, Kunst, Musik, Bücher.......S. 190-197"), zählen sämtliche im Inhaltsverzeichnis angegebenen Unterthemen als Themenankündigung.

Als Kategorien für eine Untersuchung der grafischen Gestaltung des Inhaltsverzeichnisses werden folgende Kategorien erhoben:

Umfang: Umfang des Inhaltsverzeichnisses in Seiten

Bildanteil: erfasst die Fläche von Abbildungen innerhalb des Inhaltsverzeichnisses in Quadratzentimetern. Als Abbildungen zählen mehrfarbige Fotos, schwarz-weiß-Fotos, Zeichnungen oder sonstige Grafiken wie zum Beispiel Diagramme. Gemessen wird die Fläche eines (imaginären) rechtwinkligen Rechtecks, das von den äußeren Punkten der Abbildung abgegrenzt wird.

Ankündigungen: Gibt die Anzahl von Themen an, die außerhalb der tabellenähnlichen Inhaltsübersicht mit Hilfe einer Abbildung sowie einer kurzen Themenbeschreibung innerhalb des Inhaltsverzeichnisses angekündigt werden. Zu einer Ankündigung gehören sämtliche Elemente, die eine optische Einheit beziehungsweise eine Sinneinheit bilden.

Farbigkeit: Diese Kategorie gibt an, ob Texte, Abbildungen sowie grafische Elemente mehrfarbig (1) oder in schwarz-weiß-Optik (0) dargestellt werden.

Seitenzahlenposition: erfasst, ob Seitenzahlen der tabellarischen Inhaltsübersicht links (1) oder rechts (2) von der zugehörigen Themenankündigung platziert sind.

Kennzeichnung Titelthemen: ja (1), nein (0). Diese Kategorie gibt an, ob sämtliche Themenankündigungen der Titelseite in der tabellarischen Inhaltsübersicht gekennzeichnet werden, z.B. durch Symbole, Schriftfarbe, ein eigenständiges Ressort für Titelthemen oder Rahmen

Kennzeichnung Ankündigungen: ja (1), nein (0). Diese Kategorie gibt an, ob sämtliche Themenankündigungen mit Abbildung im Inhaltsverzeichnis in der tabellarischen Inhaltsübersicht gekennzeichnet werden, z.B. durch Symbole, Schriftfarbe, oder Rahmen

Anhang II: Kategoriensystem zur Analyse von Titelthemen

1 **Mode zum Kaufen**
Damen-, Herren-, Kindermode, Bademode, Unterwäsche, Accessoires

2 **Mode zum Selbermachen**
- Bekleidung für Damen, Herren und Kinder nach Anleitung schneidern, stricken, häkeln usw.
- Ratschläge zum Schneidern und beigeheftete Schnittbögen
- Accessoires zum Selbermachen

3 **Kosmetik und Körperpflege**
Anleitungen zum Make-up, Informationen zu Produkten der dekorativen und pflegenden Kosmetik sowie Ratschläge zu allen Fragen der Kosmetik und Körperpflege

4 **Haarpflege und Frisuren**
- Beschreibung von Frisuren
- Ratschläge zu Haar- und Frisurproblemen, Informationen über Produkte und Geräte zur Haarpflege
- Darstellung von Perücken

5 **Kochen, Essen und Trinken**
Rezepte zum Kochen und Backen, auch Schlankheitsrezepte; Lebensmittelkunde, internationale Spezialitäten, gesunde Ernährung, Ernährung unter medizinischen Aspekten, Informationen zu neuen Produkten und Ratschläge zum Einkaufen von Lebensmitteln

6 **Gastlichkeit und Getränke**
Gestaltung von Festen, Anregungen für Dekorationen, Informationen zu alkoholischen und alkoholfreien Getränken, auch Rezepte für Getränke

7 **Einrichten und Wohnen**
- Informationen zu Möbeln, Teppichen, Gardinen, Tapeten, Lampen usw.; auch umweltfreundliche Materialien, Angebote zur dekorativen Ausstattung und Gestaltung von Räumen
- Problemlösungen und Kommentare zu Wohnungen und Mietrecht

8 **Haushalts-Zubehör**
Informationen über Haushalts- und Küchengeräte, Geschirr, Töpfe, Haushaltswäsche usw., Reinigungs- und Putzmittel, auch umweltfreundliche Aspekte

9 **Häuser, Bauen**
- Vorstellen von fertigen Häusern, Fertighäusern, Ferienhäusern
- Diskussion von Materialien und Grundrissen
- Architektonische Gestaltung unter Aspekten des Wohnens und der Kunst, Altbaurenovierung
- Informationen und Kommentare zur Finanzierung und Abwicklung,

Verträge

10 **Garten**
Information zur Gartenanlage, zu Zier- und Nutzpflanzen, Gartengeräten

11 **Hobbys ohne Technik**
- Geselligkeit außer Haus, Ausgehen, Vereinsleben, Stammtisch
- Gesellschaftsspiele, Sammeln, Haustiere

12 **Hobbys mit Technik**
Anregungen und Informationen zu technischen Hobbys (Film, Foto, HiFi-Anlagen, Video, Computerspiele)

13 **Computer**
Tipps für Anwender, Software und Hardware, Einkaufsberatung

14 **Internet**
Umgang mit dem Internet, Gebrauch von Suchmaschinen usw.

15 **Telekommunikation**
Kommunikationstechnik, Kommunikationselektronik, Telefon, Handy, Mobilfunk, Zubehör

16 **Auto, Motorrad**
- Vorstellungen von neuen Modellen, auch schadstoffarme Autos, Motorräder, Autotests, Informationen über Autozubehör, Kommentare zu Verkehrsregeln und Fahrverhalten, Rechtsfragen im Straßenverkehr
- Anleitungen zu Reparaturen und Informationen zur allgemeinen Autotechnik, Beschreibung von Motorrädern und des Umgangs damit

17 **Politik**
Informationen und Kommentare zum Geschehen in der Innen- und Außenpolitik (Parteien, Bildungspolitik, Nato, UNO usw.), auch historisch-politische oder militärische Betrachtungen

18 **Wirtschaft**
- Industrie, Handel, Wirtschaftsunternehmen, Börse, Kapitalmarkt, Finanzen
- Preisentwicklungen, Beteiligungen, Gewerkschaften Landwirtschaft

19 **Natur und Umweltschutz**
Berichte über belebte und unbelebte Natur, Pflanzen, Tiere, Evolution, Ökologie, Bodenschätze, Universum

20 **Technik**
Berichte aus Technik und Forschung, Physik, Chemie, Raumfahrt, Computertechnik, Energieforschung, Bauwerke, bei denen die Technik im Vordergrund steht

21 **Geisteswissenschaften**

Philosophie, Religion, Sekten, Sprachen, Mathematik, Geschichte, Jura, bedeutende Persönlichkeiten der Zeitgeschichte (Wissenschaftler, Politiker, bedeutende Künstler)

22 **Soziologie, Sitten und Gebräuche**
Berichte über Sitten und Gebräuche, Verhaltensforschung, Soziologie, Völkerkunde

23 **Selbermachen: Möbel, Bauen**
Vorschläge und Anleitungen zum Selbermachen, z. B. von kleineren und größeren Möbeln, Carport, Pergola, Gartenhaus usw., auch Selbermachen für Kinder (Schaukelpferd, Sandkiste)

24 **Selbermachen: Renovieren, reparieren**
- Dekorative Verschönerung der Wohnung durch Malen und Tapezieren
- Reparaturen in der Wohnung, am Haus

25 **Selbermachen: Werken und Basteln**
Vorschläge zu Werk- und Bastelarbeiten, Informationen zu Werkzeugen und Bastelmaterial

26 **Selbermachen: Dekoratives zum Wohnen**
- Alles, was aus Holz, Glas, Textilien, Kunststoff usw. für die Wohnung selbstgemacht wird, Handarbeiten für die Wohnung (Kissen, Vorhänge, Teppiche)
- Blumen und Pflanzen in der Wohnung

27 **Kinder: Entwicklung, Erziehung, Spiele**
- Schwangerschaft und Geburt
- Kleinkinder und Babys
- Kindererziehung allgemein
- Kinderspiele

28 **Kinder: Gesundheit und Medizin**
Vorbeugung, Erste Hilfe, spezielle Ernährung, Entwicklungsstörungen, Beschreibung von Krankheitsbildern

29 **Gesundheit und Medizin (ohne Kinder)**
Ratschläge zur Gesundheit, Informationen über Heilmittel, Naturheilmittel, Funktionen der Organe und der Psyche, Krankheiten und Unfallgefahren, Tests zur Selbsterkenntnis

30 **Gesunderhaltung, Fitness**
Gymnastik, sportliche Betätigung in der Freizeit

31 **Partnerschaft, Ehe, sexuelle Aufklärung**
- Ratschläge zu Ehe und Partnerschaft, sexuelle Aufklärung, Kommentare zu Eheproblemen, auch Eherecht
- Ratschläge zum Umgang mit anderen Menschen
- Partner- und Heiratsvermittlung

32 Urlaub und Reisen
- Beiträge über Urlaubsziele, Urlaubsformen, Empfehlungen, Ausflugsziele, Sehenswürdigkeiten, Restaurants
- Kommentare zum Verhalten im Urlaub
- Rechtsfragen

33 Rat und Recht, Beruf, Geld
- Informationen über Berufe und Arbeitsbedingungen, Arbeitsrecht
- Allgemeine Informationen zu Geld, Geldanlagen, Krediten, Renten, Steuern und Versicherungen
- Anlegerinformationen, Tipps zur privaten Geldanlage
- Vorsorge durch Versicherungen
- Rechtsfragen
- Empfehlungen für das Verhalten gegenüber Behörden und Institutionen

34 Kunst und Kulturgeschehen
- Architektur, Städtebau, kulturelles Geschehen, Besprechung von: Büchern, Bestseller-Listen, Klassischer Musik, Filmen, Theater, Konzerten, Ausstellungen, bildender Kunst
- Pop-Musik

35 Sensationelle Unterhaltung: Sportberichte
Berichte und Kommentare vom Sportgeschehen (Fußball, Leichtathletik, Reiten, Motor-Sport usw.), Beiträge über Leistungen einzelner Sportler

36 Sensationelle Unterhaltung: Katastrophen, Kriminalität
- Berichte von Naturkatastrophen und Unglücksfällen, die durch Menschen verursacht wurden
- Berichte über Kriege, politische Grausamkeiten, Verbrechen
- Beiträge zur Verbrechensbekämpfung und Gerichtsberichte

37 Prominente, Künstler, Adel
- Berichte über das Leben von Stars, Künstlern, Adeligen, Sportlern, Politikern, Königshäusern
- Auch Aussprüche und Erlebnisse von Prominenten

38 Ungewöhnliche Schicksale
Berichte über Menschen mit einem besonderen Schicksal, ungewöhnlichen Berufen, ausgefallenen Ideen

39 Romane, Geschichten
Romane, Kurzgeschichten, Krimis und Comics

40 Rätsel, Humor, Horoskop
Rätsel und Denkaufgaben, Witze, Humor und Horoskope

41 Sex und Erotik als Unterhaltung
Erotisch-sexuelle Geschichten, Witze, Fotos

42 Programminformationen: Beiträge zu Fernsehsendungen

Informative Beiträge zu Themen aktueller Fernseh-/ Rundfunksendungen

43 **Programminformationen: Rundfunk- und Fernsehprogramme**
Sendezeiten, Hinweise und Kommentare (Inhalt, Mitwirkende)

Anhang III: Kennzahlen zu preispolitischen Verteidigungsmaßnahmen

Titel	Jahr	Anzeigengrundpreis lt. Preisliste, 1/1 Seite, 4c (DM)	Ø jährliche Auflage	TAP (DM)	Reichweite in der Gesamtbevölkerung ab 14 lt. MA in Mio.	TKP gesamt (DM)	Copypreis (DM)
Bild der Frau	1993	69.000	2.011.948	34,30	3,62	19,06	1,20
	1994	69.000	2.116.133	32,61	4,05	17,03	1,20
	1995	70.728	2.059.537	34,34	4,46	15,86	1,30
	1996	70.728	2.006.731	35,25	4,74	14,92	1,30
Bravo	1999	77.250	834.282	92,59	2,54	30,45	2,50
	2000	65.663	724.334	90,65	2,38	27,63	2,50
	2001	65.663	838.431	78,32	2,12	31,00	2,50
	2002	65.663	761.344	86,25	1,77	37,00	2,54
Brigitte	1994	91.988	1.117.255	82,33	4,1	22,44	4,00
	1995	92.800	1.068.394	86,86	4,45	20,85	4,00
	1996	92.800	1.021.620	90,84	4,68	19,83	4,00
	1997	92.800	994.092	93,35	4,03	23,03	4,00
Bunte	1993	61.660	823.111	74,91	4,41	13,99	4,00
	1994	61.660	811.585	75,97	4,24	14,54	4,00
	1995	52.440	786.012	66,72	4,54	11,55	4,00
	1996	52.440	711.654	73,69	4,72	11,11	4,00
Capital	1999	53.244	291.708	182,52	1,44	37,01	9,00
	2000	54.213	257.322	210,68	1,71	31,78	6,00
	2001	50.226	223.073	225,15	1,45	34,64	6,00
	2002	46.705	215.593	216,64	1,52	30,75	5,86
Chip	1995	22.130	205.582	107,65	0,92	24,05	8,00
	1996	22.130	232.012	95,38	0,89	24,87	8,00
	1997	22.130	235.563	93,95	0,97	22,81	8,00
	1998	22.500	273.684	82,21	0,86	26,17	8,00
Der Spiegel	1992	83.358	1.146.980	72,68	6,04	13,81	4,50
	1993	87.320	1.109.033	78,74	6,02	14,50	5,00
	1994	87.320	1.054.313	82,82	6,53	13,37	5,00
	1995	84.000	1.058.296	79,37	6,41	13,10	5,00

Titel	Jahr	Anzeigengrundpreis lt. Preisliste, 1/1 Seite, 4c (DM)	Ø jährliche Auflage	TAP (DM)	Reichweite in der Gesamtbevölkerung ab 14 lt. MA in Mio.	TKP gesamt (DM)	Copypreis (DM)
TV Movie	1997	80.054	2.763.996	28,96	5,69	14,07	2,50
	1998	87.819	2.792.740	31,45	6,05	14,53	2,60
	1999	87.819	2.538.679	34,59	5,72	15,34	2,60
	2000	87.819	2.543.669	34,52	6,48	13,56	2,70

Literaturverzeichnis

A

Adams/ Brock/ Obst (1996) Adams, W., Brock, J. W., Obst, N. P.: Is Predation Rational? Is It Profitable? In: Review of Industrial Organization, Vol. 11 (1996), 6, S. 753-758.

Ailawadi/ Lehmann/ Neslin (2001) Ailawadi, K. L., Lehmann, D. R., Neslin, S. A.: Market Response to a Major Policy Change in the Marketing Mix: Learning from Procter & Gamble's Value Pricing Strategy. In: Journal of Marketing, Vol. 65 (2001), 1, S. 44-61.

Alanyali (2000) Alanyali, I.: Die schnell verderblichen Stars. Am 13. September startet „YAM!" gegen „Bravo". In: Die Welt, 05.09.2000, S. 33.

Al-Laham (2000) Al-Laham, A.: Die Implementierung von Strategien in der Unternehmenspraxis. Probleme und Lösungsperspektiven. In: Welge, M. K., Al-Laham, A., Kajüter, P. (Hrsg.): Praxis des strategischen Managements. Konzepte – Erfahrungen – Perspektiven. Wiesbaden 2000, S. 261-277.

Allensbach (1994) Institut für Demoskopie Allensbach (Hrsg.): AWA '93. Berichtsband II. Allensbacher Markt-Analyse. Werbeträger-Analyse. Reichweiten der Medien. Allensbach am Bodensee 1994.

Allensbach (2000) Institut für Demoskopie Allensbach (Hrsg.): AWA 2000. Allensbacher Marktanalyse. Werbeträgeranalyse. Medien. Allensbach am Bodensee 2000.

Allensbach (2002) Institut für Demoskopie Allensbach (Hrsg.): AWA 2002. Allensbacher Marktanalyse. Werbeträgeranalyse. Codebuch. Allensbach am Bodensee 2002.

Althans (1989) Althans, J.: Verlagsmarketing. In: Bruhn, M. (Hrsg.): Handbuch des Marketing. Anforderungen an Marketingkonzeptionen aus Wissenschaft und Praxis. München 1989, S. 759-776.

Althans (1996) Althans, J: Rechnen ist auch Redaktionssache. Grundzüge der Etatplanung und der Verlagsrechnung. In: Maseberg, E., Reiter, S., Teichert, W. (Hrsg.): Führungsaufgaben in Redaktionen. Band 1: Materialien zum Redaktionsmanagement in Zeitungs- und Zeitschriftenverlagen. Gütersloh 1996, S. 129-151.

Altmeppen (2001) Altmeppen, K.-D.: Gestaltungsmacht durch medienwirtschaftliches Handeln. Zur Rekursivität von Unternehmensstrategien und Marktstrukturen. In: Karmasin, M., Knoche, M., Winter, C. (Hrsg.): Medienwirtschaft und Gesellschaft. Medienunternehmen und die Kommerzialisierung von Öffentlichkeit. Münster 2001, S. 183-195.

Altmeppen/ Karmasin (2002) Altmeppen, K. D., Karmasin, M.: Medienökonomie als transdisziplinäres Lehr- und Forschungsprogramm. In: Siegert, G. (Hrsg.): Medienökonomie in der Kommunikationswissenschaft. Bedeutung, Grundfragen und Entwicklungsperspektiven. Münster, Hamburg, London 2002, S. 27-38.

Ansoff (1966) Ansoff, H. I.: Management-Strategie. München 1966.

Ansoff (1988) Ansoff, H. I.: The New Corporate Strategy. New York 1988.

Antoni (1993) Antoni, M.: Verlagsbetriebe. In: Wittmann, W., Kern, W., Köhler, R. et. al. (Hrsg.): Handwörterbuch der Betriebswirtschaft, Band 3. 5. Aufl., Stuttgart 1993, Sp. 4559-4569.

Aoki/ Prusa (1997) Aoki, R., Prusa, T. J.: Sequential versus Simultaneous Choice with Endogenous Quality. In: International Journal of Industrial Organization, Vol. 15 (1997), 1, S. 103-121.

Arbatskaya (2001) Arbatskaya, M.: Can Low-Price Guarantees Deter Entry? In: International Journal of Industrial Organization, Vol. 19 (2001), 9, S. 1387-1406.

Armantier/ Richard (2003) Armantier, O., Richard, O.: Entry and Exchanges of Cost Information. In: Journal of Regulatory Economics, Vol. 24 (2003), 2, S. 223-241.

Ashiya (2000) Ashiya, M.: Weak Entrants Are Welcome. In: International Journal of Industrial Organization, Vol. 18 (2000), 6, S. 975-984.

B

Backhaus/ Büschken/ Voeth (2003) Backhaus, K., Büschken, J., Voeth, M.: Internationales Marketing. 5. Aufl., Stuttgart 2003.

Bae (2002) Bae, H.: Product Innovation, Sell-Off, and Entry Deterrence. In: International Journal of Industrial Organization, Vol. 20 (2002), 4, S. 577-588.

Bagwell (1990) Bagwell, K.: Informational Product Differentiation as a Barrier to Entry. In: International Journal of Industrial Organization, Vol. 8 (1990), 2, S. 207-223.

Bain (1962) Bain, J. S.: Barriers to New Competition – Their Character and Consequences in Manufacturing Industries. 2. Aufl., Cambridge 1962.

Bain (1968) Bain, J. S.: Industrial Organization. 2. Aufl., New York, London, Sydney 1968.

Bamberger/ Wrona (1996) Bamberger, I., Wrona, T.: Der Ressourcenansatz und seine Bedeutung für die Strategische Unternehmensführung. In: Zeitschrift für betriebswirtschaftliche Forschung, Jg. 48 (1996), 2, S. 130-153.

Bänsch (1995) Bänsch, A.: Kommunikationspolitik. In: Tietz, B., Köhler, R., Zentes, J.: Handwörterbuch des Marketing. 2. Aufl., Stuttgart 1995, Sp. 1186-1200.

Barney (1991) Barney, J. B.: Firm Resources and Sustained Competitive Advantage. In: Journal of Management, Vol. 17 (1991), 1, S. 99-120.

Barney (2001a) Barney, J. B.: Resource-Based Theories of Competitive Advantage: A Ten-Year Retroperspective on the Resource-Based View. In: Journal of Management, Vol. 27 (2001), 6, S. 643-650.

Barney (2001b) Barney, J. B.: Is the Resource-Based "View" a Useful Perspective for Strategic Management Research? Yes. In: The Academy of Management Review, Vol. 26 (2001), 1, S. 41-56.

Barney (2002) Barney, J. B.: Gaining and Sustaining Competitive Advantage. 2. Aufl., New York 2002.

Barney/ Wright/ Ketchen (2001) Barney, J., Wright, M., Ketchen, D. J.: The Resource-Based View of the Firm: Ten Years after 1991. In: Journal of Management, Vol. 27 (2001), 6, S. 625-641.

Barney/ Zajac (1994) Barney, J. B., Zajac, E. J.: Competitive Organizational Behavior: Toward an Organizationally-Based Theory of Competitive Advantage. In: Strategic Management Journal, Vol. 15 (1994), Special Issue: Competitive Organizational Behavior, S. 5-9.

Basuroy/ Nguyen (1998) Basuroy, S., Nguyen, D.: Multinomial Logit Market Share Models: Equilibrium Characteristics and Strategic Implications. In: Management Science, Vol. 44 (1998), 10, S. 1396-1408.

Bauernfeind (1996) Bauernfeind, H.: Vom Grosso zur Remittende. Vertriebswege von Zeitungen und Zeitschriften in Deutschland. In: Maseberg, E., Reiter, S., Teichert, W. (Hrsg.): Führungsaufgaben in Redaktionen. Band 1: Materialien zum Redaktionsmanagement in Zeitungs- und Zeitschriftenverlagen. Gütersloh 1996, S. 165-176.

Baumann (2001) Baumann, E.: Graduell oder grundsätzlich? Unterschiede der inhaltsanalytischen Grundlagenliteratur von K. Merten und W. Früh. In: Wirth, W., Lauf, E.: Inhaltsanalyse: Perspektiven, Probleme, Potentiale. Köln 2001, S. 362-373.

Bayus/ Putsis (1999) Bayus, B. L., Putsis, W. P.: Product Proliferation: An Empirical Analysis of Product Line Determinants and Market Outcomes. In: Marketing Science, Vol. 18 (1999), 2, S. 137-153.

Becker (1996) Becker, A.: Rationalität strategischer Entscheidungsprozesse: Ein strukturationstheoretisches Konzept. Wiesbaden 1996.

Benkenstein (2002) Benkenstein, M.: Strategisches Marketing. Ein wettbewerbsorientierter Ansatz. 2. Aufl., Stuttgart 2002.

Berninghaus/ Völker/ Erhart (1996) Berninghaus, S. K., Völker, R., Erhart, K. M.: "How to win the game of business" Anwendungsmöglichkeiten der Spieltheorie in der betrieblichen Praxis. In: Die Betriebswirtschaft, Jg. 56 (1996), 4, S. 509-521.

Biggadike (1979) Biggadike, E. R.: Corporate Diversification: Entry, Strategy and Performance. Cambridge, Massachusetts 1979.

Bogaert/ Martens/ Cauwenbergh (1994) Bogaert, I., Martens, R., Cauwenbergh, A. v.: Strategy as Situational Puzzle: The Fit of Components. In: Hamel G., Heene, A. (Hrsg.): Competence-based Competition. Chichester 1994, S. 57-74.

Bogumil (1993) Bogumil, K.: "Leute" – zweiter Versuch. In: Die Welt, 31.08.1993, S. 7.

Bogumil (1995) Bogumil, K.: Frühlingserwachen der Frauenzeitschriften. In: Die Welt, 06.01.1995, S. 9.

Böhling (2001) Böhling, P.: Der Family-Man. In: Werben und Verkaufen, o. Jg. (2001), 44, S. 94-95.

Boldt (2002) Boldt, K.: Das Massaker. In: Manager Magazin. Jg. 32 (2002), 8, S. 62-69.

Bonanno (1987) Bonanno, G.: Location Choice, Product Proliferation and Entry Deterrence. In: The Review of Economic Studies, Vol. 54 (1987), 1, S. 37-45.

Bork (1978) Bork, R. H.: The Antitrust Paradox. A Policy at War with Itself. New York 1978.

Bowman/ Gatignon (1995) Bowman, D., Gatignon, H.: Determinants of Competitor Response Time to a New Product Introduction. In: Journal of Marketing Research, Vol. 32 (1995), 1, S. 42-53.

Boyer/ Mahenc/ Moreaux (2003) Boyer, M., Mahenc, P., Moreaux, M.: Entry Preventing Locations Under Incomplete Information. In: International Journal of Industrial Organization, Vol. 21 (2003), 6, S. 809-829.

Breid (1999) Breid, V.: Special-Interest-Zeitschriftenverlag. In: Schneider, B., Knobloch S. (Hrsg.): Controlling-Praxis in Medienunternehmen. Neuwied, Kriftel 1999, S. 106-128.

Bresser (1998) Bresser R. K. F.: Strategische Managementtheorie. Berlin, New York 1998.

Bresser/ Bishop (1983) Bresser, R. K., Bishop, R. C.: Dysfunctional Effects of Formal Planning. Two Theoretical Explanations. In: Academy of Management Review, Vol. 8 (1983), 4, S. 588-599.

Breunig (2001) Breunig, C.: Radiomarkt in Deutschland: Entwicklung und Perspektiven. In: Media Perspektiven, o. Jg. (2001), 9, S. 450-470.

Breyer-Mayländer (2001) Breyer-Mayländer, T.: Auswirkungen der Digitaltechnik auf die technische Weiterentwicklung von Zeitungen und Zeitschriften. In: Leonhard, J.-F., Ludwig, H.-W., Schwarze, D., Straßner, E.: Medienwissenschaft. Ein Handbuch zur Entwicklung der Medien und Kommunikationsformen. 2. Teilband. Berlin, New York 2001, S. 1751-1755.

Breyer-Mayländer/ Werner (2003) Breyer-Mayländer, T., Werner, A.: Handbuch der Medienbetriebslehre. München 2003.

Brielmaier/ Wolf (2000) Brielmaier, P., Wolf, E.: Zeitungs- und Zeitschriftenlayout. 2. Aufl., Konstanz 2000.

Brockhoff (1999) Brockhoff, K.: Produktpolitik. 4. Aufl., Stuttgart 1999.

Broniarczyk/Alba (1994) Broniarczyk, S. M., Alba, J. A.: The Importance of the Brand in Brand Extension. In: Journal of Marketing Research, Vol. 31 (1994), 2, S. 214-228.

Brosius/ Koschel (2001) Brosius, H.-B., Koschel, F.: Methoden der empirischen Kommunikationsforschung. Eine Einführung. Wiesbaden 2001.

Bruhn (1995) Bruhn, M.: Markenstrategien. In: Tietz, B., Köhler, R., Zentes, J.: Handwörterbuch des Marketing. 2. Aufl., Stuttgart 1995, Sp. 1445-1459.

Bunch/ Smiley (1992) Bunch, D. S., Smiley, R.: Who Deters Entry? Evidence on the Use of Strategic Entry Deterrents. In: The Review of Economics and Statistics, Vol. 74 (1992), 3, S. 509-521.

Burgelman/ Christensen/ Wheelwright (2004) Burgelman, R. A., Christensen, C. M., Wheelwright, S. C.: Strategic Management of Technology and Innovation. 4. Aufl., Boston, Massachusetts 2004.

Büschken/ Thaden (2002) Büschken, J., Thaden, C. von: Produktvariation, -differenzierung und -diversifikation. In: Albers, S., Herrmann, A. (Hrsg.): Handbuch Produktmanagement. Strategieentwicklung – Produktplanung – Organisation – Kontrolle. 2. Aufl., Wiesbaden 2002, S. 593-613.

C

Calantone/ Schatzel (2000) Calantone, R. J., Schatzel, K. E.: Strategic Foretelling: Communication-Based Antecedents of a Firm's Propensity to Preannounce. In: Journal of Marketing, Vol. 64 (2000), 1, S. 17-30.

Carl (1999) Carl, V.: Programmzeitschriften. Klassiker in Bedrängnis. In: Werben und Verkaufen, o. Jg. (1999), 17, S. 154-158.

Chandler (1962) Chandler, A. D.: Strategy and Structure: Chapters in the History of the Industrial Enterprise. Cambridge, Massachusetts 1962.

Chen/ MacMillan (1992) Chen, M. J., MacMillan, I. C.: Nonresponse and Delayed Response to Competitive Moves: The Roles of Competitor Dependence and Action Irreversibility. In: Academy of Management Journal, Vol. 35 (1992), 3, S. 539-570.

Chen/ Smith/ Grimm (1992) Chen, M. J., Smith, K. G., Grimm, C. M.: Action Characteristics as Predictors of Competitive Responses. In: Management Science, Vol. 38 (1992), 3, S. 439-455.

Choi/ Scarpa (1992) Choi, C. J., Scarpa, C.: Credible Spatial Preemption Through Reputation Extension. In: International Journal of Industrial Organization, Vol. 10 (1992), 3, S. 439-447.

Choi/ Shin (1992) Choi, C. J., Shin, H. S.: A Comment on a Model of Vertical Product Differentiation. In: The Journal of Industrial Economics, Vol. 40 (1992), 2, S. 229-231.

Christensen/ Andrews/ Bower (1982) Christensen, C. R., Andrews, K. R., Bower, J. L. et al.: Business Policy: Text and Cases. 5. Aufl., Homewood, Illinois 1982.

Clark/ Montgomery (1998) Clark, B. H., Montgomery, D. B.: Deterrence, Reputations, and Competitive Cognition. In: Management Science, Vol. 44 (1998), 1, S. 62-82.

Clark/ Montgomery (1999) Clark, B. H., Montgomery, D. B.: Managerial Identification of Competitors. In: Journal of Marketing, Vol. 63 (1999), 3, S. 67-83.

Collis/ Montgomery (1995) Collis, D. J., Montgomery, C. A.: Competing on Resources: Strategy in the 1990s. In: Harvard Business Review, Vol. 73 (1995), July-August, S. 118-128.

Comanor/ Frech (1984) Comanor, W. S., Frech, H. E.: Strategic Behavior and Antitrust Analysis. In: American Economic Review/ Papers and Proceedings, Vol. 74 (1984), S. 372-376.

Conrad (1996) Conrad, O.: Die Einsatzmöglichkeiten von neuronalen Netzen im Rahmen der Absatzprognose und Bezugsregulierung im Vertrieb von Publikumszeitschriften. Frankfurt am Main, Berlin, Bern 1996.

Cubbin/ Domberger (1988) Cubbin, J., Domberger, S.: Advertising and Post-Entry Oligopoly Behaviour. In: The Journal of Industrial Economics, Vol. 37 (1988), 2, S. 123-140.

Czygan/ Kallfaß (2003) Czygan, M., Kallfaß, H. H.: Medien und Wettbewerbstheorie. In: Altmeppen, K. D., Karmasin, M. (Hrsg.): Medien und Ökonomie. Band 1/1: Grundlagen der Medienökonomie. Kommunikations- und Medienwissenschaft, Wirtschaftswissenschaft. Wiesbaden 2003, S. 283-304.

D

D'Aspremont/ Gabszewicz/ Thisse (1979) D'Aspremont, C., Gabszewicz, J. J., Thisse, J. F.: On Hotelling's "Stability in Competition". In: Econometrica, Vol. 47 (1979), 5, S. 1145-1150.

D'Aveni (1995) D'Aveni, R. A.: Hyperwettbewerb. Strategien für die neue Dynamik der Märkte. Frankfurt am Main, New York 1995.

D'Aveni (1999) D'Aveni, R. A.: Strategic Supremacy through Disruption and Dominance. In: Sloan Management Review, Vol. 40 (1999), 3, S. 127-135.

Deutsche Fachpresse (2003) Deutsche Fachpresse (Hrsg.): Mediadaten Zeitschriften. Handbücher der deutschen Werbeträger. Ausgabe 7. Dezember 2003. Wiesbaden 2003.

Dierickx/ Cool (1989) Dierickx, I., Cool, K.: Asset Stock Accumulation and Sustainability of Competitive Advantage. In: Management Science, Vol. 35 (1989), 12, S. 1504-1511.

Diller (2000) Diller, H.: Preispolitik. 3. Aufl., Stuttgart 2000.

Dixit (1980) Dixit, A.: The Role of Investment in Entry-Deterrence. In: The Economic Journal, Vol. 90 (1980), March, S. 95-106.

Dixit (1982) Dixit, A.: Recent Developments in Oligopoly Theory. In: American Economic Review/ Papers and Proceedings, Vol. 72 (1982), 2, S. 12-17.

Donnenfeld/ Weber (1992) Donnenfeld, S., Weber, S.: Vertical Product Differentiation with Entry. In: International Journal of Industrial Organization, Vol. 10 (1992), 3, S. 449-472.

Dorn (1986) Dorn, R.: How to Design and Improve Magazine Layouts. 2. Aufl., Chicago 1986.

Dorn/ Vogel (2001) Dorn, M., Vogel, A.: Geschichte des Pressevertriebs in Deutschland. Baden-Baden 2001.

Doyle/ Snyder (1999) Doyle, M. P., Snyder, C. M.: Information Sharing and Competition in the Motor Vehicle Industry. In: The Journal of Political Economy, Vol. 107 (1999), 6, S. 1326-1364.

Dreier (2004) Dreier, H.: Das Mediensystem der Bundesrepublik Deutschland. In: Hans-Bredow-Institut (Hrsg.): Internationales Handbuch Medien 2004/2005. Baden-Baden 2004, S. 245-268.

E

Ebers/ Gotsch (2002) Ebers, M. Gotsch, W.: Institutionenökonomische Theorien der Organisation. In: Kieser, A. (Hrsg.): Organisationstheorien. 5. Aufl., Stuttgart 2002, S. 199-251.

Eliashberg/ Robertson (1988) Eliashberg, J., Robertson, T. S.: New Product Preannouncing Behavior: A Market Signaling Study. In: Journal of Marketing Research, Vol. 25 (1988), 3, S. 282-292.

Elzinga/ Mills (1996) Elzinga, K. G., Mills, D. E.: Comment to Adams, Brock and Obst: „Is Predation Rational? Is it Profitable?“. In: Review of Industrial Organization, Vol. 11 (1996), 6, S. 759-764.

Ernst/ Schnoor (2000) Ernst, H., Schnoor, A.: Einflußfaktoren auf die Glaubwürdigkeit kundenorientierter Produkt-Vorankündigungen: Ein signaltheoretischer Ansatz. In: Zeitschrift für Betriebswirtschaft, Jg. 70 (2000), 12, S. 1331-1350.

Esch (2002) Esch, F. R.: Markenprofilierung und Markentransfer. In: Albers, S., Herrmann, A. (Hrsg.): Handbuch Produktmanagement. Strategieentwicklung – Produktplanung – Organisation – Kontrolle. 2. Aufl., Wiesbaden 2002, S. 189-218.

F

Fabris (2002) Fabris, H. H.: Zwischen Ignoranz und Dominanz: Medienökonomie und Journalistik. In: Siegert, G. (Hrsg.): Medienökonomie in der Kommunikationswissenschaft. Bedeutung, Grundfragen und Entwicklungsperspektiven. Münster, Hamburg, London 2002, S. 183-188.

Faix/ Kupp (2002) Faix, A., Kupp, M.: Kriterien und Indikatoren zur Operationalisierung von Kernkompetenzen. In: Bellmann, K., Freiling, J., Hammann, P., Mildenberger, U. (Hrsg.): Aktionsfelder des Kompetenz-Managements. Ergebnisse des II. Symposiums Strategisches Kompetenz-Management. Wiesbaden 2002, S. 59-83.

Fantapié Altobelli (2002) Fantapié Altobelli, C. (Hrsg.): Print contra Online? Verlage im Internetzeitalter. München 2002.

Farquhar/ Pratkanis (1993) Farquhar, P. H.., Pratkanis, A. R.: Decision Structuring with Phantom Alternatives. In: Management Science, Vol. 39 (1993), 10, S. 1214-1226.

Farrell/ Saloner (1986) Farrell, J., Saloner, G.: Installed Base and Compatibility: Innovation, Product Preannouncement and Predation. In: American Economic Review, Vol. 76 (1986), 5, S. 940-955.

Fombrun/ Wiedmann (2001) Fombrun, C. J., Wiedmann, K. P.: Reputation Quotient: Analyse und Gestaltung der Unternehmensreputation auf der Basis fundierter Erkenntnisse. Hannover 2001.

Freiling (2002) Freiling, J.: Terminologische Grundlagen des RBV. In: Bellmann, K., Freiling, J., Hammann, P., Mildenberger, U. (Hrsg.): Aktionsfelder des Kompetenz-Managements. Ergebnisse des II. Symposiums Strategisches Kompetenz-Management. Wiesbaden 2002, S. 3-28.

Friedmann (1979) Friedmann, J. W.: On Entry Preventing Behavior and Limit Price Models of Entry. In: Brams, S. J., Schotter, A., Schwödiauer, G.: Applied Game Theory. Proceedings of a Conference at the Institute for Advanced Studies, Vienna, June 13-16, 1978. Würzburg, Wien 1979, S. 236-253.

Friedrich (1999) Friedrich, G.: Kaffeefahrt-Stimmung. In: Kress Report, o. Jg. (1999), 25, S. 28.

Friedrich/ Matzler/ Stahl (2002) Friedrich, S. A., Matzler, K., Stahl, H. K.: Quo vadis RBV? Stand und Entwicklungsmöglichkeiten des Ressourcenansatzes. In: Bellmann, K., Freiling, J., Hammann, P., Mildenberger, U. (Hrsg.): Aktionsfelder des Kompetenz-Managements. Ergebnisse des II. Symposiums Strategisches Kompetenz-Management. Wiesbaden 2002, S. 29-58.

Fritz/ Klingler (2003) Fritz, I., Klingler, W.: Zeitbudgets und Tagesablaufverhalten in Deutschland: Die Position der Massenmedien. In: Media Perspektiven, o. Jg. (2003), 1, S. 12-23.

Früh (2001) Früh, W.: Inhaltsanalyse. Theorie und Praxis. 5. Aufl., Konstanz 2001.

Fuchs (2001) Fuchs, B.: Technik der modernen Zeitungs- und Zeitschriftenproduktion. In: Leonhard, J.-F., Ludwig, H.-W., Schwarze, D., Straßner, E.: Medienwissenschaft. Ein Handbuch zur Entwicklung der Medien und Kommunikationsformen. 2. Teilband. Berlin, New York 2001, S. 1664-1670.

Fudenberg/ Maskin (1986) Fudenberg, D., Maskin, E.: The Folk Theorem in Repeated Games with Discounting or with Incomplete Information. In: Econometrica, Vol. 54 (1986), 3, S. 533-554.

Fudenberg/ Tirole (1989) Fudenberg, D., Tirole, J.: Noncooperative Game Theory for Industrial Organization: An Introduction and Overview. In: Schmalensee, R., Willing, R. D. (Hrsg.): Handbook of Industrial Organization, Volume I. Amsterdam 1989, S. 259-327.

G

Gangloff (1998) Gangloff, T. P.: Erfolg bringt nicht nur der Preis allein. In: Werben und Verkaufen, o. Jg. (1998), 47, S. 152-153.

Gatignon/ Anderson/ Helsen (1989) Gatignon, H., Anderson, E., Helsen, K.: Competitive Reactions to Market Entry: Explaining Interfirm Differences. In: Journal of Marketing Research, Vol. 26 (1989), 1, S. 44-55.

Gatignon/ Robertson/ Fein (1997) Gatignon, H., Robertson, T. S., Fein, A. J.: Incumbent Defense Strategies against New Product Entry. In: International Journal of Research in Marketing, Vol. 14 (1997), 2, S. 163-176.

Gatignon/ Xuereb (1997) Gatignon, H., Xuereb, J. M.: Strategic Orientation of the Firm and New Product Performance. In: Journal of Marketing Research, Vol. 34 (1997), 1, S. 77-90.

Gerhards/ Klingler (2003) Gerhards, M., Klingler, W.: Mediennutzung in der Zukunft. In: Media Perspektiven, o. Jg. (2003), 3, S. 115-130.

Geroski (1995) Geroski, P. A.: What Do We Know about Entry? In: International Journal of Industrial Organization, Vol. 13 (1995), 4, S. 421-440.

Geroski (1999) Geroski, P. A.: Early Warning of New Rivals. In: Sloan Management Review, Vol. 40 (1999), 3, S. 107-116.

Ghemawat/ Sol (1998) Ghemawat, P., Sol, P. del: Commitment versus Flexibility? In: California Management Review, Vol. 40 (1998), 4, S. 26-42.

Giddens (1984a) Giddens, A.: Interpretative Soziologie. Eine kritische Einführung. Frankfurt am Main, New York 1984.

Giddens (1984b) Giddens, A.: The Constitution of Society: Outline of a Theory of Structuration. Cambridge 1984.

Giddens (1990) Giddens, A.: The Consequences of Modernity. Stanford 1990.

Gilbert (1989) Gilbert, R. J.: The Role of Potential Competition in Industrial Organization. In: The Journal of Economic Perspectives, Vol. 3 (1989), 3, S. 107-127.

Gilbert/ Matutes (1993) Gilbert, R. J., Matutes, C.: Product Line Rivalry with Brand Differentiation. In: The Journal of Industrial Economics, Vol. 41 (1993), 3, S. 223-240.

Gilmore/ Brandenburg (1962) Gilmore, F. F., Brandenburg, R. G.: Anatomy of Corporate Planning. In: Harvard Business Review, Vol. 40 (1962), 6, S. 61-69.

Göbel (1997) Göbel, E.: Forschung im strategischen Management. Darstellung, Kritik, Empfehlungen. In: Kötzle, A. (Hrsg.): Strategisches Management. Stuttgart 1997, S. 3-25.

Göbel (2002) Göbel, U. Zeitschriftengestaltung im Wandel. In: Vogel, A., Holtz-Bacha, C.: Zeitschriften und Zeitschriftenforschung. Sonderheft 3/2002 der Zeitschrift Publizistik. Wiesbaden 2002, S. 219-240.

Graumann (1993) Graumann, M.: Die Theorie des strategischen limit pricing. In: Das Wirtschaftsstudium, Jg. 22 (1993), 6, S. 501-504.

Gruca/ Kumar/ Sudharshan (1992) Gruca, T. S., Kumar, K. R., Sudharshan, D.: An Equilibrium Analysis of Defensive Response to Entry Using a Coupled Response Function Model. In: Marketing Science, Vol. 11 (1992), 4, S. 348-358.

Gruca/ Sudharshan (1995) Gruca, T. S., Sudharshan, D.: A Framework for Entry Deterrence Strategy: The Competitive Environment, Choices, and Consequences. In: Journal of Marketing, Vol. 59 (1995), 3, S. 44-55.

Gruca/ Sudharshan/ Kumar (2001) Gruca, T. S., Sudharshan, D., Kumar, K. R.: Marketing Mix Response to Entry in Segmented Markets. In: International Journal of Research in Marketing, Vol. 18 (2001), 1-2, S. 53-66.

Gruner + Jahr (2002) Gruner + Jahr AG & Co (Hrsg.).: Egon Erwin Kisch - Preis 2002. Berlin 2002.

Guiltinan/ Gundlach (1996) Guiltinan, J. P., Gundlach, G. T.: Aggressive and Predatory Pricing: A Framework for Analysis. In: Journal of Marketing, Vol. 60 (1996), 3, S. 87-102.

Gupta/ Srinivasan (1998) Gupta, D., Srinivasan, M. M.: How Does Product Proliferation Affect Responsiveness? In: Management Science, Vol. 44 (1998), 7, S. 1017-1020.

H

Haacke (1961) Haacke, W.: Die Zeitschrift – Schrift der Zeit. Essen 1961.

Hackenschuh/ Döbler/ Schenk (2004) Hackenschuh, K. M., Döbler, T., Schenk, M.: Der Tageszeitungsverlag im digitalen Wettbewerb. Geschäftsmodelle für das Online-Angebot. Baden-Baden 2004.

Hagemann (1957) Hagemann, W.: Die deutsche Zeitschrift der Gegenwart. In: Hagemann, W. (Hrsg.): Die deutsche Zeitschrift der Gegenwart. Eine Untersuchung des Instituts für Publizistik der Westfälischen Wilhelms-Universität Münster. Münster 1957, S. 5-12.

Hahn/ Simanek (2000) Hahn, D., Simanek, A.: Entwicklung strategischen Denkens im angloamerikanischen und deutschsprachigen Raum. In: Welge, M. K., Al-Laham, A., Kajüter, P. (Hrsg.): Praxis des Strategischen Managements. Konzepte – Erfahrungen – Perspektiven. Wiesbaden 2000, S. 17-38.

Halefeldt (1994) Halefeldt, E.: Mit neuen Titeln Marktanteile sichern. In: Frankfurter Rundschau, 24.11.1994, S. 12.

Haller (1994) Haller, M.: Entwicklungschancen und strukturelle Probleme der Zeitschriftenpresse in den neuen Bundesländern. Zusammenfassung (Bände I und II). Leipzig 1994.

Haller/ Ludwig/ Weßler (1994) Haller, M., Ludwig, J., Weßler, H.: Entwicklungschancen und strukturelle Probleme der Zeitschriftenpresse in den neuen Bundesländern. Band I: Der Zeitschriftenmarkt Ost. Leipzig 1994.

Haller/ Mirbach (1994) Haller, M., Mirbach, T.: Entwicklungschancen und strukturelle Probleme der Zeitschriftenpresse in den neuen Bundesländern. Band II: Die Zeitschriftenleser Ost. Leipzig 1994.

Halstrup (2002) Halstrup, D.: Kooperationen als Ansatz der strategischen Führung von Verlagsunternehmen im Kontext des Electronic Business. Aachen 2002.

Hamel/ Prahalad (1995) Hamel, G., Prahalad, C. K.: Wettlauf um die Zukunft: Wie Sie mit bahnbrechenden Strategien die Kontrolle über Ihre Branche gewinnen und die Märkte von morgen schaffen. Frankfurt am Main 1995.

Han/ Kim/ Kim (2001) Han, J. K., Kim, N., Kim, H. B.: Entry Barriers: A Dull-, One-, or Two-Edged Sword for Incumbents? Unraveling the Paradox from a Contingency Perspective. In: Journal of Marketing, Vol. 65 (2001), 1, S. 1-14.

Hartmann (1997) Hartmann, A.: "Den Sieger erkennt man schon am Start". In: Werben und Verkaufen, o. Jg. (1997), 46, S. 136-138.

Hartmann (1998) Hartmann, A.: Ausbruch aus der Yellow-Ecke. In: Werben und Verkaufen, o. Jg. (1998), 7, S. 112-113.

Haug (1975) Haug, W. F. Kritik der Warenästhetik. In: Nusser, P. (Hrsg.): Anzeigenwerbung. Ein Reader für Studenten und Lehrer der deutschen Sprache und Literatur. München 1975, S. 254-267.

Hauptmeier (2000) Hauptmeier, A.: „Wir ziehen uns die Rüstung an“. In: Kress Report, o. Jg. (2000), 36, S. 8.

Hauser/ Gaskins (1984) Hauser, J. R., Gaskins, S. P.: Application of the 'Defender' Consumer Model. In: Marketing Science, Vol. 3 (1984), 4, S. 327-351.

Hauser/ Shugan (1983) Hauser, J. R., Shugan, S. M.: Defensive Marketing Strategies. In: Marketing Science, Vol. 2 (1983), 4, S. 319-360.

Hauser/ Wernerfelt (1988) Hauser, J. R., Wernerfelt, B.: Existence and Uniqueness of Price Equilibria in Defender. In: Marketing Science, Vol. 7 (1988), 1, S. 92-93.

Heil/ Walters (1993) Heil, O. P., Walters, R. G.: Explaining Competitive Reactions to New Products: An Empirical Signaling Study. In: Journal of Product Innovation Management, Vol. 10 (1993), 1, S. 53-65.

Heinrich (1999) Heinrich, J.: Medienökonomie. Band 2: Hörfunk und Fernsehen. Opladen 1999.

Heinrich (2001) Heinrich, J.: Medienökonomie. Band 1: Mediensystem, Zeitung, Zeitschrift, Anzeigenblatt. 2. Aufl., Wiesbaden 2001.

Heinrich (2002) Heinrich, J.: Medienökonomie. In: Siegert, G. (Hrsg.): Medienökonomie in der Kommunikationswissenschaft. Bedeutung, Grundfragen und Entwicklungsperspektiven. Münster, Hamburg, London 2002, S. 47-55.

Hensmann (1980) Hensmann, J.: Verlagsmarketing. In: Marketing, Jg. 2 (1980), 4, S. 239-249.

Heracleous/ Barrett (2001) Heracleous, L., Barrett, M.: Organizational Change as Discourse: Communicative Actions and Deep Struktures in the Context of Information Technology Implementation. In: Academy of Management Journal, Vol. 44 (2001), 4, S. 755-778.

Herrmann/ Seilheimer (2002) Herrmann, A., Seilheimer, C.: Variantenmanagement. In: Albers, S., Herrmann, A. (Hrsg.): Handbuch Produktmanagement. Strategieentwicklung – Produktplanung – Organisation – Kontrolle. 2. Aufl., Wiesbaden 2002, S. 647-677.

Heß (1991) Heß, G.: Marktsignale und Wettbewerbsstrategie: Theoretische Fundierung und Fälle aus der Unternehmenspraxis. Stuttgart 1991.

Hinterhuber/ Friedrich (1999) Hinterhuber, H. H., Friedrich, S. A.: Markt- und ressourcenorientierte Sichtweise zur Steigerung des Unternehmenswertes. In: Hahn, D., Taylor, B.: Strategische Unternehmensplanung – strategische Unternehmensführung: Stand und Entwicklungstendenzen. 8. Aufl., Heidelberg 1999, S. 990-1018.

Holler/ Illing (2003) Holler, M. J., Illing, G.: Einführung in die Spieltheorie. 5. Aufl., Berlin, Heidelberg, New York 2003.

Homburg/ Krohmer (2003) Homburg, C., Krohmer, H.: Marketingmanagement. Strategie – Instrumente – Umsetzung – Unternehmensführung. Wiesbaden 2003.

Hooley/ Saunders/ Piercy (2004) Hooley, G. J., Saunders, J. A., Piercy, N. F.: Marketing Strategy and Competitive Positioning. 3. Aufl., Harlow 2004.

Hotelling (1929) Hotelling, H.: Stability in Competition. In: The Economic Journal, Vol. 39 (1929), S. 41-57.

Huber/ Holbrook/ Kahn (1986) Huber, J., Holbrook, M. B., Kahn, B.: Effects of Competitive Context and of Additional Information on Price Sensitivity. In: Journal of Marketing Research, Vol. 23 (1986), 3, S. 250-260.

Huhndorf (1957) Huhndorf, G.: Gruppierungsversuche und Gruppierungsvergleiche der deutschen Zeitschriftenpresse. In: Hagemann, W. (Hrsg.): Die deutsche Zeitschrift der Gegenwart. Eine Untersuchung des Instituts für Publizistik der Westfälischen Wilhelms-Universität Münster. Münster 1957, S. 33-45.

Hungenberg (2001) Hungenberg, H.: Strategisches Management in Unternehmen. Ziele – Prozesse – Verfahren. 2. Aufl., Wiesbaden 2001.

I

Illing (1995) Illing, G.: Nobelpreis für Wirtschaftswissenschaften 1994 an John F. Nash, John C. Harsanyi und Reinhard Selten. In: Wirtschaftswissenschaftliches Studium, Jg. 24 (1995), 1, S. 29-32.

Ishibashi (2003) Ishibashi, I.: A Note on Credible Spatial Entry Deterrence. In: International Journal of Industrial Organization, Vol. 21 (2003), 2, S. 283-289.

J

Jacob (1988) Jacob, W.: Neuentwicklung von Zeitschriften: Eine kritische Analyse unterschiedlicher Vorgehensweisen von der Idee bis zum Leser. 2. Aufl., München 1988.

Jacob (1993) Jacob, H.: Der Absatz. In: Jacob, H. (Hrsg.): Allgemeine Betriebswirtschaftslehre. Handbuch für Studium und Prüfung. 5. Aufl./ Nachdruck, Wiesbaden 1993.

Jacquemin (1987) Jacquemin, A.: The New Industrial Organization: Market Forces and Strategic Behavior. Oxford 1987.

Jahreszeiten Verlag (1998) Jahreszeiten Verlag GmbH (Hrsg.): FA´98 Funktions-Analyse. Factbook für Inhalte und Portraits von Zeitschriften. Hamburg 1998.

Jahreszeiten Verlag (2003) Jahreszeiten Verlag GmbH (Hrsg.): Funktions-Analyse 2003. http://www.jahreszeitenverlag.de/51.0.html, Abruf vom 12.12.2003.

Jansen (1994) Jansen, M.: Zuviel Rabatt macht Händler nur gierig. In: Werben und Verkaufen, o. Jg. (1994), 41, S. 112.

Jermier (1998) Jermier, J. M.: Introduction: Critical Perspectives on Organizational Control. In: Administrative Science Quarterly, Vol. 43 (1998), 2, Special Issue: Critical Perspectives on Organizational Control, S. 235-256.

Judd (1985) Judd, K. L.: Credible Spatial Preemption. In: The Rand Journal of Economics, Vol. 16 (1985), 2, S. 153-166.

K

Kadiyali/ Vilcassim/ Chintagunta (1999) Kadiyali, V., Vilcassim, N., Chintagunta, P.: Product Line Extensions and Competitive Market Interactions: An Empirical Analysis. In: Journal of Econometrics, Vol. 89 (1999), 1-2, S. 339-363.

Kalra/ Rajiv/ Srinivasan (1998) Kalra, A., Rajiv, S., Srinivasan, K.: Response to Competitive Entry: A Rationale for Delayed Defensive Reaction. In: Marketing Science, Vol. 17 (1988), 4, S. 380-405.

Kantzenbach/ Greiffenberg (1980) Kantzenbach, E.; Greiffenberg, H.: Die Übertragbarkeit des Modells des »funktionsfähigen Wettbewerbs« auf die Presse. In: Klaue, S., Knoche, M., Zerdick, A. (Hrsg.).: Probleme der Pressekonzentrationsforschung. Ein Experten-Colloquium an der Freien Universität Berlin. Baden-Baden 1980, S. 189-202.

Karakaya/ Stahl (1989) Karakaya, F., Stahl, M. J.: Barriers to Entry and Market Entry Decisions in Consumer and Industrial Goods Markets. In: Journal of Marketing, Vol. 53 (1989), 2, S. 80-91.

Karnani/ Wernerfelt (1985) Karnani, A., Wernerfelt, B.: Multiple Point Competition. In: Strategic Management Journal, Vol. 6 (1985), 1, S. 87-96.

Käse (1998) Käse, S.: Die Titelseiten aktueller Zeitschriften – Faktoren für den Verkaufserfolg. Unveröffentlichte Diplomarbeit am Institut für Journalistik und Kommunikationsforschung an der Hochschule für Musik und Theater Hannover. Hannover 1998.

Kate/ Niels (2002) Kate, A. T., Niels, G.: On the Rationality of Predatory Pricing: The Debate Between Chicago and Post-Chicago. In: The Antitrust Bulletin, Vol. 47 (2002), 1, S. 1-24.

Kekre/ Srinivasan (1990) Kekre, S., Srinivasan, K.: Broader Product Line: A Necessity to Achieve Success? In: Management Science, Vol. 36 (1990), 10, S. 1216-1231.

Keller/ Aaker (1992) Keller, K. L., Aaker, D. A.: The Effect of Sequential Introduction of Brand Extensions. In: Journal of Marketing Research, Vol. 29 (1992), 1, S. 35-50.

Kernstock (1995) Kernstock, J.: Beobachter in der Theorie der strategischen Unternehmensführung. Baustein einer pluralistischen und selbstbezüglichen Theoriekonstruktion. München 1995.

Keuper/ Hans (2003) Keuper, F., Hans, R.: Multimedia-Management. Strategien und Konzepte für Zeitungs- und Zeitschriftenverlage im digitalen Informationszeitalter. Wiesbaden 2003.

Kiefer (2001) Kiefer, M. L.: Medienökonomik: Einführung in eine ökonomische Theorie der Medien. München, Wien 2001.

Kieslich/ Schütz (1957) Kieslich, G., Schütz, W. J.: Zur Methodik und Statistik der Zeitschriftenuntersuchung. In: Hagemann, W. (Hrsg.): Die deutsche Zeitschrift der Gegenwart. Eine Untersuchung des Instituts für Publizistik der Westfälischen Wilhelms-Universität Münster. Münster 1957, S. 13-32.

Kirsch (1995) Kirsch, W.: Strategische Unternehmensführung. In: Kieser, A., Reber, G., Wunderer, R. (Hrsg.): Handwörterbuch der Führung. 2. Aufl., Stuttgart 1995, Sp. 4094-4111.

Klein (2001) Klein, O.: Online Service Providing – Herausforderungen im Massenmedium Internet. In: Vizjak, A., Ringlstetter, M. (Hrsg.): Medienmanagement: Content gewinnbringend nutzen. Trends, Business-Modelle, Erfolgsfaktoren. Wiesbaden 2001, S. 99-105.

Klemz/ Gruca (2001) Klemz, B. R., Gruca, T. S.: Managerial Assessment of Potential Entrants: Processes and Pitfalls. In: International Journal of Research in Marketing, Vol. 18 (2001), 1-2, S. 37-51.

Knights/ Morgan (1990) Knights, D., Morgan, G.: The Concept of Strategy in Sociology: A Note of Dissent. In: Sociology, Vol. 24 (1990), 4, S. 475-483.

Knobloch/ Schneider (1999) Knobloch, S., Schneider B.: Besonderheiten von Medien als Wirtschaftsunternehmen. In: Schneider, B., Knobloch S. (Hrsg.): Controlling-Praxis in Medienunternehmen. Neuwied, Kriftel 1999, S. 3-17.

Knyphausen-Aufseß (2000) Knyphausen-Aufseß, D. zu: Theoretische Perspektiven des strategischen Managements. In: Welge, M. K., Al-Laham, A., Kajüter, P. (Hrsg.): Praxis des Strategischen Managements. Konzepte – Erfahrungen – Perspektiven. Wiesbaden 2000, S. 39-65.

Koschnick (1995) Koschnick, W. J.: Standard-Lexikon für Mediaplanung und Mediaforschung in Deutschland, Bd. 2 L-Z. München, New Providence, London 1995.

Koschnick (2003) Koschnick, W. J.: FOCUS-Lexikon. Werbeplanung – Mediaplanung Marktforschung – Kommunikationsforschung – Mediaforschung. Band 3 (P-Z). 3. Aufl., München 2003.

Kotler/ Bliemel (2001) Kotler, P., Bliemel, F.: Marketing Management: Analyse, Planung und Verwirklichung. 10. Aufl., Stuttgart 2001.

Kreikebaum (1997) Kreikebaum, H.: Strategische Unternehmensplanung. 6. Aufl., Stuttgart, Berlin, Köln 1997.

Kreps/ Wilson (1982) Kreps, D. M., Wilson, R.: Reputation and Imperfect Information. In: Journal of Economic Theory, Vol. 27 (1982), S. 253-279.

Kroeber-Riel (1995) Kroeber-Riel, W.: Werbung. In: Tietz, B., Köhler, R., Zentes, J.: Handwörterbuch des Marketing. 2. Aufl., Stuttgart 1995, Sp. 2692-2703.

Kroeber-Riel/ Weinberg (2003) Kroeber-Riel, W., Weinberg, P.: Konsumentenverhalten. 8. Aufl., München 2003.

Krüger (1994) Krüger, S.: Lisa und Patty gehen Brigitte an die Wäsche. In: Werben und Verkaufen, o. Jg. (1994), 37, S. 130-133.

Krüger/ Homp (1997) Krüger, W., Homp, C.: Kernkompetenz-Management: Steigerung von Flexibilität und Schlagkraft im Wettbewerb. Wiesbaden 1997.

Kübler (2001a) Kübler, A.: Zukunftsperspektiven von Zeitungen und Zeitschriften. In: Leonhard, J.-F., Ludwig, H.-W., Schwarze, D., Straßner, E.: Medienwissenschaft. Ein Handbuch zur Entwicklung der Medien und Kommunikationsformen. 2. Teilband. Berlin, New York 2001, S. 1756-1765.

Kübler (2001b) Kübler, H.-D.: Kommunikative und ästhetische Dispositionen im Konsum- und Rezeptionsverhalten von Zeitungs- und Zeitschriftenlesenden. In: Leonhard, J.-F., Ludwig, H.-W., Schwarze, D., Straßner, E.: Medienwissenschaft. Ein Handbuch zur Entwicklung der Medien und Kommunikationsformen. 2. Teilband. Berlin, New York 2001, S. 1740-1750.

Kuester/ Homburg/ Robertson (1999) Kuester, S. Homburg, C., Robertson, T. S.: Retaliatory Behavior to New Product Entry. In: Journal of Marketing, Vol. 63 (1999), 4, S. 90-106.

Kuester/ Homburg/ Robertson/ Schäfer (2001) Kuester, S., Homburg, C., Robertson, T.S., Schäfer, H.: Verteidigungsstrategien gegen neue Wettbewerber. Bestandsaufnahme und empirische Untersuchung. In: Zeitschrift für Betriebswirtschaft, Jg. 71 (2001), 10, S. 1191-1215.

Kuhn (1994) Kuhn, C.: Programmzeitschriften aus publizistischer und wirtschaftlicher Sicht: Situationsdarstellung und empirische Studie. Frankfurt am Main 1994.

Kumar/ Sudharshan (1988) Kumar, K. R., Sudharshan, D.: Defensive Marketing Strategies: An Equilibrium Analysis Based on Decoupled Response Function Models. In: Management Science, Vol. 34 (1988), 7, S. 805-815.

Kußmaul (2003) Kußmaul, H.: Betriebswirtschaftliche Steuerlehre. 3. Aufl., München 2003.

L

Lancaster (1990) Lancaster, K.: The Economics of Product Variety: A Survey. In: Marketing Science, Vol. 9 (1990), 3, 189-206.

Leeflang/ Wittink (2001) Leeflang, P. S. H., Wittink, D. R.: Explaining Competitve Reaction Effects. In: International Journal of Research in Marketing. Vol. 18 (2001), 1-2, S. 119-137.

Leeflang/ Wittink/ Wedel/ Naert (2000) Leeflang, P. S. H., Wittink, D. R., Wedel, M., Naert, P. A.: Building Models for Marketing Decisions. Boston, Massachusetts 2000.

Lehmann-Grube (1997) Lehmann-Grube, U.: Strategic Choice of Quality when Quality is Costly: The Persistence of the High-Quality Advantage. In: Rand Journal of Economics, Vol. 28 (1997), 2, S. 372-384.

Lieberman (1987a) Lieberman, M. B.: Excess Capacity as a Barrier to Entry: An Empirical Appraisal. In: The Journal of Industrial Economics, Vol. 35 (1987), 4, S. 607-627.

Lieberman (1987b) Lieberman, M. B.: Postentry Investment and Market Structure in the Chemical Processing Industries. In: Rand Journal of Economics, Vol. 18 (1987), 4, S. 533-549.

Lipczynski/ Wilson (2001) Lipczynski, J., Wilson, J.: Industrial Organisation. An Analysis of Competitive Markets. London 2001.

Löw (1996) Löw, E.: Die Neuen gehen Brigitte an die Wäsche. In: Werben und Verkaufen, o. Jg. (1996), 20, S. 124-125.

Luce (1959) Luce, R. D.: Individual Choice Behaviour. A Theoretical Analysis. New York 1959.

Ludwig (2003) Ludwig, J.: Mikroökonomie der Medien. In: Altmeppen, K. D., Karmasin, M. (Hrsg.): Medien und Ökonomie. Band 1/1: Grundlagen der Medienökonomie. Kommunikations- und Medienwissenschaft, Wirtschaftswissenschaft. Wiesbaden 2003, S. 187-214.

Lynch (2003) Lynch, R.: Corporate Strategy. 3. Aufl., Harlow 2003.

M

MacMillan/ McCaffery/ Van Wijk (1985) MacMillan, I., McCaffery, M. L., Van Wijk, G.: Competitors' Responses to Easily Imitated New Products – Exploring Commercial Banking Product Introductions. In: Strategic Management Journal, Vol. 6 (1985), 1, S. 75-86.

Mahoney/ Pandian (1992) Mahoney, J. T., Pandian, J. R.: The Resource-Based View Within the Conversation of Strategic Management. In: Strategic Management Journal, Vol. 13 (1992), 5, S. 363-380.

Maskin (1999) Maskin, E. S.: Uncertainty and Entry Deterrence. In: Economic Theory, Vol. 14 (1999), 2, S. 429-437.

Mason (1939) Mason, E. S.: Price and Production Policies of Large-Scale Enterprise. In: American Economic Review/ Papers and Proceedings, Vol. 29 (1939), 1, S. 61-74.

Masson/ Shaanan (1982) Masson, R. T., Shaanan, J.: Stochastic-Dynamic Limit Pricing: An Empirical Test. In: Review of Economics and Statistics, Vol. 64 (1982), 3, S. 413-422.

Mathes/ Donsbach (2002) Mathes, R., Donsbach, W.: Rundfunk. In: Noelle-Neumann, E., Schulz, W., Wilke, J.: Publizistik. Massenkommunikation. Frankfurt am Main 2002, S. 546-596.

McGee (1980) McGee, J. S.: Predatory Pricing Revisited. In: The Journal of Law and Economics, Vol. 23 (1980), 2, S. 289-330.

Meffert (2000) Meffert, H.: Marketing. Grundlagen marktorientierter Unternehmensführung. Konzepte – Instrumente – Praxisbeispiele. 9. Aufl., Wiesbaden 2000.

Meffert/ Burmann (2002) Meffert, H., Burmann, C.: Markenbildung und Markenstrategien. In: Albers, S., Herrmann, A. (Hrsg.): Handbuch Produktmanagement. Strategieentwicklung – Produktplanung – Organisation – Kontrolle. 2. Aufl., Wiesbaden 2002, S. 167-187.

Merten (1995) Merten, K.: Inhaltsanalyse. Einführung in Theorie, Methode und Praxis. 2. Aufl., Opladen 1995.

Miert (1998) Miert, K. van: Commission Decision of 25 November 1998 declaring a Concentration to be Compatible with the Common Market and the Functioning of the EEA Agreement. http://europa.eu.int/eur-lex/en/archive/1999/l_25419990929en.html, Abruf vom 02.05.2004, S. 9-21.

Milgrom/ Roberts (1982a) Milgrom, P., Roberts, J.: Limit Pricing and Entry Under Incomplete Information: An Equlibrium Analysis. In: Econometrica, Vol. 50 (1982), 2, S. 443-459.

Milgrom/ Roberts (1982b) Milgrom, P., Roberts, J.: Predation, Reputation and Entry Deterrence. In: Journal of Economic Theory, Vol. 27 (1982), S. 280-312.

Milgrom/ Roberts (1987) Milgrom, P., Roberts, J.: Informational Asymmetries, Strategic Behavior, and Industrial Organization. In: American Economic Review/ Papers and Proceedings, Vol. 77 (1987), 2, S. 184-193.

Milgrom/Roberts (1990) Milgrom, P., Roberts, J.: New Theories of Predatory Pricing. In: Bonanno, G., Brandolini, D. (Hrsg.): Industrial Structure in the New Industrial Economics. Oxford 1990, S. 112-137.

Minderlein (1990) Minderlein, M.: Markteintrittsbarrieren und strategische Verhaltensweisen. In: Zeitschrift für Betriebswirtschaft, Jg. 60 (1990), 2, S. 155-178.

Minderlein (1993) Minderlein, M.: Industrieökonomik und Strategieforschung. In: Staehle, W. H., Sydow, J. (Hrsg.): Managementforschung 3, Berlin 1993, S. 157-201.

Mintzberg (1978) Mintzberg, H.: Patterns in Strategy Formation. In: Management Science, Vol. 24 (1978), 9, S. 934-948.

Mintzberg (1991) Mintzberg, H.: Learning 1, Planning 0: Reply to Igor Ansoff. In: Strategic Management Journal, Vol. 12 (1991), 6, S. 463-466.

Mintzberg (1995) Mintzberg, H.: Die strategische Planung: Aufstieg, Niedergang und Neubestimmung. München, Wien, London 1995.

Mintzberg (1998) Mintzberg, H.: Five Ps for Strategy. In: Mintzberg, H., Quinn, J. B., Ghoshal, S.: The Strategy Process. Revised European Edition. Hertfordshire 1998, S. 13-21.

Mintzberg/ Waters (1985) Mintzberg, H., Waters, J. A.: Of Strategies, Deliberate and Emergent. In: Strategic Management Journal, Vol. 6 (1985), 3, S. 257-272.

Modigliani (1958) Modigliani, F.: New developments on the Oligopoly Front. In: Journal of Political Economy, Vol. 66 (1958), 3, S. 215-232.

Moorthy/ Png (1992) Moorthy, K. S., Png, I. P. L.: Market Segmentation, Cannibalization, and the Timing of Product Introductions. In: Management Science, Vol. 38 (1992), 3, S. 345-359.

Müller (2000) Müller, S.: Grundlagen der Qualitativen Marktforschung. In: Herrmann, A., Homburg, C. (Hrsg.): Marktforschung. 2. Aufl., Wiesbaden 2000, S. 127-157.

Myerson (1997) Myerson, R. B.: Game Theory: Analysis of Conflict. Cambridge, London 1997.

N

Neumann/ Morgenstern (1937) Neumann, J. von, Morgenstern, O.: Theory of Games and Economic Behavior. Princeton 1937.

Neven (1989) Neven, D. J.: Strategic Entry Deterrence: Recent Developments in the Economics of Industry. In: Journal of Economic Surveys, Vol. 3 (1989), 3, S. 213-233.

Nieschlag/ Dichtl/ Hörschgen (2002) Nieschlag, R., Dichtl, E., Hörschgen, H.: Marketing. 19. Aufl., Berlin 2002.

Nolte/ Bergmann (1998) Nolte, H., Bergmann, R.: Ein Grundmodell des ressourcenorientierten Ansatzes der Unternehmensführung. In: Nolte, H. (Hrsg.): Aspekte ressourcenorientierter Unternehmensführung. München (1998), S. 1-27.

O

Ordover/ Saloner (1989) Ordover, J. A., Saloner, G.: Predation, Monopolization, and Antitrust. In: Schmalensee, R., Willing, R. D. (Hrsg.): Handbook of Industrial Organization, Volume I. Amsterdam 1989, S. 537-596.

Ortmann/ Sydow (2001) Ortmann, G., Sydow, J.: Strukturationstheorie als Metatheorie des strategischen Managements – Zur losen Integration der Paradigmenvielfalt. In: Ortmann, G., Sydow, J. (Hrsg.): Strategie und Strukturation. Strategisches Management von Unternehmen, Netzwerken und Konzernen. Wiesbaden 2001, S. 421-447.

o. V. (1992a) o. V.: Die "Zugmieze" zielt auf Informations-Elite. In: Werben und Verkaufen, o. Jg. (1992), 40, S. 6.

o. V. (1993a) o. V.: Dreiviertel zufrieden. In: Kress Report, o. Jg. (1993), 4, S. 4.

o. V. (1993b) o. V.: Franz Wagner folgt Beate Wedekind. In: Frankfurter Allgemeine Zeitung, 28.06.1993, S. 14.

o. V. (1993c) o. V.: Überhaupt nicht Gala. In: Kress Report, o. Jg. (1993), 16, S. 3.

o. V. (1993d) o. V.: Ein People-Konzept im Werbe-Visir. In: Werben und Verkaufen, o. Jg. (1993), 39, S. 4.

o. V. (1993e) o. V.: Springer & Jacoby startet BUNTE-Kampagne mit Print-Motiven. In: Der Kontakter, Jg. 33 (1993), 40, S. 18.

o. V. (1993f) o. V.: Neue Subline der "Bunten" demonstriert "Leute-Kompetenz". In: Text Intern, Jg. 27 (1993), 93, S. 2.

o. V. (1993g) o. V.: Experimente. BUNTE testet den Untertitel "das People Magazin". In: Der Kontakter, Jg. 33 (1993), 41, S. 43.

o. V. (1993h) o. V.: "Bunte" auch ohne Unterzeile "People Magazin". In: Text Intern, Jg. 27 (1993), 110, S. 2.

o. V. (1993i) o. V.: Ausgerechnet donnerstags. In: Kress Report, o. Jg. (1993), 26, S. 3.

o. V. (1993j) o. V.: Generalprobe. Die erste Gala stellt sich vor. In: Der Kontakter, Jg. 33 (1993), 51, S. 43.

o. V. (1993k) o. V.: "Gala" tummelt sich in einem neuen Segment. In: Text Intern, Jg. 27 (1993), 120, S. 6.

o. V. (1993l) o. V.: Wenn schon. In: Kress Report, o. Jg. (1993), 21, S. 4.

o. V. (1993m) o. V.: "Wedekind" ist Bunte. In: Text Intern, Jg. 27 (1993), 40, S. 8-9.

o. V. (1993n) o. V.: Wieder ein Geburtstag in der "Bild"-Gruppe. In: Text Intern, Jg. 27 (1993), 24, S. 2.

o. V. (1994a) o. V.: "stern" in Strapsen. Springer & Jacobi komplettiert Markenkampagne für Burda. In: Text Intern, Jg. 28 (1994), 15, S. 13.

o. V. (1994b) o. V.: People-Magazin. In: Der Kontakter, Jg. 34 (1994), 8, S. 18.

o. V. (1994c) o. V.: Donnerstag ist stern-Tag. In: Kress Report, o. Jg. (1994), 6, S. 3.

o. V. (1994d) o. V.: Die Schnellen fressen die Langsamen. In: Werben und Verkaufen, o. Jg. (1994), 32, S. 78-79.

o. V. (1994e) o. V.: "Fair und nett". In: Text Intern, Jg. 28 (1994), 31, S. 1-2.

o. V. (1994f) o. V.: Gala präsentiert erstmals viele bunte "Leute der Woche". In: Der Kontakter, Jg. 34 (1994), 16, S. 43.

o. V. (1994g) o. V.: "Die Bunte hat die 'Hamburger Herausforderungen' angenommen. In: Text Intern, Jg. 28 (1994), 71, S. 4.

o. V. (1994h) o. V.: Bunte mit Kleinanzeigen. In: Text Intern, Jg. 28 (1994), 85, S. 2.

o. V. (1994i) o. V.: Mit "Frau im Spiegel"-Chefredakteur wird "Gala" populärer. In: Text Intern, Jg. 28 (1994), 24, S. 6.

o. V. (1994j) o. V.: "Im Business ist auch noch Platz für Gefühl und Visionen". In: Text Intern, Jg. 28 (1994), 49, S. 19-20.

o. V. (1994k) o. V.: Letzte Meldung: Burda startet Zeitschrift für junge Frauen. In: Text Intern, Jg. 28 (1994), 68, S. 1.

o. V. (1994l) o. V.: Burda startet Lisa für junge Leserinnen. In: Süddeutsche Zeitung, 25.08.1994, S. 19.

o. V. (1994m) o. V.: Frauentitel: Heye & Partner soll Burdas neue Lisa in den Markt pushen. In: Der Kontakter, Jg. 34 (1994), 35, S. 8.

o. V. (1994n) o. V.: Junge Frauen. In: Kress Report, o. Jg. (1994), 18, S. 4.

o. V. (1994o) o. V.: Streit um Gratis-Lisa: Wettbewerbsverzerrung. In: Text Intern, Jg. 28 (1994), 72, S. 8.

o. V. (1994p) o. V.: Durchgeblättert: Erste Einblicke in Burdas neue Billig-Zeitschrift Lisa. In: Der Kontakter, Jg. 34 (1994), 37, S. 52.

o. V. (1994q) o. V.: Lisa – 10 Millionen Mal zur Probe. In: Text Intern, Jg. 28 (1994), 74, S. 2.

o. V. (1994r) o. V.: Angeschoben. In: Kress Report, o. Jg. (1994), 19, S. 5.

o. V. (1994s) o. V.: Lisa allein zuhaus. Wie lange noch? In: Text Intern, Jg. 28 (1994), 80, S. 6.

o. V. (1994t) o. V.: "Lisa" findet eine halbe Million Fans. In: Werben und Verkaufen, o. Jg. (1994), 45, S. 38.

o. V. (1994u) o. V.: Nebel über Springers neuen Frauentitel heben sich. In: Text Intern, Jg. 28 (1994), 93, S. 1.

o. V. (1994v) o. V.: Frauenpower: Kommt Springer mit einer neuen Frauenzeitschrift? In: Der Kontakter, Jg. 34 (1994), 43, S. 43.

o. V. (1994w) o. V.: Brigitte Young Miss kommt ab 1995 monatlich. In: Text Intern, Jg. 28 (1994), 70, S. 2.

o. V. (1994x) o. V.: Personalien. In: Der Kontakter, Jg. 34 (1994), 38, S. 37.

o. V. (1994y) o. V.: Ausführlich gegen "Fast food". In: Werben und Verkaufen, o. Jg. (1994), 41, S. 40.

o. V. (1994z) o. V.: Der Tanker geht auf neuen Kurs. In: Werben und Verkaufen, o. Jg. (1994), 50, S. 116-117.

o. V. (1995a) o. V.: Eine Hand wäscht die andere. In: Werben und Verkaufen, o. Jg. (1995), 9, S. 23.

o. V. (1995b) o. V.: GALA läßt das erste Jahr Revue passieren/ Copypreis erhöht. In: Der Kontakter, Jg. 35 (1995), 14, S. 49.

o. V. (1995c) o. V.: Hast Du Töne? Bunte goes electronic. In: Text Intern, Jg. 29 (1995), 29, S. 5.

o. V. (1995d) o. V.: Kooperation mit Burda. In: Handelsblatt, 03.05.1995, S. 21.

o. V. (1995e) o. V.: Bunte Entertainment Express: Online und irgendwann ins TV. In: Text Intern, Jg. 29 (1995), 100, S. 9.

o. V. (1995f) o. V.: Lisa schlägt Sibylle. In: Der Spiegel, o. Jg. (1995), 10, S. 150.

o. V. (1995g) o. V.: Neue Monatszeitschrift "Brigitte Young Miss". In: Frankfurter Rundschau, 31.01.1995, S. 11.

o. V. (1995h) o. V.: "Der Spiegel" bringt neues Kulturmagazin. In: Süddeutsche Zeitung, 11.04.1995, S. 26.

o. V. (1996a) o. V.: Frauen 1: Die Fünfer-Klasse. In: Text Intern, Jg. 30 (1996), 39, S. 1-2.

o. V. (1996b) o. V.: Vorwärts, wir gehen zurück. In: Text Intern, Jg. 30 (1996), 51, S. 5.

o. V. (1996c) o. V.: "Wer A sagt, muß auch B sagen" (Zweimal). In: Text Intern, Jg. 30 (1996), 16, S. 1-2.

o. V. (1996d) o. V.: Der Preiskrieg geht zu Ende. In: Werben und Verkaufen, o. Jg. (1996), 20, S. 38.

o. V. (1996e) o. V.: Bunte: Relaunch Ende September. In: Werben und Verkaufen, o. Jg. (1996), 32, S. 14.

o. V. (1997a) o. V.: Neue Grenzziehungen in der Zeitschriftenlandschaft. In: Text Intern, Jg. 31 (1997), 83, S. 2.

o. V. (1997b) o. V.: Ein Groschen mehr für Programmies. In: Text Intern, Jg. 31 (1997), 85, S. 5.

o. V. (1998a) o. V.: TV Today, 1 DM: Spannen & Spannung bleiben. In: Text Intern, Jg. 32 (1998), 86, S. 1-2.

o. V. (1998b) o. V.: G+J Vorstand: "Turbulenzen im Haifischbecken". In: Welt am Sonntag, 01.11.1998, 44, S. 66.

o. V. (1999a) o. V.: Capital selbstbewusst. In: Werben und Verkaufen, o. Jg. (1999), 33, S. 22.

o. V. (2000a) o. V.: Interview. „Kindisch, uncool". In: Focus, o. Jg. (2000), 37, S. 236.

o. V. (2000b) o. V.: Bravo und das Jugendportal. In: Text Intern, Jg. 34 (2000), 26, S. 6.

o. V. (2000c) o. V.: Springer plant ein Jugendmagazin. In: Werben und Verkaufen, o. Jg. (2000), 25, S. 40.

o. V. (2000d) o. V.: Bravo fordert „einen der spannendsten Jobs in Deutschland". In: Text Intern, Jg. 34 (2000), 52, S. 5.

o. V. (2000e) o. V.: 5 Fragen an... . Bravo-Sprecher Horst Müller über die Springer-Konkurrenz „Pop". In: Werben und Verkaufen, o. Jg. (2000), 27, S. 12.

o. V. (2000f) o. V.: AS Young Mediahouse. Pop für Robert & Horst. In: Der Kontakter, Jg. 40 (2000), 30, S. 6.

o. V. (2000g) o. V.: Keine billige Retourkutsche. In: Der Kontakter, Jg. 40 (2000), 34, S. 36.

o. V. (2000h) o. V.: Springers Bravo. In: Werben und Verkaufen, o. Jg. (2000), 36, S. 10.

o. V. (2000i) o. V.: Hilfe vom Bruder. In: Werben und Verkaufen, o. Jg. (2000), 39, S. 50.

o. V. (2000m) o. V.: „Focus-Money": Das Team zum Start am 30. März. In: Kress Report, o. Jg. (2000), 6, S. 14.

o. V. (2000o) o. V.: Capital on air. In: Werben und Verkaufen, o. Jg. (2000), 19, S. 14.

o. V. (2001a) o. V.: „'Bravo' fährt härteren Kurs". In: Kress Report, o. Jg. (2001), 19, S. 10.

o. V. (2001b) o. V.: Das war kein gutes Jahr. In: Kress Report, o. Jg. (2001), 7, S. 57-58.

o. V. (2002a) o. V.: Medien 2002. Medienkonzerne in Deutschland: Entwicklung, Daten, Kontakte. Edition W&V Jahrbücher. München 2002.

o. V. (2002b) o. V.: Mehr Leser dank Britney. In: Der Spiegel, o. Jg. (2002), 16, S. 97.

o. V. (2003a) o. V.: Blattmacher gefragt. In: Text Intern, Jg. 37 (2003), 60, S. 3.

o. V. (2004a) o. V.: Nielsen Media Research veröffentlicht Gesamtbilanz der Bruttowerbeaufwendungen 2003: Werbemarkt in den klassischen Medien Deutschlands mit 17,2 Mrd. Euro auf zweithöchstem Niveau aller Zeiten. http://www.nielsen.de, Abruf vom 15.01.2004.

o. V. (2004b) o. V.: Werbetrend. Januar – Dezember 2002. http://www.guj-media.de, Abruf vom 13.01.2004.

o. V. (2004c) o. V.: IVW-Quartal 3/2003. http://www.ivw.de/news/pm_index.html, Abruf vom 23.02.2004.

o. V. (2004d) o. V.: Pressekäufer sind verlässliche Kunden mit hohem Spontankauf-Potenzial. http://www.vdz.de/pages/custom/kaeufermarkt/slide18.html, Abruf vom 23.02.2004.

o. V. (2004e) o. V.: Werbetrend. Januar – Dezember 2003. http://www.guj-media.de, Abruf vom 02.03.2004.

o. V. (2004f) o. V.: Gesetz gegen Wettbewerbsbeschränkungen (GWB). http://bundesrecht.juris.de/bundesrecht/gwb/gesamt.pdf, Abruf vom 14.03.2004.

Owen (1991) Owen, W.: Magazine Design. London 1991.

P

Paschke (2001) Paschke, M.: Medienrecht. 2. Aufl., Berlin, Heidelberg 2001.

Pepall/ Richards/ Norman (2002) Pepall, L., Richards, D. J., Norman, G.: Industrial Organization: Contemporary Theory and Practice. 2. Aufl., Cincinnati 2002.

Pethig (2003) Pethig, R.: Massenmedien, Werbung und Märkte. Eine wirtschaftstheoretische Analyse. In: Altmeppen, K. D., Karmasin, M. (Hrsg.): Medien und Ökonomie. Band 1/1: Grundlagen der Medienökonomie. Kommunikations- und Medienwissenschaft, Wirtschaftswissenschaft. Wiesbaden 2003, S. 139-186.

Pfähler/ Wiese (1998) Pfähler, W., Wiese H.: Unternehmensstrategien im Wettbewerb. Eine spieltheoretische Analyse. Berlin, Heidelberg 1998.

Picard (2002) Picard, R. G.: The Economics and Financing of Media Companies, New York 2002.

Porten (1999) Porten, U.: General-Interest-Zeitschriftenverlag. In: Schneider, B., Knobloch S. (Hrsg.): Controlling-Praxis in Medienunternehmen. Neuwied, Kriftel 1999, S. 129-142.

Porter (1981) Porter, M. E.: The Contributions of Industrial Organization to Strategic Management. In: The Academy of Management Review, Vol. 6 (1981), 4, S. 609-620.

Porter (1991) Porter, M. E.: Towards a Dynamic Theory of Strategy. In: Strategic Management Journal, Vol. 12 (1991), Special Issue: Fundamental Research Issues in Strategy and Economics, S. 95-117.

Porter (1999) Porter, M. E.: Wettbewerbsstrategie: Methoden zur Analyse von Branchen und Konkurrenten. 10. Aufl., Frankfurt am Main, New York 1999.

Porter (2004) Porter, M. E.: Competitive Strategy. Techniques for Analyzing Industries and Competitors. 1. Free Press Export Edition. New York 2004.

Prabhu/ Stewart (2001) Prabhu, J., Stewart, D. W.: Signaling Strategies in Competitive Interaction: Building Reputations and Hiding the Truth. In: Journal of Marketing Research, Vol. 38 (2001), 1, S. 62-72.

Prahalad/ Hamel (1990) Prahalad, C. K., Hamel, G.: The Core Competence of the Corporation. In: Harvard Business Review, Vol. 68 (1990), 3, S. 79-91.

Pratkanis/ Farquhar (1992) Pratkanis, A. R., Farquhar, P. H.: A Brief History of Research on Phantom Alternatives: Evidence for Seven Empirical Generalizations About Phantoms. In: Basic and Applied Social Psychology. Vol. 13 (1992), 1, S. 103-122.

Presse (2003) Presse Fachverlag GmbH & Co. KG (Hrsg.): Neumann. Handbuch für Presse-Vertrieb und -Verkauf. Hamburg 2003.

Putsis/ Dhar (1998) Putsis, W. P., Dhar, R.: The Many Faces of Competition. In: Marketing Letters, Vol. 9 (1998), 3, S. 269-284.

Q

Quelch/ Kenny (1994) Quelch, J. A., Kenny, D.: Extend Profits, Not Product Lines. In: Harvard Business Review, Vol. 72 (1994), September-October, S. 153-160.

Quinn/ Voyer (1998) Quinn, J. B., Voyer, J.: Logical Incrementalism: Managing Strategy Formation. In: Mintzberg, H., Quinn, J. B., Ghoshal, S.: The Strategy Process. Revised European Edition. Hertfordshire 1998, S. 103-110.

R

Radtke/ Pisani/ Wolters (2001) Radtke, S. P., Pisani, P., Wolters, W.: Handbuch visuelle Mediengestaltung. Visuelle Sprache. Gestaltungselemente des Grafik-Design. Konzeption im Webdesign. Berlin 2001.

Radvilas (2003a) Radvilas, H.: Zeitschriften. Preis-Jo-Jo zerstört das Image. In: Horizont, Jg. 20 (2003), 25, S. 25.

Radvilas (2003b) Radvilas, H.: Jugendmarkt. Kampf um Stars und Sternchen. In: Horizont, Jg. 20 (2003), 18, S. 33.

Radvilas (2003c) Radvilas, H.: Frauentitel: "Wir haben eine Marktlücke aufgetan" In: Horizont, Jg. 20 (2003), 19, S. 32.

Ramaswamy/ Gatingnon/ Reibstein (1994) Ramaswamy, V., Gatignon, H., Reibstein, D. J.: Competitive Marketing Behavior in Industrial Markets. In: Journal of Marketing, Vol. 58 (1994), 2, S. 45-55.

Rankin/ Waggaman (1984) Rankin, W. P., Waggaman, E. S.: Business Management of General Consumer Magazines. 2. Aufl., New York 1984.

Reddy/ Holak/ Bhat (1994) Reddy, S. K., Holak, S. L., Bhat, S.: To Extend or Not to Extend: Success Determinants of Line Extensions. In: Journal of Marketing Research, Vol. 31 (1994), 2, S. 243-262.

Reis (1994) Reis, A.: Das Online-Fieber steckt die Verlage an. In: Werben und Verkaufen, o. Jg. (1994), 15, S. 74-75.

Reiter (2000) Reiter, M.: Wen lockt das Pubertäre? In: Frankfurter Allgemeine Zeitung, 13.09.2000, S. 52.

Ricker (2002) Ricker, R.: Medienrecht. In: Noelle-Neumann, E., Schulz, W., Wilke, J.: Publizistik. Massenkommunikation. Frankfurt am Main 2002, S. 241-264.

Ridder/ Engel (2001) Ridder, C. M., Engel, B.: Massenkommunikation 2000: Images und Funktionen der Massenmedien im Vergleich. In: Media Perspektiven, o. Jg. (2001), 3, S. 102-125.

Ries/ Trout (1986) Ries, A., Trout, J.: Marketing Warfare. New York 1986.

Rinsum (2002) Rinsum, H. van: Was geht noch? In: Werben und Verkaufen, o. Jg. (2002), 7, S. 24-27.

Roberts (1987) Roberts, J.: Battles for Market Share: Incomplete Information, Aggressive Strategic Pricing, and Competitive Dynamics. In: Bewley, T. F. (Hrsg.): Advances in Economic Theory: Fifth World Congress. Cambridge 1987, S. 157-195.

Robertson/ Eliashberg/ Rymon (1995) Robertson, T. S., Eliashberg, J., Rymon, T.: New Product Announcement Signals and Incumbent Reactions. In: Journal of Marketing, Vol. 59 (1995), 3, S. 1-15.

Robinson (1988a) Robinson, W. T.: Marketing Mix Reactions to Entry. In: Marketing Science, Vol. 7 (1988), 4, S. 368-385.

Robinson (1988b) Robinson, W. T.: Sources of Market Pioneer Advantages: The Case of Industrial Goods Industries. In: Journal of Marketing Research, Vol. 25 (1988), 1, S. 87-94.

Robinson/ Fornell (1985) Robinson, W. T., Fornell, C.: Sources of Market Pioneer Advantages in Consumer Goods Industries. In: Journal of Marketing Research, Vol. 22 (1985), 3, S. 305-317.

Röde/ Röhrig (2000) Röde, R., Röhrig, J: Axel Springer Verlag attackiert Bauers „Bravo" In: Financial Times Deutschland, 13.09.2000, S. 5.

Rogge (1995) Rogge, H.-J.: Sekundäranalysen. In: Tietz, B., Köhler, R., Zentes, J.: Handwörterbuch des Marketing. 2. Aufl., Stuttgart 1995, Sp. 2275-2284.

Rolf (1995) Rolf, N.: Special Interest-Zeitschriften. Münster, Hamburg 1995.

Rosenbach (2000) Rosenbach, M.: Ein Heft mit Geldzurück-Garantie. "Focus-Money" will reiche Menschen reicher machen. In: Berliner Zeitung, 30.03.2000, S. 21.

Rosenbaum (1996) Rosenbaum, D. I.: Comment to Adams, Brock and Obst: „Is Predation Rational? Is it Profitable?". In: Review of Industrial Organization, Vol. 11 (1996), 6, S. 765-766.

Rosenthal (1981) Rosenthal, R. W.: Games of Perfect Information, Predatory Pricing and the Chain-Store Paradox. In: Journal of Economic Theory, Vol. 25 (1981), S. 92-100.

Rossiter/ Percy (2001) Rossiter, J. R., Percy, L.: Aufbau und Pflege von Marken durch klassische Kommunikation. In: Esch, F. R. (Hrsg.): Moderne Markenführung. 3. Aufl., Wiesbaden 2001, S. 523-538.

S

Saloner (1991) Saloner, G.: Modeling, Game Theory, and Strategic Management. In: Strategic Management Journal, Vol. 12 (1991), Special Issue: Fundamental Research Issues in Strategy and Economics, S. 119-136.

Saloner/ Shepard/ Podolny (2001) Saloner, G., Shepard, A., Podolny, J.: Strategic Management. New York 2001.

Salop (1979a) Salop, S. C.: Strategic Entry Deterrence. In: American Economic Review/ Papers and Proceedings, Vol. 69 (1979), 2, S. 335-338.

Salop (1979b) Salop, S. C.: Monopolistic Competition with Outside Goods. In: Bell Journal of Economics, Vol. 10 (1979), 1, S. 141-156.

Salop (1981) Salop, S. C.: Strategy, Predation, and Antitrust Analysis: An Introduction. In: Salop, S. C.: (Hrsg.): Strategy, Predation and Antitrust Analysis. Washington 1981, S. 1-42.

Salop/ Scheffman (1983) Salop, S. C., Scheffman, D. T.: Raising Rivals' Costs. In: American Economic Review/ Papers and Proceedings, Vol. 73 (1983), 2, S. 267-271.

Schäfer (2003) Schäfer, U.: Viel Wirbel um Stars. In: Der Kontakter, Jg. 43 (2003), 19, S. 27.

Schelling (1980) Schelling, T. C.: The Strategy of Conflict. Cambridge, Massachusetts 1980.

Schenk/ Rössler (1996) Schenk, M., Rössler, R.: Wirtschaftsberichterstattung in Zeitschriften. Literaturbericht und Inhaltsanalyse. München 1996.

Scherer (1995) Scherer, A. G.: Pluralismus im strategischen Management. Der Beitrag der Teilnehmerperspektive zur Lösung von Inkommensurabilitätsproblemen in Forschung und Praxis. Wiesbaden 1995.

Scherer/ Ross (1990) Scherer, F. M., Ross, D.: Industrial Market Structure and Economic Performance. 3. Aufl., Boston 1990.

Schirmer (2001) Schirmer, S.: Die Titelseiten-Aufmacher der Bild-Zeitung im Wandel. Eine Inhaltsanalyse unter Berücksichtigung von Merkmalen journalistischer Qualität. München 2001.

Schmalensee (1978) Schmalensee, R.: Entry Deterrence in the Ready-to-Eat Breakfast Cereal Industry. In: Bell Journal of Economics, Vol. 9 (1978), 2, S. 305-327.

Schmalensee (1988) Schmalensee, R.: Industrial Economics: An Overview. In: The Economic Journal, Vol. 98 (1988), 392, S. 643-681.

Schmalensee (1992) Schmalensee, R.: Sunk Costs and Market Structure: A Review Article. In: The Journal of Industrial Economics, Vol. 40 (1992), 2, S. 125-134.

Schmidt/ Engelke (1989) Schmidt, J., Engelke, H.: Markteintrittsschranken und potentieller Wettbewerb. In: Wirtschaftswissenschaftliches Studium, Jg. 18 (1989), 9, S. 399-404.

Schreyögg (1984) Schreyögg, G.: Unternehmensstrategie: Grundfragen einer Theorie strategischer Unternehmensführung. Berlin, New York 1984.

Schreyögg (1999) Schreyögg, G.: Strategisches Management – Entwicklungstendenzen und Zukunftsperspektiven. In: Die Unternehmung, Jg. 53 (1999), 6, S. 387-407.

Schreyögg (2000) Schreyögg, G.: Strategisches Management im Lichte der neuen Steuerungstheorie. In: Welge, M. K., Al-Laham, A., Kajüter, P. (Hrsg.): Praxis des Strategischen Managements. Konzepte – Erfahrungen – Perspektiven. Wiesbaden 2000, S. 389-405.

Schroeder (1994) Schroeder, M.: Internationale Markt- und Managementstrategien für Print-Medien. München 1994.

Schulte-Hillen/ Ganz/ Althans (2001) Schulte-Hillen, G., Ganz, A., Althans, J.: Strategien im internationalen Verlagsmarketing. In: Die Betriebswirtschaft, Jg. 61 (2001), 4, S. 478-492.

Schulz/ Schneller (2002) Schulz, R., Schneller, J.: Mediaforschung. In: Noelle-Neumann, E., Schulz, W., Wilke, J.: Publizistik. Massenkommunikation. Frankfurt am Main 2002, S. 183-213.

Schulze (2001) Schulze, V.: Der Zeitungs- und Zeitschriftenverlag. In: Leonhard, J.-F., Ludwig, H.-W., Schwarze, D., Straßner, E.: Medienwissenschaft. Ein Handbuch zur Entwicklung der Medien und Kommunikationsformen. 2. Teilband. Berlin, New York 2001, S. 1677-1680.

Schumann/Hess (2000) Schumann, M., Hess, T.: Grundfragen der Medienwirtschaft. Berlin, Heidelberg, New York u.a. 2000.

Schür-Langkau (1997) Schür-Lankau, A.: Printmedien betreiben Familienplanung. In: Werben und Verkaufen, o. Jg. (1997), 42, S. 198-201.

Schütz (2001) Schütz, W. J.: Deutsche Tagespresse 2001. In: Media Perspektiven, o. Jg. (2001), 12, S. 602-632.

Schütz (2002) Schütz, W. J.: Pressewirtschaft. In. Noelle-Neumann, E., Schulz, W., Wilke, J.: Publizistik. Massenkommunikation. Frankfurt am Main 2002, S. 493-516.

Schwab (2001) Schwab, I.: Yam-Attacke tut Bravo nicht weh. In: Werben und Verkaufen, o. Jg. (2001), 14, S. 82-85.

Schweitzer/ Küpper (2003) Schweitzer, M., Küpper, H. U.: Systeme der Kosten- und Erlösrechnung. 8. Aufl, München 2003.

Schwenk (1995) Schwenk, C. R.: Strategic Decision Making. In: Journal of Management, Vol. 21 (1995), 3, S. 471-493.

Selten (1978) Selten, R.: The Chain Store Paradox. In: Theory and Decision, Vol. 9 (1978), S. 127-159.

Shaked/ Sutton (1983) Shaked, A., Sutton, J.: Natural Oligopolies. In: Econometrica, Vol. 51 (1983), 5, S. 1469-1483.

Shankar (1997) Shankar, V.: Pioneers' Marketing Mix Reaction to Entry in Different Competitive Game Structures: Theoretical Analysis and Empirical Illustration. In: Marketing Science, Vol. 16 (1997), 3, S. 271-293.

Shankar (1999) Shankar, V.: New Product Introduction and Incumbent Response Strategies: Their Interrelationship and the Role of Multimarket Contact. In: Journal of Marketing Research, Vol. 36 (1999), 3, S. 327-344.

Shy (1995) Shy, O.: Industrial Organization: Theory and Applications. Cambridge, London 1995.

Sieg (2000) Sieg, G: Spieltheorie. München, Wien, Oldenburg 2000.

Siegert (2002) Siegert, G.: Medienökonomie in der Kommunikationswissenschaft – Synopse: Von der multidisziplinären Medienzentrierung zur transdisziplinären Kommunikationsorientierung? In: Siegert, G. (Hrsg.): Medienökonomie in der Kommunikationswissenschaft. Bedeutung, Grundfragen und Entwicklungsperspektiven. Münster, Hamburg, London 2002, S. 223-239.

Siegert (2003) Siegert, G.: Medien Marken Management: Relevanz, Spezifika und Implikationen einer medienökonomischen Profilierungsstrategie. 2. Aufl., München 2003.

Simon (1993) Simon, H.: Wettbewerbsstrategien. In: Wittmann, W., Kern, W., Köhler, R. et. al. (Hrsg.): Handwörterbuch der Betriebswirtschaft, Band 3. 5. Aufl., Stuttgart 1993, Sp. 4687-4704.

Simon (1995) Simon, H.: Preispolitik. In: Tietz, B., Köhler, R., Zentes, J.: Handwörterbuch des Marketing. 2. Aufl., Stuttgart 1995, Sp. 2068-2085.

Sing/ Utton/ Waterson (1991) Sing, S., Utton, M., Waterson, M.: An Empirical Study of Strategic Behavior and Competition Policy. Discussion Paper in Industrial Economics. Series E, Vol. III (1990/91), No. 28/ June. Reading 1991.

Sing/ Utton/ Waterson (1998) Sing, S., Utton, M., Waterson, M.: Strategic Behaviour of Incumbent Firms in the UK. In: International Journal of Industrial Organization, Vol. 16 (1998), S. 229-251.

Sing/ Utton/ Waterson (1999) Sing, S., Utton, M., Waterson, M.: Entry Conditions and the Established Firm. Discussion Papers in Economics and Management. Series A, Vol. XII (1999), No. 400. Reading 1999.

Sjurts (2002) Sjurts, I.: Strategien in der Medienbranche. Grundlagen und Fallbeispiele. 2. Aufl., Wiesbaden 2002.

Sjurts (2004) Sjurts, I.: Medienkrise und Unternehmensstrategien der Global Player: Persistenz vs. Dekonstruktion der Wertschöpfungsketten. In: Hans-Bredow-Institut (Hrsg.): Internationales Handbuch Medien 2004/2005. Baden-Baden 2004, S. 100-111.

Smiley (1988) Smiley, R.: Empirical Evidence on Strategic Entry Deterrence. In: International Journal of Industrial Organization, Vol. 6 (1988), 2, S. 167-180.

Sowinski (2001) Sowinski, B.: Kommunikative und ästhetische Funktionen der Werbebeiträge in Zeitungen und Zeitschriften (Anzeigen). In: Leonhard, J.-F., Ludwig, H.-W., Schwarze, D., Straßner, E.: Medienwissenschaft. Ein Handbuch zur Entwicklung der Medien und Kommunikationsformen. 2. Teilband. Berlin, New York 2001, S. 1729-1733.

Srivastava/Fahey/ Christensen (2001) Srivastava, R. K., Fahey, L., Christensen, H. K.: The Resource-Based View and Marketing: The Role of Market-Based Assets in Gaining Competitive Advantage. In: Journal of Management, Vol. 27 (2001), 6, S. 777-802.

Staas (2000) Staas, C.: Per Anhalter durch die Pubertät. In: Die Woche, 25.08.2000, S. 37.

Stahmer (1995) Stahmer, F.: Ökonomie des Presseverlages. München 1995.

Stamm (2003) Stamm, W. (Hrsg.): Stamm. Leitfaden durch Presse und Werbung. 56. Ausgabe. Essen 2003.

Stavins (1995) Stavins, J.: Model Entry and Exit in a Differentiated-Product Industry: The Personal Computer Market. In: The Review of Economics and Statistics, Vol. 77 (1995), 4, S. 571-584.

Steffenhagen (1995) Steffenhagen, H.: Werbewirkungsmessung. In: Tietz, B., Köhler, R., Zentes, J.: Handwörterbuch des Marketing. 2. Aufl., Stuttgart 1995, Sp. 2678-2692.

Stigler (1973) Stigler, G. J.: A Note on Potential Competition. In: Yamey, B. S.: Economics of Industrial Structure. Selected Readings. Baltimore 1973.

Stockmann (1999) Stockmann, R.: Spiegel und Focus. Eine vergleichende Inhaltsanalyse. Göttingen 1999.

Straßner (2001) Straßner, E.: Zeitschriftenspezifische Präsentationsformen und Texttypen. In: Leonhard, J.-F., Ludwig, H.-W., Schwarze, D., Straßner, E.: Medienwissenschaft. Ein Handbuch zur Entwicklung der Medien und Kommunikationsformen. 2. Teilband. Berlin, New York 2001, S. 1734-1739.

Sullivan (1992) Sullivan, M. W.: Brand Extensions: When to Use Them. In: Management Science, Vol. 38 (1992), 6, S. 793-806.

Sutton (1996) Sutton, J.: Sunk Costs and Market Structure. Price Competition, Advertising, and the Evolution of Concentration. 5. Aufl., Cambridge, Massachusetts 1996.

Sydow/ Ortmann (2001) Sydow, J., Ortmann, G.: Vielfalt an Wegen und Möglichkeiten: Zum Stand des strategischen Managements. In: Ortmann, G., Sydow, J. (Hrsg.): Strategie und Strukturation. Strategisches Management von Unternehmen, Netzwerken und Konzernen. Wiesbaden 2001, S. 3-23.

Sylos-Labini (1962) Sylos-Labini, P.: Oligopoly and Technical Progress, Cambridge 1962.

T

Tabuchi/ Thisse (1995) Tabuchi, T., Thisse, J. F.: Asymmetric Equilibria in Spatial Competition. In: International Journal of Industrial Organization, Vol. 13 (1995), 2, S. 213-227.

Telser (1966) Telser, L. G.: Cutthroat Competition and The Long Purse. In: The Journal of Law and Economics, Vol. 9 (1966), S. 259-277.

Theis-Berglmair (2003) Theis-Berglmair, A. M. (Hrsg.): Internet und die Zukunft der Printmedien. Kommunikationswissenschaftliche und medienökonomische Aspekte. 2. Aufl., Münster 2003.

Thiele (1997) Thiele, M.: Kernkompetenzorientierte Unternehmensstrukturen: Ansätze zur Neugestaltung von Geschäftsbereichsorganisationen. Wiesbaden 1997.

Thomas (1996) Thomas, L. A.: Advertising Sunk Costs and Credible Spatial Preemption. In: Strategic Management Journal, Vol. 17 (1996), 6, S. 481-498.

Thomas (1999) Thomas, L. A.: Incumbent Firms' Response to Entry: Price, Advertising, and New Product Introduction. In: International Journal of Industrial Organization, Vol. 17 (1999), 4, S. 527-555.

Thommen/ Achleitner (2003) Thommen, J. P., Achleitner, A. K.: Allgemeine Betriebswirtschaftslehre. Umfassende Einführung aus managementorientierter Sicht. 4. Aufl., Wiesbaden 2003.

Thomsen (2001) Thomsen, E.-H.: Management von Kernkompetenzen. Methodik zur Identifikation und Entwicklung von Kernkompetenzen für die erfolgreiche strategische Ausrichtung von Unternehmen. Sternenfels 2001.

Tieschky (2003) Tieschky, C.: Mein Haus, mein Herd. Junge Frauen sind die letzte Versuchung der Zeitschriftenbranche. In: Süddeutsche Zeitung, 08.10.2003, S. 17.

Trommsdorff (2003) Trommsdorff, V.: Konsumentenverhalten. 5. Aufl., Stuttgart 2003.

Türcke (2002) Türcke, C.: Erregte Gesellschaft: Philosophie der Sensation. München 2002.

U

Urbany/ Montgomery (1998) Urbany, J. E., Montgomery, D. B.: Rational Strategic Reasoning: An Unnatural Act? In: Marketing Letters, Vol. 9 (1998), 3, S. 285-299.

V

Vakratsas/ Ambler (1999) Vakratsas, D., Ambler, T.: How Advertising Works: What Do We Really Know? In: Journal of Marketing, Vol. 63 (1999), 1, S. 26-43.

Varian (2001) Varian, H. R.: Grundzüge der Mikoökonomik. 5. Aufl., München, Wien 2001.

Vickrey (1999) Vickrey, W.: Spatial Competition, Monopolistic Competition, and Optimum Product Diversity. In: International Journal of Industrial Organization, Vol. 17 (1999), 7, S. 953-963.

Villas-Boas (1998) Villas-Boas, J. M.: Product Line Design for a Distribution Channel. In: Marketing Science, Vol. 17 (1998), 2, S. 156-169.

Vogel (1998) Vogel, A.: Die populäre Presse in Deutschland – Ihre Grundlagen, Strukturen und Strategien. München 1998.

Vogel (2001) Vogel, A.: Onlinestrategien der Pressewirtschaft. In: Media Perspektiven, o. Jg. (2001), 12, S. 590-601.

Vogel (2002a) Vogel, A.: Publikumszeitschriften: Dominanz der Großverlage gestiegen. In: Media Perspektiven, o. Jg. (2002), 9, S. 433-447.

Vogel (2002b) Vogel, A.: Pressegattungen im Zeitschriftengewand. In: Vogel, A., Holtz-Bacha, C. (Hrsg.): Zeitschriften und Zeitschriftenforschung. Sonderheft 3/2002 der Zeitschrift Publizistik. Wiesbaden 2002, S. 11-27.

Vogel (2004) Vogel, A.: Konsolidierte Großkonzerne bereit zu erneutem Wachstum. In: Media Perspektiven, o. Jg. (2004), 7, S. 322-338.

Vogel/ Dorn (1997) Vogel, A., Dorn, M.: Die Manager der populären Presse. Verlagsleiter in Deutschland. Eine Befragung bei führenden Verlagshäusern. München 1997.

Völker (1998) Völker, R.: Der Nutzen der Spieltheorie für die Managementpraxis. In: Die Unternehmung, Jg. 52 (1998), 5, S. 349-359.

Volpers/ Salwiczek/ Schnier (2003) Volpers, H., Salwiczek, C., Schnier, D.: Hörfunklandschaft Niedersachsen 2001. Eine vergleichende Analyse der öffentlich-rechtlichen und privaten Radiosender. Berlin 2003.

W

Waarts/ Wierenga (2000) Waarts, E., Wierenga, B.: Explaining Competitors' Reactions to New Product Introductions: The Roles of Event Characteristics, Managerial Interpretation, and Competitive Context. In: Marketing Letters, Vol. 11 (2000), 1, S. 67-79.

Walgenbach (1995) Walgenbach, P.: Die Theorie der Strukturierung. In: Die Betriebswirtschaft, Jg. 55 (1995), 6, S. 761-782.

Walgenbach (2002) Walgenbach, P.: Giddens' Theorie der Strukturierung. In: Kieser, A. (Hrsg.): Organisationstheorien. 5. Aufl., Stuttgart 2002, S. 355-375.

Wehrle/ Busch (2002) Wehrle, F., Busch, H.: Entwicklungen und Perspektiven im Markt der Publikumszeitschriften. In: Vogel, A., Holtz-Bacha, C. (Hrsg.): Zeitschriften und Zeitschriftenforschung. Sonderheft 3/2002 der Zeitschrift Publizistik. Wiesbaden 2002, S. 85-108.

Weiderer (1993) Weiderer, M.: Das Frauen- und Männerbild im Deutschen Fernsehen. Eine inhaltsanalytische Untersuchung der Programme von ARD, ZDF und RTL plus. Regensburg 1993.

Weigand (2003) Weigand, K. H.: Medienwirtschaftliche Dienstleistungen. Übertragung dienstleistungstheoretischer Ansätze auf Produktion und Absatz von Medienangeboten. In: Altmeppen, K. D., Karmasin, M. (Hrsg.): Medien und Ökonomie. Band 1/1: Grundlagen der Medienökonomie. Kommunikations- und Medienwissenschaft, Wirtschaftswissenschaft. Wiesbaden 2003, S. 269-282.

Weigelt/ Camerer (1988) Weigelt, K., Camerer, C.: Reputation and Corporate Strategy: A Review of Recent Theory and Applications. In: Strategic Management Journal, Vol. 9 (1988), 5, S. 443-454.

Weinem (2001) Weinem, M.: Preentry Advertising and Entry Deterrence. In: Fleischmann, B., Lasch, R., Derings, U., Domschke, W., Rieder, U. (Hrsg.): Operations Research Proceedings 2000. Selected Papers of the Symposium on Operations Research (OR 2000). Dresden, September 9-12 , 2000. Berlin, Heidelberg, New York 2001, S. 154-159.

Welge/ Al-Laham (2003) Welge, M. K., Al-Laham, A.: Strategisches Management. Grundlagen – Prozess – Implementierung. 4. Aufl., Wiesbaden 2003.

Werbewirtschaft (2003) Zentralverband der deutschen Werbewirtschaft (Hrsg.): Werbung in Deutschland 2003. Bonn 2003.

Wernerfelt (1984) Wernerfelt, B.: A Resource-Based View of the Firm. In: Strategic Management Journal, Vol. 5 (1984), 2, S. 171-180.

Wernerfelt (1995) Wernerfelt, B.: The Resource-Based View of the Firm: Ten Years After. In: Strategic Management Journal, Vol. 16 (1995), 3, S. 171-174.

Wharton (1992) Wharton, J.: Managing Magazine Publishing. London, Glasgow, New York 1992.

White (2004) White, C.: Strategic Management. Basingstoke, New York 2004.

Wichert (2004) Wichert, L. (Hrsg.): Radioprofile in Berlin-Brandenburg. Die privaten und zwei öffentlich-rechtliche Programme im Vergleich. 5. Inhaltsanalyse. Berlin 2004.

Wieandt (1994) Wieandt, A.: Versunkene Kosten und strategische Unternehmensführung. In: Zeitschrift für Betriebswirtschaft, Jg. 64 (1994), 8, S. 1027-1044.

Wiedmann (1985) Wiedmann, K. P.: Entwicklungsperspektiven der strategischen Unternehmensführung und des strategischen Marketing. In: Marketing, Jg. 7 (1985), 3, S. 149-160.

Wiedmann/ Meissner/ Wegner (2003) Wiedmann, K. P., Meissner, S., Wegner, A. S.: Reputationsmanagement als strategische Chance für die pharmazeutische Industrie. Schriftenreihe Marketing Management. Hannover 2003.

Wiedmann/ Walsh (2003) Wiedmann, K. P., Walsh, G.: Corporate Finance und Unternehmensreputation - Messung und Management von Reputation als Herausforderung. In: Wiedmann, K. P., Heckemüller, C. (Hrsg.): Ganzheitliches Corporate Finance Management. Konzepte - Anwendungsfelder - Praxisbeispiele. Wiesbaden 2003, S. 271-289.

Wied-Nebbeling (1997) Wied-Nebbeling, S.: Markt- und Preistheorie. 3. Aufl., Berlin, Heidelberg, New York 1997.

Wied-Nebbeling (2004) Wied-Nebbeling, S.: Preistheorie und Industrieökonomik. 4. Aufl., Berlin, Heidelberg 2004.

Wilke (2002) Wilke, J.: Presse. In: Noelle-Neumann, E., Schulz, W., Wilke, J.: Publizistik. Massenkommunikation. Frankfurt am Main 2002, S. 422-459.

Wilson (1992) Wilson, R.: Strategic Model of Entry Deterrence. In: Aumann, R. J., Hart, S. (Hrsg.): Handbook of Game Theory, Volume I. Amsterdam, London, New York 1992, S. 306-329.

Wilson/ Norton (1989) Wilson, L. O., Norton, J. A.: Optimal Entry Timing for a Product Line Extension. In: Marketing Science, Vol. 8 (1989), 1, S. 1-17.

Wirtz (2003) Wirtz, B. W.: Medien- und Internetmanagement. 3. Aufl., Wiesbaden 2003.

Wolf (2000) Wolf, M.: Yam will Bravo den Rang ablaufen. Erste Nummer der neuen Jugendzeitschift erschienen. In: Berliner Zeitung, 23.09.2000, S. 21.

Y

Yamawaki (2002) Yamawaki, H.: Price Reactions to New Competition: A Study of US Luxury Car Market, 1986-1997. In: International Journal of Industrial Organization, Vol. 20 (2002), 1, S. 19-39.

Yip (1982) Yip, G. S.: Barriers to Entry: A Corporate-Strategy Perspective. Lexington, Massachusetts 1982.

Z

Zajac/ Bazerman (1991) Zajac, E. J., Bazerman, M. H.: Blind Spots in Industry and Competitor Analysis: Implications of Interfirm (Mis)Perceptions for Strategic Decisions. In: Academy of Management Review, Vol. 16 (1991), 1, S. 37-56.

ZAW (2002) Zentralverband der deutschen Werbewirtschaft (ZAW) (Hrsg.): Deutscher Werberat Jahrbuch 2002. Bonn 2002.

Zimmer/ Ortmann (2001) Zimmer, M., Ortmann, G.: Strategisches Management, strukturationstheoretisch betrachtet. In: Ortmann, G., Sydow, J. (Hrsg.): Strategie und Strukturation. Strategisches Management von Unternehmen, Netzwerken und Konzernen. Wiesbaden 2001, S. 27-55.

Zohlnhöfer (1989) Zohlnhöfer, W.: Zur Ökonomie des Pressewesens in der Bundesrepublik Deutschland. In: Schenk, M., Donnerstag, J. (Hrsg.): Medienökonomie. Einführung in die Ökonomie der Informations- und Mediensysteme. München 1989, S. 35-75.

Verteidigungsstrategien etablierter Medienunternehmen gegen neue Wettbewerber

Von der Hochschule für Musik und Theater Hannover zur Erlangung des Grades einer/ eines

Doktorin/ Doktors der Philosophie
-- Dr. phil. --

genehmigte Dissertation
von

Marko Lutz

geboren am 24.12.1975 in Würzburg

Erstreferentin:
Frau Prof. Dr. Beate Schneider
Institut für Journalistik und Kommunikationsforschung
Expo Plaza 12
30539 Hannover

Korreferent:
Herr Prof. Dr. Klaus-Peter Wiedmann
Universität Hannover
Lehrstuhl Marketing und Management
Königsworther Platz 1
30167 Hannover

Tag der mündlichen Prüfung: 16. März 2005

FSC
www.fsc.org
MIX
Papier | Fördert
gute Waldnutzung
FSC® C083411

Kolibri 360 GmbH
Ferdinand-Jühlke-Straße 7
99095 Erfurt, Deutschland
produktsicherheit@kolibri360.de

Druck:
CPI Druckdienstleistungen GmbH
im Auftrag der
Kolibri 360 GmbH
Ferdinand-Jühlke-Str. 7
99095 Erfurt